南粤论策

广州日报 · 新闻评论

徐 锋 谭 敏 编著

SPM
南方传媒

广东人民出版社

·广州·

图书在版编目（CIP）数据

南粤论策．广州日报·新闻评论 / 徐锋，谭敏编著．—广州：广东人民出版社，2023.3

ISBN 978-7-218-16445-8

Ⅰ.①南…　Ⅱ.①徐…　②谭…　Ⅲ.①评论性新闻—作品集—中国—当代　Ⅳ.①C53　②I253

中国国家版本馆CIP数据核字（2023）第006792号

NANYUE LUN CE·GUANGZHOU RIBAO·XINWEN PINGLUN

南粤论策·广州日报·新闻评论

徐　锋　谭　敏　编著

版权所有　翻印必究

出 版 人：肖风华

策划编辑：曾玉寒
责任编辑：廖智聪
装帧设计：河马设计
责任技编：吴彦斌　周星奎

出版发行：广东人民出版社
地　　址：广州市越秀区大沙头四马路10号（邮政编码：510199）
电　　话：（020）85716809（总编室）
传　　真：（020）83289585
网　　址：http://www.gdpph.com
印　　刷：广州市豪威彩色印务有限公司
开　　本：787mm×1092mm　1/16
印　　张：31　**字　　数**：450千
版　　次：2023年3月第1版
印　　次：2023年3月第1次印刷
定　　价：98.00元（全二册）

追求"思想的精彩"
永葆"有趣的灵魂"

习近平总书记对新闻宣传战线工作者有一系列殷殷嘱托。比如,总书记强调,宣传干部除在政治上可靠外,总是需要在理论上、笔头上、口才上或其他专长上有"几把刷子",真正成为让人信服的行家里手。

主流媒体理论评论工作者,作为新闻宣传工作者中比较特殊的一个群体,整体而言人数不算多、占比不算高,但责任重大、笔重千钧,理应力争更快、更好达到上述要求。

在平时的理论评论工作中,我们将上述要求具体化为一个"小目标"——提升说服力,追求有思想的精彩。

实事求是地说,理论评论尽管素来被看作党报的旗帜和灵魂,但传统党报的理论评论工作由于自身的传播属性,相对而言仍属于小众传播,对一般用户的黏性相对较低,融媒转型过程中在一些方面处于不太有利的地位,转型过程遇到一定难度和天花板。一方面,"众声喧哗"的多元化舆论场,让传统意义上的党媒主流发声的说服力遭遇前所未有的挑战;另一方面,与融媒体呈现的"多姿多彩"、自媒体写作的"放飞自我"相比,党媒的理论评论文章(产品)在可读性、趣味性、个性化方面与它们的相对差距在拉大。

当然，若用发展的眼光看待这一命题，我们也可以看到积极的一面。在我国新型主流媒体建设进程中，融媒体环境一方面在一些时候放大了传统党报理论评论板块的短板弱项，但另一方面也给了我们更多想象的空间。"灰色"不该成为主流理论评论的"天然色"。借助新的传播语境，我们可以大胆尝试打破传统报纸版面很难打破的僵局，改写传统党报的理论评论"闷、板、空"等固有印象，力争让它变得更加"趣、彩、活"。

当然，知易行难。

毫无疑问，所有的"创新"，都不能离开"守正"。我们的采编活动，必须尊重、结合理论评论工作的天然属性、本色特征。

我们知道，新闻媒体上的理论与评论，看起来"长得有点相似"，个别时候还真的不太好区分。从新闻体裁和承载内涵来看，二者确实算得上"近亲"。当然，它们在文体特征、角色使命、业务要求上，差异也不小。

比如，在思想厚度的展现方式方面，理论文章一般来说思想厚度和行文方式相对比较持重、厚重，比较强调学术化、严谨性。而一篇好的新闻评论，在强调有思想、有思考的基础上，其思想的展现形式应该更强调深入浅出、易读和悦读，更鼓励形式创新、别开生面。

又如，在逻辑的形式和要求方面，内在逻辑性是理论和评论的共同要件。一般而言，理论文章应在形式上做到逻辑严密、形式完整、层次清晰，有一定的"学术规范性"。相对而言，新闻评论也强调内在的逻辑性，但是在具体的行文方式上，可以相对更自由、生动、活泼。

再如，在新闻性、时效性方面，一般来说，契合新闻热点、有着很强时效性的理论文章，固然最好；然而，有些理论文章有其独到见解，那么在时间的跨度上更长、选题更"冷"一些，也是没问题的。而新闻评论则应对新近发生的新闻热点议题进行有见地的评述——离开新闻动态、热点议题，就好比鱼儿离开了水、鲜花离开了泥土，也就称不上是"新闻"

评论。

其实我们换个角度来理解，从以上分析不难看出，尽管存在种种形式上的差异，但不管是理论文章还是新闻评论，它们的"交集"显而易见——都要求有立场、有思想、有观点。传统主流媒体理论评论报道要想在今天空前多元化的舆论场中守住阵地、提高对受众的影响力，首先必须在自身立论的科学性、思想的穿透力、观点的可接受度、论证的逻辑性上下真功夫、有新突破。

换言之，理论和评论的主流媒体呈现，其存在的意义和价值均在于：第一，它必须承载、解读、阐释、传播好主流意识形态、主流价值观；第二，它必须"思常人之未思""言新闻之未言"，予人启迪、引人深思、令人信服。

同时，所有的"守正"，又不能忘却"创新"。

信息爆炸的融媒体时代，受众（用户）用眼球（拇指）投票是瞬间的决定。这一过程表面看轻而易举，背后却有着微妙复杂的传播学、心理学连锁反应。党媒的理论评论报道也必须千方百计在内容和形式上与时俱进、出新出彩，在"眼球争夺战"中"杀出重围"、站稳一席之地。

比如，理论评论报道要更加"可读"。

好看的皮囊千篇一律，有趣的灵魂万里挑一。让理论评论报道变得"有趣"起来（有思想的精彩），是争取读者、发挥党媒劝服功效的重要方向。

前段时间，新东方原讲师董宇辉在带货界火出圈，对我们党媒理论评论工作者来说也是一个有益的启发，可以促使我们更深入思考理论评论报道"神"和"形"的关系。

孔子说，言之无文，行而不远，也就是强调要有文采。放在融媒语境下，亦可指要有引人入胜的产品形态。但孔子同时也说了，巧言令色，鲜矣仁。也就是不能以文害意，要做到"文质彬彬"（形式和内容要内在统一）。总书记也提醒我们新闻工作者，"内容创新、形式创新、手段创新都重要，但内容创新是根本的"。这些警句有着深刻的启发意义——一篇"精彩"的评论佳作，它的核心要义是什么？归根结底还是观点的精彩，是它的原创性、独创性、创新性和足以引起共鸣的观点。有了精彩的思想（"有趣的灵魂"），再加上鲜活的文本表述、够"趣"够"潮"的产品形态（言之有"文"的"好看的皮囊"），这样的理论评论作品就有了"叫好又叫座"的潜质，就是内外兼修、双剑合璧的，才能"有说服力"、为受众呈现"思想的精彩"。

又如，要以机制创新解放党媒理论评论生产力。

我们要通过摸索，不断改革党媒理论评论、劝服传播活动中不合时宜的"生产关系"、提高"生产力"。

一方面，要实现平台再造。融媒时代，主流媒体理论评论的内容产品必须"冲出二维平面"，实现多维呈现，受众在哪里，传播的阵地和平台就应该延伸到哪里。

另一方面，要实现流程再造。这些年，主流媒体在言论和理论报道的生产、传播流程再造上进行了诸多有益探索和尝试。比如，层级更扁。受"中央厨房"启发，不少媒体也搭建了不同形式的"言论小厨房"，部分实现了言论产品生产、分发过程的全平台协作与畅通，初步实现了扁平化。又如，选题更准。今天大众媒体的传播过程越来越走向"全员化"，受众在内容生产、传播环节的角色和作用不断强化。媒体言论的生产必须适应这种变化，受众意识要强一些、再强一些。再如，出品更快。主流媒体言论出品快，才可能在与商业媒体、自媒体言论"拼速度"的战斗中不落下风，才能在信息的"受众到达率"上占到优势。这种"快"至少包括：响应速度更快、生产速度更快、发布速度更快。还有，反馈更灵。传统媒体的理论评论传播更多是单向度的，缺乏有效的互动和反馈机制，传播者对受众的反应以及劝服的效果缺乏实时、定量的了解，从而导致传播者对劝服效果的某种"认知失真",并难以形成有效、及时的自我调整和优化机制。这些,在媒体融合环境下可以得到较好改善和修补。

以《广州日报》为例,近年报社进行了系统化的媒体融合改革,改革中,原来的理论评论部改为"全媒体理论评论部(频道)"。改革后的这一部门,不仅负责传统理论和评论版面的内容策采编发,同时也成为"广州日报"APP"思享"频道、"新花城"APP"思享"频道的运维主体,并负责为大洋网"思享"频道,广州日报微信号、抖音号等诸多第三方平台提供"广言""广言快评""新思想引领新时代""广府新语""学术新知"等十多种栏目化、品牌化的融媒内容产品。目前,理论评论产品已基本实现了报纸版面与各平台各端口发布并重,一些产品的全平台点击量达到百万级甚至亿级。通过这种平台的创新与重塑,较好实现了主流媒体理论评论传播力的增量化发展。

当前,我们正身处"两个大局",改革进入深水区。在外部不确定因素和风险与日俱增的当下,舆论生态、传播形态也发生深刻变革,这就尤需借助包括新型主流媒体及其理论评论板块在内的舆论工具之合力,尽可能消除歧见、凝聚人心,为未来的一系列宏伟愿景提供正能量。在这个"凝心聚力"的过程中,党媒理论评论应该、也能够发挥更大的劝服效能。

广州日报作为较早探索理论评论工作转型的党报,近几年按照"全员参与、全员转型、全媒呈现、打造精品"的思路在追求"有思想的精彩"方面进一步解放思想、推进改革。行百里者半九十。身为党媒理论评论工作者,我们还须进一步提高政治站位,心怀"国之大者",坚定"党媒姓党"的天然政治任务和政治责任,进一步走出"舒适区"、勇于破解"本领恐慌",及时调整工作思路、克服工作惯性,不断掌握新知识、开拓新视野,提升脚力、眼力、脑力、笔力,为党报理论评论工作打开新局面、赢得新阵地贡献应有的力量。

最后尤需提及的是，本书的出版经费来自广州市宣传思想文化创新团队奖励资金。在此谨向广州市委宣传部长期以来对报社理论评论工作的指导和关心表示衷心感谢。

同时值得特别指出的是，今天恰逢《广州日报》创刊70周年。在这个抚今追昔、继往开来的时间节点上，我们要衷心感谢报业集团（广州日报社）领导对理论评论工作一以贯之的重视和支持，让我们的团队出能"上接天线、下接地气"，入能"端坐一方安静书桌、畅写四海热闹文章"。在此，也深情祝福报社生日快乐、再续辉煌！

此外，囿于纸质媒介的呈现特征与容量，本丛书上下两册仅仅精选、集纳了近三年来《广州日报》各种媒体形态的理论评论作品（产品）中很小一部分，更多精彩内容未能尽录，在此也向多年来一直支持我们、关注我们的作者、读者表达谢意及歉意。

2022年12月1日

编者

目　录

CONTENTS

时　政

经　济

文 化

教　育

社　会

城　事

时　政

总书记来到我身边

◎ 广　言

何处春先到，南粤独暄妍。

广东，得风气之先；走开放之路，领时代之潮。

每当广东改革发展进入关键节点、来到重要关口，习近平总书记总会来到我们身边，为我们把舵领航、擘画蓝图。

殷殷嘱托、拳拳关切，字字切中肯綮、句句寄予厚望，激励广东"走在前列"的使命担当一以贯之，先行者的光荣与梦想一路高扬。

山海作证　岁月可鉴

总书记的关怀，时间一直见证。

2012年12月，党的十八大结束不久，总书记首次赴地方考察就选择广东；

2018年10月，在庆祝改革开放40周年之际，总书记再赴广东；

2020年10月，当经济特区走过波澜壮阔的40年之际，共和国处在"两个一百年"历史交汇点上，总书记三赴广东。

足迹是一条线，串起的是重逾千钧的嘱托；

足迹是一条河，流淌的是山高水长的关爱。

总书记的关怀，足音一直见证。

三赴广东考察，从深圳、珠海、佛山到广州；从珠海、清远、深圳到广州；从潮州、汕头到深圳，总书记足迹遍布珠三角、沿海经济带、北部生态发展区，殷殷嘱托遍洒南粤大地。

三赴广东考察，从经济特区到生态发展区，从科技产业园到历史文化街区，从改革开放展馆到文物保护单位，从大学到企业，从街道到农村，总书记不辞劳苦，风尘仆仆。

足音是一首诗，吟诵着总书记心系南粤的情谊；

足音是一首歌，吟唱出总书记人民至上的情怀。

心之所念　国之大者

总书记心之所念，百年目标、千年大计。

党的十八大后首赴广东，总书记宣示："之所以到广东来，就是要到在我国改革开放中得风气之先的地方，现场回顾我国改革开放的历史进程，宣示将改革开放继续推向前进的坚定决心。"

再赴广东，总书记宣示："再一次来到深圳，再次来到广东，我们就是要在这里向世界宣示：中国改革开放永不停步！"

三赴广东，总书记宣示："我特地来汕头经济特区考察调研，就是要向国内外宣示，中国共产党领导中国人民将坚定不移走改革开放道路，奋发有为推进社会主义现代化建设，锲而不舍实现中华民族伟大复兴的中国梦。"

三次宣示，同一个关键词：改革开放！

没有改革开放，就没有中国的今天，也就没有中国的明天。改革开放是我们党的一次伟大觉醒，正是这个伟大觉醒孕育了我们党从理论到实践的伟大创造。

改革开放，广东的根与魂、使命与担当。三次极具象征意义的宣示，既是对广东不负重托，敢为天下先，不断书写改革开放新篇的充分肯定，同时释放出改革开放再出发的时代强音，给了广东最有力指导和最强大动力。

总书记足迹所至，心系百姓、情牵民生。

在广州东濠涌，总书记指出：东濠涌是我们建设美丽中国、永续发展的一个局部、一个细节，把这些局部和细节做好，我们的宏伟蓝图就能实现。

在广州永庆坊，总书记强调：城市规划和建设要高度重视历史文化保护，不急功近利，不大拆大建。

在深圳社区里，总书记要求：要把更多资源、服务、管理放到社区，为居民提供精准化、精细化服务，切实把群众大大小小的事办好。

在潮州广济楼，总书记叮嘱：要加强非物质文化遗产保护和传承，积极培养传承人，让非物质文化遗产绽放出更加迷人的光彩。

在清远村民家，总书记表示：我一直惦记着贫困地区的乡亲们，乡亲们一天不脱贫，我就一天放不下心来。

人民情怀，隽永悠长。深情话语，温润人心。

一心只为让老百姓过上好日子，这份炽热的全心全意为民、念兹在兹忧民、贴心交心亲民、诚心诚意敬民、公平公正惠民情怀，感动亿万广东儿女，并化为广东感恩奋进、走好新的赶考之路的强大动力。

思想的光辉，穿透历史烟云；

伟大的指引，点亮未来征途。

不息为体　日新为道

亲切关怀、巨大鼓舞，激荡南粤大地焕发生机；

谆谆嘱托、殷殷寄望，激励南粤儿女踔厉奋发。

——探路改革，广东站到更高起点。广东抓住"双区"和横琴、前海两个合作区建设重大机遇，在更高起点上推进改革开放，一批创造型、引领型改革举措面世，再现广东勇立潮头、敢为人先风采。不负众望，使命必达。作为首批国家营商环境创新试点城市之一的广州市，启动营商环境5.0改革，力争通过3年至5年的努力，建成市场化、法治化、国际化的一流营商环境城市，营商环境国际竞争力跃居全球前列。

——筑梦湾区，广东迸发蓬勃活力。时节如流，不舍昼夜，粤港澳大湾区建设如火如荼，各领域和层次的改革创新不断破局。在粤港澳大湾区内地各地市中，广深佛莞2021年经济总量合计超过7万亿元。湾区之心——南沙，向海开新局。国际化营商环境、国际航运枢纽、新型国际贸易枢纽、国际化人才特区……一张张重磅蓝图在南沙徐徐展开。

——锚定创新，广东发力科技强省。只有创新才能自强、才能争先。广东牢记嘱托，深入实施创新驱动发展战略，下好科技创新"先手棋"。去年底在京发布的《中国区域创新能力评价报告2021》显示，广东区域创新能力继续保持全国领先，这也是广东自2017年起连续第5年排名首位。

——大盘谋局，广东打造发展新局。长远布局，要在关键处落子。广东按照总书记重要指示，提出打造新发展格局战略支点的努力方向，推动营商环境持续向好、重大项目纷纷落地、居民消费不断升级。2022年，广东省重点项目年度计划投资9000亿元。一季度，广州市538个重大项目集中开工、竣工、签约，总投资超6000亿元。启动项目"引擎"，撑起发展"脊梁"，夯实未来"基石"。

——文化兴粤，广东锁定文化强省。强国之魂，文以化之；兴粤之魂，文以铸之。广东将文化强省建设纳入"1+1+9"工作部署，聚力实施"六大工程"，努力塑造与广东经济实力相匹配的文化优势。近年来，广州高标准打响红色文化、岭南文化、海丝文化、创新文化四大品牌，以文化惠民让人民群众文化获得感成色更足，以强大的文化实力增强文化自信，在打造社会主义文化强国的城市范例道路上，蹄疾步稳，足音铿锵。

心怀大局，以行动回报关怀；

感恩奋进，以实绩不负重托。

潮平两岸阔，风正一帆悬。明天，中国共产党广东省第十三次代表大会即将开幕，新的征程已经开启，我们要牢记总书记的殷殷嘱托，满怀豪情壮志，昂扬前行，以敢为天下先的闯劲、咬定青山不放松的韧劲、不破楼兰终不还的拼劲，努力在新征程中走在全国前列、创造新的辉煌！

（2022年5月21日刊于《广州日报》，执笔人练洪洋）

沿着总书记的扶贫足迹

◎ 广 言

"眼光摩日月，足迹遍山河。"党的十八大以来，从西北边陲到红土高原，从塞外雪域到岭南水乡，习近平总书记扶贫的脚步遍布中国大地。"我一直惦记着贫困地区的乡亲们，乡亲们一天不脱贫，我就一天放不下心来。"他的谆谆嘱托，还在耳畔回响；他的殷切期盼，还在脑海闪现。

从"看真贫、扶真贫、真扶贫"到"找对'穷根'，明确靶向"，从提出"科学扶贫""内源扶贫"到"精准扶贫""精准脱贫"，习近平总书记站在全面建成小康社会、实现中华民族伟大复兴中国梦的战略高度，把脱贫攻坚摆在治国理政的突出位置，锚定航向，擘画蓝图，提出一系列新思想新观点，作出一系列新决策新部署，推动中国减贫事业创造世界奇迹。

"但愿苍生俱饱暖，不辞辛苦出山林。"在习近平总书记新理念新思想新战略的引领下，一批又一批驻村干部、第一书记被精准选配到第一线，为扶贫带去新资源，输入新血液。聚是一团火，散是满天星。他们奔赴农村的广阔天地，把基层党组织建成脱贫攻坚的"战斗堡垒"，精准把握"扶持谁、谁来扶、怎么扶、如何退"等一系列问题，苦下一番"绣花"功夫，成为带领群众实现精准脱贫的"领头雁"和"主心骨"。

今年是决战决胜脱贫攻坚和全面建成小康社会的收官之年，要千方百计巩固好脱贫攻坚成果，接下来要把乡村振兴这篇文章做好，让乡亲们生活越来越美好。眼下，2020年还剩下不足8个月时间。越是在最后关头，越要抱定啃"硬骨头"的决心，越要以时不我待的精神，不折不扣地确保攻下坚中之坚、难中之难，不让任何一户、任何一人在全面小康路上掉队。我们要奔着中华民族伟大复兴，一代接着一代跑下去，跑出雄心壮志，跑出下一个世间奇迹。

打响拔除穷根的总攻

贫困之冰，非一日之寒；破冰之功，非一春之暖。而破除贫困的坚冰，打赢脱贫攻坚战，关键是在聚焦和精准上下功夫。要把底子摸清、实情吃透，掌握动态，准确研判，有效施策，确保脱贫不漏一户、不落一人。

在云南省鲁甸县龙头山镇的地震遗址公园，一棵榆树劫后挺拔地生长起来，象征着生命顽强地涅槃重生。"扶贫先扶智，不要让贫困地区的孩子输在起跑线上，确保贫困人口子女都能接受良好的基础教育，鼓励开展职业教育，学到一门技术，提高就业创业能力，切断贫困代际相传的根源。"习近平总书记在震后考察龙头山镇时说的话，至今依然铿锵回响。在广州越秀集团等多方援助新民小学的行动中，新的校舍建起来了，新的希望被播下种去。

这里成为精准扶贫的一个缩影。"穷窝子"摘掉"穷帽子"，首先要精准识贫。俗话说，上山方知山高低，下水方知水深浅。要挖到"穷根"、开对"药方"，就需要真抓实干、脚踏实地。唯有躬行实践，不驰于空想、不骛于虚声，才能锲而不舍、驰而不息地把脱贫攻坚工作深入做下去。

要精准施策。对不同原因、不同类型的贫困，需要对症下药、精准滴灌、靶向治疗。要从致贫的根源入手，依据贫困地区和贫困人口的具体情况，发展生产脱贫一批，易地搬迁脱贫一批，生态补偿脱贫一批，发展教育脱贫一批，社会保障兜底一批，做到"扶贫对象精准、扶贫产业精准、扶贫方式精准、扶贫成效精准"。

要精准发力。所谓"分则力散，专则力全"，扶贫须从实际出发，集中优势兵力，发挥集中力量

脱贫摘帽不是终点
而是新生活、新奋斗的起点

办大事的制度优势。同时，全社会要行动起来，尽锐出战，把专项扶贫、行业扶贫、社会扶贫等多方力量有机结合起来，方能形成大扶贫的格局。

踏上焕发动力的征程

贫穷不是宿命。摆脱贫困，首先要有志气有信心，摆脱"意识贫困"和"思路贫困"。正所谓，只要有志气，山高人为峰。只要有信心，黄土变成金。有了志气和信心，贫穷的大山迟早能被搬走。

"咱们一块儿努力，把日子越过越红火。"2013年春节前夕，习近平总书记在甘肃省定西市渭源县元古堆村的一席话，在当地干部群众心中燃起信心的火种。现在，曾经的"烂泥沟儿"里，不止所见所闻都是新的，人们内在的精气神也发生了巨大的改变。肯吃苦、肯学习，相信奋斗改变命运，正在当地蔚然成风。

贫困地区发展要靠内生动力，如果凭空救济出一个新村，简单改变村容村貌，内在活力不行，劳动力不能回流，没有经济上的持续来源，这个地方下一步发展还是有问题。要扭住区域发展的"牛鼻子"，转变经济发展方式；要创造和维护机会公平、规则公平的社会环境，在健全公共服务上做文章，鼓励勤劳致富、拼搏向上。

志之所趋，无远勿届，穷山距海，不能限也。志之所向，无坚不入，锐兵精甲，不能御也。当贫困群众树立"起飞"的意识，贫困地区便打开了联通世界的"一扇窗"。他们完全可以凭借自己的努力，依靠自身的优势，率先行动起来，飞向广阔的天地。

乐业才能安居。从发展产业入手，改进帮扶方式，带动群众就业，促进群众增收，是实现脱贫的根本之策。以元古堆村来说，当地群众用技术、管理和知识把自己武装起来，不但摸索出百合、当归的种植方法，还开办起砖厂、石料厂，农户们能以多种方式参与企业分红，形成了"地里有收成、务工有收入、村里有分红"的一派新气象。

当群众富了脑袋、鼓了钱包，"源头活水"便不断在贫困地区聚集成充满活力的河流、湖泊。大胆改革创新，激发自我"造血"能量，绿水青山能变金山银山，贫困地区也会上演"弱鸟先飞""至贫先富"的连台好戏。

共享全面小康的春天

消除贫困、改善民生、实现共同富裕，是社会主义的本质要求。而没有农村的小康，特别是没有贫困地区的小康，就没有全面建成小康社会。

天下之治乱，在万民之忧乐。全面建成小康社会，一个都不能少；脱贫致富，一个都不能落下。在广东省英德市连江口镇连樟村，习近平总书记曾勉励当地干部群众，要一代接着一代干，既要加快脱贫致富，又要推动乡村全面振兴，走向现代化。如今，过去的贫困村不但成了远近闻名的"网红村"，还成了全国首个5G覆盖的行政村。新能源纯电动公交客运班线开进村子了，植保无人机飞起来了，智慧农业火起来了……

脱贫摘帽不是终点，而是新生活、新奋斗的起点。因为，稳固成效、防止返贫和继续攻坚同样重要，不遗余力做大共享发展的"蛋糕"才是事关长远之计。习近平总书记指出，发展扶贫产业，重在群众受益，难在持续稳定。要延伸产业链条，提高抗风险能力，建立更加稳定的利益联结机制，确保贫困群众持续稳定增收。在佛山市顺德区北滘镇黄龙村，"村级工业园升级改造"激发经济活力，"农文旅"融合带动村集体增收。当脱贫攻坚与乡村振兴有机衔接起来，当一二三产业融合起来，当人居环境治理与历史文化传承相互衔接起来，当城乡要素双向流动起来，特色小镇、美丽乡村的新蓝图便会跃然纸上。

我们的方向就是让每个人获得发展自我和奉献社会的机会，共同享有人生出彩的机会，共同享有梦想成真的机会，保证人民平等参与、平等发展权利，维护社会公平正义，使发展成果更多更公平惠及全体人民，朝着共同富裕方向稳步前进。

只要发展为了人民，发展依靠人民，发展成果由人民共享，国家的发展便会注入澎湃不息的伟力，民族的未来便会充满朝气蓬勃的希望！

（2020年5月20日刊于《广州日报》，执笔人杨博）

奋进的城市出新出彩

◎ 广　言

　　凯风自南，吹彼棘心。习近平总书记同时将实现老城市新活力和建设粤港澳大湾区区域发展核心引擎两大任务交给广州，是对广州的关怀和信任，更是对广州的重托和鞭策。

　　中流击水，不进则退。如何摒弃"老城市"的疲态、破解"大城市"的难题，抢抓大湾区建设的机遇，焕发新时代的活力，需要生活在这座城市、关心着这座城市、热爱着这座城市的你的建言、你的奔跑、你的奋斗。

　　奋斗的城市永远年轻；

　　奔跑的城市永葆活力；

　　奋进的城市最能出新出彩。

　　坐而言，起而行。《广州日报》今起向每一位广州人，每一位关爱广州的人发出号召，加入这场"抢抓大机遇，焕发新活力"坐言起行大讨论，用你的真知灼见，用你的身体力行，化作广州的出新出彩，为新中国七十华诞献礼！

——编者按

　　"周虽旧邦，其命维新。"

　　新，是一种状态，意味着生机勃发、活力涌动。新，更是一种追求，要求解放思想、敢于革新、永不僵化、永不停滞。

　　从历史深处行来，站在新中国成立70周年的时间节点，走向新时代的广阔未来，广州，正处于改革发展的关键期。

2018年10月，习近平总书记在视察广东时，要求广州实现老城市新活力，在综合城市功能、城市文化综合实力、现代服务业、现代化国际化营商环境方面出新出彩。日前发布的《粤港澳大湾区发展规划纲要》，进一步明确了广州的定位，为广州发展指明了前进方向。

实现老城市新活力，是总书记交给广州的重要政治任务，是广州当前和今后一个时期的头等大事。面对这一重大课题，我们必须思考：为什么要实现新活力？老城市的优势在哪里？问题在哪里？新活力新在何处？活力体现在哪里？活力怎么来？广州在大湾区建设中的目标要求是什么？

一连串追问，令人陡然惊醒；一系列反思，催生倒逼动力。

"机"在何方？
大湾区纲举目张，广州等不起慢不得

夜幕降临，从太空俯瞰，环绕珠江口灯火璀璨，粤港澳大湾区连成星河。《粤港澳大湾区发展规划纲要》恰如一根红线，将大湾区7000万人的未来紧紧联系在一起。

一个意义深远的大机遇已然来临，一种积蓄已久的力量次第爆发，一个世界级城市群正在崛起。

历史的机遇，再次向广州张开怀抱。《粤港澳大湾区发展规划纲要》提出，以香港、澳门、广州、深圳四大中心城市作为区域发展的核心引擎。这是国家大战略赋予广州的重大使命。

江阔好行船，风起速扬帆。广州清醒认识到：粤港澳大湾区建设为城市发展提供了重大机遇，也提出了更高要求。只有焕发新活力，才能发挥区域发展核心引擎功能，展现广州的定位、担当和作用。

抢抓大机遇，焕发新活力，是使命所系。

进入新时代，广州承担更大责任，肩负更高使命。在全省实现"四个走在全国前列"、当好"两个重要窗口"中勇当排头兵，这是一份沉甸甸的政治责任。省委要求广州扎实推动国家中心城市建设全面上新水平、着力建设国际大都市，这是对广州更高的定位和期许。实现老城市新活力，

既要立足广州发展广州，又要跳出广州发展广州，在服务全国全省发展大局中发挥更大作用，更好代表国家参与全球合作与竞争。

在我国的城市体系中，广州遇到的问题，具有代表性，广州的尝试和探索，具有借鉴意义。紧扣老城市和超大城市发展的特点和规律，让老城市持续焕发新活力，这是广州承载的期许，亦是广州的时代使命。

抢抓大机遇，焕发新活力，亦是发展所需。

"苟日新，日日新，又日新。"广州，自古以来就是一座敢闯敢试、以新取胜的城市。早在农业经济时代，广州就没有受缚于农耕文明，而是向海而生，演绎着对外贸易的传奇。改革开放以来，广州抢抓机遇，一步步先行先试，一次次开拓进取，勇立于时代潮头……求新求变、与时俱进，这是历史的启示，更是广州发展的重要经验。

当前，广州发展正处于滚石上山、爬坡过坎的紧要关口。放眼世界，全球城市竞争空前激烈。环顾国内，前有标兵、后有追兵，广州先发优势遇到挑战。一篙松劲，则退千寻；乘势而上，才能不断超越。实现新活力，这是广州城市发展的内在需要，并且已经到了不能等一等、慢一慢的时候。

"老"在何处？
两千年栉风沐雨，广州凭何保持优势

城市的老与新，不是电极的正与负、战场的矛与盾，而是你中有我、我中有你，循环往复、生生不息。

没有昨天的厚积，哪有今天的薄发？两千多年建城史，广州的活力所系、底蕴所藏，也是前行的力量所在。

君不见，西关骑楼下不起眼的士多，狭窄的青石板路小巷里的甜品店，珠江边粤韵悠扬、自得其乐的私伙局，十三行络绎不绝的人流……这些是城市老的一面，但这样的"老"却有着历经沧桑后的淡然从容，有着生生不息的烟火气，有着别样的岭南风情，向人们诉说着一个个古老而独特的广州故事。这些，何尝不是生猛广州再出发的力量之源。

老，意味着深厚的历史底蕴。时光从来不会亏待一座城市，文化积淀是其无私的馈赠。作为国家历史文化名城，广州是海上丝绸之路发祥地、近现代中国革命策源地、岭南文化中心地、改革开放前沿地，百越楚庭，汉唐明珠，一贯海纳百川、领风气之先。作为全球唯一千年不衰的商贸名城，中西文化在这里交流、碰撞、融合。古迹众多、遗产丰厚，粤剧、广绣、广彩等非物质文化遗产享誉世界。迎春花市是年俗，也是广州的文化名片。辉煌厚重的历史文化积淀，既是老城市的荣光，也是宝贵的资源，更是支撑城市赓续前行的重要软实力。

老，意味着雄厚的综合实力。城市有了成长的时间，也有了花开的空间。全球权威世界城市研究机构GaWC发布的2018年世界级城市名册中，广州在世界一线城市中排名第27位。全球城市的竞争，从来不是"单项技能"的角逐，而是"多项全能"的比拼。这也是广州雄厚综合实力的最佳证明。广州经济总量长期居全国城市前列，产业结构完备，也是华南地区工业门类最齐全的城市。改革开放先行一步，市场发育比较充分，市场化程度也较高；基础设施完善，枢纽地位突出；毗邻港澳，集聚辐射能力强大；广州地区集中了全省2/3的普通高校、70%的科技人员、97%的国家重点学科、77%的自然科学与技术开发机构，以及绝大部分国家重点实验室……这些是广州创新发展的实力支撑。

老，意味着优雅的城市气质。千年沧海桑田、风雨洗礼，历经过和平、繁华，也遭受过战乱、窳败，在中西文化的碰撞交流中，形成了海纳百川、包容开放的独特气质，广州可以坦然接受一切的"不合常理""不走寻常路"。很多人觉得广州是一座说不清的城市，它似乎什么都有，什么都能容得下。开放与多元，成为广州笑看风云、保持活力的秘诀所在。开放的城市，可以兼容并蓄为我所用；多元的城市，可以更好地满足人们多元需求。城市发展也有了更多可能。

"壮心与身退，老病随年侵。"老有老的境界，老也有老的局限，老城市也不例外。

一是机能退化，城市机体的不少"零部件"需要修补保养，有的甚至要大修。随着人口与城市功能的增多，广州也和国内外大城市一样，面临着城市管理欠账多，城市更新任务重，传统产业待升级，城市环境需优化等问题。二是思想僵化，人们容易陷入惯性思维、路径依赖，因过去的成绩沾沾自喜，躺在历史的"功劳簿"上裹足不前，习惯待在舒适区，习惯于跟跑、不想并跑、更不愿意领跑。三是知识老化，信息时代一日千里，创新发展是时代主题。有的部门和干部老办法不管用，新办法不会用，学习与创新意识不足，跟不上时代发展，解决不了城市发展中的新情况新问题。

必须防止"又老又旧，不新不活"，否则一切蓝图都是空中楼阁，又谈何抓住机遇、激发活力？

"活"在哪里？
四十年领潮争先，广州能否"生猛"如昨

活力是一座城市的精神面貌，更是城市赖以发展的基石。沿着时间轴线，去观察一座城市的起伏兴衰，其实不难为这句论断找到诸多例证。

40年改革开放的实践证明，每每在城市发展的关键时刻，老城市迸发出的新活力，都给广州综合实力带来跃升。40年领潮争先的广州故事，正是老城市新活力这篇大文章的生动注脚。

从率先打响城市经济体制改革"第一枪"，到第一批个体户应运而生；从率先开办"三资"企业，到第一个劳务集市开锣；从全国首家五星级宾馆落成，到首家超级市场开业……40年筚路蓝缕，广州一次次打破纪录，也一次次创造历史，在"改革不停顿，开放不止步"的跋山涉水中，走出了一条向改革要动力、向改革要活力、向改革要生产力的康庄大道。

船到中流浪更急，人到半山路更陡。我们深知，将改革开放进行到底，仍然是广州在更高起点、更高层次、更高目标上接续奋斗、出新出彩的关键一招。越是艰险越向前，在这个非进不可、不进则退的关头，广州必须冲急流、过险滩，一往无前。

活，在创新动力。当前，广州在科技创新能力、创新龙头企业数量、

科研成果转化等方面还存在着一些不足。仅以全社会研发投入这一项数据来看，全市R&D经费支出占比仅2.5%左右，与北京、上海等地差距明显，一些核心技术、关键零部件、重大装备仍然受制于人。

活，在产业升级。实现高质量发展，产业转型是关键。高技术制造业和新兴产业比重不高，高端服务业偏弱……广州要有紧迫感，在建设现代化经济体系上补齐短板，多想办法、多下苦功。

活，在破解"大城市病"。大城市有大的样子，也有大的难处。发展愈迅速，也就愈发能体会城市建设管理的欠账。社会治理创新跟不上发展需要，违建治理任务繁重，还有交通拥堵、垃圾围城等"大城市病"亟待有效破解。

活，在推进绿色发展。这几年，广州城乡环境持续优化，"广州蓝"一次次刷屏朋友圈，美丽乡村建设卓有成效。然而，坚决打赢黑臭水体剿灭战、大气污染治理攻坚战、净土保卫战，把绿色发展推向深入，广州还有许多块硬骨头必须啃下。

清醒认识当下问题，是为找到激发活力的新抓手。在这一轮抢抓机遇的比拼中，广州优势有之、短板有之，底蕴有之、不足亦有之，这些问题必须在发展中回答，在发展中解决。

新时代改革开放，重整行装再出发，广州仍需保持"杀出一条血路"的胆识和锐气。

"新"从何来？
七十载华诞将至，广州将交怎样答卷

"新故相推，日生不滞。"

时光如潮，滚滚向前。今年是新中国成立70周年，是全面建成小康社会关键之年。关键之年，当有关键作为，广州要自加压力、勇挑重担，奋力实现老城市新活力，以优异成绩向新中国七十华诞献礼。

知之愈明，则行之愈笃。抢抓大机遇，焕发新活力，我们必须明确：新在哪里？活力体现在哪？

新，在发展格局。格局决定层次，层次决定高度。只有进一步优化城市空间结构，全面增强综合城市功能，才能发挥国家中心城市和综合门户城市引领作用。

新，在运行机制。在城市发展的决定因素之中，运行机制是关键。加快政府职能转变，才能实现城市治理体系和治理能力现代化，方能以"营商环境2.0改革"为新起点，进一步优化现代化国际化营商环境。

新，在发展动能。放眼世界，经济发展向来都是一个动能不断迭代更新的过程。广州要不断完善现代产业体系，显著提高科技创新能力。

新，在民生改善。以人为本，城市要不断满足人民对美好生活的向往。要实现更高水平的幼有所育、学有所教、劳有所得、病有所医、老有所养、弱有所扶，建设平安广州、幸福广州。

新，在城市面貌。一座城市的老与新，城乡环境是最直观的窗口。只有深化生态文明建设，打好污染防治攻坚战，把城乡环境建设得更干净、更整洁、更平安、更有序，才能焕发云山珠水、吉祥花城的无穷魅力。

新，在精神状态。思想是行动的先导，精神是强大的力量。提振精气神、奋发实干劲，正是广州不断焕发新活力、开创新局面的源头活水。正扎实推进的文化强市建设，必将为广州改革发展凝神聚力、加油鼓劲。

老城市新活力涉及方方面面，"四个出新出彩"是实现老城市新活力最集中、最重要的体现。必须聚焦重点，持续发力，久久为功，善作善成。

新活力，从何而来？

从党的创新理论引领中来。科学理论指引方向，坚定信念凝聚力量。广州必须以习近平新时代中国特色社会主义思想武装头脑、指导实践、推动发展，为实现老城市新活力注入强大真理力量、理论力量、实践力量。

从重大战略机遇中来。"来而不可失者，时也；蹈而不可失者，机也。"粤港澳大湾区建设是广州发展的重大战略机遇，抓住了、用好了，才能不负时代的重任、历史的青睐。增强粤港澳大湾区区域发展核心引擎功能和实现老城市新活力，要相互联系、相互融合、相互促进、相得益彰。

从改革创新中来。"变者，天道也。"变革创新，始终是推动人类社会向前发展的根本动力。纵观广州发展历程，正是得益于敢为人先、敢闯敢试的城市精神，广州才能在经济发展不同阶段走在时代前列；正是凭借求新求变、与时俱进，广州才得以在全球城市体系中不断提升显示度。

从苦干实干中来。创业维艰，奋斗以成。实干才能创业兴业，苦干才能攻坚克难。实现老城市新活力，任务艰巨，使命光荣，且越往前走，越是困难重重。唯有进一步强化担当，以钉钉子精神一锤接着一锤敲、一茬接着一茬干，才能不辱使命、乘势而上。

潮起海天阔，扬帆正当时。在广州中流击水的航船上，没有坐享其成的乘客，没有事不关己的看客——你、我、他，每个人都是划桨者、搏击者。只有喊着同一个号子，朝着同一个方向，同舟共济、弄潮搏击，才能奋力驶向梦想的前方。

如果我是埋头攻关的科研人员，自当积极投身自主创新的主战场，瞄准关键领域、"卡脖子"的地方，潜心钻研、孜孜求索，为广州建设科技创新强市矢志奋斗。

如果我是奋斗在生产一线的工人，自当练就一身真本领，掌握一手好技术，发扬工匠精神，为广州建设先进制造业强市添砖加瓦。

如果我是培根铸魂的文艺工作者，自当坚持以人民为中心的创作导向，走进实践深处，为人民抒写，为人民抒情，为广州建设文化强市尽己绵力。

如果我是为人民服务的党员干部，自当在担当上再强化，实字当头、干字为先、夙夜在公、善作善成，立足自身岗位，奋发有为。

抢抓大机遇，焕发新活力，实现"四个出新出彩"，最终要落实到每一个区、每一个行业、每一个项目、每一个岗位、每一个人身上。

一个人就是一个"活力因子"，千万个"活力因子"奋进奔腾、共同律动，广州就有了勃勃生机、旺盛活力，广州发展就有了坚实基础、不竭动力。

滚石上山，仍需提气；逆水行舟，劲不可松。

大机遇时不我待，老城市其命维新！

（2019年4月10日刊于《广州日报》，执笔人徐锋、夏振彬、练洪洋、谭敏、毛梓铭）

精准统筹防控工作的"点"与"面"

战"疫"辩证法系列评论①

◎ 广　言

4个月以来，我国疫情防控阻击战取得重大战略成果，国内疫情已经得到基本控制，输入性病例的增长势头逐渐减弱，生产生活秩序正在加快恢复。一个拥有14亿人口的大国之所以能够取得如此来之不易的成绩，与在科学防治、精准施策的过程中始终正确处理防控中的"点"与"面"，有着密不可分的关系。

疫情的发生发展存在客观规律性。准确认识和把握疫情防控工作的客观规律，既以点带面、重点突破，又以面促点、统筹全局，方能选择最优路径，实现最优目标。从空间分布来看，某座城市、某个地区是疫情防控阻击战中的点，全国便是相对应的面；从时间推进来看，应急性超常规防控、常态化防控等不同阶段是疫情防控的点，而不同阶段组合而成的有机整体则是疫情防控的面。

掌握点面结合的方法，用好统揽全局的"望远镜"和析微察异的"显微镜"，进而为打赢疫情防控总体战作出科学决策和部署。其中，面常处于主导地位，它从整体上统率着点的发展。没有对面上的、总体的和全局的判断和把握，点上的问题就难以看得透彻和全面。在疫情防控的不同阶段，习近平总书记强调，"做好疫情防控工作十分紧要""疫情防控工作到了最吃劲的关键阶段""要精准有效做好外防输入工作，抓好重点地区疫情防控工作，落实和完善常态化疫情防控举措，加强宣传引导，强化群众的自我防护和管理意识，严密防范疫情出现反弹"……一系列重要讲话领航定向，指引着疫情防控人民战争、总体战、阻击战的方向。全国动员、全民参与，调动各方面资源，联防联控、群防群治，构筑起严密的防控体系，形成了强大的抗疫合力。

点是面上的点。点与点之间存在共性，面临相似的困难，遇到类似的问题。对此作出整体解析和把握，才能有效在点上精准"落子"。国家卫健委高级别专家组组长、中国工程院院士、国家呼吸系统疾病临床研究专家钟南山在1月20日拉响新冠病毒"人传人"的权威警报，指出早发现、早诊断、早隔离、早治疗"是最原始的防控办法，也是最有效的办法"。从全国到各省区市，再到社区、家庭和个人，举国合力筑牢抗疫防线。

关键的点，能够左右面的发展变化。所以，要用牵"牛鼻子"的方法，有重点地寻找突破口，逐步赢得抗疫全局的胜势。对打赢疫情防控阻击战来说，防是关键"点"。对全国来说，武汉乃至湖北是关键"点"，是重中之重和决胜之地。我们看到，全国各地一批批医务人员奔赴、奋战武汉一线；数十家单位紧密配合、全国各地建设力量迅速汇聚，短时间内建好武汉火神山、雷神山医院……力量向湖北、向武汉集结，资源向湖北、向武汉倾斜，全国打开了抗疫的时间窗口。

风雨同舟携手同行

面中的点有相对独立性。面具备一定的整体功能，并不简单等同于点的集合。由此可见，点与面有统一亦有矛盾，正是分区分级精准防控、复工复产的哲学基础。疫情防控进入"常态化"，各省区市总体步调协调一致，局部又有差异化安排。一方面，境外疫情仍在扩散蔓延，国内个别地区出现聚集性疫情，新冠肺炎疫情还有很大不确定性。另一方面，在夺取疫情防控和经济社会发展"双胜利"的过程中，各方面工作相互联系、相互作用，不断形成新的矛盾统一体。以广州为例，在外防输入、内防反弹的阶段中，以一系列果断有效的措施，把问题锁定、解决在点上，对面形成有力支撑。所以，要善于从"解剖一只麻雀"入手，由点到面地洞察新动向、新问题，补短板、堵漏洞、强弱项，精准"把脉"和"开方"；又要善于用"弹钢琴"的方法，突出重点，统筹兼顾，使各方面工作有重点地协同推进，全面推进复工复产达产。

当前，境外疫情暴发增长态势仍在持续，我国外防输入压力持续加大，国内疫情反弹的风险始终存在。病毒没有国界，没有哪个国家能置身事外、独善其身。着眼一国，国家是一个区域、一座城市的"面"；放眼世界，一个国家又是一个大洲、一个世界中的"点"。在全球疫情防控的版图上，各国息息相关，世界风雨同舟，"点"上的努力和"面"上的合作缺一不可。

人类是一个命运共同体。战胜关乎各国人民安危的疫病，团结合作是最有利的武器。而中国无疑是最坚定秉持人类命运共同体理念的那个"点"。中方已经建立新冠肺炎疫情防控网上知识中心，向所有国家开放；中国和韩国已成立应对疫情联防联控合作机制；中日韩三国外长同意探讨相互衔接的联防联控机制……各国携手织牢从"国门"到"家门"的联防联控网络，凝聚起团结抗疫的最大合力，方能牢牢夯实打赢这场全人类抗疫之战的"基本面"。

（2020年5月12日刊于《广州日报》，执笔人杨博、许晓芳）

清晰看待疫情应对的"常"与"变"

战"疫"辩证法系列评论②

◎ 广 言

"常态化"，疫情防控迎来一个新阶段。经过全国上下艰苦努力，我国新冠肺炎疫情防控向好态势进一步巩固，防控工作已从应急状态转为常态化。这意味着，人们慢慢告别一度的"风声鹤唳"，用更为平和的心态来面对"常态化"下的疫情防控。

一个"常"字来之不易，全国人民奋战数十天，才告别一个"急"。虽然，这个"常"字姗姗来迟，却也令人欣慰。在生活中，每天我们都面对着变与不变。变是动态化的，不变是常态化的，事物在常态化下维持运行，也在动态变化中发展。二者是对立的，也是统一的。

疫情防控亦是如此，要打赢这场人民战争、总体战、阻击战，必须处理好"常"与"变"的关系，善于从"变"中识"常"，从"常"中识"变"，踏准"变"的节奏，有条不紊地做好"常"的工作。疫情防控向好态势进一步巩固，逐渐趋"常"，但是"行百里者半九十"，未来仍可能存在变数，这是"变"。无论是巩固常态化成果，还是防止发生变数，我们都不能降低警惕性，不能有一丝一毫的马虎和大意。否则，"常"的成果就有可能化为乌有，社会将再度进入"急"和"变"的状态。

无论是转入"常"，还是维持"常"，都必须在防控策略、防控重心上适时勇于应变、主动求变，从而确保"常"的平稳，积小胜为大胜，直至大获全胜。坚持预防为主、落实"四早"措施、突出重点环节、强化支撑保障等都是"常"这一题中之义。随着经济社会秩序有序恢复，常态化防控要从形势变化中学会"变"。日前，广东从二级响应调整至三级响应，全面开放商场、超市、宾馆、餐馆等生活场所，开放公园、旅游景点、运动场所和图书馆、博物馆、美术馆等室内场馆，以及各类会议、会展活动。开放不同场景，对疫情防控要求不同，防控措施必须因地制宜、因时制宜，做细做实。

"天地之大，黎元为先。"战"疫"历程清晰表明：把人民放在心中最高位置，始终把人民群众生命安全和身体健康放在首位，无论是在防疫处于应急阶段，还是进入常态化阶段，这一点始终是"常"态。正是有了这种不变的初心，党和政府才能以不变应万变，周密部署、精心组织，排除万难、全力以赴投入到疫情防疫阻击战中，从"变"中求"常"。疫情总会过去，但是，以人民为中心的发展思想不会变，也不能变。

事物骤然变化，可能造成震荡、失序，也可能带来改变、重构。从"变"中习得的"常"，印象更加深刻、改变更加彻底、坚守更加自觉，更能应对未来不可知的"变"，此所谓"祸兮，福所倚"。比如，公众的公共卫生意识，戴口罩以防病毒通过飞沫传播、保持适当社交距离降低人传人风险、勤洗手保持个人卫生等倡议，重构了许多人的观念和行为，逐渐成为一种常态。不论在"外防输入、内防反弹"的当下，还是未来，坚守这种"常"都是必要的、有益的。再如，野生动物保护，经此一"疫"，公众认知得到提升、社会规则得以完善，也是拜"变"所赐。

一场疫情深刻地改变着社会。因疫而"变"化为"常"的，除了公众的公共卫生意识，还体现在科技、经济、文化、社会治理等诸多方面。比如说社会治理数字化，在本次疫情当中就得到极大的促进。本次疫情作为一个规模超大、时间仓促的极端压力场景，互联网手段所发挥的作用有目共睹，数字化技术的"无接触"效应，提升了疫情防控的全流程、多角色、多场景协同效率。而且，数字化、网格化等公共治理手段被行政部门高度重视并熟练使用。可以预见，经过此次疫情演练，社会治理数字化必将转"常"，为应对社会治理中的"变"夯实基础、提升效率。

"变"中有"常"，"常"又存"变"，我们必须学会"弹钢琴"，在"变"中抓住机遇，化危为机，在"常"中保持清醒，防范嬗变。守住前一段疫情防控的成果、扩大向好势头，必须处理好"常"与"变"的关系，力争早日打赢这场战"疫"。

（2020年5月13日刊于《广州日报》，执笔人练洪洋、刘琛）

善于转化疫情冲击的"危"与"机"

战"疫"辩证法系列评论③

◎ 广 言

经过艰苦卓绝的努力，目前疫情防控阻击战取得重大战略成果，统筹推进疫情防控和经济社会发展工作取得积极成效。但仍须看到，当前境外疫情暴发增长态势仍在持续，外防输入压力持续加大，国内疫情反弹风险始终存在。危险与机遇并存，要最终赢得疫情防控和经济社会发展"双胜利"，我们必须迎难而上，危中寻机，化危为机。

习近平总书记多次就化危为机作出重要指示。在浙江考察时他指出，危和机总是同生并存的，克服了危即是机。要深入分析，全面权衡，准确识变、科学应变、主动求变，善于从眼前的危机、眼前的困难中捕捉和创造机遇。在陕西考察时他再次强调，要善于从眼前的危机和挑战中抢抓和创造机遇，不断发展新模式、新业态、新技术、新产品。这些重要论述背后，是清晰的辩证思维，为我们危中寻机、化危为机提供了明确的方向和路径。

马克思主义唯物辩证法告诉我们，任何事物都是在矛盾的对立统一中发展的。危机是由"危"和"机"构成的矛盾统一体。"祸兮福之所倚，福兮祸之所伏。"危与机对立统一，既同生并存，也可相互转化。"危"与"机"不是孤立、静止的，也不是绝对的，而是相对的。实践证明，危中有机，机中有危；危可变机，机可转危。恩格斯说："没有哪一次巨大的历史灾难不是以历史的进步为补偿的。"回望世界历史，每一次危机背后都孕育着机遇，谁把握了机遇谁就占据了未来发展的主动。苏联利用西方20世纪30年代大萧条助推其快速工业化，"亚洲四小龙"利用西方20世纪70年代的"滞胀"加速了自身腾飞……实践证明，只要方法得当，危机可以转化为机遇。

如何化危为机？化危为机是一个渐进发展过程，既依赖于客观条件，更要发挥好主观能动性，这样才能最终由量变走向质变。在一定程度上，"危"与"机"转化的快与慢、好与坏，关键就在于实践主体主观能动性的发挥程度。因此，当危机袭来之时，需要我们准确识变、科学应变、主动求变。

具体而言，此次新冠肺炎疫情突如其来，传染力强、流行面广、防控难度大，此为危；疾病防控网络、公共卫生应急管理得到极大加强，此为机；疫情对复工复产、经济发展造成很大压力，此为危；但推动产业结构优化升级，加速数字经济、人工智能等新产业发展，此为机；疫情防控暴露出社会治理的一些不足和短板，对正常经济社会秩序和人民生命安全带来伤害，此为危；可经此一疫，城市治理体系和治理能力现代化再上台阶，此为机。

越是面对复杂局面，越要善于危中寻机、化危为机。而危与机转化的关键在于"变"，主动求变，方可求进、求新、求赢。

化危为机，准确识变是前提。"察势者智，驭势者赢。"识，重在发现危中之机；准确识变，要求既正视"危"而又不能夸大"危"。比如，从一季度经济数据看，疫情确实对我国经济运行造成了比较大的影响，但经济长期向好的基本面没有改变。我们必须用全面、辩证、长远的眼光看待现状，积极把握疫情防控和经济社会发展新形势、新任务、新变化，既重视当前疫情的严峻挑战，也坚信未来的发展前景。

化危为机，科学应变是重点。"明者因时而变，知者随事而制。"危中有机是客观规律，化危为机也有规律可循。科学应变，要抓住"新"。疫情之下，以新产业、新产品和新商业模式为代表的新动能逆势增长。捕捉机遇，就要积极培育"四新"增长点，加快科技创新步伐，加强新旧动能转换，加快布局新基建、新经济。科学应变，同时要发展好"旧"。"沉舟侧畔千帆过，病树前头万木春。"旧有旧的底蕴，旧中孕育着新。在旧的基础上，加快传统产业转型升级，重塑产业链、供应链、价值链等，正是推陈出新、因旧而新之变。

化危为机，主动求变是关键。转危为机，不会自动实现，需要深入分析、全面权衡，更需要积极进取、担当作为。主动求变，关键在人，要发挥好人的主观能动性。没有主动求变，就没有广州"暖企15条""实现全年目标任务48条"和百余场疫情防控新闻发布会；没有主动求变，就没有广州"一网通办、一窗通取"实现2小时开办企业、"不见面"审批、"零接触"办事；没有主动求变，就没有疫情中共享员工、在线办公、在线教育的盛行和直播带货、线上消费的新热潮。主动求变，还需多方协力。这既要求政府、企业与个人等多元社会力量参与，也要调动社会各方面资源，做到国内协同、国际携手，以团结合作凝聚起抗疫最大合力、汇聚更强发展动能。

每一次危机都是一次大考，既是对危机处理能力的考验，也是对机遇把握能力、定力的检验。从危中寻机，善于化危为机，我们方能战胜困难，迎来胜利。

（2020年5月14日刊于《广州日报》，执笔人谭敏、张冬梅）

灵活运用系统作战的"攻"与"守"

战"疫"辩证法系列评论④

◎ 广 言

战"疫"如战场，胜负一线之间，全在审时度势。知己知彼、攻守得法则百战不殆；患得患失、进退失据则满盘皆输。孙子兵法曰："不可胜者，守也；可胜者，攻也。守则不足，攻则有余。"这意味着，要想不被对方打败，就要注重防守，要想赢得战场胜利，就要采取进攻。当兵力暂时不足时，选择防守；当兵力占据优势时，选择进攻。在这场疫情防控阻击战中，攻守之法贯穿全过程。

"善守者藏于九地之下，善攻者动于九天之上。"守，不是放弃作为、束手就擒，而是厉兵秣马、枕戈待旦，为"动于九天之上"积蓄有生力量。在疫情暴发初期，面对来势汹汹且极为陌生的新冠病毒，坚持守势是明智之选。全国各地果断采取一系列强有力的管控措施，把控制传染源、切断传播途径作为疫情防控的关键点、着力点，"坚壁清野"、严防死守，决不让疫情继续蔓延。全国人民万众一心，积极配合防疫要求，减少不必要的流动。事实证明，守的成果卓著，不但遏制了疫情蔓延的势头，也为攻争取了时间和空间。

点面结合，攻守兼备，方能以全胜的谋略克敌制胜。在重点区域，则全力以赴，与病魔正面"交火"，务求全胜。提出"四早""四集中"的防控和救治要求，把人民群众生命安全和身体健康放在第一位，明确了攻的方略；全国超过4.2万名医务人员迅速驰援湖北各地，尤其是武汉，彰显了攻的决心；用10多天时间便建成火神山、雷神山两所专门医院，见证了攻的速度；用一个多月的时间初步遏制了疫情蔓延势头，紧接着将本土每日新增病例控制在个位数以内，夺取了攻的战果。中国的"回防"速度、进攻效果，令世人惊叹。世卫组织专家认为，中国的防控举措，扑灭了"引发更大火灾的火花"，让其他国家"拥有机会之窗来防止更大的火灾"。国际抗病毒研究学会主席约翰·内茨表示，中国采取的一系列措施果断有力，有效遏制了疫情的蔓延，为国际社会有效应对这一全球公共卫生挑战赢得了宝贵时间。在这场保卫战中，攻与守辩证统一，实现了以攻促守。

攻与守，看似矛与盾，其实是你中有我、我中有你，必须巧妙转换、游刃有余。守，不是消极的、无为的，被敌人牵着鼻子走，而应该是，守是战略、攻是战术，守是目的、攻是方法，守通过攻来实现和维系。比如，广州"三人小组"上门排查、全面实施穗康码制度等，就是以攻为守、积极有为的证据，并以实效证明守的得法。攻，不是瞻前不顾后，只管冲锋、不守阵地。战果要扩大，既要攻城略地，也要守住阵地，不能得而复失、前功尽弃。新冠病毒狡猾多变，转阴病人还有复阳风险，守的任务异常艰巨。武汉日前宣布全员进行核酸检测，就是守成的有力举措。

兵无常势，水无常形。攻守之道，在于相时而动、随机应变。若时机成熟而仍然固守不攻，便会贻误战机，不但之前的"牺牲"会白白浪费，最后想守也守不住；若时候未到贸然出击，潜伏的"敌人"就有可能乘虚而入，取得的战果化为乌有不说，还可能影响战局走势。因此，攻守要应时、得法。当前，全国疫情防控形势总体是好的，但境外疫情形势严峻复杂，必须持续抓紧抓实抓细"外防输入、内防反弹"工作，确保完成决战决胜脱贫攻坚目标任务，全面建成小康社会。不让来之不易的疫情防控成果前功尽弃，必须攻守并施、适时而变。根据境外疫情的新情况、新趋势，有针对性地采取更加灵活管用的措施，强化外防输入重点领域和薄弱环节，有攻有守、张弛有道，将任何疫情反弹的苗头扼杀在萌芽中。

心态决定状态，思路决定出路。在以"双统筹"夺取"双胜利"的过程中，无论攻还是守，都要用攻的心态、攻的状态、攻的思维，那就是"明知山有虎，偏向虎山行"的勇气，"黄沙百战穿金甲，不破楼兰终不还"的决心，"泰山崩于前而色不变"的胆识，主动作为、奋发有为。最怕的就是机械的守的心态，畏首畏尾、缩手缩脚，甚至出现麻痹思想、厌战情绪、侥幸心理、松劲心态，从而使得事态往往像徒手抓泥鳅，越想抓紧越抓不住。

备豫不虞，为国常道。明白攻什么、守哪里，清楚如何攻、怎样守，才能在抓好常态化疫情防控下，加快推进生产生活秩序全面恢复，让社会经济发展重回正轨。

（2020年5月20日刊于《广州日报》，执笔人练洪洋、陈文杰）

牢牢把控治理大考的"始"与"终"

战"疫"辩证法系列评论⑤

◎ 广　言

当前全国疫情防控形势总体向好，但境外疫情形势严峻复杂，国内防范疫情反弹任务仍然艰巨繁重。面对抗击新冠肺炎疫情这一对国家治理体系和治理能力的大考，"慎终如始"一直是习近平总书记多次重要讲话中的高频词汇。3月4日主持召开中央政治局常委会会议时，习近平总书记强调，加强疫情防控必须慎终如始，对疫情的警惕性不能降低，防控要求不能降低。3月10日在湖北武汉考察时，他强调，越是在这个时候，越是要保持头脑清醒，越是要慎终如始，越是要再接再厉、善作善成。3月18日主持召开中央政治局常委会会议时，他再次强调，要慎终如始、一鼓作气，坚决打赢湖北保卫战、武汉保卫战。

慎终如始，则无败事。在"始"与"终"的命题中，蕴含着事物发展的质量互变规律、否定之否定规律。起点是事物发展肯定性的节点，终点是事物经过两次否定、两次转化所形成的节点，对事物的演变、发展具有新的肯定性。马克思指出："辩证法对每一种既成的形式都是从不断的运动中，因而也是从它的暂时性方面去理解。"可见，事物运动变化须历经"量变—质变—量变"的过程。按照这一事物发展的客观规律，在这场疫情防控的"大战大考"中，如何立足当前、着眼长远，抓住危中之机，不断化危为机，深刻理解"始"与"终"的辩证关系，牢牢把控"始"与"终"演变的关键节点，便显得尤为重要。

审视事物发展的全过程，起点和终点总是联系着的统一体。恩格斯指出："第一次否定的时候，就必须使第二次否定可能发生或者将有可能发生。"也就是说，起点必然向着终点发展，它潜藏着后继的一切，因此具有可预见性。尽管人类对新冠病毒尚未完全认识，但从战"疫"一开始，举国上下统一思想认识、统一行动步调，在疫情防控的各个阶段，坚持"全国一盘棋"，听从党中央和国家的统一号令和全方位协调；而要打赢疫情防控这场人民战争，就必须紧紧依靠人民群众。正是这些最基本、最重要的坚持和努力，决定了抗疫的力量对比和战场形势不断向着有利于我们的方向发展。

关注事物发展的每一阶段，起点和终点之间往往有一个渐进的过程。量的积累会促成质的变化，质则规定着量的变化范围。所以，起点和终点都具有质的相对稳定性。这便意味着，终点不是一下子可以达到的，需要经过一段逐步发展的过程。所以，要一以贯之地增强忧患意识，防范各方面的风险挑战；要善于积极利用内外部环境的一切有利因素，化解复杂矛盾，不断积小胜为大胜，直至夺取疫情防控和经济社会发展的"双胜利"。正因为如此，在疫情暴发之初，习近平总书记指出："疫情就是命令，防控就是责任"，"坚决遏制疫情蔓延势头"；在积极向好的态势拓展之际，习近平总书记指出："全面部署统筹推进疫情防控和经济社会发展各项工作"，"努力夺取疫情防控和经济社会发展双胜利"。

聚焦事物发展的每个状态，质变的临界点常常具有模糊性。因为诸多因素相互作用着，共同推动了事物的向前发展，所以这一过程格外复杂、充满变化，让事物在质的发展方向上存在不确定性。从4月29日至5月14日的半个月之中，习近平总书记四次强调"决不能前功尽弃"，多次提醒要清醒看到国内外疫情形势的复杂性和严峻性，反复强调要珍惜来之不易的防控成果。正因为如此，在疫情防控工作最吃劲的关键阶段，我们"必须高度警惕麻痹思想、厌战情绪、侥幸心理、松劲心态"；在国内疫情防控形势持续向好、境外疫情加速扩散蔓延的态势下，更须强调"要及时完善我国疫情防控策略和应对举措，把重点放在外防输入、内防反弹上来，保持我国疫情防控形势持续向好态势"。

若将视野投诸事物发展的更开阔的生命周期，"始"与"终"又具有相对性和连续性。中国古代哲学家荀况认为："始则终，终则始，若环之无端也。"此事物之始，可能是旧事物终了、质变的结果；此事物之终，又会是新事物孕育、初生的开局。疫情防控阻击战就是如此，当前我国抗击新冠肺炎疫情取得战略性成果，仍不能轻言胜利，同时"后疫情"阶段的脱贫攻坚、全面小康、深化供给侧结构性改革等诸多命题必须提上议程、协同考量、统筹推进。疫情之下，全球共此冷暖，疫情防控与经济复苏息息相关、紧密相连。这就要求我们以宏观的视野、系统的眼光，动态而深入地把握疫情防控和经济社会发展中的质量互变规律，实现疫情防控整体战与治国理政各项工作的有机结合和有效衔接。

船到中流浪更急，人到半山路更陡。发展环境越是严峻复杂，越要坚定不移深化改革，健全各方面制度，完善治理体系，促进制度建设和治理效能更好转化融合，善于运用制度优势应对风险挑战冲击。只要我们紧抓时机自我完善、自我发展，势必能把制度优势不断转化为治理效能，以新作为迈向新征程、新起点！

（2020年5月21日刊于《广州日报》，执笔人杨博）

全面把握共同富裕的历史观

科学认识"共同富裕"系列评论①

◎ 本报评论员

　　不久前召开的中央财经委员会第十次会议指出，"必须把促进全体人民共同富裕作为为人民谋幸福的着力点，不断夯实党长期执政基础"。习近平总书记在"七一"重要讲话中强调，新的征程上要"推动人的全面发展、全体人民共同富裕取得更为明显的实质性进展"。作为未来中国经济社会发展的重大命题，"共同富裕"承载着民族复兴途上的何种夙愿与期许，烛照着我们党践行百年初心的何种考量与情怀，又将为"全人类共同价值""人类文明新形态"的形塑提供何种中国范本、注入何种中国内涵？作为改革弄潮之地和"先富起来"的沿海超大城市，广州在其中又承担着何种历史使命？

　　为更好地学习领悟、阐释践行及启发思考，《广州日报》今起推出科学认识"共同富裕"系列评论员文章。

——编者按

　　从马克思主义唯物史观的视域观照，中国共产党的"共同富裕"伟大实践，无疑有着恢宏厚重、意蕴绵长的历史注脚，更体现了对事物本质与客观规律孜孜以求、循序渐进的科学把握。

共同富裕，承载的是一个民族对摆脱贫困、天下大同的千年念想

　　"凡治国之道，必先富民。"揆诸古今，摆脱贫困是一个世界性难

题，共同富裕是中国人几千年来梦寐以求的价值追求。"富者田连阡陌，贫者无立锥之地"，董仲舒尖锐地指出，贫富分化将导致社会混乱，历史上的治乱循环也反复论证了贫富悬殊的巨大危害。如果说"权有无，均贫富"，体现的还只是朴素的调节贫富差距理念，"民亦劳止，汔可小康""大道之行也，天下为公"等图景的想象与描绘，则展现了我国先民对共同富裕理想社会的无限渴望。

百年征程历历在目，我们党团结带领中国人民，以"为有牺牲多壮志，敢教日月换新天"的大无畏气概，书写了中华民族几千年历史上最恢宏的史诗。今天，当全球1/5的人口还在贫困线上挣扎时，14亿多人口的中国已经全面建成小康社会。千年夙愿，玉汝于成。这伟大功绩、这世间奇迹，足以彪炳千秋！

共同富裕，展现的是中国共产党人对人民福祉、历史使命的不舍追求

走近共同富裕的千年梦想，关键在中国有了共产党。始终从人民利益出发，同人民想在一起、干在一起，一心一意为百姓造福，让老百姓的日子越过越和美、越过越幸福，这是共产党人的情怀所在，更是使命所系。从石库门到天安门，从兴业路到复兴路，初心如磐、百年坚守，一代代共产党人流血牺牲、无私奉献，归根结底是为了实现全体人民共同富裕、让全体人民都过上好日子。

这种初心与情怀，一以贯之，矢志不渝。新中国成立之初，毛泽东同志就提出了我国发展富强的目标，指出："这个富，是共同的富，这个强，是共同的强，大家都有份。"邓小平同志指出："社会主义最大的优越性就是共同富裕，这是体现社会主义本质的一个东西。"江泽民同志强调："实现共同富裕是社会主义的根本原则和本质特征，绝不能动摇。"胡锦涛同志强调："使全体人民共享改革发展的成果，使全体人民朝着共同富裕的方向稳步前进。"进入新时代，习近平总书记明确要求"坚持以人民为中心的发展思想，坚定不移走共同富裕道路"。为了逐步实现共

同富裕，我们党开展了规模空前的脱贫攻坚战。历史将铭记这一刻：2020年，中国人彻底告别了绝对贫困。神女应无恙，当惊世界殊！

踏上全面建设社会主义现代化国家新征程，我们党把促进全体人民共同富裕摆在更加重要的位置。从总书记用脚步丈量基层民情，到300多万名第一书记和驻村干部扎根乡村，从中央不断出台的惠民惠农政策，到广州等发达地区无私对口帮扶……无数中国共产党人永远在为人民谋幸福的岗位上夙夜在公、久久为功。

共同富裕，体现的是中国共产党对历史规律、路径方法的发展眼光

这种发展的眼光，展现了对"什么是社会主义"的清醒认知。贫穷不是社会主义，共同贫穷同样不是社会主义。马克思、恩格斯认为，实现共同富裕的前提是社会生产力高度发达，社会财富极大丰富。在生产力水平低下、剥削阶级占统治地位的时代，共同富裕、天下大同只能是遥不可及的梦想。我们党深刻认识到，实现共同富裕的首要前提是减少贫困、摆脱贫困、消除贫困，并将这种理念不折不扣付诸实践。

这种科学的态度，展现了对"怎样达至共同富裕"的唯物史观。共同富裕不是同时同步富裕，必须遵循从局部到整体、从量变到质变的进程；共同富裕不是搞平均主义，必须从历史教训中寻找启示。从"解决温饱"到"让一部分人先富起来、先富带动后富"，再到"消除贫困"、实现"共同富裕"，在不同历史时期，我们党高瞻远瞩、因时制宜地提出了前后连贯、与历史发展相契合的精准策略，以时间为轴，谱写出追求共同富裕的动人画卷。

历史是过去的现实，现实是未来的历史。共同富裕，是对历史逻辑的当代阐释。透过历史逻辑，领悟现实意蕴，将共同富裕这一宏大主题置于历史大背景下解读，我们能够更加清晰清醒地洞悉过去、把握当下、面向未来，共同书写好新征程上共同富裕的时代鸿篇！

（2021年9月1日刊于《广州日报》，执笔人练洪洋）

正确认识共同富裕的时代性

科学认识"共同富裕"系列评论②

◎ 本报评论员

　　"治国之道，富民为始。"站在"两个一百年"的历史交汇点，共同富裕的千年愿景，在新征程上呈现出更加鲜明的时代特征。正确认识和准确把握共同富裕，不可忽视其时代必然性、时代必要性和丰富的时代内涵。

　　理性认识共同富裕的时代必然性。回首党带领中国人民进行革命、建设、改革的百年历程，根本目的就是为了让全体人民都能过上富足的好日子。经过新中国成立70多年来、改革开放40多年来的艰苦奋斗，如今的中国已成为世界第二大经济体，人均GDP超过1万美元，城镇化率超过60%，中等收入群体超过4亿人，打赢脱贫攻坚战，全面建成小康社会，为促进共同富裕奠定了坚实的物质基础，也积累了丰富的发展经验。如今，我们开启全面建设社会主义现代化国家新征程、向第二个百年奋斗目标进军。

　　毋庸置疑，我们比以往任何时候都有条件实现共同富裕，也比以往任何时候都有底气实现共同富裕。党中央发出推动共同富裕的动员令，正是时代发展的必然取向。

　　正确看待共同富裕的时代必要性。"十四五"规划和2035年远景目标明确：全体人民共同富裕取得更为明显的实质性进展。这为实现共同富裕提供了时间表和路线图。

　　蓝图绘就，目标在前，时不我待。这是解决我国社会主要矛盾的现实需要。虽然共同富裕已具备必要的物质基础，但我国仍处于社会主义初级阶段，仍然是世界上最大的发展中国家，不平衡不充分的发展成为制约人民日益增长的美好生活需要的主要因素，必须不断提高发展质量、持续提升共同富裕水平。这是关系党的执政基础的重大政治问题。民心是最大的政治，人民是我们党执政的最深厚基础和最大底气。新征程上，党带领人民走向共同富裕、开创美好未来，才能不断夯实党长期执政的坚实基础。这是解决当代世界性难题的中国方案。共同富裕本身就是社会主义现代化的一个重要目标。贫富差距过大、收入分配不均是世界性难题。我国始终坚持以人民为中心的发展思想，坚定不移走共同富裕道路，这也将为全球现代化发展提供中国智慧。

科学把握共同富裕的时代内涵。"中国特色社会主义进入了新时代，这是我国发展新的历史方位。"新时代，是经济由高速增长阶段向高质量发展迈进的时代，是更好满足人民日益增长的美好生活需要的时代。这也意味着共同富裕不仅仅是经济水平的单一提升，而是有着更加丰富、鲜明的时代内涵。

共同富裕是"全民共富"，不是一部分人和一部分地区的富裕，不是平均富裕，而是全体人民富裕程度的普遍提高，是全体人民共享发展成果，过上美好生活。共同富裕是"全面富裕"，既包括物质上的富裕，也包括精神上的富足。共同富裕是"共建共富"，既"做大蛋糕"更"分好蛋糕"，既体现公平也体现效率，人人参与，人人享有，共建美好家园，共享美好生活。共同富裕是"逐步共富"，对于我们这样一个拥有14亿多人口的大国来说，让所有人、所有地区同时同步富裕，既不可能，也不现实。促进全体人民共同富裕是一项长期艰巨的任务，要基于国情、立足现实，分阶段有步骤推进。

共同富裕的甘美不会从天而降，共同富裕要靠全体人民的不懈奋斗来实现。在这个孕育无限可能的新时代，我们要与时代同向而行，发挥每个人的积极性、主动性和创造性，一步步将共同富裕蓝图变为美好现实。

（2021年9月2日刊于《广州日报》，执笔人谭敏）

准确理解共同富裕的辩证法

科学认识"共同富裕"系列评论③

◎ 本报评论员

身处百年未有之大变局加速演变的时间节点，在"推动共同富裕取得更为明显的实质性进展"的新征程上，我们必须自觉运用马克思主义哲学思维，以唯物辩证法的认识论和方法论全面把握我国社会主要矛盾的发展变化，准确理解涉及共同富裕这一重大命题的相关辩证关系，精准观察处理各种新老问题，方能在实现共同富裕的系统复杂工作中赢得主动和先机。

推动共同富裕，必须做到效率和公平辩证统一。共同富裕是全体人民的富裕，不是少数人的富裕，也不是整齐划一的平均主义，我们既要实现结果公平，又要实现机会公平。实现共同富裕，需要通过机会公平激发人的积极性和创造性，以此提高社会整体效率——这便是以公平创造效率；也需要通过提高社会整体效率创造更多更好的发展机会，以此实现更高水平的结果公平——这便是以效率促进公平。可见，要着力营造一个公平竞争的社会环境，让每个人拥有自我发展的能力和自我实现的机会，让推动共同富裕的内生动力充分涌流。

推动共同富裕，必须实现速度和质量辩证统一。高质量发展是实现共同富裕的前提和基础。不解决好发展动力问题，不聚焦转变发展方式，就无法追求更高质量更有效益的发展。因此，要纠正"速度情结"、克服"换挡焦虑"，把握好调结构、换动力的窗口期，推动经济社会发展的全方位转型升级；要努力维护社会公平正义，实现更均衡、更协调的发展，不断提升人民群众的获得感、幸福感、安全感。这样的发展才是高质量的发展，这样的高质量发展方能为共同富裕夯实物质基础。

推动共同富裕，必须达到过程和结果辩证统一。允许一部分人先富起来，先富带动后富，最终达到共同富裕——其题中之义就是，"先富"从一开始就被"共富"的结果所规定。同时，共同富裕必然经由"先富带后富、帮后富"的过程来实现。所以，实现共同富裕，势必要分阶段、分步骤，积小胜为大胜，让"部分先富"为"共同富裕"提供经验和牵引。遵循这一路径，扩大中等收入群体比重，增加低收入群体收入，推动形成中间大、两头小的橄榄型分配结构，从而有效促进全体人民共同富裕。

推动共同富裕，必须实现供给和需求辩证统一。当前，我国经济已由高速增长阶段转入高质量发展阶段，国民经济的总量性问题和结构性问题并存，结构性问题更值得关注。透视供给与需求的结构性矛盾，其根源在于供给体系的质量和效率不高，不能灵活有效地适应需求侧的新情况、新变化。只有坚持深化供给侧结构性改革这条主线，改变低效错配，培育新动能，方能着力解决发展中的中长期问题。同时，我们也丝毫不可忽视需求侧管理。唯有积极实施扩大内需战略，推进新型城镇化，形成需求牵引供给、供给创造需求的更高水平动态平衡，方能为共同富裕提供源头活水。

推动共同富裕，必须做到客观性和主观性辩证统一。一方面，共同富裕是一项长期任务，必须遵循发展的客观规律，实事求是、循序渐进；另一方面，共同富裕反映着人民群众的共同期盼，等不来、等不起，必须靠苦干、实干方能梦想成真。我们追求的发展是造福人民的发展，我们追求的富裕是全体人民共同富裕。因此，实现共同富裕必须充分发挥大家的主观能动性、尊重人民的首创精神，唯有人人参与、人人尽力，方能众人拾柴火焰高，唯有动员人民、依靠人民，方能早日实现共同富裕。

共同富裕是社会主义的本质要求，是中国式现代化的重要特征。我们仍须清醒认识、辩证把握我国长期处于社会主义初级阶段这个最大国情，要对共同富裕的长期性、艰巨性、复杂性有充分估计。只有牢牢把握这个最大国情、最大实际，坚持全面而辩证地分析和解决问题，坚持一切从实际出发来谋划和推动工作，方能不断深化认识、不断总结经验，在共同富裕的新征程上闯出新路子、赢得新胜利。

（2021年9月3日刊于《广州日报》，执笔人杨博）

系统掌握共同富裕的方法论

科学认识"共同富裕"系列评论④

◎ 本报评论员

实现共同富裕，正从一代代人向往的远景，成为我们这一代人"看得见、摸得着"的实景。顾所来径，我们之所以取得举世瞩目的成就，赢得全面建成小康社会的伟大胜利，原因是多方面的。其中一个重要原因就是中国共产党在领导人民进行社会主义现代化建设的历史进程中，始终坚持以辩证唯物主义和历史唯物主义为指导，自觉运用马克思主义的世界观和方法论。在促进共同富裕的实践中坚持唯物辩证法的世界观、方法论，方能为共同富裕从美好愿景到"施工图"擘画清晰的实现路径。

实现共同富裕，要理论联系实际，在实践中处理好顶层设计和基层探索的关系，从量变到质变，解开中华民族的富裕密码

实践决定认识，国情决定路径。立足"两个一百年"的历史交汇点，全面建成小康社会后中国特色社会主义迈向新的发展阶段，我国对三次分配的相关制度进一步完善，浙江共同富裕示范区正在展开积极探索……经济、制度、实践的基础进一步夯实。同时，共同富裕又是一场前无古人的伟大事业，既无现成的系统经验可循，也没有固定的模式，是"摸着石头过河"。因而在实践过程中，要充分解放思想，对共同富裕的"四梁八柱"甚至每一步"棋"怎么走，既做好顶层设计，又鼓励各地在探索中大胆创新、尽力而为；与此同时，也要看到重大改革不可能毕其功于一役，并自觉遵循规律、实事求是，稳扎稳打、量力而行。作于易、作于细，唯其如此才能在实践、认识、再实践、再认识的反复探索中掌握共同富裕的规律。

实现共同富裕，要抓主要矛盾，向改革要发展，突破瓶颈，不断调整生产关系适应社会生产力发展

富民大计，发展为本。高质量发展是实现共同富裕的基础和前提，是基本盘。要让创造社会财富的发展源泉充分涌流，既需要给各种所有制的经营者吃下"定心丸"，使其通过辛勤劳动、合法经营、创新创业成为致富带头人，又需要为每个人都提供公平享有发展的机会，使其通过勤劳创新走上共富路。这就要求务必坚持"两个毫不动摇"，坚持基本经济制度，坚持公有制为主体、多种所有制经济共同发展。发展提质，关键在人。扩大中等收入群体规模是高质量发展的重要途径，是突破口，是"牛鼻子"。要充分激活中等收入群体，务必拧开扩大内需的水龙头，释放就业机会、壮大市场主体，创造更加普惠公平的环境，畅通向上流动渠道，为高质量发展引来源头活水。实现共同富裕，势必要抓住这些关键环节和重点领域，于细微处落笔、于薄弱处用功，方能四两拨千斤，开启实现高质量发展和高品质生活的良性循环。

实现共同富裕，要统筹兼顾、十指弹琴，奏响效率和公平的协奏曲，使发展成果更多更公平惠及全体人民

一枝一叶总关情。从发展、联系、全面的眼光来看，共同富裕是一项复杂的系统工程，必然呈现出多个侧面、涵括着多个阶段，反映了事物特殊性与普遍性的统一。14亿多人是同一个命运共同体。共同富裕的题中之义，必然不仅强调"富裕"，也高度重视"共同"。为此，要从战略全局着眼、从三次分配着力，高效运用杠杆，提高蛋糕的分切水平。其一，发挥三次分配作用，要有"统"的思维——准确把握税收、社保、转移支付等调节力度，平衡协调改革发展的速度和社会可承受程度，合理掌握制度性、补充性、鼓励性举措的精准度，科学运用"无形的手""有形的手""温柔的手"构建三个维度，充分彰显财富增长最大化与分配公平化的力度与温度——统观试点先行与全面推进的深层逻辑，观全篇。其二，

发挥三次分配作用，要有"筹"的办法——由点及面，循序渐进，推进基本公共服务均等化，促进城乡区域协调发展，构建橄榄型社会分配结构，拉开一张先富带动后富的良性之网——筹谋改革发展与社会稳定的良性循环，谋长远。唯有在统筹全局中把握方向、在系统推进中明确重点、在整体运行中协调各方，方能事半功倍地促进社会公平正义，促进人的全面发展。

实现共同富裕，要坚持底线思维，强化问题导向、目标导向，在追求"共富"进程中最大程度扬长避短

面对世界百年未有之大变局，实现共同富裕的新征程不可能一帆风顺，难免经历风雨艰辛。我们必须牢牢树立底线思维，提高预见性，从而把握事物质变节点、防止不利质变发生，也就是从最坏处准备、努力争取最好的结果。改革越深入、任务越艰巨，越需要树立底线思维，越要完善风险防控机制，做到有备无患、遇事不慌，牢牢把握主动权，着力防范化解重大风险；越要守住法律边界、政策边界、道德边界，绝不能踩踏和逾越；越要保基本，在就业、物价、社保等各方面做好兜底性民生保障，凝聚社会共识的最大公约数，画出共同富裕的最大同心圆。

（2021年9月7日刊于《广州日报》，执笔人刘冉冉）

讲好法治"故事"，
一个案例胜过一沓文件

◎ 杨　博

案例被称作最生动的法治教材。"两高"（最高人民法院、最高人民检察院）工作报告中提到的典型案例，向来是中国法治文明的一面镜子。5月25日，十三届全国人大三次会议举行第二次全体会议，听取和审议最高人民法院工作报告和最高人民检察院工作报告。孙小果案、杜少平操场埋尸案、民航总医院杀医案等多例典型案例写入"两高"工作报告。

一个案例胜过一沓文件。近20个案例，出现在长达20多页的2020年最高法工作报告中，司法的力量、尺度和温度得到多角度充分展示。而在2020年最高检工作报告中，不仅引用的案例数比往年有所增加，而且不少案例有展开的内容，讲述的篇幅和深度都相应有增加。

为什么"两高"工作报告要如此费心思地讲案例？因为，案例是体现司法理念和法治考量的载体；典型个案则往往是一个时代的符号。在个案中坚持公正、坚守底线，体现着一个国家的法治进步。最高检工作报告起草组从1000多页、数百个案例中"优中选优、典型中再找典型"，为的就是把最能引领社会法治观念和体现司法理念的案例选出来、传播开去。可见，讲好法治故事，兹事体大，影响深远。

讲好法治故事，事关树立法律权威，建立法律自信。通过讲述法治故事，司法机关回应社会关切，法律公信力得到巩固，公众法律意识得到增强。人们从中能够增强意识：法治实践远不止于消极服从式的守法，还包括积极地行使法律权利和维护法律尊严。所以，从长生疫苗案中，企业经营者会再次体会到，"法不能向不法让步"，而恪守以人为本、诚实守信理念又是何等重要；而"走步机"案件"走进"最高检工作报告，则宣示了对民营企业的平等保护，推动一项行标，保障一个行业。

法律就是生活，生活就是法律。讲好法治故事，要见事见人、法理交融，才能让法治力量引导人们向善而生。案件的背后是冲突与矛盾，隐含着曾经鲜为人知的诉求。不贴近群众生活的案例叙述方式，难以把抽象的法律理念和生动的法律实践充分结合起来。所以，依法审理"撞伤儿童离开遇阻猝死案"，不只是为阻拦者恢复正义，更是要提醒全社会珍视儿童权益，鼓励人与人守望相助、诚心相待；把方志敏烈士名誉权案写入最高法工作报告，不只是为了告慰英雄的亡灵，更是要高扬为了理想信念不怕牺牲的民族精神。

个案公正涵养着法治中国的根基，也擦亮了社会文明的镜子。对广大司法工作者来说，要"努力让人民群众在每一个司法案件中感受到公平正义"，必须付出坚持不懈的努力。同样地，讲好法治故事，传播法治理念，引领社会价值观，也需要久久为功、驰而不息。

（2020年5月27日刊于《广州日报》）

践行"人民至上",用好用活民法典

◎ 广 言

5月29日,中共中央政治局就"切实实施民法典"举行第二十次集体学习。中共中央总书记习近平在主持学习时强调,民法典在中国特色社会主义法律体系中具有重要地位,是一部固根本、稳预期、利长远的基础性法律,对推进全面依法治国、加快建设社会主义法治国

家,对发展社会主义市场经济、巩固社会主义基本经济制度,对坚持以人民为中心的发展思想、依法维护人民权益、推动我国人权事业发展,对推进国家治理体系和治理能力现代化,都具有重大意义。

如果从1954年新中国第一次起草民法典算起,民法典编纂的过程足以称为"六十六年磨一法"。66年间,中国在一穷二白的底图上描绘出波澜壮阔的画卷,一路爬坡过坎,迈入中国特色社会主义新时代。民法典根植于当代中国之实际,汇集10多部民事单行法,科学而系统地回应了时代之问。民法典体现我国社会主义性质、符合人民利益和愿望、顺应时代发展要求,体现对生命健康、财产安全、交易便利、生活幸福、人格尊严等各方面权利平等保护,具有鲜明的中国特色、实践特色、时代特色。

在民法慈母般的眼神中,每个人就是整个国家。良法让法治存在于人们的行动之中,从而成为一种生活方式和共同信仰。正所谓,善治始于良法,良法孕育善治。所以,有人把宪法比作高高飘在空中的旗帜,把民法比作踏在大地上的"脚步"。虽然每一步看起来都平淡无奇,但正是这些扎实的"脚步",把国家的治理目标落实了下来。民法典作为"万法之

母"，不仅为公民的民事权利提供了全面的保障，而且维护法律秩序、引领良好风俗，构成了国家治理体系和治理能力现代化的核心推力。

天下之事，不难于立法，而难于法之必行。法律的生命力在于实施，法律的权威也在于实施。再完善的法律文本，如果不能有效地实施，也会有损法律的权威，还会阻碍法治的实现。民法典要在实施中，与其他配套规范性文件共同发挥出体系的合力。同时，民法典要通过法律解释和审判实践，不断完善自身的体系，维护法律的尊严。对同民法典规定和原则不一致的国家有关规定，要抓紧清理，该修改的修改，该废止的废止。要发挥法律解释的作用，及时明确法律规定含义和适用法律依据，保持民法典稳定性和适应性相统一。

作为"社会生活的百科全书"，民法典在字里行间呼应着社会现实，呵护着人民的权利，具有鲜明的中国特色、时代特征。譬如，民法典彰显对网络时代隐私权、虚拟财产的保护，细化网络侵权责任；民法典创设"胎儿利益保护"，把人格权保护拓展至"摇篮以前"……民法典的问世，是完善社会治理和市场经济的重要一步。然而，民法典有所为也有所不为。面对变动不居的现实，民法典自然无法尽善尽美、面面俱到。随着经济社会不断发展、经济社会生活中各种利益关系不断变化，民法典在实施过程中必然会遇到一些新情况、新问题。要坚持问题导向，适应技术发展进步和新需要，在新的实践基础上推动民法典不断完善和发展。

在人类文明史上，优秀的制度成果往往是大国崛起的标配。同时，优秀的制度文化涵养着国民的素养和精神，不断把大国崛起引向新的境界和天地。德法合治兼修历来是中华文明的优良传统。所以，必须让民法典走到群众身边、走进群众心里，使它成为全民法治教育的蓝本，并以此培育人民群众的权利思维、公共意识和理性精神，让法治中国行稳致远。

（2020年6月2日刊于《广州日报》，执笔人杨博）

强制报告，筑牢未成年人"保护墙"

◎ 谭　敏

近日，最高人民检察院、国家监察委员会等九部门印发《关于建立侵害未成年人案件强制报告制度的意见（试行）》（以下简称《意见》），规定有关单位和个人发现未成年人遭受或疑似遭受性侵、虐待、欺凌、拐卖等9类不法侵害情形，应当立即向公安机关报案或举报。

《意见》对于持续加强未成年人保护制度建设，构建社会综合预防保护体系，及时干预、严厉惩治、有效预防侵害未成年人犯罪，有着十分重要的意义。

近年来，未成年人受到侵害事件不时见诸媒体，引起公众广泛关注。据统计，2017年至2019年，检察机关起诉侵害未成年人犯罪分别为4.76万人、5.07万人、6.29万人，呈不断上升势头。而预防难、发现难、取证难一直是侵害未成年人犯罪中存在的主要问题。因为这类案件一般发生在家庭、学校、培训机构等内部场所，不易被发现；一些未成年人自我保护意识和能力不强，不少孩子受到侵害后不敢、不愿甚至不知道寻求帮助；再加上"家丑不可外扬"的心理使得家长和受害者还可能瞒报，导致犯罪行为不能及时被发现和制止，有的发现时已难以找到证据，严重影响了打击犯罪和救助未成年人的效果。

我国一直高度重视未成年人保护，强制报告制度要求相关单位和个人在发现未成年人遭受侵害时要主动报告，是发动社会力量，构建未成年人社会综合保护体系的重要内容。强制报告制度并非首次提出，未成年人保护法、反家庭暴力法等法律中对强制报告制度均有明确规定。而《意见》则在它们的基础上更进了一步，为未成年人筑起了一道实实在在的"保护墙"。

一是扎密了笼子。只有覆盖面够广，防范力量足够强，才能扎紧篱笆，织密网眼，避免未成年人保护制度"牛栏关猫"。《意见》明确规定国家机关、法律法规授权行使公权力的各类组织及法律规定的公职人员，密切接触未成年人行业的各类组织及其从业人员对侵害未成年人案件有报告的义务。这较之以往，大大扩大了强制报告主体的覆盖面。此外，不仅仅是针对9类不法侵害情形，对于疑似情形也要报告，发现和预防犯罪行为的可能性就更大了。

二是长出了"牙齿"。法律的生命在于实施。执行有力，法律才能真正长出"牙齿"，发挥惩恶扬善的作用。《意见》不仅明确了强制报告归口受理部门为公安机关，有效避免了未成年人保护"九龙治水"，没问题"人人有权"、出了问题"人人无责"的状况。而且，《意见》把"强制"二字落到了实处，强化了责任，加大了监督。许多条款中都规定了法律责任，并明确了制度落实的督促和追责机制。这就让不履行、怠于履行强制报告制度的有关单位及工作人员切实感受到压力。这种实实在在的责任倒逼，有助于调动全社会力量，织密预防和惩处侵害未成年人违法犯罪的社会网络。

保护未成年人是全社会的责任。在实践中，我们还需要加强宣传，让更多人了解和支持强制报告制度，营造出主动报告和关爱未成年人成长的良好氛围。只有发动全社会的力量，多方协同，综合施策，才能将未成年人保护落到实处，让更多孩子免于受到伤害。

（2020年6月23日刊于《广州日报》）

纵有关山万千重，且去攀登！

◎ 广　言

寒潮过境，天朗气清。恰逢其时地，地球完成了一次公转，"转"来新的一年。

辛苦了，翻过2020这座大山的人们。祝福，站在新起点上的每一个你我。

刚刚过去的这一年，极不平凡。一个"极"字，让人感慨万千。这一年，"不确定性"成为高频词汇，百年变局一再刷新认知，冲击、风险渗透到方方面面。世界在变，中国在变，城市在变，生活在变。大到国际风云，小到餐桌文明，2020年呼啸而过，竟留下一道"分水岭"——疫情前后的世界，迥然不同。

变者，天道也。不确定性，绝非2020年所独有。但在过去的366天，每个人都真切地感受到了它的分量、它的能量。

这一年，我们的国家、我们的城市、我们每个人，都经历得太多。我们直面风刀霜剑，我们亲历险象环生，我们揪心于"浮云能蔽日"，我们激动于"雾散终有时"。这一年，我们害怕、我们英勇，我们失去、我们收获，我们哭过、拼过、笑过，又被温暖着、被守护着、被感动着。这一年，如同尖锐的刻刀，在我们的脑海里、在历史的车辙上，划下了深深印记。

变局，带来困厄，亦激发力量。这一年，我们目睹初心使命的熠熠光辉，感受制度优势的磅礴之力，探索化危为机的无限可能。这一年，中国号巨轮劈波斩浪。从经济复苏、全面小康、脱贫攻坚到"北斗"组网、天问"问天"、"嫦五"探月，中国交出了一份彪炳史册的答卷。这一年，广州顶住压力、负重前行，切实将"两难"变成"两全"，推动城市活力持续迸发——城市更新九项重点工作加快推进，营商环境持续优化，创文再创佳绩，脱贫攻坚任务全面完成……这座人口多、密度高、流动性强的超大城市，切实为全国、全省大局扛起了广州担当，贡献了广州力量。

这，就是中国人的2020年，也是中国人漫长奋斗历程中的短短一瞬。它，就和硕果累累的"十三五"一样，像一个切片、一道缩影——变局、危机，从来难不倒中华民族；历尽艰险、穿越风浪，我们仍然在这儿！

今天，又是一个崭新的坐标、一个全新的起点。大儒梁漱溟曾经发问：这个世界会好吗？在辞旧迎新的节点，这个问题不请自来。其实，2020年早已给出答案，会或不会，事在人为！

新的一年，风险不会消失，挑战不会暂停，变局仍会演进。可以确定的是，"不确定"将继续纠缠2021年的每一天。

因为不确定，所以更清醒。前方路漫漫，我们走得怎样，要看我们做得怎样；而做得怎样，要看是否拥有一个清醒的头脑、一颗强大的心脏。新的一年，开好局，不能寄望岁月静好；起好步，不能幻想一片坦途。我们要进一步增强忧患意识、坚持底线思维，进一步把握大局大势、找准历史方位、明确目标任务。如此，方可谓之清醒。

因为不确定，所以更坚定。2021年，"十四五"开局，新征程开启。我们要立足新发展阶段，贯彻新发展理念，构建新发展格局。2021年，广州要以"双区"建设、"双城"联动为战略引领，办好发展和安全两件大事，做强人工智能与数字经济、城市更新"双引擎"，加快实现老城市新活力，以"四个出新出彩"引领各项工作全面出新出彩，在全省实现总定位、总目标中勇当排头兵。"新"字迭出，"新"从变来，但无论形势怎么变、任务怎么变，战略定力不能变，决心魄力不能变，身经大战、大考的精气神不能变。

2021年，我们将迎来中国共产党成立100周年。百年来，一代又一代共产党人冲锋在前、苦干在先，矢志不渝、求新求变。"收拾旧山河"，是变；改革开放，是变；以高质量发展为主题，是变……如今，站在新征程的起跑线前，我们更要传承那股从"红船"到抗疫一以贯之的英雄气，坚定信仰、信念、信心，"闯"字当头、"新"字为先，勇开新局，继续奋战。

习近平主席在2021年新年贺词中强调，征途漫漫，唯有奋斗。历史，总是要前进的。攻坚克难，本就是生活常态。所以，"不确定性"又怎样？"动荡变革期"又如何？任尔东西南北风，我自坚劲！纵有关山万千重，且去攀登！

（广州日报新年献词，2021年1月1日刊于《广州日报》，执笔人夏振彬）

公众满意是公共服务首要标准

◎ 谭　敏

近日，广东省省情调查研究中心、广东省社会科学院绩效评估中心公布了2018年广东省地方服务型政府建设系列调研报告。调查显示，2018年广州市人民政府公共服务公众满意度十年来首次跃居全省第一，政务服务满意度连续三年保持全省首位，广州"一窗式"集成服务和行政审批制度改革取得实效，得到公众的高度肯定。

对于广州来说，政府公共服务公众满意度能够在全省拔得头筹颇为难得。因为，公众满意度不仅与政府公共服务水平相关，也与公众期望值有密切关系。课题组专家也认为，广州作为国家中心城市，群众的期望和要求要高于佛山、中山等其他珠三角城市，取得如此成绩，反映出广州在公共服务建设上取得了长足的进步。

公众对政府治理能力的评价，很大程度上是通过对政府提供基本公共服务的数量和质量来感知的。因此，政府提供的公共服务能否满足公众需求，是直接影响政府公信力与治理效能的关键因素。公众满意度，也应该是公共服务的首要标准。

近年来，广州在加大基本公共服务投入、完善基本公共服务体系、促进基本公共服务均等化等方面取得明显成效。同时，为了回应公众需求，精准提供市民最需要的公共服务，广州每年进行十件民生实事的海选，邀请市民投票选出心目中最希望政府办的事，每年年底进行十件民生实事办理情况的盘点总结。这些都实实在在地提升了公众满意度，也提高了政府效能。因为，单纯的经济增长与公共服务投入并不一定带来公众满意度的提升，而只有赋予公众对公共服务的选择权，投入到市民最有感知力的地方，促进公共服务供给与公众需求的双向互动，才能保证公共服务的高效，实现发展成果更多更公平惠及全体市民。

　　此外，也要看到，广州虽然在公众满意度上有进步，但在调查覆盖的十大类公共服务领域中，环境保护、住房保障、就业保障是广州公共服务建设的薄弱环节，这也是广州今后需要重点加强的部分。只有以公众满意为方向，才能更好地促进相关部门以公众期盼为出发点，不断提升公共服务质量，实现公共服务的均等化、高效化、公平化，赢得公众认可，也让公众真正从社会发展中提升幸福感和获得感。

（2019年1月3日刊于《广州日报》）

政务服务呼唤更多"一号窗口"

◎ 练洪洋

车辆遭跨省套牌该怎么办？对车辆交通违法行为处罚信息有异议，又该如何维权？广东交警部门将统一设立专治"疑难杂症"的"一号窗口"，实行跨部门、跨地区集中受理、联动解决群众办理车管业务中涉及机动车和驾驶证管理及交通违法处理方面的疑难事项。目前，已全部建设完成并投入使用。

专治车管业务中的"疑难杂症"，"一号窗口"功能令人眼前一亮。像车辆遭跨省套牌，就是一个令车主非常头疼的老问题。一般处理程序是，发现车辆被套牌之后，车主可以向机动车登记地或违法发生地公安机关交管部门报案，除提交个人身份证明、机动车相关材料、报案材料之外，最好还能提供对方的情况，方便交管部门进行核查。顺利的话，等上一段时间，"李鬼"被揪出，还你一个清白。万一卡在某个环节，你又无法申请更换号牌，就只能祈求"李鬼"良心发现，谨慎驾驶，少点违章。发生这样的事，你说车主心里有多憋屈！有了"一号窗口"，跨省套牌这一"疑难杂症"从此就有了"特效药"，车主的"心病"就有救了。

情动于中而形于外，"一号窗口"是"形于外"，而"动于中"的，正是广东交警部门全心全意为人民服务的"情"。坚持以人民为中心的发展思想，不是一句口号，而是一种普适性的工作理念、行为准则。坚持这一思想，必须站在人民立场上想问题、作决策，必须以为民、便民、利民为目标，紧扣民本、民生、民心，着力解决人民群众的操心事、烦心事。"一号窗口"的设立，针对车管业务存量问题，治"痛点"、攻"难点"、疏"堵点"，可视为政务服务精细化、品质化之表现。

一枝独秀不是春，公共服务呼唤更多"一号窗口"。公允地说，这些年来，通过深化"放管服"改革，政府审批事项不断减少；通过服务手段创新，如"电子政务""一站式服务"等建设，政务服务便利化水平大大提高；通过行政机关作风建设，"门难进、脸难看、话难听、事难办"的现象大为减少，如今去行政机关办事要比过去方便多了。毋庸讳言，与人民群众的要求相比，一些政务服务质量仍有待提高。如今，门好进了，脸好看了，话也不再难听了，而"事难办"在一些地方仍然不同程度存在着。

坚守人民立场，把稳服务方向。每个政务服务部门都要从"一号窗口"中见贤思齐，站在服务对象角度审视自己，看看还有哪些服务跟不上服务对象的要求，在提升政务服务质量、优化用户体验上，本单位、本部门还有哪些潜力可挖，进而迎难而上，不断改善服务质量。

（2019年8月8日刊于《广州日报》）

削减证明让企业群众享"轻"福

◎ 杨　博

削减证明事项，马不停蹄。日前，人社部在2019年第三季度新闻发布会上表示，在取消两批80多项证明事项、材料事项之后，下一步还要取消42项证明事项材料。这些即将取消证明事项材料的办事场景包括：办理人力资源服务许可证时不必再提交工作人员的学历证明，办理社保登记不再提交营业执照、组织机构统一代码证书，申领工伤保险待遇时不再提交认定工伤决定书，以及开具直系亲属关系证明等，与人们的日常工作生活息息相关。

引人探究的是人社部即将取消的42项证明事项材料的类别，可谓亮点纷呈。其中包括，通过网络核验手段能实现的，通过部门间核查能够实现的，由人社部门内部通过信息共享方式能够实现提供的，通过告知承诺制度替代开具证明的，根据实际情况不需要再提供的。从中能够清晰地看到，改革推动着政务服务的转变，是一条主线。或者通过引入信息化的技术手段，或者通过转变政府行政职能，或者通过建构新的体制与机制，改革真正还权于民、还利于民，势必在更深层领域、更广阔范围引发创新的动作。

以人社部提到的告知承诺制度为例，近年来该项制度已在市场监管部门、司法部门中纷纷展开积极探索。告知承诺制是指行政机关在办理有关事项时，以书面形式把法律法规中规定的证明义务和证明内容一次性告知申请人。申请人书面承诺已符合告知的条件、标准和要求，愿意承担不实承诺的法律责任，行政机关便不再索要有关证明，直接予以办理。此项制度创新实际上是以一种"合同式"治理的方式来替代以往繁复的行政审批。进一步讲，这需要政府部门之间从协同的角度来转变工作方式，完善对承诺履行情况的过程监管，加强诚信体系的建设，触发一系列积极的化学反应。

烦苛治理必然带来停滞与贫困，简约治理则带来繁荣与富裕。削减证明事项的奔跑，要跑出质量、跑出速度，赢得未来。它实质上是"以敬民之心、行简政之道、革烦苛之弊、开便利之门"，是对行政权力"做减法"、对政务服务"做加法"，最终激发经济社会活力的"乘法"。

（2019年10月23日刊于《广州日报》）

基层"年底综合征"，咋治？

◎ 夏振彬

年关将至，半月谈记者在调研时发现，一些基层干部为迎接年底的各项考核、检查，犯上了"年底综合征"。疫情影响没留痕？补！多年前的工作没档案？造！缺材料影响年底考核？填！年底如何"突击"花钱？培训！部分基层干部不得不使出"十八般武艺"，最后都落在"弄虚作假"上。

为了"弄虚作假"，竟使出"十八般武艺"，想想那赶工造假的场景，令人反思。年末岁尾，本就是最忙碌的时候，在这样的节点竟为了应对考核疲于奔命，谈何作为？

"年底综合征"再一次证明，形式主义就是有这样的"魔力"，它热衷于跟实干、实事抢时间、争精力、分资源，且屡屡得手；它身负恶名，人人厌恶，却又常常横行无阻，让人动弹不得、深受其苦。

"年底综合征"再一次证明，形式主义具有顽强的生命力。它总能结合新情况、新特点，玩出新花样，呈现新面孔。比如过去一年，受疫情影响，一些工作被耽误，年底考核却没有特事特办，"明知弄虚作假，也要把材料补上"；一些预算上半年花不出去，只能在年底"冲刺"，各种培训一个接一个……不考虑实际，不懂得变通，直接照搬往年惯例，这样的考核不仅是懒政，简直是"亚健康"。

怎么治？就事论事，要下特效药。年终考核"突击造假"并非新情况，已经是形式主义作恶的重要节点。对此，不妨及早预判，给热衷发文、习惯要材料的"手"提个醒，严管严控。尤其要结合实际情况，允许特事特办，提供弹性空间，这是必要的指挥棒，更是实事求是的体现。

归根结底，则需深层次转变。应该说，年底总结不可或缺，检查考核也确有必要。但怎么查、怎么考，是不是该有更简约务实的方法？基层直接面向群众，一项项任务无不是实打实的工作。仅仅听汇报、看数据、要材料，就算考核？答案当然是否定的。年底检查、考核不妨更实一些，能精简则精简，多去实地转转，多听听群众的声音，别再让基层干部吐槽自己的时间精力"放在本职工作上也就三分之一"，其他的都在应对各种"杂事"！"杂事"不除，留着过年吗？

（2021年1月13日刊于《广州日报》）

一张逆行车票写满初心

◎ 夏振彬

3月18日，钟南山院士再次现身。

这一次，他奔波劳碌的身影，出现在了广州市疫情防控新闻通气会上。这场通气会，和其他有钟南山院士参与的活动一样，干货满满，人气爆棚。尤为值得一提的是，在通气会现场，有张车票"惊喜"亮相。

这是一张动车票，出发时间为1月18日，起点和终点分别是广州南站、武汉站。二等座，票价465.5元。除此之外，它还传递着两个更重要的信息：无座、补票；身份证号显示1936，乘车人已经84岁高龄？

你肯定已经猜到了，这就是1月18日傍晚，钟南山院士紧急赶往武汉的车票。你肯定想起了那张钟南山院士在高铁餐车上满面倦容的照片。那天是星期六，他从深圳抢救完相关病例回到广州，当天下午开会时接到通知赶去武汉——航班已无机票，高铁票也非常紧张，临时上车的他被安顿在了餐车的一角。两天之后，"肯定存在人传人""14名医务人员感染""没有特殊的情况，不要去武汉"，钟南山院士接受采访时的回答，真正拉响了警报，改变了局面。

时光飞逝。两个月后回头看，这张小小的车票，让人备受触动。它，是一扇窗口。透过它，我们仿佛能感受到当时的时间紧迫，仿佛能想象出一个80多岁的老人匆匆赶车的身影。这张票，很普通，但又不普通。它在一个重要的时间节点，完成了一趟重要的行程，为一场大战揭开序幕。

它，更是一个见证。关键时刻站得出来，危急关头豁得出去。这些要求绝不是空洞的、抽象的，而是实实在在的。它体现在一个个选择里、一次次行动中，如今它正体现在这张小小的车票上。接到通知，钟南山立即动身，义无反顾——细细思之，此行前途未卜，可能满是凶险。然而无座、补票，依旧毅然前行，哪怕半夜抵达也不再延迟一天。这张车票，写满了责任感、使命感、紧迫感，展现着乘车人的坚定决心。

其实，这张车票，也是一个缩影，一个代表。新冠肺炎疫情发生以来，我们见过太多温暖，亲历太多感动。请战书上密密麻麻的红手印，医护人员脸上深深的勒痕，"逆行"战士写给家人的信……它们和这张车票一样，讲述着英雄的故事，有一股震撼人心的力量。借助它们，我们更加真切地感受到——什么是不畏艰险的勇毅，什么是挺身而出的担当，什么是视死如归的精神。

疾风知劲草，烈火见真金。我们不会忘记这张车票，不会忘记请战书上的红手印，不会忘记那些让人心疼的勒痕……正是它们所承载的精神，守护着我们的平安；正是它们背后的初心使命，成为战"疫"最强大的武器。

从1月18日至今，两个月来，"风云激荡"。其间经历更使我们深信：人，总是要有一点精神的；平安，需要这张车票背后的精神！

（2020年3月20日刊于《广州日报》）

坚决彻底整治形式主义、官僚主义

◎ 广 言

重点整治开会频次过多过滥、浮于表面，给基层造成沉重负担；整治拖沓敷衍、推诿扯皮，对职责范围应解决的问题层层上报请示，回避矛盾和问题……日前，广州市委以2019年1号文形式制定实施《关于深入开展形式主义、官僚主义专项整治的指导意见》（以下简称《指导意见》），坚决彻底整治形式主义、官僚主义，推动全面从严治党向纵深发展。

"形式主义、官僚主义同我们党的性质宗旨和优良作风格格不入，是我们党的大敌、人民的大敌。"党的十八大以来，习近平总书记反复强调形式主义、官僚主义的危害。在今年年初召开的中央纪委三次全会上，习近平总书记再次强调，要把力戒形式主义、官僚主义作为重要任务，拿出有效管用的整治措施。

作风问题关系人心向背。全市上下必须深刻认识到，坚决整治形式主义、官僚主义是践行"两个维护"的具体行动，是密切联系群众的必然要求，是推动实现老城市新活力的迫切需要。全市各级各部门要深入学习贯彻习近平总书记关于党风廉政建设特别是力戒形式主义、官僚主义的重要论述，强化政治担当，把坚决彻底整治形式主义、官僚主义摆在突出位置来抓，以务求必胜的意志和决心一抓到底、抓出成效。

坚决彻底整治形式主义、官僚主义，必须解决思想问题，提高政治站位。形式主义、官僚主义为何容易变异复发？因为有人嘴上跟着喊"反对形式主义、官僚主义"，但心里并不以为然。有些人不仅没有从政治上认清危害，在思想上剔除形式主义、官僚主义影响，反而产生了心理依赖。为此，破除形式主义、官僚主义顽疾，最根本的还是要从思想上校准航标，以党的政治建设为统领加强思想教育，要从政治高度深化对整治形式主义、官僚主义的重要性紧迫性的认识，坚定理想信念，从思想根源深入查摆，举一反三，破除错误认识，推动正本清源。

坚决彻底整治形式主义、官僚主义，必须聚焦突出问题，抓重点抓关键。问题是导向，只有奔着问题去，抓住重点问题和关键环节，才能切实抓紧抓好、抓出成效。《指导意见》立足广州实际，明确了7个方面的重点整治任务，出台9条举措明确"靶向治疗"。力度大、魄力足、针对性强，接下来就是狠抓落实，强力执行。领导干部要切实发挥好"头雁效应"，把自己摆进去，作带头整改的表率。各级各部门要聚焦深化改革开放、优化营商环境、整治黑臭水体、清拆违法建设等重点工作，从基层和群众最关心、反映最强烈的问题入手，列出整治清单，找准要害症结，确保抓早抓小、抓出习惯、抓出成效。坚决彻底整治形式主义、官僚主义，必须加强长效监管，着眼长远。坚决整治形式主义、官僚主义，并非一朝一夕之功，要坚持以制度管人管事，把整治工作不断引向深入。据各地媒体报道，当前一些基层干部对形式主义问题，既深恶痛绝，又深陷其中。为什么？因为其背后不仅有作风问题，还有体制机制问题。制度是管长远、管根本的。整治形式主义、官僚主义必须坚持当下改与长久立相结合，深入分析现象背后的深层次原因，针对体制机制方面的薄弱环节，科学研判、精准施策。比如进一步完善问责制度、激励关怀机制，把激励和问责结合起来，把担当作为的好干部用起来，把监督的板子打下去，把整治效果体现在真抓实干的干事创业氛围上。

上行下效，上下同心。今年是新中国成立70周年，是全面建成小康社会、实现第一个百年奋斗目标的关键之年。关键之年当有关键作为。全市上下要从讲政治的高度推进形式主义、官僚主义专项整治，更好激励广大干部崇尚实干、担当作为，为推动广州实现老城市新活力提供坚强保障。

（2019年3月21日刊于《广州日报》，执笔人夏振彬）

没有好作风就没有好效果

◎ 广 言

"形式主义害死人！现在，有的同志学习做样子、走过场，搞虚把式，有的甚至从网上购买现成的手抄本、学习日记，拿来后一复印就成了自己的心得。"习近平总书记在内蒙古考察并指导开展"不忘初心、牢记使命"主题教育时的一席话，振聋发聩。力戒形式主义、官僚主义，注重实际效果，解决实质问题，这是党中央对"不忘初心、牢记使命"主题教育提出的明确要求。

当前，各地各单位扎实推动主题教育有力有序开展，高质量推进各项工作，取得初步成效。但也必须承认，个别党员在主题教育中同党中央要求相比，还存在不小差距，形式主义、官僚主义问题仍不同程度存在。比如在理论学习上，有的满足于做做样子、装点门面、囫囵吞枣，有的为学习而学习，学习与工作"两张皮"；在整改落实上，不真刀真枪、动真碰硬，装样子、打太极，停留在表面整改、虚假整改、纸上整改等等。没有好作风，就没有好效果。

全市各部门、各单位要进一步增强政治责任感和工作紧迫感，在第一批主题教育有序开展并取得初步成效的基础上，全面落实"四个到位"要求，深刻认识存在的问题和不足，力戒形式主义、官僚主义，不断巩固和拓展主题教育成果。

力戒形式主义、官僚主义，要继续在"严"字上下功夫。严，就是要严定标准、严格要求、严格把关。学习教育不能有虚浮气，调查研究不搞"作秀式""盆景式"调研，检视问题应不留死角、不搞例外，整改落实要杜绝虎头蛇尾、久拖不决。态度决定成效，标准决定结果。各部门、各单位要切实加强组织领导，进一步明确方向、理清思路、把握重点，确保各项任务高标准、高质量、按时限完成。尤为重要的是，要切实强化督促指导，在督查督办上更加严格，做得好的及时表扬，开展不力的及时批评提醒，出现偏差的要及时纠正，对学习教育"搞应付"、调查研究"走过场"、检视问题"不深刻"、整改落实"轻飘飘"的坚决不放过，对接下来可能出现的形式主义、官僚主义问题提前预判、有效防范、坚决克服。

力戒形式主义、官僚主义，要坚决在"实"字上求突破。实，就是实实在在、真抓实干、取得实效。主题教育开展得怎么样，归根结底要用党员干部的实际行动来体现，要用群众的获得感、幸福感、安全感来检验。各部门、各单位要坚持两手抓两促进，进一步把注意力放在"注重实际效果、解决实质问题"上，学习避免学用脱节、调研拿出硬招实招、检视问题剖析根源、整改要改出成效，以扎扎实实的行动不断提高主题教育质量和效果。

第一批主题教育已时间过半，时间紧迫，任务繁重。各部门、各单位要以更高标准、更严要求推动主题教育走深走实，以更好作风确保更好效果，将更好效果转化为攻坚克难、干事创业的更强动力。

（2019年7月30日刊于《广州日报》，执笔人夏振彬）

别拿"看着办"为难基层干部

◎ 练洪洋

最新一期《半月谈》关注了一个常用短语，叫"看着办"，挺有意思。

身为基层干部，谁没请示过上级？有请示就该有回复，只是有一种回复，基层干部听了心里会打鼓——3个字，"看着办"。这3个字，要说基层有人从来没听过，怕是没谁会信。只是，这3个字，很多时候成了一些基层干部的"紧箍咒"。

言有尽而意无穷，语言表达这门艺术，与断臂女神维纳斯雕像给观众的审美体验何其相似，人们总是对她的残缺部分放飞想象并各自解读，要是女神的身体像罗丹《思想者》那么完整，其魅力或许会大打折扣。"看着办"就是集语言艺术之大成者，语义之精妙、内涵之丰富，堪称"经典"。

万一上级让你"看着办"，而你又无法从这3个字中得获得更多信息量，你就要从中跳出来，采集现场和非现场、语言和非语言的各种信息，比如说话者的口气、面部表情等，然后运用智商与情商储备，进行综合运算、归纳，甚至沙盘演练，最终得出最贴近说话者意图的答案。归纳起来，"看着办"无非有几大情形：

其一，上级对你非常信任。知道你能办事，不用上级"手把手"教你怎么办，这是让人最愉快的一种情形。其二，上级对你发出"最后通牒"。让你办的事，你不好好办或总是办不好，不给点压力，你就没动力。其三，上级也不知道该怎么办。事情太棘手，不办又不行，于是将压力一层层往下传导，至于解决办法，自己看着办。其四，上级在耍"太极拳"。事情办好了，皆大欢喜；事情办砸了，责任在你身上，与上级无关。其五，上级在暗示，"看着办"就是"不用办"。有些事情搞搞形式、走走过场就行了，不用真落实，但又不能明说，于是你们"看着办"……

一句"看着办"，说者云淡风轻，听者胆战心惊。并非每一位基层干部都那么聪明，能够迅速且准备猜出上级的言外之意，猜对了还好，猜错了、做错了麻烦就大了。上级意图靠猜，这种风气真不好，一方面增加了基层干部的精神压力，导致他们在工作中无所适从、患得患失；另一方面降低了基层工作效率，毕竟"上面千把锤，下面一根钉"，基层干部要负责要面对的上级不止一位。

人民公仆都是为人民服务，公事就该公办，公话就该公说，为什么要藏着掖着，说一些模棱两可的话呢？察实情、出实招、办实事、求实效，是领导干部最宝贵的工作作风和政治品质，更是人民群众所期所盼的。领导干部在部署工作之前，应多作调查研究，做到成竹在胸；布置任务之时，应明确目标任务，把话说清楚；任务分解之后，要盯落实，防止"空转"。让基层干部莫衷一是而又心惊肉跳的"看着办"，还是少说为佳。

（2020年8月28日刊于《广州日报》）

"细水长流"也能冲垮"廉洁堤坝"

◎ 练洪洋

中央纪委国家监委网站客户端日前披露了青海省公安厅原党委副书记、副厅长任三动严重违纪违法的事实。其中提到，细水长流的收礼形式，让任三动无法估算出到底收受了多少人的贿赂、收了多少钱。直到案发，专案组帮他理清了这笔糊涂账，他悔之晚矣。

世间事很奇妙，有些时候，不怕大水漫灌，就怕细水长流。就像漏雨的砖墙瓦房，一阵大雨没什么威胁，最怕长时间下小雨，让砖墙一点点湿透、断裂，最后导致整座房子坍塌。贪腐也一样，"细水长流"有着可怕的力量。关于这一点，古之贤者都看得非常透彻。

唐德宗时期，贤相陆贽严于律己，任何礼物一概不收，就像某广告说的，"今年过年不收礼"。连德宗皇帝也看不过眼，出面开导他，爱卿太过清廉了，像马鞭、靴子之类，偶尔收一点也没关系。陆贽却说，收了鞭子、靴子，就会开始收华服、裘衣；收了华服、裘衣，就会开始收钱；

收了钱，就会开始收车马、座驾、金玉、珠宝。看破还说破，陆贽真是明白人。

细水长流式收礼，可怕之一，在于撑大胃口。一条好烟、一瓶好酒、一个小红包、一盒土特产……价值虽不高，但"副作用"极大。每收一次礼，礼物给收受者带来的边际效用就会递减一次，他的胃口和胆量就会扩张一次。到了最后，必须通过更大的刺激才能达到收受者的期望值，才能满足他的心理需求。任三动也是如此，到了最后，连数百万的购房款也敢向公司老板开口。

细水长流式收礼，可怕之二，在于积少成多。"温水煮青蛙"中青蛙是怎样死的？就是被温度一点点升高的水煮死的。细水长流式收礼，虽然每次所收金额都不大，但是数目会慢慢增长，到了东窗事发时，算的是总账，问题就严重了。任三动退休6年之后，所收的好烟仍旧占据储物间一面墙，不管他是一条一条地还是一包一包地收，到了最后，加在一起都成为贪腐罪证。

"贪如火，不遏则燎原；欲如水，不遏则滔天。"纵观一些被查处的党员干部，他们之所以倒在法纪的高压线下，就是因为"不矜细行，终累大德"，在一些小事和细节上不谨慎、破规矩。从"笑纳"小礼物、小红包开始，积"小恶"成"大恶"，从"小贪"变"大贪"，最后坠入万劫不复的境地。

"堤溃蚁孔，气泄针芒。"成大事者，也要拘小节。党员干部要慎独、慎初、慎微、慎欲，严以修身，正心明道，防微杜渐，时刻保持公仆本色。"心不动于微利之诱，目不眩于五色之惑"，才能保全名节、成就事业。

（2021年7月15日刊于《广州日报》）

农村自建房安全不能靠"自鉴"

◎ 陈文杰

近日，山西襄汾"8·29"重大坍塌事故再次敲响了农村自建房安全警钟。有媒体记者在多地采访了解到，多年来，农村自建房近乎"野蛮生长"：没有规范的施工图纸，没有专业的施工团队，对建材的选择主要依据经济实力。尤其是随着城镇化发展，一些农村自建房变身经营性场所，简单随意地改扩建，使得安全风险陡增。

农村自建房的安全问题由来已久。在我国农村地区，自建房一直是农村居民用来满足住房需求的主要方式。然而，很多农村自建房本身就是"三无工程"——无规范审批、无资质证明、无验收标准。而这些"三无工程"，大部分是由"三无"（无营业执照、无施工资质、无施工许可证）的施工团队来操刀，其安全隐患也就可想而知了。

近年来，随着城市化的推进，许多农村自建房的性质发生改变，不再是单纯的居住，从一开始带有租赁性质的公寓房，发展到含经营性的门铺、店面，再到具有生产属性的厂房、小作坊等。这些套着"自建房"名义下的建筑，其中不乏"违建"，而它们对安全性的考量往往也是有所欠缺的。此外，一些村民为了争取更多的拆迁补偿，更是陷入了疯狂的"突击建房"竞赛中。在一开始就用一种"拆了也不可惜"的心态，"用最少的钱盖最高的楼"的标准来建房子。这时，自建房不再是为了居住，已沦为获取赔偿的筹码。若村子"不幸"没有被征收拆迁，留下的只有一堆有安全问题的房子。

农村自建房的安全问题，事实上就是监管问题。农村自建房的冒头与兴起，虽与客观存在的住房需求有关，但让其逐步陷入无序的局面，除去主观盲目的逐利心态之外，正是监管的长期缺位导致的。

这一方面，与早期城乡二元结构的管理体制有关，政府对农村行政管理的触角不够，对农村建筑领域存在许多管理上的"真空地带"。另一方面，现有的农村建房管理缺乏操作性强的法律法规。虽然出台过相关的管理办法，但由于各地执行力度不一，很容易流于形式。比如，在个人建房上虽会有审批，但也只是针对宅基地面积的核对，"文件、证件没问题就可以了"，至于在宅基地上盖了什么，大多数都没有事后跟进。

而监管问题，其实就是"谁来负责"。目前，当务之急是从法律和政策层面，明确农村自建房的责任主体，加强监管和基层专业能力。一方面，在现有的基础上，不妨增设自建房的建设环节监管，设立相应的管理部门，对自建房的建设质量、标准进行验核、把关。保障安全之余，还能防止出现"违建""改建"行为。另一方面，逐步建立完善乡镇一级的管理建筑安全的专业部门，实行安全巡查制度，及时对改造为经营性的自建房进行相关检查。此外，确认了"谁来负责"，也要多考虑"人从何来"。针对乡镇一级建设专业人才紧缺的现状，要及时补充专业力量。要让政策落地落实，最终还是靠"人"去推动。

（2020年9月8日刊于《广州日报》）

经　济

以企业家精神激荡创新大潮

◎ 夏振彬

9月2日，国务院新闻办公室举行中外记者见面会，邀请宁高宁、周育先、刘永好、阎志等4位企业家代表围绕"弘扬企业家精神"与中外记者见面交流。

企业家精神也是生产力。党的十八大以来，党中央高度重视企业家群体在国家发展中的重要作用，习近平总书记多次强调要弘扬企业家精神。如今年3月底，习近平总书记在浙江考察时指出，战胜疫情挑战，要发扬企业家精神。在7月21日召开的企业家座谈会上，习近平总书记再次对弘扬企业家精神作出重要论述。

在眼下这个时间节点，为何要一再强调企业家精神？

人无精神不立。企业，亦然。事实早已证明，中国企业家精神是我国经济社会发展的宝贵财富、重要资源。"平时"，就应大力弘扬；非常时刻，尤显重要。面对疫情冲击，我们要优先稳就业保民生，坚决打赢脱贫攻坚战，努力实现全面建成小康社会目标任务。要看到，无论是保住就业民生、实现脱贫目标，都要有经济增长支撑。要看到，留得青山、赢得未来离不开"保"，但激发企业内生动力更为重要。再往前看，展望"十四五"，风险考验只会越来越复杂，加快形成以国内大循环为主体、国内国际双循环相互促进的新发展格局，愈显紧迫。这都要求我国企业发挥更大作用、实现更大发展，这都要求进一步弘扬企业家精神，让企业家精神竞相迸发。

强调企业家精神，就是强调大格局。人们常说，眼界决定境界，格局决定结局。格局如何，往往影响乃至决定一个人能走多远，能干多大的事。企业家精神所指的"格局"，同样如此。尤其眼下，国内外环境的深刻变化既带来一系列新机遇，也带来一系列新挑战。企业家要胸怀国际视野、全球思维，深入研判当今世界大形势和大环境的变化，进一步明辨大势、把握大势，因应潮流，顾全大局，自觉把企业、个人的命运与国家、民族的命运联系在一起，主动为国担当、为国分忧。大格局、大视野、大胸怀，这是企业家精神的核心要义。

强调企业家精神，就是呼唤创新者。企业家精神是与时俱进的。一代人有一代人的际遇，一代人有一代人的使命。到2019年底，我国已有企业3858万户，数量之多前所未有。但中国企业能否拿出更多中国创造？能否尽快突破关键核心技术？如何打造更多世界级品牌？此外，大力提升自主创新能力，这是形成以国内大循环为主体的关键。其中，发挥企业在技术创新中的主体作用，分外重要、不可或缺。可以说，社会从未像今天这样强调勇于创新的企业家精神，我们也从未像今天这般期待——越来越多企业家成为挺身而出的"闯将"，以舍我其谁的精神走进"无人区"，当好创新发展的探索者、组织者、引领者。

强调企业家精神，就是鼓励实干家。大事难事看担当，考验面前见精神。越是难题面前，越是关键时刻，越要强调担当、强调实干。眼下大疫当前，百业艰难。所谓担当、实干，有多种体现形式，但首先就是顶住压力，攻坚克难，引领企业走出生产经营困境，努力稳定生产、稳定就业岗位，稳渡难关。展现担当、实干，就是要聚焦扩大内需、脱贫攻坚等大局，踏踏实实办好自己的事，把社会责任履行好。

精神不是万能的，但没有精神是万万不行的。站在"两个一百年"奋斗目标的历史交汇点上，坚定不移优化营商环境，大力弘扬好、保护好新时代企业家精神，我们必能更好激发各类市场主体的积极性、主动性、创造性，以企业家精神托举高质量发展，为加快构建新发展格局积蓄更强力量！

（2020年9月3日刊于《广州日报》）

让法治成为最好的营商环境

◎ 广 言

国家发改委于近日就《优化营商环境条例（征求意见稿）》（以下简称"征求意见稿"）向社会公开征求意见。据了解，"征求意见稿"分为总则、市场主体、市场环境、政务服务、监管执法、法治保障、附则7章，共68条。

"法治是最好的营商环境"——今年2月，习近平总书记在中央全面依法治国委员会第二次会议上深刻阐述了这一重要论断。总书记高度重视营商环境建设，2017年7月在中央财经领导小组会议上强调，北京、上海、广州、深圳等特大城市要率先加大营商环境改革力度；去年10月视察广东时要求广州在"营造现代化国际化营商环境上出新出彩"。

党的十八大以来，中央全面推进依法治国，以更有力的法治举措推动营商环境不断优化，中国经济不断释放新的制度红利。推动优化营商环境工作立法，积极发挥法治引导、推动、规范、保障改革的作用，既是市场经济发展的内在要求、社会良性运行的根本保障，也是优化营商环境改革推进到今天的现实吁求。近年来，全国各地在优化营商环境改革实践中形成了一些先进理念与成熟经验，迫切需要通过立法予以系统固化。同时，也有一些实践证明有效的改革举措，由于缺乏明确的法律法规依据，无法在更大范围复制推广。"征求意见稿"应运而生，它既是优秀成果的集成，也是指导工作的总纲。

作为一个普适性文件，"征求意见稿"内涵丰富、亮点多多。许多条款看似平淡无奇，但只要联系一下现实，就不难透过简洁表述领略其深层含义与重大意义。譬如，被新闻媒体作为重点关注的第九条"平等获取要素"——国家保障各类所有制市场主体依法平等获取人力资源、资金、土地使用权和自然资源等生产要素，公平参与市场竞争——对非公有制市场主体来说，就显得非常有意义。在过去，戴"有色眼镜"看待不同所有制市场主体是一个普遍现象。企业干同样一件事，因为身份不同，所能享受到的待遇就可能存在差别。平等获取各类生产要素，公平参与市场竞争，无疑将为非公有制经济发展提供强力支撑。

从更高角度审视，"征求意见稿"最大的亮点在于贯穿始终的市场化、法治化、国际化原则，尤其是法治化。以前有人认为，优化营商环境，政府给足优惠就行了，其他不用管。对于企业而言，政府给的优惠，能解一时之困，但真正起决定作用的，还是公平高效的制度环境。良好的法治环境、公正透明的市场规则、稳定可期的经营前景，才是企业充分施展拳脚、专注发展最需要的。从这个意义上说，法治才是"征求意见稿"的精神内核。

在优化营商环境中坚持法治原则，要完善制度环境。成文制度是法治的基础和保障，而在以前这恰恰是一块短板。很多时候，营商环境之所以需要不断优化，重要原因在于制度供给不足、规章和规范性文件跟不上，因此有必要不断完善这一环境。建立规章、规范性文件定期评估和清理制度，如发现违反上位法规定、相互之间矛盾冲突、妨碍市场公平竞争、侵害市场主体合法权益等情形，应当及时修改或者废止。行政机关在制定对市场主体切身利益或者权利义务有重大影响的规章、规范性文件时，应开门立法，充分听取市场主体的意见。

在优化营商环境中坚持法治原则，要信守政务诚信。行政机关向市场主体作出政策承诺应当严格依法依规，应谨慎承诺。作为民事主体参与民事活动时，不应有特权思想，应当平等行使权利、履行义务、承担责任。自己作出的政策承诺要一诺千金、一以贯之，不要因人员换届或政策调整等因素导致违约。

在优化营商环境中坚持法治原则，要建立问责机制。有权利就有责任，行政机关和工作人员在履职过程中，如果存在不当行为，如在实施行政审批、行政检查时索取或者收受财物，或因失信违约损害营商环境，造成严重后果的，应该受到问责。营商环境好转，一个至关重要的标志是法治化程度提高。建设法治化营商环境是一项系统工程，应提纲挈领、抓住关键，要把工作重点放在完善制度环境上，放在健全法规制度上，放在执行上。

（2019年7月18日刊于《广州日报》，执笔人练洪洋）

让"冷静期"保障消费"后悔权"

◎ 刘冉冉

　　冲动办卡可以"一键撤回"了。近日，上海、深圳等多地试点健身房预付卡消费"冷静期"。如果冲动办卡后悔了，消费者可以在7天冷静期内要求退款。

　　从网络购物的7天无理由退款，到体验式消费的7天冷静期，消费领域的"后悔权"边界得到进一步扩展，这是一种进步。下一步需要通过完善法规配套建设，把"冲动后的冷静"这一短期"后悔药"炼成整治行业乱象的"长效药"。

　　目前，7天退款冷静期相关条款多数还限于行业自律，最终退不退款全凭商家自愿。一旦商家拿着办卡时消费者亲笔签名的所谓"不予退款合同"来对峙，就可能一招制敌，让取消订单变成消费者违约，令冷静期陷入空谈。对此，有法律人士提出，体验式消费易造成买家权益受损的原因在于商家占据了强势地位，单方面制定了霸王条款；在此过程中，消费者承担了过多责任甚至承担了不该承担的责任，这让取消订单或消费维权变得很难。

怎样让"冷静期"更加具有现实意义呢？不妨探讨"消费冷静期"入法。参照《中华人民共和国消费者权益保护法》赋予网购"后悔权"的做法，从法律层面明确冷静期是消费者的应有权利和商家的义务。

实际上，有的地方已经在体验式消费的细分领域作出了相关立法探索。日前，江苏省针对预付卡消费管理公开征求意见，除提出15日内无理由退款之外，还尝试建设统一的管理服务平台，公示商家信息、提供风险警示。这一创新不仅让消费冷静期从空中落到了实处，而且为理顺维权渠道、简化维权程序提供了可能。

随着快捷便利成为消费常态，冷静期还应该向其他场景推广，比如直播打赏冷静期、购房冷静期等。当更多消费场景有了冷静和缓冲，就能为消费者的荷包"止血"，还能对变相融资、非法集资等违法行为进行常态化监管。

与此同时，冷静期本身也需要冷思考。目前大部分体验式消费都可能造成一定的成本损失，因此在规范商家行为的同时也应探讨成本分担机制，对后悔、冷静作出合理的限制等。

冷静期有法律支撑才能走得更远。对于消费者来说，"后悔药"不能常吃，但可以"常备"。这样也才有可能找到行业监管的"长效药"。

（2020年11月24日刊于《广州日报》）

新职业托起更多新梦想

◎ 练洪洋

　　近日，人社部等部门发布了互联网营销师等9个新职业信息。其中，在"互联网营销师"职业下增设"直播销售员"工种。教育部最近明晰高校毕业生就业统计指标，将开设网店归为"自主创业"，互联网营销工作者、公众号博主、电子竞技工作者以及自由撰稿人等均算"自由职业"，二者均属于就业的形式之一。

　　"不拘一格降人才"，这句话大家耳熟能详，当人才真正"降"下来时，许多人还是有点不适应。比如，近日就有两则关于人才的新闻引发热议：一则是带货主播李佳琦以特殊人才身份，被引进上海市崇明区；另一则是快递小哥李庆恒，被杭州市政府评定为高层次人才，并获百万元购房补贴。许多人的第一反应是：带货主播、外卖骑手也是一种职业？快递小哥也能成为高层次人才？是的，你没听错。

　　带货主播等成为新职业可谓实至名随，不足为奇。深入了解一下，你就会发现，比它更新奇、更小众的新职业早已"暗流汹涌"，比如垃圾分类师、宠物摄影师、汉服造型师、密室逃脱剧本设计师、轰趴管家、电竞顾问、收纳师、宠物托管师等。仅仅一门"代经济",就催生出五花八门的新项目、新职业,如代驾、代跑腿、代健身、代叫醒、代撸猫、代扫墓等。可以说,职业是社会需求的镜像,社会有什么新需求,就有什么新职业。

从某种意义上说,分工日益细化、新职业层出不穷是经济不断发展、社会充满活力的体现。一方面,我国产业结构升级换代速度加快,经济步入高质量发展快车道,需要更多与之相适应的新职业,尤其在人工智能、物联网、大数据和云计算等领域;另一方面,我国服务业不断发展壮大,业已成为经济发展的主引擎,由此也催生出许多新职业。新职业不断扩容,不仅满足了经济社会发展的要求,也为年轻人实现人生理想打开了想象空间。当然,将某项职业"转正"只是迈出了第一步,新职业更多的内涵需要进一步挖掘与扩充。

新职业呼唤新保障。站在政府角度,承认一种新职业,意味着法律法规的供给、人才体系的完善、教育与培训的跟进等。以教育为例,需要设置与新职业相适应的专业,给予学生与时代发展相匹配的在校教育,帮助其快速适应和掌握新知识、新技术、新学科,成为创新型、复合型人才,从而为新职业提供充足的人才储备。

新职业需要新观念。站在就业者角度,接受一种新职业,需要对就业观念做出调适。新职业中有不少是非全时制的灵活就业,与传统就业观念有所抵牾,与长辈期望值也有差距,需要就业者在就业时保持定力,相信"天生我材必有用"。总的来说,知识与技能才是就业市场上的"硬通货",只要有本事、有恒心,什么职业都有出彩的机会,带货主播李佳琦、快递小哥李庆恒就是楷模。

（2020年7月7日刊于《广州日报》）

促消费须破解"不敢花"与"花不掉"

◎ 谭　敏

近日，广东省委办公厅、广东省政府办公厅出台《广东省完善促进消费体制机制实施方案》（以下简称《实施方案》），针对当前制约消费的突出问题，提出9个方面29条具体举措，稳定改善消费预期，营造良好消费环境，促进形成强大统一市场。其中逐步放宽广州、深圳市汽车摇号和竞拍指标，扩大准购规模，其他地市不得再出台汽车限购规定，大力鼓励消费新业态、新模式，加快开发基于5G的智能终端产品和4K/8K智能电视等新型信息消费品等措施引发极大关注。

经济学上把消费、投资、出口比喻为拉动经济增长的三驾马车。在经济高速增长阶段，我国工业基础薄弱，国内消费市场较小，形成了以投资、出口为主要驱动力的经济发展模式。广东更是外向型经济的代表。当前，我国正面临高质量发展阶段和经济新旧动能转换的重要关口，消费的作用越来越重要，正在成为保持经济平稳运行的"稳定器"和"压舱石"。

广东的消费一直位居全国前列。2019年第一季度，广东省实现社会消费品零售总额10178亿元，居全国第一，消费拉动作用明显。虽然目前居民消费运行平稳，消费升级的大趋势良好，但不应忽视制约消费的一些突出问题。比如，高质量的产品和服务供给不足，消费环境不够安全，农村消费存在短板，等等。要发挥消费对经济增长的"主力军"作用，就必须加快破解制约居民消费最直接、最突出、最迫切的体制机制障碍，用政策红利激发消费潜力，让居民能消费、愿消费、敢消费。

激发消费潜力，首先要明确潜力从何而来。消费潜力意味着除日常花销之外，居民还有余钱，只不过因为种种顾虑或者限制，不敢花或者是花不掉。不敢花，是因为未来的不可预知性，需要预留出来更多的保障性资金，比如养老、医疗、教育等；而花不掉，则是因为有消费升级的需求和意愿，但是目前国内市场的产品和服务无法满足需求，消费环境也不够让人放心，网购纠纷、旅游乱象时有发生。

激发消费潜力，也当从解决这些问题方面做文章。

一是让居民能消费。能不能消费，主要看居民钱袋子。老百姓手头宽裕了，才会多花钱。从国家层面上来看，收入分配制度改革，个人所得税法的落实等，缩小了分配差距，提高了居民消费能力。而在教育、医疗、养老领域的持续投入，尽量消除居民的后顾之忧，才能为释放消费意愿提供坚实保证。《实施方案》中最受关注的放宽广州、深圳市汽车摇号和竞拍指标，也是从政策层面释放消费需求的体现。

二是让居民愿消费。围绕吃、穿、用、住、行等老百姓最关注的消费领域，聚焦消费细分市场，升级新产品，开发新需求，形成消费新增长点。《实施方案》中打造"粤美乡村"旅游品牌，加快开发基于5G的智能终端产品和4K/8K智能电视等新型信息消费品，多渠道增加幼儿园学位供给，就是抓住了居民升级的消费需求点。

三是让居民敢消费。《实施方案》要求深入开展质量提升行动、全面推进服务标准化、加强消费领域信用体系建设、健全消费者维权机制等，有了安全的消费环境，消费者才敢放心消费。

（2019年5月29日刊于《广州日报》）

App自动续费的"坑"该咋填

◎ 夏振彬

日前，"新华视点"记者调查发现，不少App在用户购买服务时，对于自动续费没有明确提示，有的甚至默认勾选。当用户想要取消时，则困难重重。

手机App"自动续费"，其实已经是老话题了。此前已有各种"揭秘"，一哄而上地声讨亦为数不少。结果呢？应该说，还是有很大成效。一方面，很多App"良心发现"，在收费方面趋于规范，对于自动续费选项会予以明确提醒。另一方面，交过"学费"，再加上经过多轮宣传报道，消费者也"精"了不少，在购买App会员服务时，已具备跟套路过几招的能力。

当然，不可否认，App"自动续费"的问题仍没有根本好转。一些商家还是逾越底线，宁愿被批、挨骂也要"跪"着挣钱；尤其为了将利益最大化，在以"套路留人"方面煞费苦心，取消续费的按钮"深藏不露"，让人无所适从。说到底，利欲熏心是幕后最大的推手。

近年来，App付费用户数量呈逐年攀升之势，市场规模也愈发庞大。正因为如此，"自动续费"绝非小事，将这个侵犯消费者权益的"坑"填好、填平，不仅事关用户体验，更影响行业的健康和长远发展。所以，"坑"怎么填？

首先，力度不大不行。从过往经验来看，治理App的各种套路，不下一番力气根本撼动不了一些App的厚脸皮。而加大力度，就是要"重"，重拳出击，用雷霆手段。比如，针对乱收费、过度采集用户信息、信息泄露等近年来暴露的App乱象，来一场集中清理、整顿，鼓励用户投诉举报、提供证据，对违法行为见一个、罚一个、曝光一个，绝不姑息。此外，要更严。App的套路、猫腻，都属于明目张胆，所以可考虑强化事前监管，以常态化抽查、抽检，让热衷"挖坑"的App根本走不到消费者面前。

其次，规则不细也不好办。治理App"自动续费"，并不缺相关法规。比如，今年实行的电子商务法明确规定，电子商务经营者搭售商品或者服务，应当以显著方式提请消费者注意，不得将搭售商品或者服务作为默认同意的选项。什么才算"显著"？在商家看来，蝇头小字已经很"显著"了，已经尽了告知的义务。对消费者来说，只要没看到、没注意，都属于骗人。对此，不妨细化再细化，对会员付费的相关宣传、字号、位置、取消设置等都有明确要求——规则越清晰，可钻的空子也就越小。

当然，外部监管只能治标，归根结底还得靠自觉。当前，App各细分领域无不竞争激烈，任何"得罪"消费者的举动，都无异于自毁"钱"途。欲谋长远，就请在每个细节上厚待消费者；只想不择手段赚取利益，那么恭喜，市场不会有你的容身之地。

（2019年4月26日刊于《广州日报》）

高速收费不妨再"无感"一些

◎ 练洪洋

从今天起，广东省交通集团属下高速公路无感支付（扫码付+车牌付）将实现全覆盖，共开通无感支付车道约2200条，全省高速公路无感支付也基本覆盖。广大车主可在无感支付车道使用粤通宝、微信、支付宝、银联、招行一网通等第三方支付，便捷通过收费站。

广大车主有福了，高速公路无感支付为我们描绘了这样一幅情景：驾车不用带现金，不必等收费员找零，也不用掏手机扫码，支付时间只要3秒，比传统人工收费节省不少时间。无感支付不但让车主更省事，还提高了通行效率，对于节假日集中出行和一些容易出现堵塞的收费站来说，意义重大。

现行的无感支付确实比传统收费方便了一些，但还不够彻底，还有潜力可挖。严格说来，现行的无感支付还做不到完全"无感"。因为，车主除了要在相关App或微信公众号绑定车辆信息，用手机在线签约、委托第三方支付之外，入口要领卡、出口要交卡，还达不到ETC的便利水平。就说入口取卡吧，现在的收费站多半采用自助取卡，对一些的车主来说，就非常麻烦。车子贴得不够近，伸手够不着，必须解开安全带，探出半个身子才行；车子贴得太近，又担心发生擦碰。细心观察，不难发现，许多自助取卡机前的水泥墩都被车子擦花了。能不能进一步提高无感支付的"无感度"，像ETC通过一样，不取卡、交卡，直接开过去？有此一说，囿于当前技术水平，还不能做到完全识别高速车辆的精确路径，真正实现"无感"。也就是说，如果解决车辆路径精准识别问题，真正的无感支付就可以实现。其实，智联网汽车"场景云"服务，就具备了智联网汽车的身份验证、场景触发和精准路径识别等能力。目前，山东高速就有过百个收费站的数百条车道使用该项技术，凡是开通该功能的用户，均可以不停车、不取卡，直接通行缴费。

在汽车社会，任何有助于提高通行效率、改善驾驶体验的措施都应该大胆尝试。无感支付只是其中的一个方面，更多的汽车应用场景都期待着更便捷、更优质的服务。

（2019年1月15日刊于《广州日报》）

快速路不快，该不该退费？

◎ 练洪洋

一位廖姓律师乘车经过某城市快速路时，遇上严重拥堵，原本10分钟左右的车程走了45分钟，付了10元通行费。因此，他向法院起诉，认为路桥公司存在违约行为，要求退回5元费用。法院认为，现行法律法规未明确规定公路经营企业需保证通行车辆达到最低通行时速要求，因此不构成违约。

显然，这是一场打不赢的官司。虽然《民法典》第577条规定，"当事人一方不履行合同义务或者履行合同义务不符合约定的，应当承担继续履行、采取补救措施或者赔偿损失等违约责任"，可是路桥公司并没有和车主约定最低车速，就算道路严重拥堵，车主们在高速路上"办车展"，也与他们无关，到了收费站，该交多少还得交，一分也不能少。

况且，国内也没有先例。近日，西安绕城高速因路面整修，导致"高速"变"低速"，有车主认为自己支付了高速等费用却无法享受高速的服务，因此要求减免费用。当地交控集团回应称，减免缺乏依据，国内也无先例，故不宜实行减免。

还好，法院在驳回廖先生起诉时也认为：起诉具有一定的公益性，对于收费公路经营管理者进一步加强公路管理能力、提升服务水平具有一定的促进作用。这个伏笔埋得好，有水平。确实，当高速公路发生严重拥堵时，应该考虑减免通行费。

一方面，车主这种要求合情合理。车主为什么不走免费的普通公路，而是选择付费走高速公路？就是看中速度啊。要是高速公路无法保障车辆通行速度，按道理是不是应该少收点呢？就像商场里的商品，残次品肯定要降价，否则谁买？至于法律法规未明确规定公路经营企业需保证通行车辆达到最低通行时速要求，也不是永远不能改。

另一方面，这种要求可以倒逼高速公路经营者更加注重用户体验，不断提高服务水平。有些时候，拥堵是高速公路经营者单方面造成的，比如说到了年底集中修路，就是不顾用户体验的一种表现。假如，严重拥堵让高速公路经营者收不到钱，他们肯定会掂量一下，想办法错开修路时间，避免集中上马。

问题摆了出来，如何才能保证共赢，值得各方探讨，不能只维护单方利益。

（2021年3月24日刊于《广州日报》）

别把"代经济"做成无厘头经济

◎ 练洪洋

从前只知代购、代跑腿，但现在的年轻人，已经连吃火锅、去健身都不用"事必躬亲"了。据了解，以"代服务"为主的各类跑腿平台已步入大众视野，二手平台上的各类娱乐服务也应运而生。对于日益流行的"代经济"，网友们评价不一。业内专家称，"代经济"属于"懒人经济"范畴，虽使部分人的生活变得更高效，但也不提倡过度依赖。

古典意蕴的"代经济"，说白了，属于劳动分工。"找代者"可能是没能力、没时间，或者干脆因为懒，需要有人替自己干某件事，恰恰对方有能力、有时间，乐于提供相关服务，于是双方一拍即合，合作完成一次"代经济"，各取所需，皆大欢喜。

传统"代经济"之妙，在于让专业的人干专业的事，不但大大提高了劳动生产率，也给消费者带来实实在在的幸福感。比如，对于初来乍到大城市医院就诊的外地患者来说，要是有一位熟悉医院情况与就诊流程的专业人员陪诊，无疑将带来极大的便利，让就诊过程更快捷、更顺利。有人就发现这个商机，成立了陪诊公司，专门给外地患者提供相关服务。

之所以在"代经济"前冠以"古典""传统"之类的词语予以限定，

皆因时下越来越多的"代经济"让人丈二和尚——摸不着头脑，脑补都补不出来。就像吃喝、健身、追女朋友，这些不是应该本人亲力亲为的事吗，怎么还可以请人代劳？出钱让别人代吃、代喝，然后告诉你某种食品、饮料的口感，意义何在？有句名言："你要知道梨子的滋味，就得亲口吃一吃。"道理再简单不过。可以说，那些语不惊人誓不休的"代经济"已经呈现无厘头化倾向。不过，无厘头化还不是"代经济"最糟糕的——大潮退去才知道谁在"裸泳"，那些搞笑的"代经济"不可能走得很远，我们不妨一笑了之，越轨行为才是最值得注意的。人们常说，网络不是法外之地，一些"代经济"就有越轨之嫌。一是冲击道德底线，就像"代追女神"服务，人又不是猎物，岂能由别人"代追"、追到了交到你手上？感情需要双方付出，半路杀出一个程咬金，别人横插一杠，算咋回事？这类业务有违公序良俗，也很容易突破道德底线，引起不必要的纠纷。二是挑战法律红线，像代骂、代报复、代考、代写论文等。不论骂人、打人，还是替考作弊，严重的话都是违法行为，这种"代经济"要不得。

"代经济"要不要管？发轫之初，为行业发展计，让这匹"野马"多跑一会儿是可以的，但当其体魄越来越壮且有越跑越远的风险时，就必须把它拉回到正轨上来，规范发展，为行业可持续发展赋能。

（2019年10月9日刊于《广州日报》）

别让外卖骑手在算法裹挟下"裸奔"

◎ 陈文杰

　　不能再让外卖骑手戴着算法的紧箍咒"裸奔"了。日前，国家市场监管总局、国家网信办、国家发展改革委、公安部、人力资源和社会保障部、商务部、中华全国总工会联合印发《关于落实网络餐饮平台责任切实维护外卖送餐员权益的指导意见》（以下简称《意见》），对保障外卖送餐员正当权益提出全方位要求。

　　七部门联合发声，为外卖骑手撑腰，实属罕见。如同久旱甘霖，从业者盼望久矣。《意见》从保障劳动收入、完善社会保障、优化从业环境及矛盾处理机制等方面提出相关要求，覆盖了当前外卖送餐员在权益保障上面临的痛点、难点。其中，还明确不得将"最严算法"作为考核要求，以及"督促平台及第三方合作单位为建立劳动关系的外卖送餐员参加社会保险"。这两点更是回应了广大骑手的所想、所急、所盼。

　　长期以来，戴着算法的紧箍咒"裸奔"，是无数外卖骑手的真实写照。一方面是被算法裹挟，困在系统里。在平台系统的算法与数据驱动下，外卖骑手的配送时间不断被压缩。有数据显示，从2016年至2018年间，3公里送单限时从1小时，压缩到39分钟。2019年，中国全行业外卖订单配送时长，比过去3年减少了10分钟。这短短10分钟的背后，便是无数骑手一路狂奔的工作常态。

　　另一方面，这一路狂奔的主角，又是没有"铠甲"的骑士——无合同、无社保，甚至是无工伤险的无奈。目前，不少外卖骑手是没有上社保的。骑手明明直接服务于平台，与其确立肉眼可见的劳动关系，却被平台以劳务派遣、合作协议等各种形式遮掩，有的骑手甚至被要求"自愿放弃社保"权益。

不可否认，平台经济近年来迅速发展，在提供了大量灵活就业岗位的同时，也改变着传统的生产组织方式。但是，工作方式的变化，并不意味着平台可以用一个系统、一份协议，就对数量如此庞大的骑手实行"算法控制"，并把他们排除在基本权益和公共服务保障范围之外。此次七部门联合发文，正是要让平台自觉承担起相应的责任。

努力让劳动者实现体面劳动，才是对劳动者最大的致敬。此前，我们总是呼吁相关的合法权益保障要及时跟进、完善。如今，《意见》已有充分体现，那就该让广大劳动者获得应有的"体面"。这需要各地尽快落实属地责任，根据《意见》要求建立完善餐饮外卖送餐员权益保障工作协调机制，并督促网络餐饮平台落实主体责任和社会责任。对平台而言，要明白，劳动者是企业最重要的财富，若没有那一个个走街串巷的骑手，再好的算法也不过是平台的工具。

（2021年7月28日刊于《广州日报》）

共享经济"真香"的味儿为什么变了？

◎ 夏振彬

景区充电宝1小时10元，共享单车一小时6.5元……随着多个共享经济平台产品宣布涨价，许多网友吐槽，已经"高攀不起"了。日前，新华社一则报道发出疑问：共享经济"真香"的味儿为什么变了？

"真香"是一个火爆的网络梗，说的是一开始撂下狠话，决不怎样怎样，后面又"啪啪打脸"。对于共享单车、共享充电宝等产品，最开始确实有人看不顺眼、瞧不上眼，可用过之后就迎来大型"真香"现场——价格如此低廉，服务触手可及，手机扫码取用，的的确确很方便。可如今呢？共享充电宝连番涨价，共享单车一小时动辄三五元。这哪里还是"真香"？而是震惊、心疼，有了被"收割"的痛感。

"真香"的味儿为什么变了？如果真的要回答，其实很简单：赔钱的买卖干不下去了。共享经济平台都走过同一条路，靠规模占地盘，靠烧钱争客源，可资本不是做慈善，总要赚钱。当对手越来越少，从资本手上拿钱越来越难，涨价自救也就成了必然。所以说，一味低价不可能持续，涨价才符合市场规律。尤其把新闻连起来看——据报道，某共享单车企业已计划赴美上市。上市融资除了要会讲故事，更重要的还是看财报，看盈利能力。想让数据好看，涨价最直接也最简单。

当然，用户发出如此疑问，并不是真的想要回答，更多只是在表达不满。很多网友甚至懂经济学，明白其背后的必然性，只是无法接受。确实，共享经济可谓自带实惠的标签。共享嘛，其初衷就是淡化所有权、侧重使用权，让每个用户享受到边际成本递减所带来的好处。如果临时借几次充电宝的成本，足够买一个充电宝，这哪里还有实惠可言？如果骑单车的费用，远远超过公交地铁，又怎能让用户心甘情愿？

产品涨价符合规律，用户不满合情合理——这看起来是一个"死局"，但也是共享经济所必须面对的问题。通过观察不难发现，用户对共享产品的价格非常敏感。连番涨价，会提升客单价，但也势必会减少用户总量。对此，企业不知道吗？根据报道，即便涨价，共享单车企业也补不上巨额亏损。对此，企业也是心知肚明。从2016年暴得大名至今，共享经济已走过近五年历程。其间，不少品牌被雨打风吹去，大量"奇葩共享"产品消失无影。说到底，"真香"的味儿为什么变了？还是没有解决需求这一根本问题。

要知道，风口也会吹出泡沫，潮涨也会潮落。或许，共享单车、充电宝等产品本就不需要那么大规模地投放，本就不存在那么大的市场。它们就是现有服务的一个补充，仅此而已。如今摊子已经铺了，每天都在折损；用户已经积累，但还有很多资源没有挖掘。互联网经济就是这样，这一环节免费（或亏损），另一环节赚钱——共享经济平台还是用好自身流量，拓展业务版图，为变现打开想象空间。

（2021年4月15日刊于《广州日报》）

别当"赚钱"App是"散财童子"

◎ 陈文杰

"真不骗你，只要玩游戏，就可以提现""你的步数其实很值钱"……看到这些"赚钱"App广告，相信大部分人都会一笑而过，但可能也有人会默默留意、跃跃欲试。可当你真的投身这一"躺着也能赚钱"的事业时，才发现自己所获得的馈赠，早已被标价了。

早前，赚钱App一度是不少年轻人兼职的"首选"。只需一台手机，完成看视频、签到、邀请好友等任务后，就可以从赚钱App上领取相应的代币来兑现，简单直接。然而，世上没有免费的午餐。所谓的赚钱App，不过是暗地里将你投入的时间默默标价，而且，其提现要求也随着时间后移变得越来越严苛。除了有永远看不完的视频广告外，还有千层套路，比如，有的需要累计达到某个特定数额才能提现；有的则是每次只能提出微量金额。总之，想要把钱取出来，需要重复更多次的操作。用户所付出的时间与获得的收益相比，是极其不对等且廉价的。而在不少年轻人"识破"、不愿上钩后，这些App便将目标转向时间更为充裕的老年群体。

诚然，这种门槛极低且"零成本"的赚钱App，看似是比较契合老年群体的日常习惯。不少老年用户觉得，"反正闲着也是闲着，不如用时间换点零花钱"。而那些复杂漫长的提现操作，在他们看来可能不过是另一种修身养性的方式——若赚钱App需要看广告，就放到一旁晾着；若是游戏类，就玩上几手；如果是走路就再适合不过了，正好当散步。一些资深的"老年玩家"手机里更是有多款赚钱软件，像做日常任务一样，天天刷，个个刷，一副要薅尽商家羊毛的势头。

可是，原以为各取所需的自愿交易，实际暗藏不少猫腻。一些赚钱App一边利用用户作为人肉广告点击器，赚了一笔广告费，另一边却不老实地套取着用户的个人信息、个人隐私，将其打包出售。此外，App内置的广告内容大多不规范，更有不少打着色情、博彩、民间借贷等擦边球，诱导消费者点入。此前，一款号称走路就能赚钱的App就因涉嫌传销、金融诈骗被查，这再次为使用者敲醒警钟。

说到底，一些赚钱App能赚钱不假，但谁是谁的工具，可说不定。天上不会掉馅饼，所谓的"零成本"，可能是在你看不到的地方狠狠地"宰了一刀"。对待"赚钱"App，还是不要太上心为好，以免被它"绑架"了。

（2021年6月10日刊于《广州日报》）

"适老化"能否遍地开花?

◎ 夏振彬

手机和电视有了"适老化"标准,更多领域待开拓——这是《经济日报》一则报道中的内容。

让老年人更好地融入智能生活,让科技更好服务老年人……近年来,"适老化"成为热词,频频引起热议。去年11月,国务院办公厅印发了《关于切实解决老年人运用智能技术困难实施方案的通知》,明确要求扩大适老化智能终端产品供给。在此之后,智能终端"适老化"改造持续加速,不少老年人的"云"上生活发生了可喜的变化。

手机里,字体、图标变大了,桌面布局更清晰;电视遥控器有了"极简风",更方便老年人操作;一些App增设了"语音助手"等功能,当好老年人的小帮手……尤其值得一提的是,日前电信终端产业协会、中国电子视像行业协会共同发布了三项技术标准,对智能手机和电视的适老化设计作出详细规定。标准有了,必将引导更多商家加入这一行列,更好地造福于老年人。

当然,如果充分对接需求、考虑"痛点",现有的"适老化"改造还是覆盖面窄了、步伐慢了。

首先，要更广。老年人所遭遇的"数字鸿沟"，仅限于手机、电视吗？当然不是。眼下，万物互联。各种智能家电、家居、可穿戴设备等，深入融入生活。从智能空调、厨卫到智能血糖仪，从面部识别、语音操控到手势控制，各种场景、各类领域，都应多些"适老化"思维，让老年人多一些便利和从容。

其次，要更"深"。"适老化"绝不只是把字体变大，而涉及里里外外、方方面面。"适老化"改造也绝不是增负担、添麻烦，而是大势所趋、是广阔商机。必须承认，多年来智能终端争相"哄抢"年轻人，从产品设计到具体细节，从第一版到迭代更新，无不考虑年轻人的需求、口味。事实上，得老年人也可以得未来。第七次全国人口普查数据显示，我国60岁及以上人口为2.64亿人，占总人口的18.70%。接下来，其规模仍将持续快速增长。知老、懂老，研究老年人的诉求，考虑老年人的使用习惯，这是民生工程，也是市场商机。更多企业应该意识到，老年人日益增长的美好生活需要与社会供给"不适老"之间的矛盾将逐渐凸显。在更深层次上推进"适老化"，这是时势使然。

此外，还有一点值得警惕。"适老化"是商机，但绝不能成为精准坑老的利器。从报道来看，有些App打着"适老"的名义，添加0元领水果、签到领金币等"诱惑"，坐等老年人上钩。让老年人融入智能生活，同时避开各种陷阱，二者缺一不可。

（2021年7月30日刊于《广州日报》）

让AI再"飞"一会儿

◎ 夏振彬

为什么AI很火，落地却很难？日前，《科技日报》一则报道发出如此疑问。

不难看出，这个问题是带着"情绪"的——相比公众的热烈期盼，各方的大力支持，AI技术的落地速度不及预期。这个问题属实吗？站在普通人的角度来说，未必。你看，如今进出办公楼有人脸识别，看新闻有算法推荐，语音输入实现人机互动，看病可以远程问诊，酒店里有机器人送餐，家里的机器人清扫每个角落，"城市大脑"助力现代治理……AI已经"闯"入教育、交通、医疗、家居、安防、智能制造等各行各业，深度植入人们的现代生活。这速度，不慢呀！

当然，如果站在产业发展的角度看，AI落地难已是人类面临的共同问题。人工智能被视为新一轮科技革命和产业变革的战略性技术，是下一个"超级风口"。然而，人工智能的研发、落地有其特殊性。比如，其学习、训练依赖大量数据，要实现商业化则面临降成本的难题，等等。此外，目前市场、用户也存在一定误解，比如期待值太高，对AI的想象多基于科幻电影——这无疑对其发展也有不利影响。

对此，怎么看？一方面，清醒。科技创新的发展轨迹从来都不是线性的，总会需要一个从蓄力到爆发、从量变到质变的过程。还有，我们与AI离得越近，越要看得远一点。未雨绸缪防范风险、建立伦理规范等，都是需要打基础、利长远的细功夫。另一方面，助力。针对目前AI产业发展的瓶颈，因势利导必不可少。比如，加强相关产业布局，搭建有影响力的生态圈、产业链，全面提升产业链发展水平。同时警惕过热，对于一哄而上、徒有虚名、与AI花式"攀亲戚"等乱象做好规范、引导。

科技创新是一场没有终点的马拉松，比拼的是速度，更是耐力。关于AI，故事才刚刚开始。本着务实、深耕的心态，让AI再"飞"一会儿——试看将来的环球，必是AI赋能的世界。

（2021年7月28日刊于《广州日报》）

文 化

以唯物史观传承优秀传统文化

"增强历史自觉 坚定文化自信"系列谈①

◎ 陈文杰

习近平总书记在主持中共中央政治局第三十九次集体学习时强调，我们党历来用历史唯物主义的立场观点方法看待中华民族历史，继承和弘扬中华优秀传统文化。总书记的重要论述，为推动全党全社会增强历史自觉、坚定文化自信，提供了科学方法和根本遵循。

今年正值国务院公布广州为首批国家历史文化名城40周年。于此特殊时间节点回首过去、展望未来，广州赓续城市文脉、激发城市活力、打造文化强市的豪迈征程，在总书记的殷殷嘱托和谆谆教导下，正信心满怀、步履坚实。

为深入阐释解读、更好凝聚共识，本报今起陆续刊出"增强历史自觉 坚定文化自信"系列谈。

——编者按

"求木之长者，必固其根本；欲流之远者，必浚其泉源。"回望历史深处，中华文明延绵至今，始终时时、处处展露着这种强烈"根"和"源"的自觉。中华优秀传统文化是中华文明的智慧结晶和精华所在，是中华民族的根和魂。它是中华民族生生不息的文化基因，也是治国理政的历史明镜，更是实现中华民族伟大复兴的精神力量。

在带领中国人民进行革命、建设、改革的长期历史实践中，中国共产党人始终是中华优秀传统文化的忠实继承者和弘扬者，始终坚持用唯物史观认识把握历史。在坚持和发展中国特色社会主义的伟大实践中，要从源远流长、博大精深的中华文明中汲取养分，就必须把弘扬优秀传统文化同马克思主义立场观点方法结合起来，坚持和运用历史唯物主义，以发展的眼光推动中华优秀传统文化创造性转化和创新性发展，为中华优秀传统文化创新发展注入新动力，为实现中华民族伟大复兴提供丰厚文化滋养和强大精神力量。

以唯物史观传承优秀传统文化，要树立和坚持大历史观，准确把握历史发展的规律与发展大势。当代中国是历史中国的延续和发展，当代中国思想文化也是中国传统思想文化的传承和升华。要认识今天的中国、今天的中国人，就要深入了解中国的文化血脉，准确把握滋养中国人的文化土壤。要坚持用联系的、辩证的、发展的观点看待各个历史时期，深入剖析中国历史的演进脉络、表现形式和历史影响，深刻、全面地理解中华传统文化。如是，方能不断在历史研究中增强历史自觉，坚定文化自信。

以唯物史观传承优秀传统文化，要坚持古为今用、推陈出新，继承和弘扬其中的优秀成分。一曲《唐宫夜宴》，上演了"博物馆奇妙夜"；一部《只此青绿》，穿越千年的时空对话；一部《典籍里的中国》，钩沉典籍里的精神之源；一部《雄狮少年》，擦亮广州的文化符号……自1982年入选首批国家历史文化名城以来的40年间，广州已划定26片历史文化街区，昨天揭幕的广州非遗街区（北京路）以别具一格、创意十足的姿态，让非遗文化得到最大限度的活化。传承中华文化，要坚持守正创新，以"古人之规矩，开自己之生面"。要使中华民族最基本的文化基因与当代文化相适应、与现代社会相协调，以人们喜闻乐见、具有广泛参与性的方式推广开来，不断赋予中华优秀传统文化新的时代内涵和现代表达形式。

以唯物史观传承优秀传统文化，要坚持交流互鉴，吸收借鉴一切人类文明的精华。中华文明是在同其他文明不断交流互鉴中形成的开放体系。从历史上的佛教东传、"伊儒会通"，到近代以来的"西学东渐"、新文化运动、马克思主义和社会主义思想传入中国，再到改革开放以来全方位对外开放，中华文明始终在兼收并蓄中历久弥新。要坚持弘扬平等、互鉴、对话、包容的文明观，推进文明之间的交流互鉴，讲好中华文明故事，弘扬中华文明蕴含的全人类共同价值，推动构建人类命运共同体，让世界更好读懂中国。

"万物有所生，而独知守其根。"文化自信是一个国家、一个民族发展中最基本、最深沉、最持久的力量。立足新时代，不断铸就中华文化新辉煌，必须增强历史自觉；踏上新征程，开创新境界，必须坚定文化自信。从延续民族文化血脉中开拓前行，中华文明必将赓续绵长，民族复兴伟大梦想必将照进现实、其道大光。

（2022年6月13日刊于《广州日报》）

坚定文化自信　增强志气骨气底气

"增强历史自觉　坚定文化自信"系列谈②

◎ 张冬梅

　　文化是一个国家、一个民族的灵魂。习近平总书记在主持中共中央政治局第三十九次集体学习时强调，要深入了解中华文明五千多年发展史，把中国文明历史研究引向深入，推动全党全社会增强历史自觉、坚定文化自信。

　　文化自信是一个国家、一个民族发展中最基本、最深沉、最持久的力量。回顾历史，中华民族生生不息绵延发展、饱受挫折又不断浴火重生，都离不开中华文化的有力支撑；放眼未来，在中华民族伟大复兴的征程上，我们要到达更远的彼岸、创造更加辉煌的成就，就必须坚定文化自信，增强做中国人的志气、骨气、底气，在世界文化激荡中站稳脚跟，推动中华文明持续焕发蓬勃生命力。

　　增强文化自觉，砥砺民族复兴的志气。志气与理想同根——中华民族是有伟大理想和志气的民族。无论是"自古英雄出少年"的传统，还是"天行健，君子以自强不息"的信念，抑或是"苟利社稷，死生以之"的担当，都是中华文化宝库中闪耀着永恒精神光芒的珍珠。在历史长河中，正是有了丰厚的文化滋养，中华民族才能生生不息，实现从站起来、富起来到强起来的伟大飞跃，迎来中华民族伟大复兴前所未有的光明前景。成大事者必先立大志。在新时代新征程上，我们要从中华优秀传统文化中汲取营养和智慧，立大志、明大德、成大才、担大任，将"小我"融入"大我"，把实现个人梦、家庭梦融入国家梦、民族梦之中，以高度的文化自觉为推动发展进步、实现伟大梦想注入精神力量。

　　强化文化担当，淬炼民族复兴的骨气。骨气与责任同脉——有责任、有担当，才能增强骨气。自强不息是中华民族鲜明的文化烙印，贯穿了中华民族的沧桑历史，也连接着中华民族伟大复兴的壮阔未来。为全球减贫事业贡献"中国方案"，"共同富裕路上，一个不能掉队"，诠释着大国的为民情怀；疫情防控中，坚持"守望相助、同舟共济"，倡导国际合作、共筑抗疫防线，彰显着兼济天下的情怀；促进文明交流互鉴，构建人类命运共同体，创造人类文明新形态，弘扬全人类共同价值，书写着"各美其美、美美与共"的大同理想……"以古人之规矩，开自己之生面"，中华文明涵育的使命与担当，不仅缔造了辉煌的过去，也为明天积蓄了跋涉向前的深厚力量。以骨气作帆，以文化为桨，与时代同向而行，与发展同频共振，与人民同步奋进，我们正以不可阻挡的步伐迈向伟大复兴。

坚定文化自信，厚植民族复兴的底气。底气与自信同源——底气展现底蕴与实力。中华文化博大精深，中华文明星河灿烂，给我们留下丰厚的文化遗产，为人类文明进步作出不可磨灭的贡献，也成就了民族复兴的坚实底气。历史文化不仅蕴藏着我们"从哪里来"的密码，也标定着我们"走向何方"的路标。植根中华文明沃土，坚定文化自信，坚持走自己的路，中华民族伟大复兴的大道坦荡壮阔。我们要用好优秀传统文化的源头活水，从文明传承中壮大复兴力量，以文凝心、以文聚力，不断战胜前进道路上各种风险挑战；坚持守正创新，努力推动中华优秀传统文化同社会主义社会相适应，更好构筑中国精神、中国价值、中国力量；立足中国大地，讲好中华文明故事，向世界展现可信、可爱、可敬的中国形象，让世界更好读懂中国；发扬历史主动精神，深入探源中华文明，积极推进文物保护利用和文化遗产保护传承，以持续文化创新厚植发展优势，为新时代改革发展注入强大动能。

"源浚者流长，根深者叶茂。"今日之中国，汲取五千多年中华文明的文化养料，拥有14亿多中国人聚合的磅礴之力，在文化自强中走向民族复兴——我们志气更坚、骨气更硬、底气更足。面向未来，我们要愈加坚定文化自信，筑牢中华民族的"根"与"魂"，让中华文明之光遍洒中华大地，让"民族复兴号"巨轮乘风破浪、一往无前！

（2022年6月20日刊于《广州日报》）

让文物娓娓说话　让文化润泽人心

"增强历史自觉　坚定文化自信"系列谈③

◎ 张冬梅

　　参天之木，必有其根；怀山之水，必有其源。灿若星河的历史文化遗产如"有源之水"，滋养中华民族绵延不绝。习近平总书记在主持中共中央政治局第三十九次集体学习时强调，要让更多文物和文化遗产活起来，营造传承中华文明的浓厚社会氛围。日前，广州市委常委会召开会议，强调要深入学习贯彻总书记重要讲话精神，深刻认识中国文明历史研究的重大意义，进一步增强历史自觉、坚定文化自信，敬畏历史、敬畏文化、敬畏生态，坚定不移推进文化强市建设，推动文化文物事业高质量发展，加快实现城市文化综合实力出新出彩。

　　文化是一个国家、一个民族的灵魂。保护历史文物和文化遗产是守住中华民族"根"与"魂"的题中之义。但保护并非让它们藏于深山、束之高阁，而是促使它们在合理利用中得到最好的保护——连接历史与未来，统筹保护与发展，要让文物说话、让历史说话、让文化说话。近年来，"文博热"持续升温，激活一池春水。从让"国宝重器"荧屏会师的

《国家宝藏》，到让人梦回大唐的《唐宫夜宴》，再到让《千里江山图》"活"起来的《只此青绿》，创新性表达为文物注入了更鲜活生动的时代内涵。打开"历史留声机"，让文物"娓娓说话"，让文化润泽人心，我们的文化自信更坚定，精神家园更美好，奋进力量更强劲。而为了答好让文化润泽人心这道实践考题，需以持续创新为引领，努力取得更多原创性、突破性成果。

要守住保护这个底线。历史文化遗产是注释历史最好的"活字典"，必须保护好、利用好。做到心中有戒——历史文化遗产是不可再生、不可替代的宝贵资源，要始终把保护放在第一位。做到心中有责——牢固树立保护文物也是政绩的科学理念，坚持"保护为主、抢救第一、合理利用、加强管理"的工作方针，处理好传统与现代、继承与发展、保护与利用的关系。做到心中有数——全面摸清家底，方能有的放矢，守护好前人留给我们的宝贵财富，进而筑牢文物保护的生命线。

须抓住"人"这个核心。保护好、传承好历史文化遗产是对历史负责、对人民负责。文物保护利用为了人、指向人——文物保护成果要更多惠及人民群众。文物保护利用依靠人、塑造人——尤其是文化遗产的保护利用，要充分发挥群众的积极性和创造性。从黄沙车站旧址到诚志堂货仓旧址、广州啤酒厂麦仓旧址，一座座历史文化建筑的活化利用背后，倾注了一大批千年名城守护者、志愿者的努力。一流的文物保护，需要一流的工匠。一代代文物匠人躬身于考古发掘、文物保护、文化传承，与时间赛跑，用匠心唤醒。接下来，还须继续打好人才牌，涵育工匠精神，培育更多大国工匠，为保护利用文化遗产注入人才活水。要高标准推进红色文化传承弘扬示范区、岭南文化中心区建设，多措并举推动岭南文化和广府文化创造性转化、创新性发展，更好发挥以史育人作用。

应扭住科创这个关键。从考古发掘到文物保护，从价值阐释到展示传播，现代科技对文博领域的重塑已悄然发生。释放科技之力，激活文物之美——"数字敦煌"让敦煌艺术走出石窟、迈向世界的脚步更加炫酷；"线上数字博物馆"借力AR、VR、AI等技术，让大众足不出户就能享受

"云端文化盛宴";一场"博物馆演唱会",让国宝文物跨时空集结、"组团说唱"……文物"说话"更入人心,科技赋能让文物活了、让文化火了。可见,要激发文物科技创新活力,将数字化保护与利用紧密结合,推动文保成果全社会共享;要在保护传承、活态演绎上不断推陈出新,讲好文物故事、文化故事;要用好互联网这个"最大增量",深入挖掘文物价值与内涵,以喜闻乐见的表达创新、形式创新,让历史文化更好飞入寻常百姓家。

"观今宜鉴古,无古不成今。"以历史观照现实,我们必须坚定"保护文物功在当代、利在千秋"的自觉意识,在保护中发展、在发展中保护,守护好中华民族的历史文化根脉。从历史走向未来,我们必须赓续文化基因、厚植文化底蕴、讲好中华文明故事,让更多人在感悟浩瀚中华文明中澎湃文化自信,为推动实现老城市新活力、"四个出新出彩"凝聚强大力量。

（2022年7月4日刊于《广州日报》）

感悟从"敦煌女儿"到古建工匠的坚守

"增强历史自觉 坚定文化自信"系列谈④

◎ 陈文杰

近日，习近平总书记在给中国国家博物馆老专家的回信中强调，要推动文物活化利用，推进文明交流互鉴，守护好、传承好、展示好中华文明优秀成果，为发展文博事业、为建设社会主义文化强国不断作出新贡献。

在五千多年漫长文明发展史中，中国人民创造了璀璨夺目的中华文明。从良渚古城遗址到大运河文化带，从敦煌莫高窟到岭南古建筑……当悠久文明的传承，不再仅仅以史书呈现，每一处历经沧桑的文化遗产，都将镌刻下文化自信的印记。文物和文化遗产承载着中华民族的基因和血脉，是不可再生、不可替代的中华优秀文化资源。这些祖先留给我们的宝贵遗产，不仅属于我们这一代人，也属于子孙万代。保护好、传承好、利用好这些宝贵财富，当好传统文化的守护者、传承者和展示者，是我们的共同责任。

当好中华优秀传统文化的守护者。鸣沙山下、宕泉河边，敦煌莫高窟静立千年。把莫高窟保护好，把敦煌文化传承好，是中华民族为世界文明进步应负的责任。有人说，"没有10年，进不了莫高窟的世界。"而她，从未名湖到莫高窟，从"自投罗网"到日久生情，从满头青丝到白发苍苍，她用将近一个甲子，走过无数敦煌的洞窟，也走过自己的文化苦旅……她就是被称为"敦煌女儿"的樊锦诗，也是中华优秀传统文化的守护者之一。守护当如"樊锦诗"，甘于奉献、勇于担当、开拓进取，坚持以保护传承中华优秀传统文化的高度自觉，努力使中华传统文化的古老遗产重新焕发出熠熠光彩，揭示蕴含其中的中华民族的文化精神、文化胸怀，彰显中国特色社会主义文化自信。

当好中华优秀传统文化的传承者。五岭以南、珠江水系，一砖一瓦皆显岭南特色。古建筑是科技文化知识与艺术的结合体，古建筑也是历史载体。2200多年建城史下的岭南古建筑，既是凝固的历史和文化，也是城市文脉的体现和延续。有这么一群古建工匠，穷其一生娴于一技，以手中灰白，塑屋脊缤纷；用一扇满洲窗，洞察岭南情。在一砖一瓦、一雕一琢、一笔一画之间，用一双双手诠释匠人的一生。他们是岭南古建守护者，也是无数中华优秀传统文化的传承者之一。传承即是保护。保护好古建筑，保护好文物，就是保存了城市的历史和文脉，"让城市留下记忆，让人们记住乡愁"。文明传承、文化延续，需要我们善于突出地方特色的同时，更多采用"绣花"功夫，把老祖宗留下的文化遗产精心守护好。如此，我们才更有坚定文化自信的底气。

当好中华优秀传统文化的展示者。一个热爱中华大地的人，一定会爱她的每一条溪流，每一寸土地，每一页光辉的历史。中华传统文化底蕴深厚，内涵丰富，既需要薪火相传、代代守护，也需要把中华优秀传统文化传播到五湖四海。这是每位守护者、传承者应自觉担起的神圣使命。一方面，要增强历史使命感和责任感，继续探索未知、揭示本源，努力同步做好我国"古代文明理论"和中华文明探源工程研究成果的宣传、推广、转化工作。另一方面，要加强对出土文物和遗址的研究阐释和展示传播，从而更好展示中华文明风采，弘扬中华优秀传统文化，提升中华文明影响力和感召力。

国家之魂，文以化之，文以铸之。源远流长、博大精深的中华文明，也意味着我国的文物保护利用和文化遗产保护传承将是一个长期的系统工程，需要一代代的守护者、传承者、展示者坚持那份"择一事、终一生"的信念，一代接着一代干、一棒接着一棒跑，文物保护与文化传承事业就有了源源不断的新动力，历史文脉必能更好传承万代。

（2022年7月11日刊于《广州日报》）

传承城市历史文脉　赋能文化软实力

"增强历史自觉　坚定文化自信"系列谈⑤

◎ 胡　俊

中华民族的文化根脉一直牵动着习近平总书记的心。党的十八大以来，总书记多次在地方考察期间调研当地特色文化、历史古迹，就历史文脉的保护与传承作出重要指示。2018年10月，总书记在视察广州时指出，城市规划和建设要高度重视历史文化保护，不急功近利，不大拆大建。要突出地方特色，注重人居环境改善，更多采用微改造这种"绣花"功夫，注重文明传承、文化延续，让城市留下记忆，让人们记住乡愁。

今年是广州获批首批国家历史文化名城40周年。40年走来，广州在历史文脉的保护和传承中守护着城市的"根"和"魂"。广州的历史文脉生长于参天木棉中，中共三大会址纪念馆、农讲所等红色文化资源，滋养着这座英雄城市；广州的历史文脉绵延于巍巍云山间，南越王宫博物馆的一件件文物里、恩宁路骑楼街的一幢幢老宅子中，藏着岭南文化、广府文化的密码；广州的历史文脉随着珠水流淌千年，"海不扬波"的黄埔古港、伫立珠江口的航标琶洲古塔诉说着"海上丝绸之路"的传奇……唯有在深刻理解历史文脉的基础上将其保护好、传承好，才能增进文化认同、坚定文化自信，并持续为城市发展注入动力。

传承城市历史文脉，要像爱惜自己的生命一样保护好城市历史文化遗产。保护好传统街区，保护好古建筑，保护好文物，就是保存了城市的历史和文脉。怀着对古建筑、老宅子、老街区的珍爱之心、尊崇之心，广州在文保方面进行了诸多探索：锦纶会馆整体平移保护开创国内先河；秉承"修旧如旧、新旧融合"的微改造理念，对永庆坊的老旧建筑进行修复活化，让这里成为展示岭南传统文化的窗口；将粤汉铁路黄沙车站活化利用为广州铁路博物馆，为百姓留下城市的记忆……面对实现老城市新活力的时代命题，广州用细心、耐心与巧心"绣"出了一幅保护与发展并重、"老"与"新"相得益彰的美妙画卷。

传承城市历史文脉，在保护有形的历史的同时，不能忽视传承无形的精神。一座城市的精神，植根于历史文脉中，又体现着城市现实，引领着城市未来。红色文化、岭南文化、海丝文化和创新文化为广州的城市精神绘上了一层鲜明底色——开放包容、敢为人先，这让广州总是有一股"劲"。正是凭着这股"劲"，广州在改革开放大潮中一路乘风破浪：打响全国价格"闯关"第一枪，诞生改革开放后全国首批万元户，大胆改革出租车、市民打的"扬手即停"……要充分讲好广州改革开放故事，将这笔宝贵的精神财富传承好，为新老广州人鼓劲，激励他们拼搏奋进。

传承城市历史文脉，要激发新活力，赋能城市文化软实力。既为创新，自是不拘一格。或创新保护与传承方式，与时代共舞。例如，广州非遗街区（元宇宙）结合5G云计算、AR/VR等技术，将北京路骑楼搬上虚拟空间，打造永不落幕的非遗嘉年华。或创新传播平台，发广州声音。在广州文交会、国际纪录片节等文化盛会"催化"下，大批"广味"十足的高质量文艺作品迎来高光时刻。通过读懂中国国际会议（广州）、从都国际论坛等重大交流平台，广州积极向世界讲好中华文明故事、岭南文化故事。变的是外在表达、传播形式，不变的是历史文脉之内核；正是在这种变与不变之间，广州独具魅力的个性特质得以凸显，城市的凝聚力、吸引力和辐射力显著增强。

只有坚持从历史走向未来，从延续民族文化血脉中开拓前进，我们才能做好今天的事业。持之以恒地在坚守"不变"中留住乡愁，在创新求"变"中激发活力，广州这座有着2200多年建城史的历史文化名城必定能"苟日新，日日新，又日新"。

（2022年7月18日刊于《广州日报》）

讲好中国故事需要更多"李子柒"

◎ 练洪洋

知名短视频博主李子柒最近成为话题人物。有媒体报道她在国外社交媒体吸粉735万人，受到国外观众热捧。李子柒在国外社交媒体发布的内容，与国内网友看到的并无二致，甚至连英文字幕也没有配，但还是"征服"了世界网友。而关于这一现象是否为"文化输出"，也引发热议。

桃李不言，下自成蹊。此时此刻，也只有这个成语最能概括李子柒了。无论是自己种菜种花、做传统美食，还是酿酱油、熬红糖、编背篓，视频中的李子柒都保持最大程度的语言克制，偶尔会用几句四川话与外婆作简单交流，但粉丝数却呈现直线上升。截至2019年12月5日，李子柒在某境外视频平台上的粉丝数是735万人，且这个数字还在飞速增长中。在该平台上，李子柒每个视频的播放量都在500万次以上，堪称传奇。

"李子柒现象"是一种文化现象，满足了人们在诗意中寻找文化原乡的精神需求。大凡了解农村生活的人都知道，真实的中国农村生活并没有像李子柒视频描述的那样唯美、典雅，但在现代社会消费文化大潮下，人们开始追求传统、回归自然、寻找乡愁，为日益物化的心灵寻求诗意栖息之所。古色古香的景观、自然采摘的食材、古朴简单的炊具、传统繁复的工序、充满仪式感的手作……李子柒的视频恰恰呈现了传统农耕文化中的三种关系：人与人、人与物、人与自然的关系，满足人们"虽不能至，然心向往之"的情愫。

对李子柒展示的并非农村真实图景而进行非议的人们，不妨思考这样一个问题：我们应该向世界展示一个什么样的中国？无疑，中国是立体的、多维的，有现代化大都市，也有传统农村。农村生活也是多元的、丰富的，既有沿海地区的新农村，也有西部的偏远农村；有的在工业化浪潮中跨入城镇行列，与城市生活差距不断缩小，有的远离尘嚣，依然保持着农耕传统。李子柒所呈现的，则是中国古代文人向往、讴歌的田园生活，世外桃源式的生活即使不完全是现代农村图景，至少在历史轴线上看，也是真实发生过、非虚构的。用它作为素材，向世界展示中华文化，并没有什么不妥，因为它不是唯一的。当众多中华文化符号像拼图一样拼在一起，一个全面、真实、立体的中国便跃然纸上。

"李子柒现象"还是一个传播学上的"麻雀"，值得传播行业认真"解剖"。草根出身的李子柒，没有显赫的背景和深厚的学识，仅凭个人之力（后期有小团队），短视频产品短则几分钟、长则十数分钟，没有大团队参战、大成本投入的大制作，甚至连英文字幕都付诸阙如，低成本制作却能在海外圈粉无数，能级不比传媒巨头逊色，说明了什么？文化是人类共通的语言。那些充满人性关怀、给人精神愉悦的文化作品，有一种打动人心的力量，而这与作品主题是否宏大、制作是否大气并无直接关联。有时候，那些习惯于宏大叙事、满足于空洞说教的大制作，其效果反而不如接地气、有灵气的小制作。"不着一字，尽得风流"，李子柒的作品，胜在人性化与诗意化，而这恰恰是现代人心灵所渴求的。

中华文化博大精深、中国面貌美丽动人、中国精神气象万千，要让全世界都听到中国故事、听清中国声音，只有一个李子柒是不够的，需要更多"李子柒"脱颖而出，用心讲好中国故事、做好文化输出，让世界真正认识一个全面、真实、立体的中国。

（2019年12月17日刊于《广州日报》）

综艺为啥越来越流行"怀旧"了？

◎ 夏振彬

　　影视IP再现，老牌组合重逢……近来，"怀旧梗"在综艺荧屏上频刷存在感，引发了一波又一波"回忆杀"。不少网友感慨，综艺节目为什么越来越流行"怀旧"了？

　　因为有需求。当"郭芙蓉"和"白展堂"唱起《武林外传》的主题曲《侠客行》，不少观众感慨13年过去了；目睹黄日华版《天龙八部》的主演们时隔22年再次重聚，不少网友表示被击中泪点……近年来，从1983年版《西游记》《红楼梦》到《新白娘子传奇》《炊事班的故事》《射雕英雄传》，越来越多经典影视剧在综艺节目的舞台上"情景再现"，让观众一边感动得流下眼泪，一边感慨自己逝去的青春。这背后，是经典IP的"杀伤力"，是观众对于情怀的强烈需求。

　　而需求意味着生产力。经典影视剧承载着一代代观众的集体记忆，本身就自带话题、自带流量。环顾影视圈，怀旧早已从文化景观转化为一种经济现象，从电影、小说到游戏、歌曲，莫不如此。商家售卖情怀，以期引发强烈的情感共鸣；用户购买回忆，获得某种程度的心理满足。综艺节目，也是一样。它们站在经典影视剧的"肩膀"上，用综艺与怀旧碰撞，得出高收视率、高关注度的成果——这种形式直接、有效，也因此备受追捧。

　　作为一种娱乐性的节目形式，综艺传播力强、辐射面广，一直以独特的方式影响着人们的精神生活。综艺节目流行"怀旧"，这属于应需而生，能戳中观众的心理需求，在满足群众文化需要方面发挥着一定作用。但也必须承认，情怀从某种程度上说是一种不可再生资源。"怀旧梗"可以用一次、用两次，但不可能屡试不爽。当观众的怀旧需求充分释放，势必对其产生审美疲劳，甚至产生"免疫力"，这是规律使然。比如，此前不少网友发现，搜索"某某剧组重聚"会发现一些剧组从未停止过重聚，今天在这个节目，明天在那个舞台，所谓的"聚首"有了套路的味道，引来网友纷纷吐槽。

创新是文艺的生命。近年来，群众对文化产品提出了更高的要求。一档节目是否有新意、有创意，成了影响观众取舍的关键因素。从《中国诗词大会》《朗读者》到《声临其境》《我就是演员》，近年来越来越多综艺节目脱颖而出，以诚意和创意打动人心。对于综艺流行"怀旧梗"，没必要指责其"炒冷饭"、缺乏创新，但保持必要的警醒是应该的——少些套路，多些诚意和匠心，狠抓精品创作，才能够打造出为群众喜闻乐见的好作品。

（2019年3月19日刊于《广州日报》）

乐见"姐姐"们乘风破浪

◎ 许晓芳

近几年，多档选秀节目竞相上演，各类男团女团如雨后春笋般出现在公众面前。而这几天风头最盛的女团节目与平日里其他选秀节目不同——参与成员是已经拥有一定知名度的女明星，其年龄均已在30岁以上——这档节目就是某地方卫视推出的《乘风破浪的姐姐》。

这档节目开播不到24小时网播量突破两亿，在各大网络社交平台掀起了广泛热议。让人不禁想问，这档节目何以这么火？

从某种程度上说，这个节目的"火"在意料之中。这些"姐姐"在其所在领域已经获得了相当的成就，本就引人关注、自带流量，在合作和碰撞中更能够产生"1+1>2"的叠加效应。

虽说这档节目的"走红"并不令人意外，但依旧带来惊喜：节目让更多人拥有了一个直面了解"30+"女性的平台。面对这些"姐姐"，有人羡慕她们青春常驻，有人钦佩她们多才多艺，有人向往她们的率真爽快……可以说，她们让人看到了不同年龄段女性的独立、自信、活力与魅力。

"姐姐"们以形象和行动展示着节目标语"三十而骊，青春归位"的含义，向外界证明了"不论处在任何人生阶段，都可以像姐姐一样勇敢进发"，带给观众更多面对生活挑战的勇气。联想到去年演员海清在某电影节上为中年女演员的发声和由网友们设想期待的由"熟龄"女演员主演的《淑女的品格》，"姐姐"这个群体似乎正逐步走向聚光灯下。

这对于社会、对于女性和"女性年龄"的认知更新，有其价值所在。在向往青春、追求自由的今天，中年女性的光芒常常被掩盖在生活琐事、工作重担之下。提及"中年女性"，相当一部分人会在脑海中浮现出家中辛勤操劳的母亲、经常关心照顾自己的阿姨们的形象。这种形象未必不好，但是相对刻板、片面，并未看到年龄和经历带给她们的成长和积淀，也在一定程度上让人丧失了对"成长"的期待。

因此，在节目播出时，弹幕里的一句"我好像没有那么害怕变老了"，才会让那么多人收获感动和激励，这也是《乘风破浪的姐姐》最大的意义。

但在欣喜之余，我们也要清楚，这些光鲜亮丽的"姐姐"们只是"中年女性"群像中的"冰山一角"，并不能够代表所有女性的中年状态。要警惕对于"中年女性"的印象落差——从毫不关心到过度包装。过大的落差很可能会带来反向的副作用，这种情况，相信谁都不愿看到。

我们最终想要实现的对不同年龄段女性的真正理解和"平视"，依旧还在前方路上，等着我们继续前行追求。

（2020年6月16日刊于《广州日报》）

人们为何致敬"达叔"？

◎ 夏振彬

回忆起与吴孟达回厦门养老的约定，演员八两金不禁哽咽；"他是为我们带来欢乐的超级巨星"，好友黄一山开导大家继续享受"达叔"带来的欢乐与笑声；广州市电影家协会副主席何君感慨，"达叔的戏我们还没有看够"……

3月1日，"湾区电影人共话爱国情——吴孟达先生作品研讨暨追思会"在广州举行。来自粤港澳大湾区的电影人真情流露，追忆与达叔的交往点滴，怀念其在银幕上留下的经典形象，并向这位爱国爱港的电影人致敬。

线上呢？连日来，网络上追忆连绵、哀思如潮。"真的舍不得达叔""致敬一个好演员""一代人的回忆"……数以亿计的网友向达叔表达缅怀、敬佩之情。

人们，为什么向达叔致敬？

因为隔空的陪伴，因为精湛的演技，因为不可替代的成就，因为经年累月的坚持，因为让人倍感亲切的"草根"、配角……

除了这些，还有敬业精神。"敬事而信""执事敬"，敬业美德自古有之。而当今社会，对兢兢业业、勤勤恳恳的敬业者，推崇备至。达叔，正是一个这样的人。

吴孟达，一个演员。从艺近50年，参演200多部作品。200多个角色，或正或邪，或庄或谐，他总是尽心地完成每一次演绎。他说："当演员能做就拼命做。""拼命"，意味着全情投入、全力付出，意味着下真功夫、下苦功夫。两年前，拍摄《流浪地球》时，吴孟达在片场吸氧的照片让不少人直呼心疼。演员吴京更是赞叹："什么叫高手？我是跟吴孟达学的，进剧组他从不带剧本，都研究透了，并且搭档的剧本他也背熟了。"正是凭借兢兢业业、钻研探索的敬业精神，他塑造了一个又一个深入人心的角色；正是凭着把每一个角色都当成主角演，他成了业内有口皆碑的"万能配角"。

还有坚定的立场。达叔病逝后，他生前最后一条微博被推到公众面前。"我是中国人"，短短五个字，旗帜鲜明，令人肃然起敬。这条微博发布于2019年8月，当时央视新闻发布微博话题"五星红旗有14亿护旗手"。达叔的发声，展现着他坚定的立场、朴素的爱国情感。确实，银幕上、故事里，达叔饰演的角色总是有些不靠谱、"疯癫"；但银幕外、生活中，达叔是一个立场坚定的爱国者。如今，这条微博已获得过百万人点赞。网友所称赞的，正是他的这份坚定。

感念其行，感怀其心。人们向达叔致敬，正是向老戏骨致敬，向敬业者致敬，向爱国者致敬。达叔，粤港澳大湾区影视界的代表人物之一。三地电影人齐聚，为其举办追思会，所体现的正是大湾区同气连枝的血脉情谊。同声同气，同心同德，"湾区电影人共话爱国情"是追思、是致敬，也是凝心、是聚力。三地电影人将继续深入合作，同心同向而行，以光影的魅力助力建设人文湾区。毕竟，行动是最好的致敬。

（2021年3月3日刊于《广州日报》）

雅克·贝汉留给我们的人生启示

◎ 杨 博

　　从迁徙的候鸟到浩瀚的大海，似乎每一个地球生命的呼吸，都能在他的镜头里呈现最真实的状态。那个可以在纪录片中叩问观众灵魂的电影大师去世了。他是法国著名导演、演员以及纪录片制作人雅克·贝汉。（4月23日《北京青年报》）

　　生命是一场旅程。雅克·贝汉的一生更是变幻多姿、富有诗意，带给人们诸多启示。雅克·贝汉出生于戏剧世家，6岁参演电影，15岁登台表演，创下一出剧目连演400场的佳绩；25岁出演《半个男人》，他一举拿下威尼斯影帝，成为殿堂级演员；29岁，他为正值黄金时期的演员生涯果断画上句号，转向幕后导演和制作……他像从一座山峰攀登到另一座山峰，对生命充满了好奇心，孜孜以求、不知疲倦。雅克·贝汉曾说，希望能在电影里活够1000次。他又说，人生只有一次，他想用梦想填满它。这些话道破了他对人生的浪漫情怀与坚守态度。这也是雅克·贝汉留给我们众多精神财富中最重要的一笔。

　　追逐梦想是起点，更是过程。雅克·贝汉从未停止过对艺术梦想的执着追求。接近而立之年，已经享誉世界的他蓦然发现，电影的创作满足不了许多自然的、真实的表达。于是，他转而拍摄纪录片。因为，纪录片的真实感让他看到了"人眼能够看到的灵魂表达"。从1989年的《猴族》到2016年的《四季》，20多年间，他共制作和拍摄了7部自然纪录片，部部堪称经典之作。从很大程度上来说，正是因为葆有锲而不舍的探索精神，雅克·贝汉才总有惊世之作奉献于世人面前。如同《资治通鉴》中所说的，"作之不止，乃成君子；作之不变，习与体成；习与体成，则自然也"。在这个"作之不止"的过程中，他不断地更新自我、创造自我，把饱含终极关怀的思考和创作当成了一种习惯。

生命不息，梦想不灭。追逐梦想需要某种自我唤醒的力量。这种力量常常来自于"空杯之心"。雅克·贝汉在作品中告诉我们，只有不断自我净化，遵循心灵的地图，才能穿越迷雾，驶往理想彼岸。当你目睹沙丘和雪峰在《迁徙的鸟》中随那翅膀拍击声逝去，便能体会到"人生天地之间，若白驹之过隙，忽然而已"的空阔。当你在《地球四季》中看着小雁鸭从高高的树洞跳下，你忽然就明白了"胜人者有力，自胜者强"的通达。雅克·贝汉用自然纪录片讲述的荧屏故事在提醒着人们，放下自傲的态度，俯身向大自然学习。就像他曾建议的："我们遇到苦难的时候往往会抱怨，我们花很多时间去说，而不是做。但是鸟儿从来不说什么，它们没有这样的哲理，但是它们坚持去飞。我想它们坚持飞翔的勇气是我们应该学习的。在每一个时刻你似乎都能感受到这种精神的感召力。"

4月22日，世界地球日。在这前一天，雅克·贝汉走了。那些关于生命的纪录片，成了雅克·贝汉留给我们最珍贵的礼物，也成了唤醒我们内心梦想的读本。期望每个人都能从中发现生命的奥秘，积淀追梦的力量。

（2022年4月25日刊于《广州日报》）

马拉多纳，你回了哪个星球？

◎ 练洪洋

一代巨星陨落！阿根廷传奇球星迭戈·马拉多纳25日突发心梗去世，享年60岁。他的离世立即引发了世界体坛的无尽悲伤与悼念之情。阿根廷总统府当天发布公告称，因马拉多纳去世，阿全国进入为期3天的哀悼期。

26日凌晨，习惯于入睡前最后一次刷微信朋友圈，一则悲伤得让人睡意全无的消息映入眼帘，一个曾经像神一样存在的名字跳了出来：迭戈·马拉多纳。一位"小朋友"在朋友圈里写道：今天爸爸醒来后，应该会很难过吧？这可是他那一代人的青春和记忆啊！是啊，马拉多纳于1997年10月退役，距今足有23年，昔日"马粉"如今也人到中年了。

2020年是糟糕的一年。孩子们的偶像——科比走了，爸爸们的偶像——马拉多纳又走了。科比罹难是世界篮坛的巨大损失，而马拉多纳的离去，则是一个时代的结束。马拉多纳曾用足球这一"世界语"，创造了一个令足球迷们疯狂的时代，20世纪80年代。准确地说，那个时代从1986年拉开序幕。

可以毫不夸张地说，自1930年举办第一届世界杯足球赛以来，从来没有哪一届像1986年那样，完全由一个人在表演。你可以忘记1986年世界杯东道主是墨西哥、金靴奖得主是莱因克尔，也可以忘记济科、鲁梅尼格、普拉蒂尼、劳德鲁普等球星的名字，唯独不能也不会忘记的人是马拉多纳。一个人成为一个体系，如入无人之境，球迷们看马拉多纳踢球，就像是看漫威电影宇宙里的超级英雄，托尔、蜘蛛侠、钢铁侠、美国队长……一个人足以战胜一切。绿茵场上，只要马拉多纳在场，阿根廷就能赢。而那只"上帝之手"，至今仍然是江湖传说。

"你是哪个星球来的呢？迭戈·马拉多纳？"1986年，在对阵英格兰的比赛中，马拉多纳踢进第二个世纪进球时，一位阿根廷电视解说员高声发出灵魂拷问。作为20世纪最伟大的足球运动员，马拉多纳是一座至今难以跨越的高峰。今天，史诗般的平民英雄谢幕，他又回到哪个星球了呢？

1986年是精彩的一年。这一年，"棋圣"聂卫平在中日围棋擂台赛上连胜五局，创造了围棋史上的神话；这一年，中国女排夺得了"五连冠"，全国人民为之欢欣鼓舞，女排队员们站上领奖台那一幕，成为一代人的集体记忆。体育比赛从来不只是一场展示运动员体能与技能的运动，其精神意义远出其上。正如当年阿根廷亟须那场足球胜利来慰藉公众心灵、振奋国家精神一样，祖国至上、团结协作、顽强拼搏、永不言败的女排精神，也极大地鼓舞了处于改革开放初期的中国。

时光荏苒，英雄会老去。但不管时代如何变迁，总有一些东西会留下来，沉淀在我们的骨骼上，融入我们的血脉里，那就是英雄们在我们心中激荡起的英雄主义精神。

（2020年11月27日刊于《广州日报》）

"文学界"何必急于为贾浅浅辩白

◎ 杨 博

文人和网友的"短兵相接",贾浅浅事件这一波可谓异常激烈。

随着她的旧作被扒出,身世被起底,网友批评的指向从其作品趣味转向公平、规则和环境上。焦点转换之间,舆论的回响仿佛爬过了一个分水岭,令这番讨论和争辩平添了不同的意义。人们不免在想,"文二代"能否如其父辈那样保持起码的文字水准?

与之形成对峙的是文学界的一些回音。媒体用《贾浅浅的诗很烂?文学界不这么看》这样的标题,来概括其中几位人物的观点。譬如,据媒体报道,《中国诗词大会》某冠军以鲁迅和莫言的诗歌举例认为:"长期创作的人,谁一辈子只出精品,不写几首庸诗、烂诗或者游戏之作?"该人士显然是带着与凝视鲁迅、莫言时相似的心情,去看待贾浅浅及其诗作的。然而,当下贾浅浅正活泼泼地,此时怎可观其"一辈子"而盖棺定论?

从应然关照实然,是评论的一种方法。但无论怎么评、怎么论,都不应违背量体裁衣的逻辑。否则,可能性与事实混合在一起,容易引起读者的眩晕。譬如,据媒体报道,西北大学某教授称贾浅浅为"生而知之者",注定是"天成的诗人"。又譬如,中国作协某会员认为,贾浅浅"一个'天然'的诗人,必定是不受拘束"。试问,"天成""天然"难道是"天命"?否则,用"注定""必定"这样的词儿干吗。

不知道从什么时候开始,文学界似乎不太讲圈子里作品的不好。如果只是碍于文人之间的亲缘或师承关系而不论,这种闷声不响的现象倒也不会持续太久。毕竟,人生有涯,文人之间的特殊关系也会影响渐弱。但怕就怕,文学批评的缺失或失准,乃至严肃精神的欠缺,会毁坏文学的土壤，扼杀新生的力量。

某文学界人士指出一些网友"把正常水平的诗人污名化"。如果真是污名化，那的确不妥。人生悠长，奋斗不止，评判一个人的潜能和未来当然需要慎重。然而，文学界要反思的是，在亿万读者面前，自己的话语权从何而来呢？更何况贾浅浅的读者又有几多，所谓文学界的几位人物何必急于为她辩白。

（2021年2月5日刊于《广州日报》）

"逆风球"踢出中国女足精神

◎ 杨 博

4月13日下午，面对东京奥运会女足亚洲区预选赛附加赛次回合较量，中国女足在半场落后两球的情况下绝地反击，经过加时赛以总比分4∶3淘汰韩国队，拿到亚洲区最后一张东京奥运会女足门票。

近7年来，中国女足连续锁定两届世界杯和两届奥运会的出线权。她们屡屡上演敢打善打"逆风球"的好戏，拼出了热血和士气。"从来没有所谓的弯路，你走的每一步都算数。"恰如中国女足主教练贾秀全在总结进军奥运之路时所说的，"女足精神也许就彰显在逆境中的绝地反击，落后时的绝不放弃中。"

冲击东京奥运会入场券，一年两个月时间，一波三折。在奥运会预选赛B组比赛期间，由于疫情原因，女足姑娘们一度只能在酒店逼仄的过道或楼梯里练体能，近10天不能动球。空气不流通，喘不上气，她们就练一会儿，透一会儿气。缺席悉尼之战的王霜坚持在屋顶练球、保持状态。正是逆境，激发出了中国女足力争上游的全部潜能。在苏州之战的决胜时刻，中国女足拼下老对手韩国队，奋起捍卫自己在亚洲足坛的地位。正是逆境，调动起中国女足孜孜不辍的拼搏精神。

逆境之下，尤需反求诸己。先哲说"不愤不启，不悱不发"，就包含了在逆境中自省自强的意思。在悉尼，面对当时排名世界第七、亚洲第一的澳大利亚队，中国女足拼尽全力，从比赛中找信心、瞄差距。在蓄力奥运会预选赛附加赛第二回合比赛前，尽管拿下了首回合胜利，女足队员们依然冷静地"忘掉上一场比赛"，在心理、体能和意志上做着积极准备。逆境是最好的老师——女足队友们敢挑重担、敢啃硬骨头，在逆境中学习，在逆境中进步，终于把自我的力量发挥到了极致。

逆境之下，底气来自厚积薄发。在淘汰韩国队之后，王霜说，"我们从来没有想过放弃"，"我们一直坚信能够扳回来"。为什么女足队员如此有底气？因为在备战比赛的130多天中，女足队员每堂训练课都要完成一万多米以上的跑动距离。即使对男足队员来说，这也不是容易完成的任务。但女足姑娘们硬是做到了。成功从来都是一步一步走出来的，玫瑰从来都是经过漫长的等待才迎来了绚丽的绽放。

逆境之下，硬气来自永葆初心。古人言"志不求易者成，事不避难者进"，说的就是做人应当志存高远的道理。而所谓"志"，其实就是初心。著名女足运动员孙雯在谈到"女足精神"时，也把"初心"作为最重要的要素。多年来，正是这片初心所散发的光芒，照亮了女足姑娘们前行的道路。捍卫荣誉、拒绝失败——正像孙雯所期待的，年轻球员们葆有"女足精神"，真正成长起来了。

"女足精神"不仅值得男足队员学习，而且它已成为一种公共财富，影响着足球领域之外更多的人。面对各种风险挑战，我们尤其需要向女足学习，发扬敢打"逆风球"的精神。有人说，人生最大的悲剧有两种，一种是在顺境中踌躇满志，一种是在逆境中万念俱灰。当一个人把顺境当作逆境来对待，把逆境当作绝境来迎战，超越自我、获得胜利便会从不可能变为可能。站在新起点，开启新征程。每个人都要勇担使命、善于作为，以一种"不管风吹浪打、胜似闲庭信步"的境界和定力，从容地把我们共同的事业推向前进。

（2021年4月15日刊于《广州日报》）

"小众"博物馆可以更出众

◎ 张冬梅

随着生活水平不断提升，人们的精神文化需求愈加旺盛。如今，逛博物馆成为很多人的文化娱乐选择。据报道，暑假期间，越来越多观众走进"小众"博物馆打卡，"小众"博物馆随着人气攀升，正从相对"冷门"变得越来越"热门"。

近年来，"故宫跑"、敦煌热、全民围观三星堆，甚至有机构专门发布"中国博物馆热搜榜"——博物馆"火"了！数据显示，2016年至2020年，中国博物馆的年度参观人数由7亿人次增长至12亿人次，平均每年增加1亿人次，其中未成年人观众数量由每年2.2亿人次增长至2.9亿人次，"博物馆热"持续升温。

值得欣喜的是，除了那些我们耳熟能详的重量级"大咖"，一些曾经"养在深闺人未识"的"小众"博物馆也揭开面纱，逐步走向大众。一些别开生面的博物馆，也往往引人惊叹"还有这样的博物馆"！北京汽车博物馆、广州地铁博物馆、上海八音盒博物馆、杭州中国伞博物馆、重庆白鹤梁水下博物馆……百花齐放的博物馆生态或许更能满足不同群体多样化、差异化、个性化的文化偏好和知识需求。

大有大的优势，小有小的魅力。相比展品全面的大型综合类博物馆，小众的专门类博物馆往往专精一门，更能在细分领域做足"绣花"功夫。而"小众"博物馆走红，无疑也为"博物馆热"再添一把火。不仅如此，正如人们如果具有广泛的阅读习惯，作家、诗人群体就更可能成长起来，当去博物馆成为人们日常生活的必选项，整个领域就能日益活跃，为文化发展繁荣引来更多源头活水。在城市大街小巷，各类贴近大众生活的专题博物馆、行业博物馆、"隐居"校园的博物馆，承载着历史和自然传奇，蕴藏着城市人文魅力，不仅丰富着市民的精神文化生活，也为城市发展注入更多文化引力。

　　我们乐见更多"小众"博物馆走红，为美好生活加分。博物馆或许是距离我们生活最近的"诗与远方"，也可能是性价比最高的课堂。只有把更多人"请进来"，才能更好地把文化"送出去"。不妨借"博物馆热"之春风，让更多"小众"博物馆被"看到"。期待博物馆与我们的日常生活距离近些、再近些。

（2021年8月25日刊于《广州日报》）

《现代汉语词典》不能少了六（lù）安

◎ 胡　俊

　　安徽省六安市的"六"究竟读"lù"还是读"liù"？近日，关于六安的正确读音，引发社会热议。

　　对"六"音之易误读，笔者深有体会。笔者一位朋友恰好是安徽六安人。笔者起初也将"六"读为"liù"，被朋友批评为"没文化"。朋友郑重其事地纠正说，六安的"六"应该读"lù"，"这是战国时便存在的古音，六（lù）安瓜片还是中国十大名茶之一"。

　　六安的"六"该怎么读？这一在六安人看来板上钉钉的事情，近日却因为多位新闻节目主播将其读为"liù"而引发争议。而主播们如此读也是"有据可查"的。在最新的第七版《现代汉语词典》中，"六"只有"liù"这一读音，"lù"的读音已不见踪影。不过，网友们更多的还是挺"lù"。据报道，新华社法人微博于5月19日11时许发起相关网上投票，截至5月20日8时许，有4764名网友参与投票，其中761人支持"按照《现代汉语词典》的读音"，3895人支持"跟着当地百姓读"。也就是说，"lù"读音的支持率在投票者中占据约八成。

　　如今，我们越来越重视历史文化的传承。而传承，是需要载体的。一个地方的地名以及地名的读音，皆是传承这个地方历史文化的重要载体。如六安，按照六安市人民政府门户网站的官方介绍，这一地名是以"六""六国（录国）""六安国""六安州"的历史延续而来，"六国（录国）"历经夏商周三代，这在商朝的甲骨文和周朝的青铜铭文中均有多个实物为证。"六"的古音和民俗传承的方言均从"录"而读作六（lù）。

　　其实，不少具有深厚历史积淀和文化底蕴的地名发音都"与众不同"，如广东番禺。最新版《现代汉语词典》同时保留了"番"的两个读音——"fān"和"pān"。对于"pān"的读音，词典中如此注释：番禺，地名，在广东。词典编纂的有关各方不妨效法这一做法，为六安的"lù"以及其他在词典中"缺席"的地名读音添上一笔。而在查漏补缺的同时，我们也要好好思考一个问题：如何才能更好地尊重历史、延续文化？这也正是我们今天讨论六安该怎么读的意义所在。

（2021年5月21日刊于《广州日报》）

科普要向短视频要"生产力"

◎ 刘　琛

买一份鱼头泡饼、北京烤鸭，吃完剩下的小骨头，大部分人都将其直接当作"湿垃圾"扔掉，但在中国科学院古脊椎动物与古人类研究所副研究员卢静的手中，这些骨头都能玩出花样。近日，卢静将自己"玩骨头"的科普视频发布到抖音上，视频中，她把吃完的黄焖鸡骨头拼起来、把吃完的胖头鱼骨头拼起来……边吃边"抖"知识，引发不少网友点赞，有的视频点赞数甚至超过百万。

说起科普，不少人的印象是无聊、枯燥的，充满着晦涩难懂的专业词汇，令人心生畏惧。如今，随着短视频的兴起，有越来越多的科普工作者将其作为传播、交流知识的重要工具。通过动画、虚拟人物、短剧、幽默搞笑等短视频叙述形式，他们将生涩的科普知识变得生动有趣，杜绝生硬，勾起人们求知欲，突出干货分享和实操性，取得了较好的科普效果。

短视频上的类似案例，让更多科普工作者看到了科普的新方向。各种身份的创作者，如两院院士、动物学博士、古脊椎动物研究专家、火山地质研究专家、中学教师……他们聚集在短视频平台上，制作了自然科学、人文学科、技能补充等众多领域的专业知识视频，由此形成了多层次、立体化的知识内容生态体系。而对受众而言，他们也可以积极与科普工作者互动对话，比如转发、评论、发弹幕等，让知识成了一个动态的再创造过程，拥有了不断更新的活力。这种趋势喜闻乐见，体现了互联网内容从之前的单一娱乐化向知识化升级，带动了互联网内容行业的价值转向。

我们期望看到更多的科普工作者通过生动直观、寓教于乐的方式，降低理解知识的门槛，而短视频平台也不妨用好算法推荐机制，实现从过去的"人找知识"到"知识找人"，让人们可以各得所需。

（2019年12月27日刊于《广州日报》）

"十大语文差错"，你踩"雷"没？

◎ 连海平

《咬文嚼字》编辑部日前公布了2020年度"十大语文差错"。其中，包括"新冠"的"冠"误读为guàn；"戴口罩"误为"带口罩"；"共渡难关"误为"共度难关"等。

年度"十大语文差错"出炉，你踩"雷"没？在一位文字工作者看来，"共度难关"可谓年度最大的"雷"，一不小心就会踩中。

有"语林啄木鸟"之誉的《咬文嚼字》杂志，还真有一股"咬定青山不放松"的"咬"劲——自2006年开始，每年发布年度"十大语文差错"，至今年已连续发布了十多次。有些差错颇具代表性，比如2019年"十大语文差错"中提到，有人将"差强人意"当作"让人不满意"。2019年11月，男足在比赛中失利之后，足协向球迷致歉写道："中国男足表现差强人意，令广大球迷倍感失望，中国足协对此深表歉意！"

仔细玩味"十大语文差错"，还是挺有意思的。十多年前，《咬文嚼字》第一次发布年度"十大语文差错"时，整个社会的语文出错率还比较低。到了今天，别说"十大差错"，就算是"百大差错"也不难挑。上海退休老报人周俊生在微信朋友圈里写"每日一怼"，就是专为报纸"捉虫子"，数年坚持不辍，最近还结集出版，名为《报林咬文嚼词》。作者精神可嘉，也让我们从一个侧面了解语文水平现状。

语文差错频出，冰冻三尺。不说教育层面，仅从网络语言影响角度，就非常值得注意。纵观整个网络语言环境，存在着一种过度娱乐的不良倾向，过分强调标新立异，所使用的字、词、句等语言成分刻意打破中国语言文字系统规则，不遵守语言法规、规范和标准。比如，打破现有语法规则或改变现有字词的形音义关系，生造词语，夹杂使用图形、符号、外来语，等等。一些网络用语严重偏离传统语言文字轨道，给使用者造成混乱，给学生提供了错误示范，此风不可长。

时代在发展，对新词、新语一概排斥，显然不是正确的态度。反之，若认为语言文字可以无视章法，随意拼接，标新立异，那也是错误的想法。

（2021年1月6日刊于《广州日报》）

教 育

发展普惠托育　让"谁来带娃"不再难

◎ 谭　敏

　　"生了孩子谁来带？"许多双职工家庭都面临幼儿无人照护的难题。7月20日发布的《中共中央　国务院关于优化生育政策促进人口长期均衡发展的决定》明确，发展普惠托育服务体系。推动建设一批方便可及、价格可接受、质量有保障的托育服务机构。支持有条件的用人单位为职工提供托育服务。鼓励和支持有条件的幼儿园招收2～3岁幼儿。

　　大力发展普惠托育服务，是优化生育政策促进人口长期均衡发展的有力配套措施。目前我国托育服务的短板，已成为影响生育意愿的重要一环。国家卫生健康委人口家庭司司长杨文庄7月21日在国务院新闻办公室发布会上介绍，目前我国0～3岁婴幼儿约4200万人，其中1/3有比较强烈的托育服务需求。但调查显示，我国3岁以下婴幼儿入托率仅为5.5%左右，供需缺口还很大。随着三孩生育政策的出台，供需矛盾或将更为严重。

　　为什么托育服务供需矛盾如此突出？目前，3岁以下幼儿的托育服务大多是市场化的，托育机构多为民办，一些早教机构价格高昂，普通家庭难以承担。但托育机构也有"一肚子苦水"，托育服务看似有需求，但完全按市场化方式运作，除去场地租金、水电、教师工资等日常成本，也只能基本维持收支平衡。所以，托育机构要么收费贵，要么一些收费低的机构则面临着师资不足、质量参差不齐等诸多问题。

　　如今，每千人口拥有3岁以下婴幼儿托位数已经纳入"十四五"时期经济社会发展主要指标，由目前的1.8个提高到4.5个。从供给侧入手，加大由政府主导的普惠托育服务供给，为广大群众提供安全质优、价格适中、方便可及的普惠托育服务，补齐民生短板，减轻家庭育儿负担，已成当务之急。

发展普惠托育，有了政策托举，还需要真金白银的资金支持。不仅政府需要加大投入，还需要发动社会资源，共同来解决"谁来带娃"的成本问题。

支持有条件的用人单位为职工提供托育服务，是解决托育难的灵活举措。20世纪80年代，不少单位都提供这样的托育服务，职工上班前将孩子送去下班接走，无缝衔接，工作没有了后顾之忧，既是员工福利，也增加了单位的向心力。不少企业在寒暑假期开设托管班，也有相同的效果。政府可以通过补贴托育费用，或是税收减免的方式来对提供普惠托育服务的单位进行补助。

鼓励和支持有条件的幼儿园招收2～3岁幼儿，同样也是循序渐进解决托育难的务实之举。不少已建成的公办幼儿园受场地和学位的限制，很难再增加托位数量。据研究机构预测，"十四五"时期出生人口会比"十三五"平均每年少200万左右。这正好为合理调配幼儿园学位和托位、推进托育服务体系建设创造了条件。在公办幼儿园分次分批招收2~3岁幼儿，逐步扩大托育服务的覆盖面，实现托幼一体化，提高育儿家庭的获得感和满意度。

良好的婴幼儿照护服务，不仅事关育儿家庭的减负，对国民素质整体提升、经济社会协调发展，对促进社会公平都具有特殊的社会意义。在国家政策的强力支持下，相信多方参与、普惠方便的托育服务，将会越办越好，惠及更多家庭。

（2021年7月23日刊于《广州日报》）

高考满分作文不止一种模样

◎ 许晓芳

近日，浙江省2020年高考满分作文《生活在树上》引发网友热议。

"嚆矢""振翮""孜孜矻矻""一觇"等生僻词汇"狂轰滥炸"，海德格尔、卡尔维诺、麦金泰尔等名家名言"坐镇"助力，"赋魅""反智""单向度形象""达达主义"等专业术语铺陈加持，让不少网友高呼"还能不能说人话了"，更觉得文章"辞藻堆砌，不可取"。

但在不认可的声音之外，亦有人认为"最美的花应有许多朵"。浙江省高考作文阅卷大组组长陈建新副教授便点评称："这是一篇极少能碰到的高考作文，他的文字老到和晦涩同在，文章从头到尾逻辑严谨，说理到位。"

要我说，虽然多数网友表示这篇文章不知所云，但不可否认，这篇文章的确能够证明这名学生博览群书，且较之同龄人具备更为丰厚的文学积淀、更为突出的思想深度。如果，高考作文是为了考查考生对于考题的理解把握、围绕主题展开的逻辑演绎和考生的遣词造句能力，那么这篇文章其实是值得肯定的。文字审美本就具有高度主观性，有人爱汉赋的华美，有人喜唐诗的奔放，有人欣赏"莫道不销魂，帘卷西风，人比黄花瘦"的清丽，亦有人偏好"大江东去，浪淘尽，千古风流人物"的豪迈……每个个体的知识背景、阅读偏好、个人经历等多个方面，都会影响其看待和解读文章的方式，因此，同一篇文章，有人喜之赞之，有人恶之斥之，并不奇怪。

关键在于，这篇文章一旦作为一篇"满分作文"被公开，那么这个分数就不单单关乎这篇文章本身和这位考生本人，而从"私事"变成了社会层面的"公事"。何以这么说？

高考的重要性，早已不言而喻。基于此，大部分人都不能免俗地希望尽可能取得高分。即便陈建新副教授在评语的最后加了友情提醒："其中的晦涩也不希望同学们模仿"，但恐怕这种提醒很难让考生和老师抵挡住满分的"诱惑"，将其作为一个范本。

在高考作文写作上，我们已经看到了太多的"作文模板""高分范文"。这些套路，已经让很多考生逐渐囿于各种写作方法中，考场作文几乎与规范化、程式化画上等号。因此，这样的"满分作文"除让人纠结"这篇文章值不值""高考作文究竟考察什么"之外，更让人担心未来会否有人循此范例，故意抱着枯燥的理论书籍背高深词汇以作唬人之用。

因此，《生活在树上》成为满分作文，没有问题。但关键是要让更多考生看到满分作文不止一个样子。质胜文则野，文胜质则史。不同的文风，不同的写作方法，都各有所长，值得包容、尊重。

要避免像《生活在树上》这般剑走偏锋的"满分作文"可能造成的不利效应，各地的高考作文阅卷组不妨公布更多高分、满分作文，让更多人感受不同风格的别样之美，让考生明白高分作文并非凭套路制胜。

（2020年8月5日刊于《广州日报》）

"不得公布学生成绩"须令行禁止

◎ 练洪洋

　　教育部日前发布公告，就《未成年人学校保护规定（征求意见稿）》（以下简称"意见稿"）公开征求意见。"意见稿"就预防欺凌、防治性侵等多方面保护机制进行了明确规定。在人格权益方面，"意见稿"提到，学校不得公开学生个人的考试成绩、名次，不得对外宣传学生升学情况。

　　"意见稿"有58条，"学校不得公开学生个人的考试成绩、名次"这一条最受关注，引发的争议也最多。"分分分，学生的命根"，每逢大考小考过后，公布学生的成绩、名次就成了"学霸"的高光时刻、"学渣"的黑暗时分。遇上比自己更看重分数的家长，成绩、名次公布之后，成绩差的孩子还可能面临一场"亲亲相仇"的"暴风骤雨"。学校不得公开学生个人的成绩、名次，几家欢喜几家愁，不同人群的表情完全不一样。

　　"脸色"最难看的，当属大多数家长。他们的普遍观点是，不公布学生个人的考试成绩、名次，就会影响家长对孩子的认知与定位，不知道孩子的哪科是优势学科，哪科是劣势学科。这样一来，就是想花钱给孩子补课，也不知报什么班。"学霸"皱起了眉头，不公布成绩、名次，就不知道自己比上一次考试进步或退步了多少，就没有危机感，到了中考或高考，最终还是要过分数关、排名关。教师们在犯嘀咕，不公布学生的考试成绩、名次，如何衡量一位教师的业绩？校长也忧心，失去公布学生成绩、名次这一工具，在激励学生的工具箱里，又少了一件百试不爽的"利器"。况且，不得对外宣传学生升学情况，又如何提高学校知名度与吸引力？还有网友说，"保护孩子不是蒙上眼睛，没有谁可以保护他一辈子"。

位置决定眼界，高度决定格局。站在教育主管部门角度，中小学教育过分重视学生的成绩、名次，以致出现严重的"唯分数论"，的确有违德智体美劳全面发展的教育理念，必须作出改变。一些家长完全用分数来评价自己的孩子，只要孩子成绩好，什么都好；成绩不好，就啥也不是。为了提高孩子成绩，强逼孩子参加各种补习班，大大加重孩子学业负担。个别家长甚至还使用棍棒教育，为了分数而打骂孩子。当全社会在"唯分数论"的泥潭里泥足深陷，什么素质教育、学生身心健康等都可能被抛诸脑后。

其实，不公布成绩、名次，并不等于学生对自己的成绩毫不知情，更不是不要成绩。在尊重学生隐私与保障学生知情权之间，还是可以找到最佳结合点、平衡点的。在一些国家，中小学校不能将学生成绩、名次公之于众，但学生可以知道自己的成绩。老师在公布学生成绩时，上面不会出现学生的名字，但会出现一系列数字——前面是学生的ID号（不是学号），后面是学科成绩。每一位学生根据自己的ID号找到自己的成绩，但并不知道他人成绩，因为每个人ID号不同，一般人记不住别人的。如此一来，学生可以知道自己的成绩，又不知道别人的成绩，一举两得。

尽管要让普通民众乃至教育界人士接受这种观念还要有一个过程，尽管实施过程还可能遭遇到各种各样的困难，有时还会出现违规者，但是，把学生个人考试成绩、名次当作个人隐私，提高到人格权益高度予以尊重和保护，无疑是一种进步。如果"意见稿"定型后将这一条保留下来，就必须得到严格执行，确保令行禁止，避免法不责众。

（2021年4月8日刊于《广州日报》）

把"戒尺"还给老师应强化操作性

◎ 夏振彬

老师不敢惩戒学生，近年来频频引发热议。日前，《广东省学校安全条例（草案）》（以下简称"草案"）公开征求社会意见。"草案"中明确了中小学教师的管教权，提出："中小学教师对学生上课期间不专心听课、不能完成作业或者作业不符合要求、不遵守上课纪律等行为可以采取一定的教育惩罚措施。"

子不教，父之过；教不严，师之惰。过去，教师享有很高的权威，惩戒学生乃天经地义。对于罚站、面壁等惩戒措施，学生、家长也理解、认可。一些家长甚至会"恳求"老师，孩子不听话就好好管。现在呢？随着未成年人保护法规细化，人们权利意识增强，孩子在家庭里的"地位"攀升，一些家长对学校惩罚的容忍度悄然变低，轻则挺身而出、讨要说法，厉害的会大动肝火、闹出大动静。如此一来，一些老师自然会"明哲保身"、谨言慎行。

"凡学之道，严师为难。师严，然后道尊；道尊，然后民知敬学。"教师的价值，绝不只是传播知识，更要塑造灵魂、培育新人，而适度的惩戒、管教至关重要。也因此，近年来，类似"把戒尺还给老师"的呼吁颇多，赋予老师合理的惩戒权几成共识。然而问题在于，这些"好意"教师们只能心领；没有法律撑腰，教师仍会心存顾虑。

制度是管长远、管根本的。以法律的形式对管教权进行明确，属于为教师群体赋权，为他们"壮胆""撑腰"。这一尝试，不仅是对教师的保护，更是裨益学生之举。当然，能否把"戒尺"用好，还有两个重要问题：一是可操作性。"图难于其易，为大于其细。"只有细化、明确化，才更有可操作性。比如，"草案"明确指出可以采取"一定的教育惩罚措施"，那具体可以如何惩罚？"清单式"管理或许难以实现，但至少可以将一些原则性的内容予以明确，比如，不能造成身体损伤，不能侮辱人格，不能影响学业，等等。哪些能做，哪些不能做，厘清边界，才能把握好尺度，才能将管教权落到实处。

二是"环境"。"戒尺"如何用、能否用，既是尺度问题，更是家校互动的问题。有些家长将老师的惩戒视为受"欺负"，甚至觉得上学是购买了教育服务而不是来受气的……思想是行动的先导，只有取得共识，才能为教育惩戒提供相对宽松的环境。为此，切实做好宣传引导、对话沟通，让更多家长从内心深处明白管教的必要性，非常重要。

（2019年4月18日刊于《广州日报》）

名校生莫为"名"所累

◎ 张冬梅

　　名校毕业生的就业选择，向来容易引人关注。近年来，中小学教师招聘名单在网络屡屡刷屏，一些企业的用工名单也在网上引发热议。"名校生+高学历"受到不少用人单位追捧。但同时，名校毕业生去基层一线、去企业流水线工作，则被不少网友质疑是"大材小用"。

　　现实生活中，这样的事情越来越常见。譬如，北大毕业生卖猪肉，清华北大博士毕业生去街道办工作，名校硕士送外卖、做保姆……有关的质疑声从未断绝。在很多人眼里，名校生应该是光鲜亮丽的，仿佛他们就该与街道办、中小学、工厂等单位"绝缘"，但求职是人才和用人单位的双向选择，人生也从来没有固定模式，个体选择应当受到尊重。

　　在一定程度上说，名校毕业生能打破传统就业观念的束缚，接受这种心理上的"落差"，并不是什么坏事。劳动不分高低贵贱，无论何种劳动都是光荣的。相比好高骛远、眼高手低，脚踏实地、从一线做起，未尝不好。试想一下，如果仅仅因为是名校生便自恃身份"高贵"，面对基层一线工作岗位，哪怕待遇保障优渥也不愿意去干，那样的择业观或许才更有问题。

　　到底是不是人才浪费？答案还在于个人自身。如果只是为了待在舒适区，早早就选择"躺平"，那可以视作一种浪费。但万丈高楼平地起，沉下身子在一线锻炼，并不等同于输在起跑线上。成功的起点并非只有一个，成功的道路更有千万条。30余年"肉案写春秋"，北大才子陆步轩踏实创业赢得出彩人生就是一个有力佐证。

　　当然，不可否认，从整个社会系统运行看，实现人力资源优化配置，才会更有效率。就此类事件而言，更值得思考的是：在职业教育发展迅速的当下，用人单位以单向度的学历指标作为选人标准是否合理？原本不同教育体系培养出的人才，是否该在一条跑道上竞争？对于不同行业、不同岗位，如何更有效率地匹配能力和岗位，做到人尽其才？如何提升工资和福利水平，引导优化人才配置结构？相比纠结于个体的职业选择，这些问题或许更有探讨价值。

（2021年7月16日刊于《广州日报》）

乐见清华聘请外籍副处长

◎ 夏振彬

近日，一项特殊的人事任命引起广泛关注，改革开放以来，清华大学校机关聘任了首位外籍副处长——朱大卫。据介绍，我国高校引进外籍师资和研究人才并不稀奇，但外国人到中国顶尖学府做了"处级干部"，这是一个新鲜事。这位外籍副处长负责哪些工作？据报道，朱大卫曾在耶鲁大学、芝加哥大学等知名高校担任要职，此番入职清华也已一年多。一年来，他担任教务长顾问，对教学理念、组织结构等提出建议，推出新版英文成绩单等。今后，他将作为国际合作与交流处副处长，让清华更具国际范儿。

朱大卫的"业绩"如何，尚难预测，不过这一尝试，已然让人眼前一亮。当前，国内知名高校都在扎实推进"双一流"建设。何为"双一流"？世界一流大学和一流学科，注意其定语是"世界"一流，这无疑对高校的国际化水平提出了更高的要求。不拒众流，方为江海。建设"双一流"绝不能关起门来、故步自封，而必须聚四海之气、借八方之力。积极引进海内外人才，集聚各类资源，至关重要。

"人才者，求之则愈出，置之则愈匮。"当前，引进高端科研人才，已成为世界高校的"兵家必争之地"。这一点毋庸置疑，毕竟高水平大学必然要以卓越的人才培养、学术研究为基础。但也要提醒的是，一所大学的综合实力，还与教务管理、行政效率、开放水平等直接相关；人才引进不能只盯教学科研，而必须坚持问题导向、需求导向，不断吸引各领域、各方面专业人才。

以国际交流合作为例，具有国际化视野的人才较少，被视为当前大学人才培养的突出短板。为此，近年来不少大学纷纷制定全球战略，在推动学生走向世界方面作出积极探索。如何进一步提升高校的国际知名度、影响力？能否与更多世界名校牵手合作？外籍人才或能提供相关经验，助力高校开阔眼界、打开思路、破除壁垒。据报道，目前清华大学国际合作与交流处已有5位外籍工作人员，分别来自美国、澳大利亚、爱尔兰等不同国家，相信他们能够在跨文化交流合作中发挥不可替代的作用。

志合者，不以山海为远。事实上，在国内不少城市，聘请"洋雇员"已非新鲜事，他们显示着城市的国际范，在招商引资等重要工作中体现着自身的价值。如今，高校聘请外籍副处长，或给其国际化进程按下快进键。期待更多高校不断强化用才的胆识、容才的雅量，在合适的岗位引入最佳的人才，大胆创新机制让海内外英才为我所用，为"双一流"建设提供坚实支撑。

（2019年6月18日刊于《广州日报》）

教辅疑下架，为何家长"上火"

◎ 谭　敏

　　"新华书店下架教辅""上海书城五角场万达店电闸被拉掉""上海书城鞍山店黑灯瞎火"？近期一段发自8月23日的微信聊天记录在网络上迅速发酵，引发网民关注和热议。记者从上海新华传媒连锁有限公司了解到，上述微信记录中的描述都不是真实情况。

　　虽然教辅下架被证实是虚惊一场，但从这一事件引发的风波不难看出，不少家长对于"双减"政策实施后的不适应与心慌。按理说，国家强力推行"双减"政策，是为了真正减轻孩子们的负担，让他们轻松前行、健康成长。可是，不少家长依然难减焦虑。原因在于，教育过度竞争的战车高速行驶了多年，哪怕刹车，仍然具有一定惯性。之所以如此，是因为优质教育资源的稀缺与分配的不均衡。虽然教师轮岗、规范义务教育中小学校民转公等国家的配套政策在近段时间密集出台，但教育公平难以在短时间内快速实现。

　　家长们不免担忧，自己减了，别人没减怎么办？培训机构不能上了，只能靠自己，如果连教辅材料都没有了，还能用什么"鸡娃"？事实上，有这种担忧的家长并非个别。在笔者的朋友圈中，也开始盛传部分经典的教辅资料在新华书店、购书中心买不到的消息，一些家长开始在网上抢购教辅。

　　"双减"之后，为什么一些家长会慌？根本原因在于"双减"政策之后，孩子如何成长，对家长的要求更高了。"双减"旨在实现教育公平，让所有孩子没有负担地在同一起跑线上成长。同时，也帮助家长精力减负、口袋减负。但是，与此同时，"双减"之后多出来的时间，孩子该干什么？不追求分数，自己的孩子应该向什么方向发展？放眼长远，怎样做才有助于孩子未来的成长？选择太多元了，这些问题对于以前一门心思奔着提高分数、进入优质学校的绝大多数家长来说，需要重新考虑。以前家长虽然累，但有固定路径，而现在，无数条路出现在自己面前，应该怎么选？这要求家长更了解自己的孩子，也需要家长不断成长，重构与孩子的相处模式，与孩子共同找出适合他们的成长方式。

（2021年8月27日刊于《广州日报》）

停课不停学也是教改契机

◎ 谭　敏

　　为阻断疫情向校园蔓延，教育部要求2020年春季学期延期开学，并提出利用网络平台，"停课不停学"。广州义务教育阶段学校昨日启动"停课不停学"工作，中小学生开展线上线下相结合的学习活动。

　　"停课不停学"作为教育应急措施，充分利用网络教学资源，可以帮助学生在超长版寒假中有计划地安排时间，做到学习、休息两不误。但是，我们也要看到，在广州之前，全国已有一些地方提前启动了"停课不停学"，有的学校超前授课，有的在线机构提前上线新学期学习资源进行市场推广，这些做法给仍在假期中的学生增加了额外负担，加重了教育焦虑，也引起了一些争议，值得广州引以为鉴。

　　"停课不停学"不是指单纯意义上的网上上课，也不只是学校课程的学习，而是一种广义的学习，教育部有关负责人在解读政策时强调，只要有助于学生成长进步的内容和方式都是可以的。这也意味着，上什么、怎么上，值得学校好好思考。

　　首先来看"上什么"。未必要在教室里端坐着才是学习。这段时间大家的关注重点都在疫情上，举国上下，齐心抗疫，新闻中的疫情进展、医护人员的奉献付出，都是很好的教材，学生们耳濡目染，可以顺势而为，上好一堂思政课；为什么不能出门，所有人都要尽量待在家里，如何科学防控疫情，这是一堂科学知识课，也是一堂公民课；有的学校开了烹饪课，让学生们自己动手学会做一道菜，这是劳动课；有的学校录了课间操音乐和视频，让学生们不出门也能锻炼身体。应该说，这些课程不需要正襟危坐，让学生们去了解、去思考、去体验，他们就会有收获、有成长。

　　再来看"怎么上"。互联网的普及和在线教育的广泛开展是"停课不停学"的基础，但在线教育与传统教育的区别不仅仅是技术上的，更是需要教学方式和内容的变革。正如许多老师担心的那样，现场上课都有学生开小差，在线上课怎么保证教学质量？只是单纯把线下课程复制到线上肯定是不行的。目前在广州已有一些学校走在前列，试水iPad教学或是网上作业，必须看到，线上与线下的结合是教育大势所趋，而非短期应急方式。不妨把"停课不停学"作为学校线上教育发展的契机，如何提高线上教学的互动性？如何对线上和线下学习合理分工？如何通过大数据来分析学生对于知识点的掌握程度？把这些问题作为专门的课题来分析研究，不断提高在线教学的能力与水平。

总而言之，在这个特殊时期，开展好"停课不停学"，不仅是学生成长的需要，也是教育发展的契机。

（2020年2月18日刊于《广州日报》）

别让机器人"枪手"教会孩子作弊

◎ 许晓芳

暑假过半，孩子们的暑假作业写得怎样了？最近，有一种"代写机器人"开始热销。记者从购物网站卖家处了解到，确有学生买代写机器人回去写作业。令人意外的是，孩子购买的是少数，更多是家长购买回去替孩子写作业。"家长咨询抄卷子、做小报、写作业的都有。"一位客服工作人员告诉记者，由于孩子们学得很超前，因此，有的比较费时的暑假作业孩子没有时间做，家长就来购买机器人代写。家长帮孩子"作弊"，确实令人哭笑不得。一时间，不知该感慨孩子们的机械性抄写作业太多，还是该夸赞家长们足够体谅孩子们的学习压力。的确，面对如此新闻，很多人会回想起学生时代，调取出自己被抄写作业"占领"的恐惧情绪，也因此触发了心中的共情点，跟找机器人"枪手"的学生和家长同仇敌忾起来，一同抨击不合理的作业安排。

但从情绪中抽离出来，冷静想想就会发现，"机械性作业多"并不构成证明"家长带头作弊"合理性的充分条件。作业多、学习压力大，是当下很多学生共同面对的问题，而问题就是事物的矛盾，只要矛盾没有处理，问题便解决不了。找机器人"枪手"，不过是掩耳盗铃，实质上还是对问题的逃避。既没有主动为解决"作业多"这一问题做出尝试，还因粉饰掩盖，让老师和学校无法及时意识到问题所在，连被动期待校方改变的机会都一并失去了。找"枪手"，非但不利于解决"作业多"的问题，更大的隐患还在于孩子心中埋下了作弊的"种子"。无论机器人代笔的质量如何，写出来的作业最后能不能成功"糊弄"老师，只要家长迈出了找"枪手"这一步，就意味着以行动告诉孩子：面对"不合理"，可以同样以"不合理"去应对。而一旦孩子树立了这种观念，或许就会为解决自己所认定的"不合理"找寻旁门左道。且不说事件"合理"与否，本就难以界定，就算是真的遇上"不合理"之事，也不应该一味地找捷径。若以此观念为指导，投机取巧的案例只怕会越来越多。

（2019年8月6日刊于《广州日报》）

辩证看待"奥数"和"编程"

◎ 许晓芳

近日，一则新闻引发激烈争论。新闻中称，近期编程培训异常火热。个别培训机构2年多时间从1个校区扩张到48个校区，旗下员工也从几个人发展到1000多人。同时，参加培训的孩子年龄越来越小，甚至一年级小学生参加培训的大有人在。

这般热火朝天的景象是否似曾相识？在"编程热"之前，奥数成绩一度成为衡量孩子学习能力的标尺。如今，编程课校外培训大有再现奥数"昨日辉煌"的势头。

近几年，我国对少儿编程愈发重视：2017年，国务院发布的《新一代人工智能发展规划》明确提出要"在中小学阶段设置人工智能相关课程，逐步推广编程教育"。同年，浙江省将信息技术（含编程）纳入高考选考科目。次年，教育部发布的《教育信息化2.0行动计划》要求将学生信息素养纳入学生综合素质评价，并将信息技术纳入初、高中学业水平考试。

对于有天分、有兴趣的人来说，深入学习编程课程，自然能够从中汲取营养，获得提升，成为专才。比如Facebook创始人扎克伯格就称自己当初学习编程，纯粹是因为喜欢。可见，无论是源于苏联的奥数，还是产生于信息时代的编程，本质上都是用于启迪智慧、发现人才、培养兴趣的手段，善用并因势利导之，其正面效应是可以预见的。

背负"原罪"的并非奥数和编程本身，而是一哄而上的"奥数热"和"编程热"。去年7月，四部委制定的《关于加强数学科学研究工作方案》出炉；紧接着，第60届国际数学奥林匹克竞赛上中国队与美国队获得并列冠军。两则几乎同时传来的消息，在2018年有关数学的四大杯赛因政策原因退出义务教育阶段后，再度引发人们对数学的讨论。毋庸置疑，通过奥数的思维训练，强化、提升有潜质的中国学子的数学思维、数学素养、数学精神，培养更多能够摘取数学王冠上珍珠的后备人才，事关中国未来在全球科技竞争中的后劲。同样，"编程"作为计算机科学的基础内容，同样有育才、育人之效，这也是国家加强重视编程教育的原因。

因此，问题的关键，不在于该不该开展奥数和编程教育，而在于附着其上的为人父母者的盲目跟从、急功近利，以及教育培训机构的有意诱导、利益驱使。在这两方面因素的叠加作用下，苦的是千千万万普通孩子，他们本可以选择更适合、更具比较优势的爱好特长。

怎样给当下培训领域的"编程热"退烧？不妨借鉴奥数的"降温法"。其中，最重要的就是让编程与功利学习脱钩，成为纯粹的素质教育或特长教育。此前，相关部门为了治理"奥数热"，先后采取了取消奥赛竞赛加分、保送，禁止将奥赛成绩、获奖证书与义务教育阶段学校入学挂钩，以及不再举行面向小学、初中的学科奥赛等方法。以此为鉴，学习编程也应以引导与发展学生的兴趣为主，避免让本该是快乐学习的少儿编程变异为培训机构的狂欢、孩子的负担。

相信只要多点辩证思维、理性行动，做好对奥数和编程领域的教育政策、教师师资及课程标准等方面的规范，这类特长教育终将趋利避害，在孩子成长过程中发挥出应有的锻炼指引功能。

（2020年5月8日刊于《广州日报》）

中小学生竞赛早该回归本位

◎ 杨　博

当获奖"神童"频频翻车，教育部出手了。日前，教育部办公厅印发《关于进一步加强面向中小学生的全国性竞赛活动管理工作的通知》（以下简称"通知"），要求各竞赛主办单位切实履行主体责任，全面开展一次自查，对以往获奖项目的真实性、独创性进行复核。要坚决避免参赛项目明显不符合学生认知能力现象的发生，坚决防止由家长或其他人代劳等参赛造假行为。

实际上，向此类乱象的制造者"喊话"，教育部已不是第一次了。2018年9月21日，教育部办公厅印发《关于面向中小学生的全国性竞赛活动管理办法（试行）》（以下简称"试行办法"），旨在防止竞赛"变味"，为学生与家长"减负"，并优化教育环境。然而，个别竞赛评审缺乏尺度，学生参赛像赶场，家长亲自上阵代劳，甚至滥用科研资源和学术权威为子女镀金，令人大跌眼镜。

7月20日，针对中学生段某严一获奖成果与西南大学人工智能学院院长段书凯早前申请的国家专利高度相似的问题，西南大学宣传部一工作人员回复媒体记者称，相关部门正在了解情况。随着国家加强规范中小学生全国性竞赛活动，会有更多此类"神童"翻车事件被彻查、被曝光。然而，除了必要的查漏补缺，依托长效机制，对赛事予以常态化管理，已势在必行。

首先，严守竞赛边界。依照"试行办法"，原则上不举办面向义务教育阶段的竞赛活动。也就是说，举办全国性竞赛要恪守教育活动的底线，严把素质教育导向，严控竞赛数量，严审参评资质，严禁竞赛违规收费。其次，确保赛事成绩与招生脱钩。依照"通知"的规定，任何竞赛奖项均不作为基础教育阶段招生入学加分依据。掐住各种赛事的"应试"倾向，禁止把竞赛成绩当作招生入学"入场券"，方能真正减少"人造神童"背后的驱动力。再次，做好清单动态管理。从2019年起，教育部开始审核并公布竞赛名单，让监管部门和社会可以对照名单实施监督。在把山寨赛事隔离在清单之外的同时，还要加大力度防止清单之内的赛事异化变味，确保优胜劣汰、动态监管到位。譬如，各省区市一旦发现违法违规行为，立即查处，并反馈教育部作进一步处理；举办单位违法违规情节严重或经警告、提醒仍不改正的，不仅要从竞赛名单中移除，而且不再受理其举办竞赛的申请。

欲成大器者，先要诚实做人。归根结底，举办面向中小学生的全国性竞赛活动，初衷在于育才、育德、育人。那么，在企望竞赛出人才之前，先要清扫竞赛环境，耕耘人才成长的土壤，确保把育人和立德统一起来。

（2020年7月22日刊于《广州日报》）

纠正孩子过错也别过火

◎ 胡 俊

近日，四川宜宾一名9岁男童因为偷东西被爸妈送到派出所"自首"。据媒体报道，这个孩子在逛文具店时看到自己喜欢的游戏卡，因为怕向父母要会被责怪，便偷偷拿走了几包卡片。父母发现此事之后，将孩子送到派出所接受民警"教育"。对于这对父母的"硬核"教育方式，不少网友为其"点赞"，认为"孩子就要这样从小教育"，但也有网友指出，这样做"会不会太过了""把这么小的孩子送去派出所，还大费周章地让民警来教育，会不会给孩子造成心理阴影"？

孩子犯错时如何教育，一直是让父母们头疼的问题。孩子哪有不犯错的，而对于孩子的过错，有些父母选择偏袒，他们总是将"他还是个孩子"挂在嘴边，甚至将一味纵容视为"释放孩子天性"的"开明"教育方式；还有些父母则选择棍棒，通过体罚来管教"不听话"的孩子。就在上周末，一个女子用自行车撞击女童并猛扇女童耳光的视频在社交平台上引发广泛关注。据当地通报，视频中女子与女童是母女关系，该女子因被女儿学校两次约谈而气愤，于是对女儿进行打骂体罚。

明白人都知道，无论是偏袒，还是棍棒，都不是教育孩子的正确方式，前者会让孩子"小错不改正，迟早酿大祸"，后者只会摧残孩子的身心，扭曲孩子的成长。鉴于此，现在，许多父母在面对孩子犯错时都会采取积极纠正的方式。就像宜宾这对父母，正是希望通过送孩子到派出所接受民警"教育"，来让孩子认识到自己的错误，及时纠正孩子的偷窃行为。而这种处理方式引发的争议，也恰恰反映了父母在为孩子纠错时常常遇上的大难题，那就是"如何把握好度"，过犹不及都是要避免的。

这种度的把握，不仅要有爱作为基础，更需要知识来支撑。今年全国两会期间，全国政协委员许洪玲建议，"家长"也要上课，拿"合格父母"证书。这其实就是将"家长教育"摆在更为重要的位置上。孩子的成长有什么规律？每个年龄段的孩子有哪些生理和心理特点？如何与孩子进行有效的沟通？怎样"恰当地"纠正孩子的过错，正确引导孩子……这些都是"合格父母"的基本课，父母们不妨做个"终身学习者"，与自己的孩子一起成长。而有关各方则需要加快打造从社区课堂、家长学校到在线教育的家长教育体系，帮助父母们晋级"合格父母"，为孩子们创造更好的成长环境。

（2020年6月10日刊于《广州日报》）

人才评价应改变以"帽"取人

◎ 杨　博

日前，教育部印发《关于正确认识和规范使用高校人才称号的若干意见》（以下简称《意见》），扭转高校"唯帽子"倾向，提出不给人才贴"永久牌"标签、完善人才称号退出机制、培养支持各类人才等意见，深化人才发展体制机制改革，推进人才称号回归学术性、荣誉性本质，激发各类人才创新创造活力。

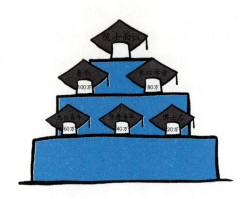

所谓人才"帽子"，也就是人才称号，是为表彰杰出人才而设立的各类荣誉。围绕人才称号而开展的人才项目或人才计划，旨在吸引和培育优秀人才。然而，在一些地方和高校，人才"帽子"近年来有"头衔化"的势头。不但"帽子"的名目众多，而且被附加了不当利益，甚至形成利益固化的"永久牌"标签，脱离了设立人才称号的初衷，弱化了引才、育才的功能。由是观之，"唯帽子"倾向会引发人才流动失序。拥有"帽子"的人挤占了人才上升的通道，"帽子"一戴便是终身，青年才俊上不去也留不下来，创新驱动受到阻碍。

客观来看，"唯帽子"之所以根深蒂固，很大程度上是由于人才评价体制机制的错位。如果人才评价还在"重短期效应而轻长期效益、重论文数量而轻研究质量"的漩涡里打转，"唯帽子"倾向便难以清除。所以，《意见》强调平等看待各类人才，不将高层次人才等同于人才称号获得者，不把人才称号作为评价人才、配置学术资源的唯一依据，不单纯以人才称号获得者数量评价人才队伍建设成效，就是从人才评价的体制机制上避免产生"以帽取人"的问题。

"唯帽子"影响愈深，人才愈难得到尊重。当"帽子"成为人才市场上流通的某种等价物，人才竞争不可避免呈现异化的特点，各种人才评估流于形式便在所难免。"拼关系"者有之，"拼导师"者亦有之……不正之风日盛，"抢人大战"会演变为"抢帽大战"。《意见》要求高校不将人才称号作为人才招聘和引进岗位的硬性指标，不针对人才称号获得者发布"明码标价"的招聘广告；强调不将国（境）外学习或工作经历作为人才招聘引进的限制性条件；明确提出发达地区不得片面通过高薪酬高待遇竞价抢挖人才——诸多措施都在强调尊重人才成长和市场运行的规律，共同指向改变人才引进和培育的环境。

古人言："学如弓弩，才如箭镞。"人才的培育重在基础，人才的成长需要经年累月的积累。《意见》的印发并非否定人才称号的价值，而是重在重塑人才观，推进人才称号回归学术性、荣誉性。当"唯帽子"倾向得到清除，人才竞争回归正确的价值导向，各类人才的创造力被充分激发出来，势必为高质量发展注入澎湃动力。

（2020年12月22日刊于《广州日报》）

社 会

爱"较真"的消费者值得尊敬

◎ 练洪洋

苏州大学学生小刘，因知网设置了"最低充值金额限制"并不给自己办理余额退款而将知网告上法庭。最终法院判决，知网充值中心关于最低充值额限制的规定无效，小刘胜诉。知网也于2月22日更新了网站的支付页面，增加了自定义充值。消费者的每一次较真，都在推动消费环境向好。

要是主角换成你——为下载7元的文献不得不充值50元，购买完成之后，你向客服提出退还余额要求，客服表示退款需要手续费，而且程序复杂、周期较长，建议你继续使用——你会怎么办？凭什么充值那么容易，退还余额就那么困难，还要收什么手续费，简直是岂有此理！相信你的感受和我一样，虽然心里很不舒服，但恐怕也不会为了43元而与他们较真，花不起各种维权成本。

多一事不如少一事，大多数消费者这种心理正中某些商家下怀，为他们设置霸王条款提供了土壤。就说"最低充值金额限制"吧，作为经营者，不可能不知道这一做法限制了消费者的选择权，是一项对消费者不公平、不合理的规定，为什么视为当然？不能不说他们对消费者懒得计较的普遍心理拿捏得非常准确。不独知网，互联网上设置"最低充值金额限制"的经营者还有不少，有一些网站根本不存在"退还余额"一说。

净化市场环境、优化消费环境，既需要法律、法规、政策的保驾护航，更离不开有智慧、有勇气，敢于较真、善于较真的消费者。司法力量、行政力量、消费者力量、舆论力量"四手联弹"，就能汇成促使商家守法律、讲诚信的巨大合力。每一位爱较真的消费者，都是推动消费环境向好的先行者，值得尊敬。

（2019年2月26日刊于《广州日报》）

网络新一代，用奋斗重新定义"正业"

◎ 谭　敏

　　互联网时代，年轻人"泡"在网上的时间越来越多，常会受到"不务正业"的指摘。可是，近年来，网络上的年轻人，正用行动证明自己是在"务正业"。有人当起在线医生、美食博主，把办公室搬到了网上；有人利用业余时间发展设计、撰稿等副业，培养兴趣、增加收入两不误；有人则在空闲时间做起网络安全志愿者、大众评审员，上网做公益，弘扬正能量……

　　"泡"在网上就是不务正业，其实是人们对网络的一种偏见。这种偏见一是源自青少年沉迷游戏，让大人们谈网而色变；二是传统观念认为，本职工作是最重要的，花大量时间去干一些跟本职工作无关的事情，哪怕是在工作之余，也是不务正业。可是，时代在变化，社会环境不同了，人们的从业观念也在不断变化，是时候为网络"不务正业"正名了。

　　从社会环境来看，互联网时代的职业跟传统职业有了很大的不同。网络提供了各种新的职业选择，朝九晚五、固定上班打卡的工作方式已不适用如今的时代节奏。来看看互联网时代催生出的新职业——私人旅行线路定制师、度假房产咨询师、电竞游戏指导、运动治疗师、网络主播、美食博主、网络营销专员……这些新兴职业蓬勃兴起，给年轻人提供了更多样化的选择。而这些职业相对于传统职业的共性特点之一就是时间更自由，工作地点也更随意，有一台电脑、一部手机，哪怕"宅"在家中也未必不务正业。

互联网带来的还有从业观念的转变。以前，干一行爱一行，从一而终才是美德，而现在的年轻人不再局限于上一辈人强调的稳定，他们思想更开放，崇尚个性、自由、有趣、创新。工作于他们而言，更强调自我价值的实现。调查显示，"95后"最向往的职业排名是：网红、配音员、化妆师、游戏测评师和Cosplayer（角色扮演玩家）。放在过去，这些都很难说是"正经"工作。去年五四青年节前夕，有媒体的一份调查显示，有91.9%的青年在网上拥有至少2个与工作完全不同的身份。这些新身份，不少体现在公益、志愿文化等方面，很多年轻人是用这些身份在做好事。这样的"不务正业"，正能量满满，体现出就业观的变化和全新的社会心态。而且，"正业"与"不务正业"之间并无明显界限，不少人无心插柳柳成荫，职员在网上写小说写进了中国作家富豪榜，家庭主妇分享美食成了网红博主，这样的故事在网络时代并非个案，很难说不是好事。

如今，"斜杠青年"受到很多年轻人追捧，其实说的也是同一件事，都是因为网络时代给人们提供了更丰富多元的选择，年轻人不再满足于单一的职业和身份，他们希望有更多元的实现人生价值的方式。青年是时代的先锋，网络新一代当用奋斗重新定义"正业"，方不负青春、不负韶华。

（2020年1月8日刊于《广州日报》）

外卖小哥上《时代周刊》封面，不能止于感动

◎ 练洪洋

3月19日，美国《时代周刊》封面发布抗疫群像，外卖小哥高治晓作为唯一华人面孔登上封面。《时代周刊》称赞，骑手们有"非凡的使命感"。整个疫情期间，外卖小哥高治晓留在北京，一直在岗奔波。

让我们暂时忘了高治晓，假设这样一个场景：让你策划一期杂志，主题是"抗疫英雄谱"，你会把谁的照片放在封面？常规操作，你可能会这样排序：冲在救护一线的医护人员、维护社会秩序的公安干警、奋战在基层的防控人员、应急医院的建设者、疫情防控的志愿者。至于疫情期间仍然坚持在岗的外卖小哥、医院保洁员、出租车司机、防疫物资生产工人、超市售货员等，怕是连"候选"的资格都没有。《时代周刊》用外卖小哥作封面，给我们提供了一个"他者"视角，挺有意思。

《金融时报》曾称中国的外卖小哥是"疫情中的生命线"。不能不说，"生命线"一词精准到位。随着武汉"封城"、全国许多城市采取严格的管控措施，公共交通、物资运输或暂停营运或减少班次，物资流通卡在了"最后一公里"，此时，穿梭在大街小巷的外卖骑手便成了维系城市正常运转的"摆渡人"。打通供需关节，既为群众生活提供保障，又为减少人员流动作出贡献，甚至还直接服务于一线医护人员，他们功不可没。

别以为送外卖没啥了不起，在疫情肆虐、人们谈"疫"色变的语境下，外卖小哥天天在外面跑、出入各种场所，先不说有多危险，仅心理压力就非比寻常。与一线抗疫人员相比，他们的装备不可同日而语，很多时候只是一个口罩而已。在频繁的户外活动中，风险无处不在，有时就在不

知不觉间。如2月中旬，武汉一位患者家属寻找一位外卖小哥，就因为他曾帮忙送院的胃病患者，后来被确诊患上新冠肺炎。所幸的是，这位乐于助人的外卖小哥并没有被感染。从中不难想象，特殊时期，送外卖也需要一颗强大的心脏。

其实，致敬外卖小哥并非《时代周刊》首创，国内媒体一直在做。哪怕在疫情防控最吃劲阶段，媒体也一直没有忘记他们，央视还跟踪拍摄了几位武汉的外卖小哥。有的外卖小哥还得到权威部门认可，登上高大上的"国级"新闻发布会，如河北的李杰被选中出席"联防联控发布会"，外卖骑手吴辉在国务院新闻办公室记者会讲述自己的故事。可以说，外卖小哥从未像今天这么受关注，获得那么多掌声。

外卖小哥登上《时代周刊》封面让人感动，但只有感动是不够的，正确的方式是：化感动为行动，关注这一群体的生存状态，不断改善其工作及生活环境，让他们快乐工作、体面生活。揆诸现实，需要改进的地方还有很多，劳动环境、福利待遇、社会保障等，皆有努力空间。

（2020年3月27日刊于《广州日报》）

"大衣哥"何以成了人性照妖镜?

◎ 连海平

美不美,家乡水;亲不亲,故乡人。在多数人眼中,故乡是一个人肉身与精神的原乡,应该是乡风淳朴、温情脉脉。

可是,却有一句很煞风景的古语,叫"穷不走亲,富不还乡"。"穷不走亲"比较好理解,"富不还乡"怎么回事?楚霸王还说"富贵不还乡,如锦衣夜行"呢。其实,"富不还乡"也有几分道理。

富贵归乡,前来攀亲附会的人络绎不绝,许多素未谋面的人都会跑过来巴结。其中,免不了有些势利小人,对他们的请求,帮也不是,不帮也不是,让人左右为难。

"大衣哥"朱之文的遭遇,就是一个例子。

数天前,"大衣哥"大门被踢事件上了社交平台首页。视频中,两个猥琐男子在商量着如何踹开"大衣哥"家门,其中一位还真的使出"洪荒之力",一脚踹开大门!那么多围观者,居然也没有一个人对这种粗鲁行为出面劝阻!

如此堂而皇之、野蛮无礼对一位公民实施骚扰,我也是醉了。那一副以欺负老实人为乐的嘴脸,委实丑陋!

"踹门事件"过后,蹭"大衣哥"流量的闲人并没有少。4月21日,有村民发布了一段视频,视频中仍然见到大量村民在"大衣哥"门口聚集,等着拍视频。

说实在话,这点骚扰与"大衣哥"此前的遭遇相比,实在是小意思。

"大衣哥"唱歌成名之后,许多人开始向他借钱,最夸张的时候,有百十号人排着队等着借钱;每天有大量闲人围着他拍摄蹭流量,要是他敢关门了就敲门甚至往里扔砖头;村里拆除了他捐建的游乐设施,说是为了重新安排规划；他之前出资为村里修建道路，建了功德碑，最近碑被人砸烂；村支书曾言，"大衣哥"能红，全靠村里面人的支持，如果没有村里人捧他，他就狗屁不是……

不胜其烦的"大衣哥"曾经感叹说，哪怕是生病了，永远再也起不来了，也比现在要好。这是一个多么痛的领悟！可惜，"大衣哥"的善良永远感动不了那些内心阴暗的人。

9年成名路，"大衣哥"成了一面人性照妖镜，照出了一些人的狭窄与自私、嫉妒与冷血、野蛮与戾气。一些人见不得人家好，见到人家好了，就要吃大户、搞平均主义，达不到目的就道德绑架，甚至直接诉诸暴力，不达目的不罢休，好像是人家欠自己的。假乡亲之名，行欺负老实人之实，一些人的平庸之恶超乎人们的想象。

"大衣哥"身居孔孟之乡，孔子曰："己所不欲，勿施于人"，孟子曰："恻隐之心，人皆有之；羞恶之心，人皆有之；恭敬之心，人皆有之；是非之心，人皆有之"。为什么在那些欺负"大衣哥"的人身上就看不到这些传统美德呢？"性善论"式微，令人心痛，更值得反思。

（2020年4月23日刊于《广州日报》）

别让"锦鲤生活"成为人生枷锁

◎ 杨 博

"信小呆"又上热搜。不过,她这次被人质疑"卖惨营销"。

她还是三年前的那个女孩吗?尽管在被号称"价值1亿元"免单大礼包砸中之后,信小呆的微博粉丝量保持在百万级别,但她不被媒体关注已经有一段时间了。信小呆曾在网上自爆处境,称目前"过得不太好,明年就要30岁了,没有钱没有工作,前不久还查出有抑郁倾向"。

信小呆不是没想过改变。6月3日,她在微博上喃喃自语,"我现在是当网红呢还是去上个班呢"。一时,跟帖评论的超过5700人次,点赞的有13.9万人。面对这位"幸运的普通人",有人支招,"找个厂子上班吧";有人直言,"网红你不大行";也有人善意提醒,"屏蔽评论,好好过"。其实,此前信小呆已通过了教师资格证考试,尝试回归不被打扰的正常生活。

可是,一个人要足够渴望改变,才谈得上付诸行动,并为之坚持不懈地努力。关键是,她渴望改变吗?三年来,"锦鲤生活"看似丰富了她的人生选择,但实际上,除了必须消费掉的大礼包,信小呆并未从中发现更多的人生可能性。正如媒体所质疑的:"习惯了游玩,还愿不愿意工作?

177

习惯了馈赠，如何坦然接受不被馈赠的生活？"

从某种程度上来说，三年"锦鲤生活"是一道人生的枷锁。你不去为自己划出一个独立的生活空间，你的生活就会被流量经济控制。你不去如饥似渴地寻找精神营养，你的精神就会被物质主义填满。

不冲破这道枷锁，信小呆怎能获得成长呢？其实，信小呆可以马上行动，就从当下开始。她完全可以不必在乎粉丝们的评价，远离那些窥探她个人世界的目光。她也可以不按"锦鲤生活"的逻辑安排日常生活，不再拿"锦鲤"锁定自己的人设。她甚至可以关掉网络，看看书，交交朋友，多在现实世界里做做"有氧呼吸"。当一个人的视野开阔了，勇气增长了，世界自然会为其让路。

2019年，一位在西安读大学的女生成为"双十一"超级锦鲤。她在微博上回复，"我还要继续读书，也不想做第二个信小呆"。面对长达数米的礼单，难得这位女生洒脱地拒绝了。有时候，人生恰恰需要这种洒脱。因为，没有一种人生的馈赠，是不需要付出代价的。

三年"锦鲤生活"过去，就像是刚刚合上扉页的书本。信小呆应该从中读懂人生的意义了。与其怀揣"一夜暴富"的梦想，不如以奋斗作舟楫，劈波斩浪，驶向属于自己的自由王国。

而对下一个"锦鲤女孩"来说，在打开人生的"大礼盒"之前，要给自己留一份清醒。正如一位哲人所说的，一个人要能够在自己的地位发生变化的时候毅然抛弃那种地位，不顾命运的摆布而立身做人，才说得上是幸福的。

（2021年6月8日刊于《广州日报》）

亚洲象"奇幻冒险记"是个好故事

◎ 胡　俊

亚洲象"奇幻冒险记"仍在上演。而故事的主角———一群北迁野生亚洲象，已然成为全球知名的网红，不仅得到国内外一众媒体的争相报道，更引发了全世界网友的"围观"。在日本，"大象去哪儿"还成了热门话题。

象群北迁能吸引如此多目光，让人始料未及，却又在情理之中。首先，主角"给力"。这个"家族旅行团"自老家西双版纳出发，一路"逛吃"，给网友带来不少欢乐与感动：当小象在吞食一堆用来酿酒的发酵谷物后喝醉了，被戳中萌点的网友直呼"可爱"；当小象掉入沟中，老象用长鼻帮小象脱困，网友大赞"暖心"；当看见大象用鼻子拧开水龙头，网友惊呼"这也太聪明了"……

另外，情节真实。在亚洲象"奇幻冒险记"中，人们不仅看到一队憨态可掬的大象，也看到了一个美丽的国家和一群质朴的人。这群野象走进村庄，行走于田间，但相比于担忧自己的损失，当地民众反而更加关注象群的状态；当地政府工作人员也花费大量精力来引导象群，他们使用无人机等设备搜寻象群行踪，为野象准备象食，并利用大型车辆机械封堵外围道路以防止野象进入市区，对民众的生命财产造成伤害……此情此景让不少国外网友动容，他们由衷地赞道，"中国在很努力地保护大象""中国人太棒了"。

这个火到海外的象群北迁记又给我们什么启示呢？我们可以看到，从东北虎"完达山一号"闯入村庄，到野象一路北上进入昆明市域，再到上海100多个小区出现国家二级保护动物貉，随着城市生态环境的持续改善，野生动物的出没轨迹不再局限于荒郊野岭或自然保护区，它们离人类

179

越来越近。当野生动物与人类的领地不再泾渭分明，当野生动物对人类栖息地的造访不再罕见，那么，人类就必须学会与"身边"的野生动物和谐共处。

而一个好故事常常胜过万千说教。亚洲象"奇幻冒险记"就是这样的好故事。在其中，人们因为喜爱而去了解亚洲象这一濒危物种及其生存状态，因为了解而进一步思考如何对其进行保护及怎样与其相处等深层次问题。我们需要挖掘更多这样的好故事，并传播好，让人们在潜移默化中学会尊重自然、尊重生命，学会调整自身的环境及习惯，从而更好地与野生动物为邻。

（2021年6月10日刊于《广州日报》）

给保护"差评权"的判决一个好评

◎ 练洪洋

广州一位妈妈入住某月子会所后，孩子得了支气管肺炎，并且曾在月子会所提供的汤中发现虫子。于是该消费者和丈夫在网络平台上给了该月子会所差评。然而，月子会所将该夫妇和拒绝删除差评的网络平台公司告上法院，认为侵犯了其名誉权。广州互联网法院近日一审判决，驳回原告的全部诉讼请求。原告上诉后，目前该案已进入二审程序。

不但将给自己差评的消费者和网络平台告上法庭，一审败诉之后还要上诉，将官司进行到底，许多人可能对这家月子会所有看法，但我还是要给他们一个"好评"。原因在于，这家月子会所选择了法治路径，通过法律来维护权利，不管胜负如何，这种选择值得赞赏。

与这家月子会所相比，个别商家对待差评就没那么"客气"了。因给商家差评，每天接到600个骚扰电话者有之，女生个人信息被公布到黄色网站上者有之，遭到商家"血洗全家"威胁者有之，被商家"追杀"、持刀砍伤者有之……更有甚者，某地一位女子给外卖商家差评，其丈夫被打到住进ICU（重症监护室）！在这种生态下，商家将消费者告上法庭是不是显得很斯文、很理性？不管官司胜负如何，这种解决问题的态度很好。

回到事件本身，我的第二个好评给广州互联网法院，理直气壮保护消费者的"差评权"。"好差评"制度之所以在各大平台普遍存在且广受欢迎（不但消费者，守法诚信的商家也拥护），从个人角度，它满足了消费者的评价权。消费者花钱购买了你的商品或服务，根据自己的感受给出客观评价，天经地义，商家无权让消费者闭嘴。从他人角度，它保障了消费者的知情权。其他消费者通过分析各种好评和差评，对相关商品或服务有一个全面了解，从而降低信息不对称风险。从公众角度，它实现了消费者的监督权。有监督才会有压力，才能倒逼商家、厂家不断改善服务。

法律允许并保护消费者的"差评权"，既是对消费者评价权、知情权、监督权的尊重，也是对市场健康发展的一种保驾。如果仅仅因为消费者给了商家差评而被告上法庭，还输掉了官司，那么其他消费者在今后的线上消费过程中就可能会投鼠忌器，不敢行使"差评权"。这无论对消费者还是电商，都是非常不利的。广州互联网法院对消费者给差评的行为予以保护，正是出于这种考量。

差评影响生意，商家恼火可以理解，但要正确对待，除非证据能够证明差评出于恶意，或为竞争对手雇佣"水军"所为，否则还是要正确对待批评，善待消费者。这么一闹，最后还输了官司，对自身形象的损害远比一个差评要严重得多，不可不慎。

（2019年8月2日刊于《广州日报》）

答好"静音车厢"的文明考题

◎ 谭 敏

自12月24日起，铁路部门将在京沪高铁、成渝高铁的部分车次试点"静音车厢"服务。旅客购买京沪高铁、成渝高铁指定车次车票时，可选择购买"静音车厢"车票。旅客在乘坐"静音车厢"时，要配合遵守"静音"约定，避免喧哗。

相信不少人在旅途中都有过这样的经历，想安静看书或是闭目养神，但周围总有跑来跑去的熊孩子、毫无顾忌大声聊天或是不戴耳机刷抖音看剧的人，让你不胜其扰，但又无可奈何。毕竟，对当事人来说，打电话、聊天、听歌、看剧，都是个人的权利和自由，没有哪条法律规定这样做不行，顶多是个人素质欠佳。但从社会文明的角度来说，这样的行为确实是不文明行为，很容易招致他人反感，更有甚者，遇到个性冲动或较真的人，还会引发矛盾和纠纷。

近年来，这样的纠纷不断增多，也让如何保障个人在公共场合的安静权问题，备受关注。各地都在进行探索。比如，北京、天津、兰州、贵阳、昆明、武汉等多地出台了相关规定，禁止在地铁上外放电子设备声音。"禁噪令"虽然回应了公众诉求，也体现社会文明水平的进步，但能否落到实处，还需要时间检验。毕竟，文明素质的提升需要一个过程，单靠禁令未必能立竿见影。

高铁设立静音车厢，虽然初衷与地铁禁噪一致，但做法不同。区别在于一个是做加法，一个是做减法。静音车厢是通过增加差异化的服务内容来化解静与闹之间的矛盾，给好静的旅客提供多一项选择，也让带孩子出行的旅客没那么尴尬，显然更人性化，可操作性也更强。有网友还建议，可以再推出更多不同的车厢，如亲子车厢，满足不同乘客的需求。对于高铁来说，未尝不可。事实上，旅游专列上开设亲子车厢，已有先例。提供更多元、更精细化的服务，也是铁路服务水平升级的体现。

社会文明水平的提高，与每个人息息相关。高速行驶的"静音车厢"，是高铁提升自身服务交出的答卷；而在高速行驶的时代列车上，我们该如何写好文明答卷，也值得每个人思考。

（2020年12月25日刊于《广州日报》）

让老人乐享数字生活，需多方发力

◎ 谭　敏

新冠肺炎疫情期间，不少老年人使用"健康码"遇到困难，日前，多个城市纷纷推出无健康码通道。在广州，许多社区都为长者提供"手机班"服务，教授微信的使用方法。

数字经济所催生的各种新业态、新服务已成为我国经济新的增长点，而今年以来的新冠肺炎疫情加速了社会的全面数字化。此前老年人一直面临的"数字鸿沟"问题也愈发凸显出来。中国互联网络信息中心的调查显示，截至2020年6月，中国60岁以上的网民已接近1亿（9700万）人，这意味着中国2.5亿老年人中有38.8%的人已经"上网"。而疫情以来，60岁以上的老龄人口"触网"增速远超其他年龄组。对老人来说，加快融入数字化生活，已从可选项变为了必选项。就拿老人们的刚需——去医院看病来说，几乎所有的医院都必须出示"健康码"才能进入，而大部分的医院都需要手机预约挂号。不使用智能手机，生活可以继续，但已经极不方便。

我国将逐渐步入中度老龄化社会，要让银发族乐享晚年，帮助他们迈过"数字鸿沟"，已是当务之急。如何帮他们适应数字化生活，需要政府、社区、家庭多方发力。

政府应发挥主导作用，推动适老化公共数字服务的普及。在新基建上发力，帮助贫困地区和偏远地区的老人扫清数字生活基础设施障碍，提供互联网接入机会，激发他们对新技术的需求。提高老年群体的网络素养，增强他们的网络技能，让他们实现从能上网、会上网到乐上网的转变。加强网络监督，营造更加安全、更让人放心的网络环境。同时，也为无法上网的老人提供公共服务的兜底保障。

社区应提供更多的帮扶服务。据广州日报"花城老友记"联合多家社工组织开展的一项微调研，589名接受调研的长者中，超过一半表示希望"尽量学会更多智能技术"。社区养老已成目前我国养老的主要方式，社区不妨把帮助老人学会如何上网，作为社区养老服务的内容之一，让老人们学会更多网络技能，让网上社交、网上购物和网上娱乐也成为他们老有所乐的一部分。

家庭成员应做好"数字反哺"。调查表明，近七成老年人是由家中晚辈教会使用微信的，而不少老人用智能手机的初衷也是为了与晚辈微信聊天。可以说，家人是帮助老人跨越"数字鸿沟"的主力军，也是老人融入数字化生活的动力。家人多一些耐心和关爱，老人学会网络技能就多一份保障与信心。而帮助老人学习的过程，也有利于家人之间增进感情，正是老人安享晚年的体现。

科技让生活更精彩。智能时代，应帮助更多老人融入数字生活，安享晚年。

（2020年11月3日刊于《广州日报》）

防沉迷，也需"老年模式"

◎ 陈文杰

"原本为父母更换智能手机，是怕他们被这个时代落下，现在倒好，他们一个短视频都没落下了。"在移动互联网时代，子女与父母的身份似乎互换了。谁能想到，以前苦口婆心地劝你少玩些手机的父母，居然变成了"自己"，而自己也开始明白当年父母的"苦衷"。如何帮助中老年人正确"触网"，理智地面对短视频等新兴传播方式，已成为我们不得不思考的重要课题。

父母们沉迷短视频，其实与当年沉迷网络的我们是相似的，即对互联网提供的短暂的精神快感产生了依赖，以此躲避现实中的纷纷扰扰——特别是大多数中老年人面临着来自工作、家庭及社会的失落感时，看短视频似乎就成了一种可以证明自己不落伍，同时又可以聊以慰藉的娱乐方式。

然而，面对早已是大数据算法下的互联网，"涉网未深"的父母几乎如同一张白纸。网上说什么，短视频里播放什么，他们可能都会"照单全收"。前不久，上海一位80多岁的老奶奶瞒着家人飞到北京，只为了和"男明星"见上一面。而她心心念念的"男明星"，实际上是某短视频号从影视作品片段剪辑配音而成的。

事实上，部分中老年人对互联网的使用十分"稚嫩"，容易在同一渠道或平台上消耗过多的时间，而浏览的内容也会相对单一。在智能化推送下，他们有可能会被算法"圈养"起来——所能接收到的信息几乎千篇一律，但总之是他们爱看的。这不仅让中老年人更容易沉浸、成瘾，而且可能会导致他们对信息的识别力进一步弱化。

对此，互联网平台不妨像推出"青少年模式"一样，专门为中老年人推出相应的模式，在使用时长、用眼健康、视频内容等方面对其进行一定的保护与提醒，从而达到防沉迷的目的。同时，对一些来源不明的信息进行筛查，剔除谣传、低劣等内容，为中老年人提供优质的"精神食粮"。

其实，今天父母在面对互联网世界时的各种不适，有可能也是我们未来将会面临的窘境。如何让中老年人更好地适应互联网时代，还需要得到足够的重视和保障。不能让他们找不到智能时代的入口，也不能让他们找到了入口却迷失其中。

（2020年11月5日刊于《广州日报》）

让"老漂族"心安此乡

◎ 刘冉冉

为了照料孙辈，一些老年人"候鸟式"离家漂至陌生城市。这在大城市里很常见，他们被称为"老漂族"。新华每日电讯记者调查发现，这些老人在他乡常遇到医保、文化差异、夫妻两地分居甚至语言不通等问题。

"老漂族"既有老年人普遍面临的"数字鸿沟"，也有身心漂泊的"双重困境"。是什么造成了他们的漂泊感？我们常常认为是照料孙辈的刚需，其实，拨开问题往深层探寻，老人往往以子女在大城市的小家庭需求为出发点，困境的背后既有对家庭需求的自我牺牲，又有社会支持不到位的尴尬。一方面，老人离开生活了几十年的家，来到子女打拼的城市，从家庭"当家人"变成了家庭参与者。他们中相当一部分人与老伴常年分居两地，与子女沟通没有了润滑剂，更易产生心理落差。另一方面，心中烦恼没人疏导，一切都要自己承受。大城市物价较高，虽然对老年人有优惠政策，但在一些地方同样的优惠暂未覆盖到外地户籍的老人。此外，异地就医直接结算还没有普及至全国范围，一些外地老人在生病就医时常常需要走复杂的报销流程。每回一次老家就开一年半载的药，他们中的"背药族"并不少见。

对于大城市，"老漂族"常常像一个外人。其实，老人为小家庭作贡献，就是用"一双手"解放"另一双手"，间接地为社会生产作出了贡献。用公共政策鼓励随迁老人在此地消费，能为地方增加税收，更是直接参与了社会生产。而且随着城镇化的推进与人口老龄化的发展，老年人的流动加快，能否解决好流动老人的异地福利与相关配套服务，反映了一座城市的服务水平和能力。

何以破解其身心漂泊的双重困境？这不仅需要家庭情感支持，还需要社会保障、社区关怀、精神反哺等从多方面给随迁老人共筑一个安全的港湾。近年来，政府积极推动各地跨省异地就医直接结算的相关工作，比如广东全面推进省内和跨省异地就医住院费用"一站式"结算。这是推动公共服务和社会福利均等化的应有之义。

各地还应该探索更多创新做法，进一步打破藩篱，让这些老人也全面享受到医疗保健、公交出行、公共文化服务等优惠政策，成为同城"家人"。同时，社区应该加快推进适老化工作，开展老年教育、社区互助、联谊活动等丰富的活动，由点及面帮助他们拓展社交网络。此外，子女应当以精神反哺，在父母与城市生活之间起到重要的黏合作用，不仅为其分享新技术、鼓励新社交，还应给予其足够的经济和精神支持，对于父母的付出给予充分尊重和感谢，让老漂族的心灵不再漂泊。

回到老漂族"候鸟式"离家漂泊的出发点，城市还要大力发展普惠托育服务，进一步提高优质婴幼儿照护服务供给。如此，才能帮助他们告别站在顶楼看飞鸟的日常，才能"最美不过夕阳红，温馨又从容"。

（2021年9月15日刊于《广州日报》）

读懂0.01立方米里的守望相助

◎ 胡　俊

近日，"上海为独居老人安装智能水表仪"引发热议。据介绍，这一智能水表仪若12小时内读数低于0.01立方米会自动报警，而居委会干部就会第一时间上门探视老人。不少网友盛赞这一水表既有"智商"又有"情商"，建议在全国推广。

有调查显示，我国大多数老人仍选择居家养老。而居家养老，迫切需要解决安全与便利问题。老人，尤其是独居老人，最担心的就是孤身一人在家，突发意外时无人知晓、无人救援。除上海之外，其他地方也在积极寻求独居老人的安全解决方案。比如广州，一款智能安全系统能检测老人在家中的活动轨迹，若老人在设定的时间内被监测到没有动静，系统便会示警；再如福州，一款定位手环能帮忙"呼救"，老人一旦感到身体不适，就按下手环上的"SOS"按钮，手环的定位系统可以帮助确定老人所在位置。

其实，这些解决方案都可以归结为一个词，就是"智慧养老"。发展智慧养老已经成为我国应对人口老龄化的重要举措。5G、人工智能、物联网、大数据等技术的飞速发展，也为智慧养老打开了巨大的想象空间。然而，想象空间虽大，却也不能"天马行空"。从上海、广州、福州等地的实践可以看出，智慧养老要得到广泛认同，不仅要有"智商"，更要有"情商"。

而"情商"就体现在一个"老"字上。智慧养老关键在于适老，要深度理解老年人的需求，在此基础上开发与老年人的生活习惯、消费习惯等"老习惯"适配的产品与服务，满足老年人多层次、多样化的养老需求，并以老年人好不好用、满不满意作为检验及改进产品服务的标准。例如，相关研究表明，老年人对人工智能陪护产品的情感交流体验更为看重，智慧养老就应该在这方面多做探索，以更好地满足老年人的精神需求。

智慧养老，要用有温度的智能设备及服务来温暖老人的心。在这方面，还需要做好两大支撑：其一，体系支撑。对于智慧养老来说，技术只是桥梁，起到关键支撑作用的还是不断发展、日益完善的养老服务体系。其二，智慧支撑。要帮助老年人与智慧社会接轨，使其能够得心应手地使用智能设备及服务。唯有如此，智慧养老方能真正助力"老有所依"。

（2020年12月11日刊于《广州日报》）

"父母持证上岗"，关键在改变认知

◎ 杨　博

　　日前，浙江省教育厅向浙江省人大代表丁杭缨作出《关于省十三届人大五次会议杭111号建议的答复（家庭教育）》称，已收悉《关于在浙江省推广"父母持证上岗"的杭州上城经验的建议》，鼓励各地通过"家长成长学院""星级家长执照"等载体，共同促进家长素养的提升。

　　家长也要"持证上岗"？育人先育己——父母尤其不例外。随着社会的变迁，越来越多的人意识到，家长在家庭教育方面亟待"补课"。譬如，要学习如何与孩子沟通——现实中，亲子之间缺乏情感表达和相互感知，并不鲜见；要学习如何科学育儿——从婴儿期开始，不少家长就把养育问题推给各种社会机构，自身却长期缺乏能力建设。

　　尽管家长持证上岗颇有必要，但人们对此看法不一。其一，有人认为家长"持证上岗"实在是笑谈。其二，有人担心持"证"的含金量。其延伸问题是，如何科学评判持"证"的价值？培训家长到底有没有科学的方法？其三，有人担心家长负担过重。还有人说，这会不会演化为新一轮的

"拼爹"？

可见，推动"父母持证上岗"，改变社会认知是关键。对第一种看法，笔者想说，家长"持证上岗"可不同于通常讲的职业准入。对孩子来说，父母虽然是法定监护人，但未必是合格的监护人。没有坚持不懈的学习提高，没有与孩子共同成长的理念，家长更难以称得上优秀。而后两种看法归结起来都指向评价机制的问题。对家长学校的教学质量，如何评价？对家长的成长进步，又如何评价？尤其对家长来说，提升家庭教育水准，知行合一是痛点，跳出"纸面"是难点。这意味着，家长"过关"拿证，不应受制于应试思维。此类考核评价亟须创新。

从杭州市上城区先行先试的经验来看，该区依托移动学习平台，整合区域社会资源，开设线上课程，引导家长通过智媒体完成学习和积分。积分达标的家长会被授予不同等级的"家长执照"。在此过程中，无论家庭环境，还是社会氛围，都有提升。由此可见，破题的关键在于善用互联网思维和平台优势，建立政府、学校、家庭、社会协同发力的家庭教育联动体系，线上线下开展面对面实践。唯有持续不断的创新，方能重塑社会认知，不断把家庭教育变革引向深入。

（2021年7月8日刊于《广州日报》）

清华起诉"清华"折射傍名牌乱象

◎ 夏振彬

　　昨日，一起诉讼"亮"了。其原告是清华，被告也是"清华"——清华幼儿园。据报道，清华大学向多所清华幼儿园提起民事诉讼，告其侵害商标权，"扰乱了市场秩序，构成不正当竞争"。消息一出，网友七嘴八舌。而"画风"大都是这样的："我老家还有剑桥幼儿园""不好意思，给我逗乐了""北大幼儿园很慌，剑桥、哈佛瑟瑟发抖"……网友纷纷吐槽身边的"名校"，把该话题送上了热搜。

　　所以，清华起诉"清华"，应该怎么看？是否侵权，自有法院判决。但其背后的问题，还是值得深思。确如网友所言，当前从城市到乡村，傍名牌的幼儿园、培训机构等，比比皆是。有的可以肉眼识破，有的则颇具欺骗性，它们不澄清、不解释、不置可否，甚至故意混淆视听、想方设法与名校"沾亲带故"，让人信以为真。此类乱象，让公众眼花缭乱，甚至让很多人上当受骗、交了不少"学费"。

　　傍名牌为何存在？无非是图名图利而已。其实古往今来，傍名牌、搭便车的现象为数不少。从文艺作品里的李逵与李鬼，到当前遍布大街小巷的协和、同济医院，傍名牌已堪称公害，既误导消费，又有侵权之嫌，对正常的市场秩序造成不良影响。

怎么办？公众要擦亮眼睛，用脚投票。名牌本身也要"斤斤计较"，主动收集证据，积极亮剑。尤其应当强调的是，此类维权绝非"小肚鸡肠"，更非小题大做，而是大有意义——治理傍名牌乱象，不能"心胸开阔"，就是应该有"眼里容不得沙子"的态度，以积极维权让侵权行为有痛感，让有相似情况的商家有所忌惮。

当然，根治傍名牌乱象，不能仅靠维权。从当前情况来看，傍名牌已堪称一种"歪风"，似乎被放任、被默许，不少商家也有法不责众的心理。对此，如何细化规则、强化监管，如何在注册登记时严格把关，值得思考。

（2019年5月9日刊于《广州日报》）

该给"50年茅台"立规矩了

◎ 夏振彬

一起诉讼，再次将年份酒乱象推到了聚光灯下。

近日，成都高新区法院审理了一桩案件。成都一名律师发现自己购买的"50年陈年茅台""30年陈年茅台"是用15年酒龄的基酒勾兑而成。对此，茅台方面辩称，陈年茅台酒并不是指储藏到一定年限的酒，而是使用酒龄不低于15年的酒，精心勾兑，使之达到该年份酒的老味。消费者以为购买的是"年份"，商家售卖的却只是"口感"。如此文字游戏，确实给人以上当之感。一直以来，在消费者的认知里，注明为某一年份的产品，就意味着其已储存了相应的年限；它们陡增的身价，也应与之相匹配。如今，年份酒"醉"倒众人，让人云里雾里，是时候立清规矩、上杯罚酒了。尤其值得注意的是，使用"低龄"酒勾兑，还只是年份酒乱象的冰山一角。此前曾有人爆料，一吨新酒加一勺老酒就成了"30年陈酿"；有刚成立5年的酒厂就敢生产30年的年份酒……夸大其词，偷奸耍滑，如此行业潜规则侵犯消费者的权益，亟待规范。

如何规范？简单。首先，在营销推广方面，企业必须在更显著的位置、以更明晰的方式，标明是否勾兑、陈酒比例等关键信息，让消费者明明白白。其次，针对年份酒产品本身，有必要立足实际、借鉴洋酒相关经验，设定清晰的标准，制定严格的罚则，再配以相关抽查、检测机制，让"一吨新酒加一勺老酒"的企业无立足之地，更好满足群众的消费需求。

（2019年6月12日刊于《广州日报》）

把道歉当宣传，诚意何在

◎ 谭　敏

近日，"道歉"成了热词。先有郭敬明、于正同一天分别对庄羽、琼瑶的道歉，后有全棉时代因广告内容不当公开道歉。有意思的是，三则道歉都引来一片争议之声。

人非完人，每个人都有可能做错事说错话，对他人造成伤害。一个道歉，虽然无法弥补全部过失，但只要有诚意，大都会获得当事人的谅解。公开道歉不被认可至少说明了一点，道歉没能让人感觉到应有的诚意。

对于抄袭这样的举动，道歉虽然迟到了15年，也并非不可原谅，郭敬明的道歉信字里行间可见对年少轻狂的悔，也低姿态地配合成立"反剽窃基金"，足够感人。但在其新片上映之时，在156位影视从业者联名抵制抄袭的当下，发布这样的道歉信，多少让人感觉不是主动为之，而是被迫之举，让其诚意大打折扣。

而全棉时代的道歉则更为离谱。"我错了"占据道歉信十分之一的篇幅，而"我有200多个专利，填补了很多市场空白，永远把消费者利益放在第一位，给了用户舒适的体验，我还做过公益"等自夸的内容则占了十分之九，硬生生地把"我错了"扭成了"我很棒"，怎么看怎么别扭。难怪网友们质疑，"这道歉信，真的不是获奖感言吗？"连公开道歉这样的场合都不忘记做宣传、蹭热点，这是真心诚意的道歉吗？只能说是敬业有之，诚意全无。如此敷衍且功利的道歉，怎么可能被公众接受呢。

只有真心诚意地道歉，才能挽回品牌形象，获得消费者的原谅与认可，最终赢回消费者的心。可是，全棉时代的道歉信故意颠倒黑白，混淆是非，显然比当初发布"不尊重女性"的广告内容更离谱。广告还能说是无心之失、创意欠妥，可明明错了却不认错，反而将错就错，借"错"发挥，就有点执迷不悟了。

哪怕在网络世界，流量为王也绝非万能。在可替代性如此之强的产品领域，顶着不尊重用户的恶名，难道不是流量越大越不被消费者待见吗？这个时候，恐怕只有学会好好道歉，争取用户的谅解，才是正理吧。

（2021年1月12日刊于《广州日报》）

让摄像头规范"装"合理"用"

◎ 胡　俊

近年来，随着摄像头的广泛使用，因公共场所监控图像的不当采集利用而严重侵犯个人隐私的案例，屡见不鲜。近日，《深圳经济特区公共安全视频图像信息系统管理条例（草案）》（以下简称《条例》）公开征求意见。强调隐私保护、维护合法权益，成为此次立法的重要目标。

公共安全视频图像信息系统可以说是一把"双刃剑"，用得好，就能更好地发挥其在维护社会安全、服务经济发展等方面的正向作用；而用得不好，在该建的地方不建，在不该建的地方乱建，则不仅会侵犯个人隐私，而且可能反而会危及安全。因此，有必要通过立法规范其发展，以扬长避短。《条例》的出现可谓正逢其时。

从媒体的相关报道看，《条例》有一个鲜明的特征，就是与"实"俱进。现实中诸多有关摄像头的纠纷都能在其中找到解决方案。

如"海底捞在包间里安装摄像头"争议。根据《条例》，餐馆包间也属于公共场所，因此应当安装视频系统。但《条例》也明确提出，公共区域安装系统摄像设备的，应当设置提示标识，标识应当醒目，以保障公众知情权。再如不时曝出的酒店客房安装摄像头事件。《条例》明确禁止在旅馆客房、医院病房、集体宿舍、公共浴室、卫生间、更衣室、哺乳室等涉及公民隐私的场所和区域安装视频系统，同时细化了对涉事个人及单位的惩戒措施。显然，这是在规范"装"。公共区域的摄像头，无论是"装"还是"不装"，均须有章可循，须在维护公共安全和尊重、保护个人隐私之间找寻平衡点。

规范"装"之外，当然还要合理"用"。日前，多个商家被央视"3·15晚会"曝光安装人脸识别摄像头，这是对摄像头采集信息及人脸识别技术的滥用。对于这种"偷脸"行为，《条例》明令禁止：不得利用采获的信息非法进行个人身份识别。如何存储、使用、查询摄像头采集信息，都是"用"的重要内容。对此，《条例》均有详细规定，其中信息查阅制度还赋予利害关系人紧急查阅权。

《条例》的出现，填补了国内立法空白，为其他城市管理公共区域摄像头提供了参照，也为国家层面的立法提供了经验。任何法律要保有生命力，都必须不断与"实"俱进。随着科学技术的飞速发展，摄像头的应用场景可能会更加复杂，新问题也会不断涌现，相关法律法规只有根据实际情况适时进行调整、不断完善，才能让摄像头更多地为人们造福，而非添乱。

（2021年3月18日刊于《广州日报》）

公仆要有能容"草包"的雅量

◎ 练洪洋

"新华每日电讯"1月27日消息，因社区不开业主大会就擅自让新物业公司通过试用期，贵州一女子在微信群骂社区党支书"草包支书"，被毕节警方从贵阳跨市铐走并行拘3日。26日，毕节市公安局决定依法撤销相关行政处罚决定，涉案派出所所长及办案民警已停职接受调查。

"草包"是指"装着草的袋子，比喻无能的人"，确实不是什么好词，被人骂"草包"，谁都不高兴，但仔细玩味，与"侮辱""诽谤"还是有点距离。考虑到双方的角色与身份，对骂人者作出行政拘留3日的处分更是欠妥。

关于"挨骂"，有一个著名例子。在延安时，毛泽东曾经挨过骂。保卫部门要逮捕骂人的农民，毛泽东制止道："群众发牢骚，有意见，说明我们的政策和工作有毛病。不要一听到群众有议论，尤其是尖锐一点的议论，就去追查，就要立案，进行打击压制。这种做法实际上是软弱的表现，是神经衰弱的表现。我们共产党人无论如何不要造成同群众对立的局面。"

伟人的一番话，把道理说得一清二楚。对有意见、发牢骚的群众进行打击压制，不是有理、有力去证明，恰恰是软弱、衰弱的表现，为什么？因为心里没底，没法心平气和地向群众解释"误会"，更没能力解决群众所反映的问题，所以只能上硬手段。有些时候，则是因为政策有瑕疵、工作有毛病，造成群众有意见、发牢骚，自己又不愿意承认，所以只能来硬的，让群众闭嘴。

打击压制会造成什么后果？"同群众对立的局面"。对立，是一个双方都不愿意看到的双输局面，人民公仆当引以为戒。对待群众发牢骚，正确的打开方法是内省，看看工作有没有做到位，而不是外泄，把气撒在群众身上。作为基层工作者，每天面对基层群众，干着琐碎的事务，什么样的人都有，说什么话的都有，必须听得了、咽得下。一句"草包"，你就跳起来，非得和对方较真不可，这基层工作就真没法干了。

执法者也要分主次、知轻重，社区党支书被群众骂一句"草包支书"，你们就如临大敌，跨市对群众进行打击压制，给外界留下办"关系案""人情案"的猜想，亦欠稳重。处罚是撤销了，反思不应结束。

（2021年1月28日刊于《广州日报》）

追星当追钟南山！

◎ 谭　敏

9月8日晚，刚荣获"共和国勋章"的钟南山院士从北京乘飞机返回广州，在广州医科大学，钟南山受到师生们的夹道欢迎，同学们自发聚集在学校图书馆门口，手机灯光汇成星光海洋，迎接院士归来。同学们大喊"南山风骨，国士无双""钟院士，我爱你"，这阵仗堪称"大型追星现场"。

这是年轻人用自己的形式向英雄致敬！为偶像打call！对于这些立志从医的学子来说，钟南山不仅是人民楷模，更是他们梦想的领航人。

荣誉等身，他仍坚持每周出诊查房，在他眼里，"最重要的，是病人的生命"；疫情汹汹，他是最早的逆行者，"国家需要我们去，我们必须今天去"；获得共和国勋章，"80后"的他再次请战，要为中国抗疫工作作更大贡献。他用自己的行动诠释了医者仁心、为国为民的真正含义，也成了新时代的偶像。

"雷神山、火神山、钟南山，三山镇毒""什么时候可以动？钟南山说动才能动。"无数段子在网上流传，钟院士家里装水果的奖杯，他和老伴的日常生活，都成为网友们津津乐道和网络热搜话题，可谓是吸粉能力一流，妥妥的流量担当。

事实上，除了钟南山，一辈子致力于提高水稻产量的"90后"袁隆平，日夜兼程奋战在抗疫一线的李兰娟，身患渐冻症仍不下火线的张定宇，亦纷纷成了人们尤其是青少年心目中的"男神""女神"。正是因为他们为国为民、舍生忘死的使命感与责任感，他们的专业能力、敬业精神，他们的坚毅、执着、勇敢与担当，让偶像一词突破了职业和年龄限制，也让青少年追星有了正确的方向。

　　浙江初一学生王逸君在开学之际收到钟南山爷爷的亲笔信，她兴奋不已，"钟南山爷爷一直是我的榜样，长大后我也要努力成为像钟南山爷爷一样了不起的人，为社会贡献我的力量。"越来越多的青少年从关注明星的日常转向对科学家和科研人员的追逐。我们乐见这样的转变。青少年是祖国的未来。早在20世纪80年代，陈景润、华罗庚等科学家是当时年轻人的偶像，以科学家为楷模和标杆，影响了一代人，也培养和造就了一大批热爱科学、投身科研工作的人，为我国的科技发展与繁荣打下了坚实的基础。今天，越来越多的青少年以奋勇争先者为楷模，以脚踏实地者为榜样，而不仅仅是演艺明星。越来越多的青少年把个人的成长与国家民族的命运联系在一起，中华民族伟大复兴的中国梦才能早日实现。

　　"崇尚英雄才会产生英雄，争做英雄才能英雄辈出。"这是一个奋斗的新时代，需要奋斗者领航。正如钟南山鼓励广州医科大学的学子们："不但有要求，也要有追求；不但有志气，也要争气；不但有热情，更要有激情。"相信这会成为现场学生一生铭记的信条。让更多人民英雄成为时代偶像，为青少年的梦想领航，方能造就未来的国之栋梁。

　　　　　　　　　　　　　　（2020年9月10日刊于《广州日报》）

别当久经茅台考验的干部

◎ 练洪洋

一个人，可以对名酒爱到什么程度？据中央纪委国家监委网站视频专题片《嗜酒如命　以案谋私》披露，青海省人民检察院原党组副书记、副检察长贾小刚，家藏茅台酒880余瓶，共计140余箱，且多半是价格较高的年份酒、生肖酒。

贾小刚不是对茅台酒情有独钟的收藏家，也不是口味高雅的品酒师，而是嗜酒如命的酒徒。据专题片透露，他工作日每天必喝，周六周日有时喝两场，甚至喝三场。他每天上班，心思大多数都在想怎么约晚上的酒场。专题片用一句俏皮话来形容贾小刚——要么在喝酒，要么在醒酒，要么就是在喝酒的路上。一位干部，沦落到以酒续命的地步，也算是"极品"了。

平民百姓爱喝酒、喝超量，顶多就是说说胡话、发发酒疯罢了，破坏力不大，身居要职者就不一样了。人民公仆，拿国家俸禄，为人民服务，天天泡在酒缸里，喝得醉醺醺，走路都走不稳，还怎么上班办公、服务大众？尤其像贾小刚这样身份，喝起酒来自己都控制不了自己，如何能做好检察工作，令人怀疑。酒色财气一家亲，好酒一下肚、酒精一上头，理智就下线、原则就失踪，以案谋私、权力寻租、腐化堕落，一齐找上门来，嗜酒如命的人要保持慎独是很难的。公务"禁酒令"发了一道又一道，身为司法战线干部，带头违反纪律，群众怎么看、怎么想？像贾小刚这种人，害人害己，连政府形象都受连累。

要命的是，贾小刚不是"一个人在战斗"，经不起茅台考验的干部还不乏其人。电视专题片《正风反腐就在身边》第三集《坚守铁规》曾披露，国家烟草专卖局原党组成员、副局长赵洪顺，曾在3处住房存放了近3000瓶茅台酒，就在被留置前的当天中午，还喝了一瓶50年的茅台酒。电视专题片《国家监察》披露，贵州省原副省长王晓光家中有一间房子堆满了茅台酒，数量达4000多瓶。被调查之前，王晓光分批将年份酒倒入下水道，其妻评价"早知今日，何必当初"。

人非神仙，谁能"早知今日"？广东俚语"有早知，冇乞儿"说的也是这个意思。但是，对于酗酒这种不良嗜好的危害，正常人如若可以从历史经验和他人教训中参悟了，完全可以做到"早知今日"。关键在于，一个人在位高权重时，在声色犬马中，能否关牢自己心中那只"老虎"，不让它跳出笼来。这种场景，有时比艰苦环境更加折磨人、考验人。成大事者，必须要有过人的意志，战胜自己不合理的欲望，从而让自己远离祸端。别当久经茅台考验的干部，才能活得清醒、活得坦荡，不负人民。

（2021年4月29日刊于《广州日报》）

切断"蚂蚁搬家式"腐败的"蚁路"

◎ 练洪洋

据中央纪委国家监委网站透露，近日，山东省青岛市即墨区人民法院公开宣判该区北安街道办事处财政所原正科级负责人王凤昭贪腐案，以贪污罪、挪用公款罪数罪并罚，判处有期徒刑14年6个月，并处罚金200万元。

可以说，几乎所有的"资深"腐败分子都是采取"蚂蚁搬家式"腐败，哪怕家藏数亿元现金者，也是百万元、千万元这样堆积起来的，极少是因为伸了一次手就被抓的。王凤昭这个"蚂蚁搬家式"腐败案之所以值得一议，在其细节处。

在王凤昭降格为"蚂蚁"的5年间，共计贪污公款42次。他在忏悔书中记录了第一次"搬家"的不安——"2012年8月，将26万余元公款占为己有，是我第一笔贪污。当时心情很复杂，既害怕又担忧，很长一段时间都是在惶恐中度过，可过了些日子没有被发现，我就铤而走险，开始了第二次、第三次……"他连具体时间都记得一清二楚，足见"第一次"给他留下多么深刻的印象。

在这一点上，王风昭还真有蚂蚁的某些行为特征。仔细观察蚂蚁的觅食行为，不难发现，蚂蚁开始也是小心翼翼，零星"探子"四处探路、兜兜转转寻找食物，发现食物之后，回巢叫上伙伴一齐搬运。要是过程中受到阻碍，蚂蚁会掉头而去，若畅通无阻，它们很快就会倾巢而出，形成一条延绵不绝的"蚁路"，直至将食物搬空。

"蚂蚁搬家式"腐败，一面是人性，一面是制度。"物必先腐，而后虫生。"个别干部因为精神缺钙了、思想蜕变了、行为脱轨了，才会想到贪污受贿。王风昭的堕落，就是因为包养情人导致入不敷出，才动了歪心思的。人性难以改变，但不妨碍外部治理。对干部的有效管理，就是要及时发现他的某些不道德乃至违法行为，通过督促提醒，让其悬崖勒马，避免"蚂蚁"衍变成"老鼠""大象"。

当然，关键还是制度的有效性。"蚂蚁搬家式"腐败案中，故事有多离奇，漏洞就有多夸张。区区一个街道办财政所，区区一位科级负责人，5年时间贪污公款数十次、金额超过2000万元，简直是天方夜谭。要是其中的短板不补，抓了王风昭，恐怕还会出现张风昭、陈风昭。要说制度本身，相较于过去，已有了极大改观，可为什么还是禁不住"蚂蚁"频扰？关键是人的能动性与制度刚性不相匹配，换言之就是，很多时候只见制度不见人。对重点领域、关键岗位和"关键少数"盯得不够紧、管得不够严，助长了"蚂蚁"的侥幸心理和违法犯罪的胆量。

"蚂蚁搬家式"腐败昭示，小权力也有大风险，关键看放在什么位置，不能因权小而忽略。"抓早抓小"的"小"，不仅指小问题，也应包括小权力。

（2020年9月24日刊于《广州日报》）

"分解式住院"，消解患者权益

◎ 陈文杰

　　4个月被迫转了3次院，这段特殊的经历让王英感到很糟心。一段时间以来，陆续有患者反映生病住院，病还没好就被"劝出院"。这些医院给出的理由也是五花八门，一说是"刷医保住院15天必须出院"，二说让"病人先出院，过几天后再入院"。而这些"迷惑操作"，其实就是分解住院。

　　所谓分解住院，是指医院在住院患者尚未痊愈的前提下，人为将一次连续住院治疗过程，分解为二次甚至多次住院治疗。这些行为不仅侵犯了参保患者的利益，而且违反了医疗保险政策的相关规定。此前，多地医保部门澄清，医保政策从未对患者住院时间、住院次数及相关费用加以限制。患者的住院天数和治疗费用，应由医疗机构根据患者病情作出专业判断。

　　那么，为何还有医院会给病患提出"专业意见"，建议他们"主动"分解住院呢？这一情况的出现，说复杂也复杂，与医院绩效考核、医保控费和医院经济利益不无关系，但说简单也挺简单，无非与钱有关。

　　从现行的医保结算方式来看，大部分由医疗保险统筹基金支付的费用，需要由医院记账后，再向医保部门申报。然而，在医保严格控费的大背景下，医院向医保部门报销，需要通过相关考核指标的评审。比如，卫健部门对医院会有平均住院天数、住院次均费用、病床使用率等指标要求。如果不符合相关规定，或参保人住院费用超过均次定额结算标准，就有可能会被医保拒付，医院则需自行承担这些无法报销的医保费用。这时，有些医院为了获取医保基金支付，保证单次医疗不亏损，就会让病人提前出院，或以分解住院的违规操作来增加住院次均定额，以此规避考核评审。

诚然，大部分医院作为非营利机构，要其消化所有无法报销的费用，并不现实。但通过分解住院的方式，无疑也剥夺了参保人享受住院报销的权利，给患者造成了不必要的麻烦，也给医保统筹基金带来了支付压力，而且涉嫌欺诈骗保行为。今年5月起施行的《医疗保障基金使用监督管理条例》已明确指出，对于分解住院等违法违规行为，由医保行政部门责令改正、约谈负责人，造成医保基金损失的，责令退回基金，处造成损失金额1倍以上2倍以下的罚款等。

要解决分解住院难题，离不开卫健部门、医保部门、医疗机构等多方形成合力。一方面，相关部门要优化对医疗机构的考核标准，完善多元复合式医保支付方式，继续推进按病种分值付费方式。比如，分病种对医院进行考核、予以付费，尤其是治疗费用高、周期长、并发症复杂的病例，应尽量减少对其严苛限制。另一方面，监管也应刚柔并济，在加强整治的同时，对于确实有需要延长住院治疗的特殊病例，应考虑予以监管考核豁免。

（2021年8月17日刊于《广州日报》）

审丑的"高质量人类"注定翻车

◎ 刘　硕

今年7月，一则"人类高质量男性求偶"视频走红网络。土味的妆容、雷人的言论使得视频发布者徐勤根迅速被大众所熟知，随后自称从事多年金融衍生品行业并担任企业高管的徐勤根申请开通了入群费高达7.5万元每人每年的个人粉丝群，旨在提供金融衍生品交易、投资信息情报支持及相应的咨询服务。多方热议之下，8月20日，微博官方账号发布回应称已将该账号的会员收费功能关闭，并对其微博账号进行禁言处理。

高昂的入群费为何有人买单？盲目拜金是关键。徐勤根在社交媒体平台的奢侈日常——高级酒店、豪车名表、私人飞机、定制服饰等诸多高端消费因素为其提供了高收入群体的人设佐证。网友因此为其浮华的炫富生活所诱惑，盲目相信其金融专业人士的背景，并企图通过加入粉丝群获得相关信息知识及专业指导，从而实现小投入高回报的发财梦。

此外，从其发布的视频内容来看，徐在视频中表示他具备一定的物质基础，可以为伴侣提供相应的财务支持。这一内容也迎合了当下"利益当先，感情靠边"的畸形择偶观，戳中了很多拜金者的择偶心理，使其在利益的驱动下被蒙蔽了双眼。

过度包装就要面临翻车风险。从金融从业资格被质疑、关联企业连续三年被上海市监局列为异常经营企业；再到留学背景存疑、佩戴的名表被指出为假货……徐勤根的走红也开启了他的翻车之路。

近年来，不少网红被爆出人设崩塌的翻车事故。大量光鲜亮丽的高端人设背后，往往是蹭热度、博眼球，急于流量变现、企图"割韭菜"的真实面目。网络社交时代，社交媒体平台上美化和包装人设的现象无处不在。被爆出蹭豪车拍照的名媛"腿姐"、营销高学历的"女神学霸"，这些在视频平台具备大量粉丝的网红博主在一次次人设崩塌中流失了粉丝、损失了口碑。由此可见，人类的"高质量"不应为物质和人设所限定，品德高尚才应该是根本。

（2021年8月24日刊于《广州日报》）

"抠抠族"要抠之有度

◎ 许晓芳

你是"抠抠族"吗？近日，中青校媒面向全国高校大学生展开消费习惯调查，结果显示，64.61%的大学生有过"薅羊毛"的经历，甚至因此感到一种特别的快乐。

所谓"薅羊毛"，就是搜寻、利用商家的优惠信息，在网络和朋友圈子中广为传播，从而为自己省钱的行为。

当下，更多人发现了"薅羊毛"的乐趣，加入了"抠抠族"。实付款1分钱的汤勺，新人红包1块入手的柠檬茶，签到领券后2块钱的拖鞋……"薅"完四舍五入约等于不要钱的垃圾袋、坐垫、手机壳、本子，一众买家在豆瓣各"省钱小组"中纷纷跟帖"抄作业"。

不可否认，"抠抠族"有其积极意义，很多人认为这引领了一种"新节俭主义"。用心省钱的背后，体现了一种趋向务实、理性的消费观，代表着消费自律的理念。这对于常被诟病"没吃过苦""超前消费"的年轻人来说，不失为一个扭转刻板印象的机会，而且能够帮助他们学会在面对消费诱惑时约束自己的欲望，学会自律，走向成熟。

但凡事有度，过犹不及。在肯定理性"抠抠"的同时，还需警惕"抠"成了自我安慰，抠出了另一种消费陷阱。

何以如此说？

在笔者看来，"抠抠"虽好，但容易跑偏。跑偏的"抠抠族"可能面临以下两种情况：其一，越抠越买。有的"抠抠族"只要发现商品有折扣，即便当下不需要，但还是会觉得"不买就吃亏""早晚能用上"而"剁手"；有的则为了凑单拼团得折扣，入手了一堆看起来划算但未必用得上的东西。其二，被抠绑架。有的"抠抠族"加了无数个群，每天紧盯着群里动态，将大量的时间花在"蹲"消费券上；有的则变得不抠不买，只要商品不打折，那就"不吃哑巴亏"，即便牺牲生活品质也得再等等。这样的"抠"，可以说是舍本逐末——将"抠"当作消费的唯一信条，掉进省钱的迷障，却忘了消费本是为了提高生活品质。

要让"抠抠族"真正成为省钱有方、钱尽其用的代名词，那就必须抠之有理，找到抠的初衷。要明白，抠不等于抠门，而是节俭美德。在坚守"能免就免，该省则省"守则的时候，既要看到"免"和"省"，也要看到"能"和"该"，对于不能省、不该省的，要有清醒理性的判断。

（2020年9月15日刊于《广州日报》）

读懂中年考证热背后的需求

◎ 胡　俊

近年来，职场中年人考证热兴起。这些考证的中年人，或为了职场晋升，或为了转换职业跑道，每一个拖家带口、拼搏在考证路上的中年人，他们的付出和努力，都让奋斗的底色多了一抹倔强的绚丽。（5月18日《工人日报》）

说到中年考证热，笔者想起自己的一位朋友。人至中年的她，最近在忙着备战律考。她现在从事的行业，与律师八竿子打不着，之所以考律师资格证，是因为她想转换一下人生轨道，并且圆一圆自己"年少时的梦"。

有人认为，中年考证热的背后是焦虑。但从笔者这位朋友的经历也能看出，焦虑显然并非"全貌"，中年考证热里其实藏着更多东西。例如，对于年少时某些遗憾的弥补，对于未来更为清晰的规划，对于自己变得更好的追求等。我们要读懂中年考证热背后的真实需求——终身成长，并为之营造更为良好的社会环境。

终身成长需求，可以说是主客观结合的产物。客观而言，科技的脚步一日千里，与科技相关的行业自不必说，其他诸多行业亦在科技的作用下发生深刻变化。这给从业者带来的最为直观的感受就是：本领不够用了。几乎没有人可以"一次学习，终身受用"，终身学习、终身成长成为一种现实需要。主观而言，随着人口素质的提升以及人类寿命的不断增长，"奋斗只是年轻人的事"之类观念已悄然转变，越来越多的人"自动开启"终身成长模式。

而营造良好的终身成长环境是一项系统工程，需要各方的共同努力。首先，要持续完善继续教育体系。媒体调查发现，不少中年职场人士之所以选择考证，实际上是一种"代偿"心理。部分企业甚少对员工的职业生涯进行辅导和规划，与此同时，当前的职业教育更多针对未成年人，针对职场人士的培训项目不足。在这种情况下，很多职场人士的充电需求得不到有效满足，故转而通过考证来提升自己。对此，有关部门、企业、职业教育院校及社会培训机构等都要行动起来，完善职业及终身教育体系，帮助职场人士不断更新知识技能，提升自我价值。其次，要积极消除职场"年龄歧视"。曾有报道称，超过八成的35岁以上求职者都感觉自己在求职过程中遭遇了年龄歧视。对于此类现象，有必要进一步完善立法，让年龄不再成为寻求成长的桎梏。总之，对于终身成长，不仅要鼓与呼，更要助且推，给予更多人奋斗的力量、出彩的机会。

（2022年5月19日刊于《广州日报》）

城 事

以文化振奋广州城市精神

◎ 广　言

新年伊始，广州文化园地生机勃发，活力涌动。

前晚，喜讯传来，大型民族舞剧《醒·狮》荣获第十一届中国舞蹈"荷花奖"舞剧奖。据悉，这是广州文艺作品首次登上"荷花奖"舞剧奖榜首。1月5日凌晨，距离一场名为《记忆·乡愁》的音乐会开票仅15小时，即全线售罄。广州文艺市场呈现一派生机勃勃的景象，一票难求、座无虚席成为一道别样的文化风景。文艺精品层出不穷，文化活动精彩纷呈，文化消费热情高涨。

当前，广州正以学习贯彻习近平总书记视察广东重要讲话精神为强大动力，高水平建设文化强市，全力提升文化引领功能，推动广州文化发展繁荣兴盛，为实现老城市新活力、推动新时代广州发展出新出彩提供强大文化支撑。

高水平建设文化强市，广州进一步强化价值引领思想和价值是文化的根和灵魂。要使文化之树常青、枝繁叶茂，就要涵养文化之根，在强化思想和价值引领上下功夫。演艺舞台，可以说是一个地方的"精神视窗"。1月6日晚，第十一届中国舞蹈"荷花奖"颁奖典礼在海南省歌舞剧院举行。《醒·狮》精彩片段演出结束，现场掌声雷动。"太燃了，好像是在看武侠片""看得我热血沸腾"……《醒·狮》以三元里抗英为背景，作品讴歌人民、讴歌英雄，讲广州故事、塑广州精神，让人深受震撼。

文艺是时代前进的号角。举精神之旗、立精神支柱、建精神家园，都离不开文艺。音乐剧《西关小姐》以慈善大爱感染了一批又一批观众，《刑场上的婚礼》以悲壮动人的革命浪漫故事震撼人心——近年来，一部部文艺精品力作，把以爱国主义为核心的民族精神和以改革创新为核心的时代精神作为创作的主旋律，感染人、引领人，沁人心脾，润物无声。

价值引领，绝不仅限于舞台。地铁里，关于文明出行的引导随处可见；报纸上，一个个"创新英雄"让人肃然起敬；小区里，志愿者们发挥着不可替代的作用……思想是行动的先导，精神是一股强大的力量。近年来，广州大力培育和践行社会主义核心价值观，广泛开展理想信念教育，加强宣传思想工作，深化文明城市创建，以正确舆论凝心聚力，以先进文化塑造灵魂，以优秀作品鼓舞斗志，持续为广州改革发展鼓舞士气、振奋精神、凝心聚力。

高水平建设文化强市，广州狠抓传承创新，意在让城市留下记忆，让人们记住乡愁。精美的玉雕、牙雕作品，悠扬的岭南古琴，岭南韵味的茶艺和广绣服饰……去年文交会期间，举办了"走进永庆坊，留下城市的记忆——广州非遗展"，观众漫步其间，如同置身于一个广式西关大院，院里院外活色生香。

作为国家级历史文化名城，广州悠久的文明史、辉煌灿烂的文化遗产，让人啧啧称叹。而华丽转身的永庆坊，正是广州活化提升历史街区的生动缩影。近年来，广州不断创新方式，探索更灵活的机制，以更大力度、更实举措，推动历史建筑、街区的修缮保护、活化提升，为广州守望乡愁，让城市的历史厚度和纵深感更为突显，不断增强市民的自豪感、归属感。传承创新，要求以古人之规矩，开自己之生面。舞狮、南拳、蔡李佛拳、木鱼说唱、岭南高胡……仍以《醒·狮》为例，创作团队坚持立足岭南文化精粹，从中汲取营养，并大胆尝试，推陈出新。比如醒狮、南拳与舞蹈的融合，令观众大呼过瘾；团队首次尝试开发同名纪录片、漫画手稿，打造文艺IP……创新是文艺的生命。近年来，广州精品力作层出不穷，这与广州不断健全有利于出名家、出精品的文化体制机制，培养引进一批文化名家大师，营造更有利于文艺繁荣发展的社会土壤密不可分。

传承创新，也是提升文化产业竞争力的必然要求。音乐、动漫、现代设计等新兴产业加快发展，文化新模式、新业态不断涌现。近年来，广州紧紧把握文化产业黄金增长期，全面推进产业布局、产品布局，重视业态创新，不断夯实广州文化产业发展的根基，让文化产业成为实现老城市新活力的强大助推器。

高水平建设文化强市，广州不断提升文化辐射力。2018年的最后一天，湖南卫视跨年晚会在广州宝能国际体育演艺中心开唱；2019年的第一天，四川卫视跨年晚会又将举办地选在了广州。广州为什么备受青睐？自然是因为魅力出众。频频出镜的广州夜景展现着城市的魅力身姿，荔枝湾、陈家祠、舞狮采青等岭南风情则反映着广州的深厚底蕴。广州频频成为各大活动的心水之选，从某种程度上说，正是广州文化软实力的直接体现。

近年来，广州不断提升链接全球高端文化资源、汇聚全球文化精英的枢纽功能。舞台上，精彩纷呈。《图兰朵》、《茶花女》、柏林爱乐乐团等经典剧目、名家名团纷至沓来。城市里，人气高涨。灯光节、艺博会、动漫展、演艺交易会、国际纪录片节……去年的文交会以十一大板块、17场主体活动、100多场文化展演密集亮相，人气爆棚，展示出广州强大的文化辐射力。"和羹之美，在于合异。"文化广州的影响力、辐射力不仅体现在城市空间，还展现在更广阔的舞台。

"粤港澳大湾区是经济概念，同时也是文化概念。"当前，广州正紧抓粤港澳大湾区建设重大机遇，切实深化文化领域交流合作，共同打造人文湾区，在粤港澳大湾区建设中发挥更大的文化辐射作用。传播力决定影响力。"丝路花语——海上丝绸之路文化之旅"已正式启航，"广州文化周"在海外持续圈粉，文化演出在一个个国际高端舞台上演"广州时刻"……广州正围绕打造国际交往中心、建设全球区域文化中心城市，持续扩大"走出去"的步伐，让广州文化"走"得更远、更广、更有质量和成效。文化是城市的"根"和"魂"，是一座城市的核心竞争力所在。

实现老城市新活力，高水平建设文化强市、全力提升文化引领功能是重要途径。广州宣传思想文化战线正以习近平总书记重要讲话精神为引领，抖擞精神，提振士气，焕发新年新气象，奋力在提升城市文化综合实力上出新出彩，为广州推动国家中心城市建设全面上新水平、着力建设国际大都市提供源源不断的强大精神力量。

（2019年1月8日刊于《广州日报》，执笔人夏振彬）

有一种年味儿叫广州

◎ 广 言

玉宇清明春色好，处处繁花满目新。春节的脚步越来越近。繁花似锦的街巷，流光溢彩的夜景，都正翘首以盼；精心准备的过年"套餐"，丰富多彩的文旅盛宴，都正虚位以待——欢迎全世界朋友来广州过年，感受这里的色彩与温度，品味花城的魅力与精彩。

广州，一直是春节最热门的旅游目的地之一。经过多年培育、打造，"广州过年 花城看花"早已成为一张时尚、响亮的城市名片，吸引着海内外游客纷至沓来。去年春节长假期间，广州接待游客高达1591万人次，今年将有更多中外游客在花团锦簇、姹紫嫣红之中，感知这座老城市的新活力、新风采。

为什么要来广州过年？因为够味。什么味？当然是年味。去花市走走，传统花市散发着悠悠古韵，新花样则层出不穷：今年AI花市华丽登场，花城广场开创花市夜游新模式，园博会首创"水上花园"，连部分地铁车厢都将变身"流动花市"，带给人奇妙的体验。再打开今年广州过年的"菜单"：白云山、云台花园将举办主题花展；广州园林博览会里有让人眼花缭乱的岭南春色；广府庙会安排民俗文化表演、民俗巡游；越秀公园里有越秀花灯活动；人气颇高的灯光音乐会将继续上演……既有深厚的历史文化底蕴，让人看得见乡愁；又有现代感、时尚感、国际范，充满生机活力。近年来，广州坚持在继承中创新、在创新中发展，让年味更浓郁、更时尚，也让春节更够味。

因为够美。阅江路上，浪漫的有轨电车正翘首以待；海珠湖畔，微风中的花香沁人心脾。在广州，你可以乘一辆观光巴士，在珠江新城气势恢宏的中轴线上穿行；可以体验一把珠江夜游，欣赏夜幕下的广州灯火璀璨；可以去荔枝湾，看岭南民居、西关大屋别具风韵……春节来广州，绝不只是"过年"这么简单。花城景色之美，精心准备的古城游、美食游、温泉游、乡村游等旅游选项之多，绝对可以做到老少皆宜，让人尽兴而归。过去曾有朋友来广州过年，一天到晚晒照不断。翻翻那些照片，都是花式翻新的美景、"食在广州"的体验；再看看图片旁边的文字，或长或短，或欢快或惬意，都在描述相似的惊喜。今年春节来广州，花城也将惊喜不断，让人流连忘返。

因为够暖。温暖当然不只是温度，更重要的还是服务。旅游，说到底就是一种体验。这种体验是由食、住、行、游、购、娱等全流程、全区域的整体环境决定的。以行而言，广州四通八达的交通路网，不断提升的服务品质，展现着国际大都市的交通服务管理水平。以游、购、娱来说，旅游景点、餐饮酒店、商场商店不分大小，将从小处、细处着眼，着力提高服务水平；同时大发福利，各种优惠，让人觉得诚意满满。

此外，可能有人还不知道，广州是我国内地志愿服务的发源地。如今，每6个广州人就有一人是义工！他们将活跃在机场、车站、地铁、景区等，热情服务、积极互动，展示广州的活力、包容、友善、热情。人人是旅游形象，处处是旅游环境。在暖意融融的背后，是开放包容的城市气质，是一座城市的文明水平。城市服务保障，店家待客热情，市民文明有礼——让人感受到便捷舒心的服务，才是最强的吸引力，才能让人觉得不虚此行。

有朋自远方来，不亦乐乎？"广州过年 花城看花"是一扇窗口，展现着城市文化的蓬勃活力，展示着精细化的管理水平，可以管窥一座城市的宜居品质……广州过年到底好在哪？或许每个人都会给出不同的回答。过年，就在广州，广州的多元魅力等着你来亲身体验、亲自发现！

（2019年2月1日刊于《广州日报》，执笔人谭敏）

幸福广州藏在民生细节里

◎ 广 言

日前，"2019中国最具幸福感城市"调查推选结果在广州发布，广州等10个地级（以上）城市榜上有名。此外，今年还发布了"中国最具幸福感城市"（县级），10个席位中广州占据三席，其中天河区获评城市吸引力最强区。

城市的核心是人。城市发展得好不好、建设得怎么样，要看老百姓满不满意，幸福感是否提升。同样的，幸福城市也是居民个人的幸福基础，城市的管理运行更有质量，人们的获得感、幸福感才会更加充实。进入新时代，人民日益增长的美好生活需要成为幸福的"公约数""同心圆"。人们期盼有更好的教育、更稳定的工作、更舒适的居住条件、更优美的环境……这些美好向往，既是幸福之城的时代内涵，也为高质量发展提供了参考坐标。

对一座城市而言，最具幸福感就是人民对这座城市的最高褒奖。今年的幸福城市评选活动，广州已经是第三次获此殊荣。为什么是广州？为什么这里的生活最具幸福感？答案在环境的改善中，在活力的激发中，在科学的规划中，也在精细的管理中。可以说，读懂了广州的幸福密码，就读懂了幸福之城的幸福在哪儿。

幸福之城，有青山绿水点缀。天更蓝、水更清，出门处处美景，满眼尽是风光……这几年，说起广州的城市环境，市民游客都忍不住竖起大拇指。云山珠水焕发无穷魅力，这背后是广州践行绿色发展的扎实努力。去年以来，广州深入开展河涌治理、违建整治、还绿于民等各项民生工程。突出政府引导、汇聚社会合力，以网格化治理的创新办法，将一项项整改措施落到实处。一年来，曾经的黑臭河涌得到有效治理；原先的违法建筑,变身公园绿地。"水清河畅岸绿景美"的岭南风情,彰显美丽广州的幸福底色。

幸福之城,有乡愁记忆留存。不急功近利、不大拆大建,体现了城市建设对于文化的尊重、文脉的传承。在广州,微改造这样的"绣花"功夫,在城市的大小街巷、老旧社区里持续推广,改出了新颜焕发的活力,改出了安居乐业的幸福。位于荔湾区恩宁路的永庆坊,从危楼破房一条街,变成品味西关的"打卡地",就是微改造在广州实践的生动写照。随着城市更新9项重点工作的深入推进,还会有越来越多的街巷社区改出颜值,留住乡愁。

幸福之城,有高质量发展支撑。发展是解决一切问题的基础和关键。不抓发展、不讲发展的质量和效益,幸福生活就是无根之木。所以,打造幸福之城,根本上要靠推动高质量发展来实现。近年来,广州坚持向改革要动力,以改革增活力,深入实施营商环境2.0改革、广聚英才计划等政策举措。前三季度,广州高技术制造业增加值增长20.9%,416个现代产业项目完成率达76.7%,乐金显示OLED一期、粤芯芯片一期等项目建成投产……新动能澎湃、新产业兴旺,让高质量发展这条路愈加宽广。

（2019年11月27日刊于《广州日报》,执笔人夏振彬）

两张高考"考卷"，广州全力作答

◎ 广　言

提笔上场，为梦一搏。2021年高考，轰轰烈烈地拉开序幕，平平安安地降下帷幕。

不负韶华，为梦起航。经此一战，莘莘学子的美好人生从此开启。

高考年年有，今年"不一样"。本土疫情袭来，让广州2021年高考变得异常复杂。

一个目标，一纸军令

十年磨一剑，高考是学生一生中的大事，牵动着千家万户。广州疫情防控正处于关键阶段，采取果断快速精准措施，全力就地迅速扑灭疫情，事关重大。战疫情、护高考，任务叠加，压力陡升，责任重大。

"不因疫情影响高考，不因高考引发疫情传播。"一个目标，一纸军令，两个"不"字，高度概括。保证两不误、夺取双胜利，让今年广州承担了全国最复杂的高考工作。

工作之复杂，从考生与考场分类可见一斑。考生分五种类型：普通考生、重点区域考生、密接考生、次密接考生以及核酸检测阳性考生；考点分两种类型：普通考点、隔离考点。普通考点又分普通考场、备用考场和隔离考场。不同类型考生，采取不同防护标准，对应使用不同类型考场，还要随时应付突发状况，确保轨迹不交叉、空间完全间隔。牵一发而动全身，这绝不是简单的排列组合。

态度之坚决，从"2个100%""3个100%"中得以管窥。全市报名考生54900人，考务人员达7172人，落实高三考生"2个100%"——核酸检测率、健康监测上报率2个100%；考务人员"3个100%"——核酸检测率、

227

健康监测上报率、接种新冠疫苗率3个100%。每一个100%，都意味着责任、意味着付出。

目标既定，不可动摇，广州扛住了考验。

两张"考卷"，双重考验

当高考遭遇疫情，一场考试意外变成两场大考。

一场是高考，莘莘学子，奋斗了十多年，迎来收获季；一边是抗疫，疫情仍在持续，必须筑牢"防火墙"，严防疫情蔓延。

高考这场大考，为期3天；抗疫这场大考，早就开考，且随着形势发展，"考题"不断增加、"难度"不断提升。

迎战疫情、护航高考，两张"考卷"，每一张都要答得漂亮；两张"考卷"，带来双重考验——意志力与战斗力，都必须扛得起、顶得住。数万名考生如此，高考工作更是如此。面对今年高考的特殊性、重要性、复杂性，广州要顺利完成2021年高考，必须经得起大考验。

考验无处不在，有些考验前所未见。新冠病毒核酸检测阳性考生如何考试？万一考场突发情况如何处置？监考老师如何管理？增加防疫这道"附加题"之后，让高考工作责任更加重大。因此，我们看到了履职尽责、主动担当的"逆行"——许多监考老师从中低风险区域"逆行"来到金道中学，进校后需要封闭管理，学校不具备住宿条件，监考老师们就睡桌子、睡地板。无惧风险，牺牲小我，为学生保驾护航，确保高考万无一失，彰显为人师表的职业情怀与责任担当。

为让考生放心，无数"逆行者"劳心，正是上下同欲，无惧挑战，经受考验，一心呵护考生周全，方能成功闯关。

三场"高考"，三种责任

高考考生只是参加一场高考，高考的组织者和保障者要面临"三场"高考：健康高考、平安高考、暖心高考。"三场"高考，三种责任，要让考生舒心、让家长安心、让社会放心。

健康高考，头等大事

健康，每一位考生的心愿、家长的期盼，也是高考工作义不容辞的职责。

"集结号"吹响了。省市主要领导高度重视，考前多次实地督导检查和专题部署，要求以最高标准、最严要求统筹做好高考组织和疫情防控。

"主引擎"发动了。教育部门发挥牵头作用，与相关部门沟通协调、协同配合，严而又严、细而又细做好组织保障，一切为了考试安全、平稳、有序进行，一切为了广大考生和考务人员安全健康。

"全链条"运转了。强有力的组织之下，各项工作高效开展、平稳运行——加强考生精准分类管理，严格实行闭环管理，扎实做好体温监测、健康管理、清洁消杀等各项工作，以"快、严、实"的硬措施，切实把防控要求落实到考前、考中和考后的全流程、各环节。

宁可备而不用，不可用而不备。着力保障健康高考，广州把防控工作做在前面。根据疫情防控需要，每个考点均按10∶1配套设置隔离考场；全市启用隔离考点11个（含市第八人民医院考点），提供备用隔离考点9个。有备无患，方能让各方安心。

平安高考，端赖众力

平安，威胁来自不确定因素，疫情、天气、汛情等。最大程度消除不确定因素，要以大概率思维应对小概率事件。广州强化预测预警和信息研判，强化应急演练，以扎实有效的应对措施，保障试题试卷安全和考试过程安全。

为此，交通运输部门行动起来。在疫情高风险区域，针对居家备考考生，实行转运专用车全天"一对一"保障，800多辆出租车"逆行"，执行送考任务……

为此，交警部门行动起来。广州交警一如既往成立"羊城铁骑"护考小分队，随时准备为遇到交通拥堵、发生交通事故以及忘带身份证、准考证的考生提供应急援助服务……

为此，城管部门行动起来。开展环境综合治理，进行现场执法监督，加强对考点周边巡察，清除考点周边乱摆卖、占道经营、夜间施工……

暖心高考，有爱护航

"一个人的高考"可能有一些孤独，却让考生感受温情和温暖——作为一名新冠肺炎病例的密切接触者，小谢同学被就近安排到黄埔区参加高考。在广州市黄埔职业技术学校001号考点，小谢同学是这个隔离考点唯一一名考生。

一个设在市八医院的隔离考点，只为2名隔离考生而设。这是一条有爱护航的绿色通道，有医生优先查房，有心理医生专门辅导，有营养餐及靓汤，还有一支专业医疗团队……

一个考点，一两名考生，有多少人保障、有多少人服务，这力量比就是暖心度。

所有努力都不会白费。正是一大批幕后英雄在默默奉献，才有了如今的健康高考、平安高考、暖心高考。

莘莘学子当记取这个夏天、这场大考，在磨炼中成长，早日回报社会。

（2021年6月10日刊于《广州日报》，执笔人练洪洋）

千万人同心，其利必断金

"同舟共济　守护家园"广言快评①

◎ 广　言

世纪疫情跌宕反复，新冠病毒不断变异，疫情防控工作面临严峻挑战。3月17日，习近平总书记主持召开中央政治局常委会会议，强调"要始终坚持人民至上、生命至上，坚持科学精准、动态清零，尽快遏制疫情扩散蔓延势头"，进一步为疫情防控工作指明方向。

同舟共济 守护家园

硬仗当前，快字当头。目前广州市疫情防控形势复杂严峻，我们要始终牢记嘱托，切实把思想和行动统一到习近平总书记、党中央决策部署上来，坚持人民至上、生命至上，坚定不移贯彻"外防输入、内防反弹"总策略和"动态清零"总方针。从4月8日晚广州各区陆续启动全员核酸检测后的短短24小时里，全市共开设3571个核酸采样点、15712个采样单元，共完成采样1666.4万份；截至10日12时，全市共采样1918万份。数字写满拼搏——医护人员、社区工作者、党员志愿者等星夜集结，通宵达旦；数字充满力量——一座超大城市的动员能力、组织能力、保障能力，得以体现。有令立行，行之必果，这是坚决果断遏制疫情扩散蔓延的底气所在、信心所系。

　　万众一心，就没有攀登不了的高山；同舟共济，就没有征服不了的大海。较之过去，奥密克戎变异株传播速度更快、隐匿性更强，防控形势更加复杂，格外需要同舟共济、勠力同心，格外需要守望相助、共渡难关，格外需要大家识大体、顾大局，听从指挥、服从安排。广大党员干部，要迅速响应市委号召，就地转化为一线防控力量；普通市民群众，要遵守防疫相关规定，少出行、不聚集，保持"两点一线"。

　　千万人同心，其利必断金。这两天，一个名为《共同渡过》的短视频在广州人的朋友圈刷屏，经典粤语歌的深情吟唱中，全市11个区的市民井然有序排队测核酸的镜头跳转，令人动容、引人共鸣、予人信心。

　　共同的家园，共同来守护。广州是一座英雄的城市，拥有不畏艰险、百折不挠的城市品格，我们有理由相信，肩并肩、手牵手、心连心的广州人，一定能再次守护好我们共同的美好家园！

　　　　　　　　　　　（2022年4月11日刊于《广州日报》，执笔人练洪洋）

当好自己健康的第一责任人

"共同守护美好家园"广言快评②

◎ 广　言

疫情防控没有局外人。3月17日，习近平总书记主持召开的中共中央政治局常委会会议强调，要教育引导广大干部群众充分认识防疫工作的重要性，掌握防疫知识，自觉遵守防疫要求，加强自我防护，配合党和政府做好工作。

疫情当前，没有人是一座孤岛。我们每个人既是自己健康的责任人，也是他人健康的守护者。无论是接种疫苗、主动戴口罩、勤洗手、常通风，还是按规定接受核酸检测、亮码出行，抑或严格遵守中小学暂停线下教学，非必要不离穗，不聚集、不聚会，保持居住点、工作地"两点一线"等，既是防疫要求，也是个体义务、公民责任。

这种对自己健康的责任意识、对他人健康的守望精神，在广州两年多来的战"疫"过程中，历历在目，愈加明显。疫苗接种站，市民踊跃接种；核酸检测点，人们主动采样；封控区内，居民高度配合……广州人所表现出的责任感和大局意识，在疫情形势依然复杂严峻的当下，显得弥足珍贵，仍应再接再厉。

当好自己健康的第一责任人，首先，我们要继续保持高度的防护意识。时时、处处切莫有麻痹思想、侥幸心理，自觉遵守防疫规定，严格落实防疫措施。其次，我们要掌握更多科学的防疫知识。奥密克戎传播速度更快、隐匿性更强，要更加警惕防疫知识盲点成为疫情传播风险点。例如，我们要听从专家提醒，脱口罩测核酸时尽量闭气，减少因呼气特别是深呼吸和咳嗽导致的传播风险。再者，我们必须牢记：接种新冠疫苗是防控疫情最有效、最安全的方式，对个人而言是健康和保护，对家人而言是呵护与关爱，对社会而言是责任和屏障。尤其对于家中的老人，更应该为他们穿好这层疫苗"铠甲"。

当前，广州的疫情防控到了吃劲的关头，"逆水行舟用力撑，一篙松劲退千寻"，每个身处这座城市、与这座城市休戚与共的人们，都应该咬紧牙关、毫不松懈，当好自己健康的第一责任人、把牢个人防护这道关，为战"疫"大局、为早日迎来正常生活秩序出一份力、尽一份责！

（2022年4月12日刊于《广州日报》，执笔人练洪洋）

这种"聚集"，给我们信心和力量

"共同守护美好家园"广言快评③

◎ 广　言

战"疫"当下，"不聚集"是基本要求。但有一种"聚集"，却令人动容、给人力量。

近日，广州各镇街的党员回社区报到群成为"大型聚集现场"——"我参加""我报名"的回复反复刷屏，报名名额一放出来便"秒光"。"今天又没抢到！"这类不甘心的"抱怨"引起很多群内"聚集"党员的共鸣。

致敬逆行者

当前，广州发生新的本土疫情，防疫形势复杂严峻。作为实际管理服务人口超过2200万人的超大城市，疫情防控和相关工作任务非常艰巨。这时我们太需要这种自觉的"聚集"了。

这种"聚集"，为全市防控大局凝聚了组织力量

无数"急先锋"，关键时刻挺身而出，无论是请战上治疗一线、进封控区的党员医护人员，协助做核酸检测的党员志愿者，还是为居家隔离人员送物资上门的社区党员干部，他们召之即来，来之能战，冲在疫情防控第一线，成为抗疫的生力军。4月9—11日，市区两级每天都有15万名党员下沉街道（社区）支援疫情防控，为全市疫情防控大局提供了强大组织保障。

这种"聚集",让市民感受到踏实的安全感和信心

无数"贴心人",或化身为"大白",或身穿"红马甲",义不容辞站在战"疫"各条战线的最前沿,扛起沉甸甸的责任,为市民化解疫情防控中的烦心事、操心事、揪心事。每一个坚定的眼神,一个个忙碌的身影,传递出的是团结战"疫"的决心和信心,让人们感受到的是贴心、安心和暖心。

这种"聚集",带动了更多力量参与这场战"疫"硬仗

无数"带头人",让党旗在社区一线高高飘扬,党员冲在疫情防控的最前线,感染、感召着更多人加入进来,出一份力、发一分光。青春力量由是而激荡,一个月来广州青年志愿者投身防疫一线超6万人次;"她力量"因此而迸发,万名"广州家姐"巾帼志愿者驰援村居防疫一线。各条战线上挺身而出的人们,同舟共济、众志成城,凝聚起抗击疫情的磅礴伟力。

这种"聚集",是爱心的集结,是责任的担当。无数平凡英雄聚拢丝丝微光,带来温暖和希望,也让我们拥有了战胜疫情的强大信心和力量。

（2022年4月13日刊于《广州日报》,执笔人谭敏）

提高"防疫素养"，从你我做起

"共同守护美好家园"广言快评④

◎ 广　言

疫情之下，提高个人防疫素养成为一门"必修课"。

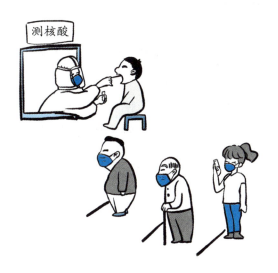

　　当前，广州正处在疫情防控的关键时期。此时，我们不仅需要"科学家的科学"，不断提升科学精准防控的水平，还需要"公众的科学"，促使人人做好防疫第一责任人。对公众而言，提升防疫素养既是更好保护自己和家人的前提条件，又是承担个体防疫责任的必然要求。因此，人人都要实时更新科学防控的知识与技能，并将其内化为自身的防疫素养。例如，近日起白云区的街镇交叉进行核酸检测和抗原检测。抗原检测是一种新生事物，公众需要一个熟悉和逐渐熟练掌握的过程。为缩短这一过程，除了各方面加大宣传、培训，市民自己也要尽快主动学习，掌握好抗原检测的常识和方法。

再往深处探究，所谓"防疫素养"其实是人们与疫情防控相关各种素养的综合体现。勤洗手、戴口罩、常通风、少聚集、保持"一米线"，这是提高行为素养的"基本功"；如实报告、严守防疫规定，不信谣、不传谣、不造谣，这是增强法治素养的"必选项"；掌握强身健体知识提高免疫力，懂得普通人佩戴医用外科口罩即可达到隔离病毒作用，掌握拆快递"做防护、少接触、消包装、消手部"12字口诀，这是加强健康素养的"常修课"；了解细菌与病毒之间的差异（是否具有完整细胞结构），明白奥密克戎为何比其他新冠病毒变异体传染性更强（因更"擅长"躲避抗体），这是提升科学素养的"加分题"……故而，对每个人而言，提升防疫素养其实是一个多维度的长期自我要求与修炼，它既是当前战"疫"进程中的紧迫需要，又是更长时间里我们提升社会治理水平、促进社会文明和谐、优化个人生命体验的重要指标。

亲爱的朋友，你我都身处疫情防控同一链条，每个人的防疫素养都在影响着战"疫"的进程和成效。让我们一起不断提升防疫素养，守好自己的"阵地"，为疫情防控大局争取更大主动。

（2022年4月15日刊于《广州日报》，执笔人杨博）

亲子抗疫，上好成长这堂课

"共同守护美好家园"广言快评⑤

◎ 广 言

昨天下午的广州疫情发布会明确：广州中小学除高三外，暂缓恢复线下教学，幼儿园暂缓幼儿入园。

对于这个消息，多数家长已有一定心理准备，毕竟战"疫"当下，共克时艰，大局为重。而且，线上教学，学校、家长和孩子都已有较丰富经验。家长们的朋友圈里对这一话题的互动，除了体现出社交网络对疫情下共同话题的共情，也折射了家长们在特殊环境下如何通过爱与理解实现自己和孩子更好自我调适、更好亲子关系的思考和关切。

风物长宜放眼量。孩子暂时"掉队"，"闭关"家中，吃喝拉撒要管、作业功课要看、电子产品要防，家长委实不易。不过凡事都有两面，换一个角度看，这又何尝不是一次契机？不少睿智的家长便充分利用这段时间见缝插针、因势利导，引导孩子上好世纪疫情这堂特殊的人生必修课，既增进亲子关系、与孩子同成长，孩子也能得到更多收获、更大长进。

上好学业必修课，家长要当好"督学"。孩子停课不停学，书房成了教室、客厅成了操场、家长成了班主任，家长"督学"的责任更大、任务更重。家长不但要用心用情，还要有方有力，帮助孩子掌握好自主学习节奏。

上好人生必修课，家长要当好"教师"。孩子健康成长、健全成才，离不开几种重要能力：动手能力、快乐能力、控制能力等。居家学习期间，家长不妨有意设置与孩子共同的"通关任务"，让孩子掌握人生成长"必杀技"——

与劳动结伴，许孩子一生自立。人生路上，难免有高光有低谷、有欢乐有苦难。灾难难以预知，人生可以把控，动手能力、生存技巧是应对灾难不可或缺的能力。网课之余，让孩子走出书房、参与家务，既是身体锻炼也是能力培养，一举两得。

与焦虑和解，给孩子一生快乐。只有强大的内心，才能成就强大的自己。疫情袭来，不确定因素增加，人有焦虑和情绪很正常，关键在于如何排解焦虑、掌控情绪，降低负面影响。亲子抗疫，家长要避免制造恐慌、助长焦虑，而是要帮助孩子化解焦虑、笑对人生。

与沉迷对峙，赋孩子一生自控。人生最难的，就是管住自己。未成年人心智尚未成熟、意志未能坚定，在家上网课，容易沉迷于电子产品、网络游戏。因此，家长尤须以身作则、言传身教，与孩子达成共识，限时善用，学会与电子产品"和平共处"。

一分耕耘，一分收获。亲子抗疫，家长思考更多、引导更多、投入更多，相信收获也会更多。

（2022年4月17日刊于《广州日报》，执笔人练洪洋）

南粤论策

广州日报 · 理论观察

周成华 徐 锋 编著

SPM 南方传媒 | 广东人民出版社

· 广州 ·

图书在版编目（CIP）数据

南粤论策. 广州日报·理论观察 / 周成华，徐锋编著. —广州：广东人民出版社，2023.3

ISBN 978-7-218-16445-8

Ⅰ.①南…　Ⅱ.①周…　②徐…　Ⅲ.①社会科学—文集　Ⅳ.①C53

中国国家版本馆CIP数据核字（2023）第006791号

NANYUE LUN CE·GUANGZHOU RIBAO·LILUN GUANCHA

南粤论策·广州日报·理论观察

周成华　徐　锋　编著

出 版 人：肖风华

策划编辑：曾玉寒
责任编辑：廖智聪
装帧设计：河马设计
责任技编：吴彦斌　周星奎

出版发行　广东人民出版社
地　　址：广州市越秀区大沙头四马路10号（邮政编码：510199）
电　　话：（020）85716809（总编室）
传　　真：（020）83289585
网　　址：http://www.gdpph.com
印　　刷：广州市豪威彩色印务有限公司
开　　本：787mm×1092mm　1/16
印　　张：31　字　数：450千
版　　次：2023年3月第1版
印　　次：2023年3月第1次印刷
定　　价：98.00元（全二册）

如发现印装质量问题，影响阅读，请与出版社（020-85716849）联系调换。
售书热线：020-85716833

写在前面的话

追求"思想的精彩"
永葆"有趣的灵魂"

习近平总书记对新闻宣传战线工作者有一系列殷殷嘱托。比如，总书记强调，宣传干部除在政治上可靠外，总是需要在理论上、笔头上、口才上或其他专长上有"几把刷子"，真正成为让人信服的行家里手。

主流媒体理论评论工作者，作为新闻宣传工作者中比较特殊的一个群体，整体而言人数不算多、占比不算高，但责任重大、笔重千钧，理应力争更快、更好达到上述要求。

在平时的理论评论工作中，我们将上述要求具体化为一个"小目标"——提升说服力，追求有思想的精彩。

实事求是地说，理论评论尽管素来被看作党报的旗帜和灵魂，但传统党报的理论评论工作由于自身的传播属性，相对而言仍属于小众传播，对一般用户的黏性相对较低，融媒转型过程中在一些方面处于不太有利的地位，转型过程遇到一定难度和天花板。一方面，"众声喧哗"的多元化舆论场，让传统意义上的党媒主流发声的说服力遭遇前所未有的挑战；另一方面，与融媒体呈现的"多姿多彩"、自媒体写作的"放飞自我"相比，党媒的理论评论文章（产品）在可读性、趣味性、个性化方面与它们的相对差距在拉大。

当然，若用发展的眼光看待这一命题，我们也可以看到积极的一面。在我国新型主流媒体建设进程中，融媒体环境一方面在一些时候放大了传统党报理论评论板块的短板弱项，但另一方面也给了我们更多想象的空间。"灰色"不该成为主流理论评论的"天然色"。借助新的传播语境，我们可以大胆尝试打破传统报纸版面很难打破的僵局，改写传统党报的理论评论"闷、板、空"等固有印象，力争让它变得更加"趣、彩、活"。

当然，知易行难。

毫无疑问，所有的"创新"，都不能离开"守正"。我们的采编活动，必须尊重、结合理论评论工作的天然属性、本色特征。

我们知道，新闻媒体上的理论与评论，看起来"长得有点相似"，个别时候还真的不太好区分。从新闻体裁和承载内涵来看，二者确实算得上"近亲"。当然，它们在文体特征、角色使命、业务要求上，差异也不小。

比如，在思想厚度的展现方式方面，理论文章一般来说思想厚度和行文方式相对比较持重、厚重，比较强调学术化、严谨性。而一篇好的新闻评论，在强调有思想、有思考的基础上，其思想的展现形式应该更强调深入浅出、易读和悦读，更鼓励形式创新、别开生面。

又如，在逻辑的形式和要求方面，内在逻辑性是理论和评论的共同要件。一般而言，理论文章应在形式上做到逻辑严密、形式完整、层次清晰，有一定的"学术规范性"。相对而言，新闻评论也强调内在的逻辑性，但是在具体的行文方式上，可以相对更自由、生动、活泼。

再如，在新闻性、时效性方面，一般来说，契合新闻热点、有着很强时效性的理论文章，固然最好；然而，有些理论文章有其独到见解，那么在时间的跨度上更长、选题更"冷"一些，也是没问题的。而新闻评论则应对新近发生的新闻热点议题进行有见地的评述——离开新闻动态、热点议题，就好比鱼儿离开了水、鲜花离开了泥土，也就称不上是"新闻"

评论。

其实我们换个角度来理解，从以上分析不难看出，尽管存在种种形式上的差异，但不管是理论文章还是新闻评论，它们的"交集"显而易见——都要求有立场、有思想、有观点。传统主流媒体理论评论报道要想在今天空前多元化的舆论场中守住阵地、提高对受众的影响力，首先必须在自身立论的科学性、思想的穿透力、观点的可接受度、论证的逻辑性上下真功夫、有新突破。

换言之，理论和评论的主流媒体呈现，其存在的意义和价值均在于：第一，它必须承载、解读、阐释、传播好主流意识形态、主流价值观；第二，它必须"思常人之未思""言新闻之未言"，予人启迪、引人深思、令人信服。

同时，所有的"守正"，又不能忘却"创新"。

信息爆炸的融媒体时代，受众（用户）用眼球（拇指）投票是瞬间的决定。这一过程表面看轻而易举，背后却有着微妙复杂的传播学、心理学连锁反应。党媒的理论评论报道也必须千方百计在内容和形式上与时俱进、出新出彩，在"眼球争夺战"中"杀出重围"、站稳一席之地。

比如，理论评论报道要更加"可读"。

好看的皮囊千篇一律，有趣的灵魂万里挑一。让理论评论报道变得"有趣"起来（有思想的精彩），是争取读者、发挥党媒劝服功效的重要方向。

前段时间，新东方原讲师董宇辉在带货界火出圈，对我们党媒理论评论工作者来说也是一个有益的启发，可以促使我们更深入思考理论评论报道"神"和"形"的关系。

孔子说，言之无文，行而不远，也就是强调要有文采。放在融媒语境下，亦可指要有引人入胜的产品形态。但孔子同时也说了，巧言令色，鲜矣仁。也就是不能以文害意，要做到"文质彬彬"（形式和内容要内在统一）。总书记也提醒我们新闻工作者，"内容创新、形式创新、手段创新都重要，但内容创新是根本的"。这些警句有着深刻的启发意义——一篇"精彩"的评论佳作，它的核心要义是什么？归根结底还是观点的精彩，是它的原创性、独创性、创新性和足以引起共鸣的观点。有了精彩的思想（"有趣的灵魂"），再加上鲜活的文本表述、够"趣"够"潮"的产品形态（言之有"文"的"好看的皮囊"），这样的理论评论作品就有了"叫好又叫座"的潜质，就是内外兼修、双剑合璧的，才能"有说服力"、为受众呈现"思想的精彩"。

又如，要以机制创新解放党媒理论评论生产力。

我们要通过摸索，不断改革党媒理论评论，劝服传播活动中不合时宜的"生产关系"、提高"生产力"。

一方面，要实现平台再造。融媒时代，主流媒体理论评论的内容产品必须"冲出二维平面"，实现多维呈现，受众在哪里，传播的阵地和平台就应该延伸到哪里。

另一方面，要实现流程再造。这些年，主流媒体在言论和理论报道的生产、传播流程再造上进行了诸多有益探索和尝试。比如，层级更扁。受"中央厨房"启发，不少媒体也搭建了不同形式的"言论小厨房"，部分实现了言论产品生产、分发过程的全平台协作与畅通，初步实现了扁平化。又如，选题更准。今天大众媒体的传播过程越来越走向"全员化"，受众在内容生产、传播环节的角色和作用不断强化。媒体言论的生产必须适应这种变化，受众意识要强一些、再强一些。再如，出品更快。主流媒体言论出品快，才可能在与商业媒体、自媒体言论"拼速度"的战斗中不落下风，才能在信息的"受众到达率"上占到优势。这种"快"至少包括：响应速度更快、生产速度更快、发布速度更快。还有，反馈更灵。传统媒体的理论评论传播更多是单向度的，缺乏有效的互动和反馈机制，传播者对受众的反应以及劝服的效果缺乏实时、定量的了解，从而导致传播者对劝服效果的某种"认知失真",并难以形成有效、及时的自我调整和优化机制。这些,在媒体融合环境下可以得到较好改善和修补。

以《广州日报》为例,近年报社进行了系统化的媒体融合改革,改革中,原来的理论评论部改为"全媒体理论评论部(频道)"。改革后的这一部门,不仅负责传统理论和评论版面的内容策采编发,同时也成为"广州日报"APP"思享"频道、"新花城"APP"思享"频道的运维主体,并负责为大洋网"思享"频道,广州日报微信号、抖音号等诸多第三方平台提供"广言""广言快评""新思想引领新时代""广府新语""学术新知"等十多种栏目化、品牌化的融媒内容产品。目前,理论评论产品已基本实现了报纸版面与各平台各端口发布并重,一些产品的全平台点击量达到百万级甚至亿级。通过这种平台的创新与重塑,较好实现了主流媒体理论评论传播力的增量化发展。

当前,我们正身处"两个大局",改革进入深水区。在外部不确定因素和风险与日俱增的当下,舆论生态、传播形态也发生深刻变革,这就尤需借助包括新型主流媒体及其理论评论板块在内的舆论工具之合力,尽可能消除歧见、凝聚人心,为未来的一系列宏伟愿景提供正能量。在这个"凝心聚力"的过程中,党媒理论评论应该、也能够发挥更大的劝服效能。

广州日报作为较早探索理论评论工作转型的党报,近几年按照"全员参与、全员转型、全媒呈现、打造精品"的思路在追求"有思想的精彩"方面进一步解放思想、推进改革。行百里者半九十。身为党媒理论评论工作者,我们还须进一步提高政治站位,心怀"国之大者",坚定"党媒姓党"的天然政治任务和政治责任,进一步走出"舒适区"、勇于破解"本领恐慌",及时调整工作思路、克服工作惯性,不断掌握新知识、开拓新视野,提升脚力、眼力、脑力、笔力,为党报理论评论工作打开新局面、赢得新阵地贡献应有的力量。

最后尤需提及的是，本书的出版经费来自广州市宣传思想文化创新团队奖励资金。在此谨向广州市委宣传部长期以来对报社理论评论工作的指导和关心表示衷心感谢。

同时值得特别指出的是，今天恰逢《广州日报》创刊70周年。在这个抚今追昔、继往开来的时间节点上，我们要衷心感谢报业集团（广州日报社）领导对理论评论工作一以贯之的重视和支持，让我们的团队出能"上接天线、下接地气"，入能"端坐一方安静书桌、畅写四海热闹文章"。在此，也深情祝福报社生日快乐、再续辉煌！

此外，囿于纸质媒介的呈现特征与容量，本丛书上下两册仅仅精选、集纳了近三年来《广州日报》各种媒体形态的理论评论作品（产品）中很小一部分，更多精彩内容未能尽录，在此也向多年来一直支持我们、关注我们的作者、读者表达谢意及歉意。

2022年12月1日

编者

目　录

CONTENTS

理论探讨

南粤实践

圆桌论道

学术茶座

专家答疑

理论探讨

新中国70年的发展智慧

◎ 陈金龙

新中国成立70年来的历史发展，积累了丰富经验，凝聚为发展智慧。总结新中国70年的发展智慧，对于实现"两个一百年"奋斗目标、实现中华民族伟大复兴具有指导意义，对于世界社会主义发展、发展中国家走向现代化具有参考价值。

坚持党对一切工作的领导

中国共产党是执掌全国政权的政党，中国特色社会主义制度的最大优势在于中国共产党的领导。1953年12月，毛泽东同志在听取时任卫生部副部长贺诚等汇报时指出，"党必须领导一切，领导我们的各种工作"，"我们是依靠政治来领导，离开了政治就谈不上领导。"这里指明了党的领导地位和领导方式，是新中国成立后强调党领导一切的开始。1962年1月，毛泽东同志在扩大的中央工作会议上的讲话中指出，"工、农、商、学、兵、政、党这七个方面，党是领导一切的"。这里重申了党领导一切的原则。进入新时代，习近平总书记在党的十九大报告中强调："坚持党对一切工作的领导"，申明"党政军民学，东西南北中，党是领导一切的。"坚持党的全面领导，是新中国70年发展的重要经验。纵观新中国70年的发展，党不仅领导经济建设，提出经济建设的目标、方针和思路、举措，而且领导政治建设、文化建设、社会建设和生态文明建设，这是新中国发展的根本保障。

坚持党对一切工作的领导，必须建构政党形象，树立政党权威。1951

年2月，毛泽东同志在中共中央政治局扩大会议上指出，"我们的党是伟大的，光荣的，正确的"。这是对中国共产党形象的总体概括。1951年3月，刘少奇同志在第一次全国组织工作会议上重申，"我们党是伟大的、光荣的、正确的，是中国历史上从来没有过的。"这种对中国共产党形象的定位，为中国共产党权威的确立奠定了重要基础。改革开放后，"三个代表"重要思想的提出，为中国共产党的形象和定位增添了新内容。进入新时代，增强"四个意识"、做到"两个维护"，进一步强化了中国共产党团结统一的形象。

坚持党对一切工作的领导，必须加强党的自身建设。新中国成立前夕，毛泽东同志告诫全党，"务必使同志们继续地保持谦虚、谨慎、不骄、不躁的作风，务必使同志们继续地保持艰苦奋斗的作风。"改革开放后，党的十三大报告提出从严治党，确立了党要管党的方针。进入新时代，全面从严治党的推进，提高了党的执政能力和执政水平，赢得了人民对中国共产党的信任和支持，夯实了党的领导的群众基础。

从国情出发选择发展道路

各国历史积淀、文化传统、现实条件不同，决定了发展道路不可能完全一样。走自己的路，是新中国70年发展取得成功的重要经验。毛泽东同志在探索中国社会主义建设道路的过程中，既坚持社会主义的基本原则，又强调从中国的实际出发。1957年3月，毛泽东同志在主持最高国务会议第十一次（扩大）会议的大会讨论时说："人们承认邦有道，这个好。'邦有道'，'邦'就是中华人民共和国，'道'无非是社会主义，辩证法。"社会主义改造完成后，中国进入社会主义初级阶段，这是最大的国情、最大的实际。

中国特色社会主义道路从一开始就强调从国情出发进行探索，保持道路选择的自主性，没有照搬别国的政治制度和发展模式。邓小平同志在党的十二大的开幕词中指出，"走自己的道路，建设有中国特色的社会主义"。这为探索中国特色社会主义道路定下了基调。不管如何改革，社会主义的方向没有迷失，社会主义道路没有偏离，保持了发展定力。习近平总书记指出，独特的文化传统，独特的历史命运，独特的基本国情，注定了我们必然要走适合自己特点的发展道路。把基本国情作为选择发展道路的主要依据，这是新中国70年的重要发展智慧。

以发展作为解决一切问题的基础和关键

新中国成立初期，经济基础薄弱，可谓一穷二白。要改变中国的落后面貌，关键在于发展经济。1953年2月，毛泽东同志在九江考察时说："共产党从接管国民党政权的第一天起，就把眼睛盯住生产建设，不遗余力地抓好这一个中心工作。要让历史证明，我们不仅能够领导好革命战争，而且也一定能够领导好和平时期的经济建设，让全国人民过上好日子。"经过新中国前30年的发展，建立了完整的国民经济体系，奠定了后40年发展的重要基础。

改革开放后，发展才是硬道理、发展是第一要务成为全党的共识，经济建设成为全党的中心工作。1978—2012年，中国经济快速增长，年平均增长率达到9.9%，比同期世界经济平均增长率快7个百分点，也高于世界各主要经济体同期平均增长水平。2013—2018年，中国经济持续较快增长，年均增长率为7.0%，明显高于世界同期2.9%的平均增长率。1979—2012年，中国对世界经济增长的年均贡献率为15.9%，仅次于美国，居世界第2位。2013—2018年，中国对世界经济增长的年均贡献率为28.1%，居世界第1位。中国已经成为世界经济发展的稳定之锚。

新中国70年的发展，注重确立不同阶段的发展目标，对国家发展实行目标管理。1954年9月，毛泽东同志在一届全国人大一次会议上的开幕词中指出，"我们有充分的信心，克服一切艰难困苦，将我国建设成为一个伟大的社会主义共和国。"毛泽东同志将实现这一目标的时间界定为一百年，即新中国成立一百周年之时。改革开放后，邓小平同志提出"三步走"战略目标，一步一个脚印，先后解决了人民的温饱、小康问题。21世纪前20年，是由小康到全面小康的建设阶段，全面小康这一目标将在建党一百周年之时实现。党的十九大报告对实现第二个百年奋斗目标进行科学布局：第一个阶段，从2020年到2035年，在全面建成小康社会的基础上，再奋斗15年，基本实现社会主义现代化；第二个阶段，从2035年到本世纪中叶，在基本实现现代化的基础上，再奋斗15年，把我国建成富强民主文明和谐美丽的社会主义现代化强国。因此，目标导向是新中国70年发展的重要特点。

坚持以人民为中心的发展取向

新中国成立后，人民成为国家主人，如何保障人民权利、实现人民利益、满足人民诉求，是中国共产党执政的着眼点。新中国成立前夕，周恩来同志就指出，"一切文学、艺术均应以劳动人民为主要对象，以他们生活为主要内容，鼓励他们生产热情，启发他们政治觉悟。"这是以人民为中心的文化发展理念。1955年5月，毛泽东同志在同中央警卫局干部大队一中队全体指战员合影并讲话时指出，"我们要建设一个高度现代化的工业国家。那时候，我们国家就繁荣富强了，人民过着幸福的美好的日子了。"让人民过上好日子，逐步满足人民日益增长的物质和文化生活需要，是新中国发展的基本取向。习近平总书记提出，"人民对美好生活的向往，就是我们的奋斗目标"，彰显了以人民为中心的价值取向。

我国社会主要矛盾的变化，也从一个侧面展现了以人民为中心的发展取向。党的八大关于社会主要矛盾的表述，将"人民对于建立先进的工业国的要求""人民对于经济文化迅速发展的需要"作为主要矛盾的主要方面，蕴含了以人民为中心的价值取向。党的十一届六中全会通过的《关于建国以来党的若干历史问题的决议》对社会主要矛盾的概括，聚焦"人民日益增长的物质文化需要"；党的十九大报告对社会主要矛盾的表述，关注"人民日益增长的美好生活需要",都彰显了以人民为中心的发展取向。

通过改革开放获得发展动力

新中国70年的发展,强调独立自主、自力更生,主要依靠自身力量,通过改革获得内生动力。同时,通过开放引进外资、技术和人才,借鉴发达国家的经验,促进了新中国经济社会发展。

新中国成立初期,一方面强调自力更生,另一方面主张对外开放。1958年6月,毛泽东同志对印发李富春关于第二个五年计划要点报告作出批示:"自力更生为主,争取外援为辅,破除迷信,独立自主地干工业、干农业、干技术革命和文化革命,打倒奴隶思想,埋葬教条主义,认真学习外国的好经验,也一定研究外国的坏经验。"这里诠释了自力更生与对外开放的关系。新中国前30年,由于西方国家封锁、遏制中国的发展,我国对外开放的空间有限,"两弹一星"等发展成就的取得,主要是自力更生的结果。

改革开放后,通过变革传统体制机制,激发了各生产要素的活力,特别是社会主义市场经济体制的建立,在资源配置过程中发挥了基础性、决定性作用。对外开放的实施,在引进资金、技术、人才的同时,拓展了我国的发展空间。"一带一路"倡议的实施,在促进中国发展的同时,给发展中国家带来更多发展机会。习近平总书记在庆祝改革开放40周年大会上的讲话中指出,"改革开放是我们党的一次伟大觉醒,正是这个伟大觉醒孕育了我们党从理论到实践的伟大创造。改革开放是中国人民和中华民族发展史上一次伟大革命,正是这个伟大革命推动了中国特色社会主义事业的伟大飞跃!"改革开放是中国发展的关键一招。

通过确立新发展理念实现高质量发展。新中国70年的发展经历了曲折,走过一些弯路。在总结发展经验的基础上,新时代确立了创新、协调、绿色、开放、共享五大发展理念,通过贯彻新发展理念实现中国经济的高质量发展,实现发展方式的根本变革。

比如，创新是新中国70年发展的灵魂，新中国发展成就的取得源于创新的力量。新中国前30年，突破苏联模式、探索适合中国国情的社会主义建设道路是创新，"两弹一星"等技术成果的取得是创新。改革开放后，中国特色社会主义道路的开辟、新的体制机制的建立是创新，发展方式的转变、产业结构的优化升级是创新，航天技术、高铁技术的突破是创新。创新发展成就了新中国的辉煌，也是未来中国发展的方向。

又如，协调发展贯穿新中国70年的发展脉络。1956年，毛泽东同志在《论十大关系》的讲话中，就强调统筹兼顾、适当安排，主张协调重工业和轻工业、农业的关系，沿海工业和内地工业的关系，经济建设和国防建设的关系，国家、生产单位和生产者个人的关系，中央和地方的关系。协调发展理念促进了新中国前30年经济社会发展和完整国民经济体系的建立。改革开放的成功，协调发展理念贯穿其中，注重协调现代化过程中的各种关系，如改革与开放的关系、改革发展稳定的关系、经济政治文化社会生态的关系、中央与地方的关系、人与自然的关系、传统与现代的关系、中国与世界的关系。协调发展理念是新中国70年发展经验的总结，对于未来发展依然具有指导意义。

中国是世界上最大的社会主义国家，中国的发展使世界社会主义摆脱了困境，充分展现社会主义的生机和活力，新中国70年的发展智慧，对于世界社会主义的发展具有借鉴意义。同时，发展中国家如何发展，是一个世界性难题。中国是世界上最大的发展中国家，中国的发展智慧拓展了发展中国家走向现代化的途径，给世界上那些既希望加快发展又希望保持自身独立性的国家和民族提供了全新选择。

（作者系华南师范大学马克思主义学院院长、教授）

本文刊发于2019年9月30日《广州日报》理论周刊

百年奋进谱写世界最大政党壮丽篇章

◎ 赵中源

"中国共产党是世界上最大的政党……大就要有大的样子。"这是习近平总书记对中国共产党使命、情怀和形象的精辟概括与时代宣示。中国共产党作为拥有9100多万名党员和460多万个基层党组织的世界第一大执政党，始终肩负着为中国人民谋幸福、为中华民族谋复兴、为全人类进步而奋斗的崇高使命。成立100年来，历经革命、建设和改革开放的伟大征程，带领中国人民谱写了开天辟地、惊天动地和翻天覆地的壮丽篇章，彻底结束了近代以来中华民族积贫积弱、任人蹂躏的屈辱历史，实现了从站起来到富起来，再到强起来的伟大历史跨越，并深刻改变了世界发展格局。在中国人民心中和国际社会面前树立起了良好形象与风范。尤其是党的十八大以来，以习近平同志为核心的党中央直面"百年未有之大变局"和"两个一百年奋斗目标"，牢记历史使命、顺应历史潮流、勇担历史重任，带领亿万中国人民走进中国特色社会主义新时代，并日益走近当今世界舞台的中央，成功开启了全面建设社会主义现代化国家和携手世界共建人类命运共同体的伟大征程，生动诠释了世界第一大政党的伟大品格、强大力量与博大情怀。

伟大品格：始终保持马克思主义政党的先进性与纯洁性

伟大品格是大党之"大"的根本。习近平总书记指出，先进性和纯洁性是马克思主义政党的本质属性。始终保持先进性和纯洁性，是我们党的优良传统、政治优势和制胜法宝。"大浪淘沙，洗尽铅华无数。"一个政党的命运和前途，归根到底取决于政党自身的品格。中国共产党诞生于风雨如晦、灾难深重的旧中国，之所以能在当时300多个政党和政治组织中迅速脱颖而出，并给中国带来翻天覆地的历史巨变，其根本原因就在于党始终保持马克思主义政党的先进性与纯洁性，勇于把马克思主义普遍原理和中国实践相结合，自觉顺应历史发展

独立自主走好社会主义强国路

潮流，勇于担当历史使命，敢于作出巨大的自我牺牲。

　　一个政党是否具有先进性，其根本标准在于政党的政治信仰与奋斗目标是否顺应历史发展趋势，是否顺应广大人民的意愿。共产主义理想、中国特色社会主义信念、中华民族伟大复兴中国梦，使中国共产党的政治信仰与奋斗目标得以历史地和立体地呈现，既强调了党的政治信仰的坚定性和一以贯之，又注重党的奋斗目标的终极性、科学性、阶段性的有机统一。我们党正是秉承这种实事求是、与时俱进的精神品格，科学认识和驾驭中国历史发展大势，并立足不同历史发展阶段的时代主题，自觉把马克思主义普遍原理同中国实际相结合，创造性地丰富和发展了马克思主义，引领中国革命、建设和改革开放不断从胜利走向新的胜利。党的纯洁性是党的政治本色和生机活力的根本保证，也是保证党的正确政治方向和党的团结统一的思想基础。纯洁性具体体现为信仰的坚定性、思想的统一性、动机的无私性和行动的一致性。为共产主义理想、为中国特色社会主义信念、为中华民族伟大复兴而不懈奋斗、无私奉献，是保持党的纯洁性的根本要求与本质内涵。

　　进入新时代，保持党的先进性与纯洁性面临的形势更为复杂，任务更为艰巨，目标更为具体，要求更为严格。习近平总书记指出，"党和人民事业发展到什么阶段，党的建设就要推进到什么阶段。这是加强党的建设必须把握的基本规律。"同时强调，"加强党的建设，就是要同一切弱

化先进性、损害纯洁性的问题作斗争，祛病疗伤，激浊扬清。"党的群众路线教育实践活动，"三严三实""两学一做""不忘初心、牢记使命"等主题教育，以及进一步规范和严肃党内政治生活，并以自我革命的政治勇气，着力解决党自身存在的突出问题，等等，都是新时代保持党的先进性与纯洁性的生动实践，进一步增强了党的自我净化、自我完善、自我革新、自我提高的能力，全党的作风与精神面貌焕然一新，党的伟大品格得到进一步升华。

强大力量：始终成为中国特色社会主义事业的坚强领导核心

强大力量是大党之"大"的支撑。习近平总书记指出："中国产生了共产党，这是开天辟地的大事变。"这一论断是对我们党强大力量与历史地位的生动写照。党的领导核心地位是历史的、与时俱进的。自成立以来，党领导中国人民成功进行了三大壮举：一是彻底结束了旧中国半殖民地半封建社会的历史；二是完成了中华民族有史以来最为广泛而深刻的社会变革；三是开辟了改革开放和中国特色社会主义道路。实现了中国人民从站起来到富起来、强起来的伟大飞跃，深刻改变了近代以后中华民族发展的方向和进程，深刻改变了中国人民和中华民族的前途和命运，深刻改变了世界发展的趋势和格局。纵观人类发展历史，世界上没有任何一个政党具有中国共产党这样强大的生命力和认识世界、改造世界的能力。具体而言，党的强大力量由强大理论、强大组织、强大毅力和定力三大要素构成。

马克思主义是科学的理论、人民的理论，为人类探索历史发展规律和寻求自身解放提供了科学的世界观和方法论，具有改造世界、改变历史的磅礴力量。在中国革命、建设和改革开放伟大实践中，党创造性地运用马克思主义基本原理认识世界、改造世界，深化了对"三大规律"的认识，形成了马克思主义中国化的系列理论成果，为党的事业发展指明了正确道路，使马克思主义在中国大地始终焕发出勃勃生机。"打铁必须自身硬"，强大的组织是强大力量的依托。始终坚持以政治建设为根本、思想建设为先导、制度建设为保障、作风建设为重点，从严管党治党，勇于自我革命，是党的建设的成功经验，也是党的力量不断发展壮大的关键所在。进入新时代，党拥有了人类政党史上最为完备的组织架构、最为庞大的成员数量、最为严密的组织制度、最为得力的干部队伍、最为高效的运行机制，党的组织凝聚力、政治领导力、思想引领力、群众组织力、社会号召力空前提升。牢记使命、守正创新、百折不挠，是党强大毅力和定力之所在。坚持向书本学习、向人民学习、向实践学习，实事求是，走自己的路，是党守正创新的方法论和宝贵经验。成立100年来，面对风云变幻的国内国际环境，中国共产党始终坚持咬定青山不放松的笃定与魄力，以大无畏的精神直面一切艰难险阻，善于总结经验教训，勇于自我调适修正，在实践中检验真理和发展真理，创造了中华民族发展史、科学社会主义发展史和人类社会发展史上开天辟地的伟业。

博大情怀：始终心系中国人民并为全人类的进步而奋斗

博大情怀是大党之"大"的根基。"我将无我，不负人民。"中国共产党是为绝大多数人谋利益的无产阶级政党。党的根基在人民，血脉在人民，力量在人民。一切从人民利益出发，人民利益高于一切，始终是党的根本立场和核心价值；为中国人民谋幸福，为中华民族谋复兴，始终是党的不变情怀和奋斗目标。世界上没有哪一个政党能像中国共产党这样对人民的主体地位有如此深刻的认识，也没有哪一个政党能像中国共产党这样始终和人民水乳交融、同舟共济。正因为如此，党在人民中赢得了无限支持、汲取了无穷智慧、汇聚了无比力量。可以说，党的人民情怀成就了党的伟业，党的成功换来了人民的幸福与光明前景。

党的十八大以来，以习近平同志为核心的党中央明确宣示人民对美好生活的向往就是我们的奋斗目标，创造性地提出了以人民为中心的发展思想，并且强调"以人民为中心的发展思想……不能只停留在口头上、止步于思想环节，而要体现在经济社会发展各个环节。"一方面，统筹推进"五位一体"总体布局，坚定不移贯彻新发展理念，转变经济增长与社会发展方式，不断提升发展质量和效益，为人民美好生活需要提供了坚实基础；另一方面，强调问题导向和忧民情怀。聚焦全面建成小康社会"最后一公里"的攻坚问题和人民群众的现实期盼，大力推进"精准扶贫""精准脱贫"战略，不断完善社会利益调节机制，着力建构人人参与、人人共建、人人共享、人人出彩的发展新格局，让人民群众有更多获得感。

中国共产党的博大情怀还体现在勇于担当大国大党国际责任，始终为人类进步事业而奋斗之上。面对纷繁复杂的国际形势，建设一个什么样的世界、如何建设这个世界，是关乎人类前途命运的重大课题。一直以来，中国共产党在国际生活中积极倡导和维护和平与正义，坚决反对霸权主义和强权政治，呼吁国际社会尊重各国人民自主选择发展道路的权利，主张国家不分大小、强弱、贫富，在国际事务中一律平等。同时，本着国际主义和人道主义精神，为广大发展中国家提供无私援助与支持。特别是党的十八大以来，以习近平同志为核心的党中央深刻把握人类社会发展规律和当今世界发展特点，积极倡导多边主义，大力推进全球化进程，着力建构新型大国关系、搭建世界政党交流平台，提出共建"一带一路"倡议和构建人类命运共同体等一系列共同建设人类美好未来的"中国方案"，呼吁国际社会携手合作，并在实践中率先垂范，取得了巨大成效。中国共产党的大党风范与人类情怀赢得了国际社会广泛认同和赞许。

（作者系广州大学马克思主义学院院长、博士生导师）

本文刊发于2021年3月22日《广州日报》理论周刊

持续推进党的建设新的伟大工程

◎ 孟源北

万物发展皆有其理。把党的建设作为一项伟大工程来推进，是我们党的一大创举，不仅在我们党领导人民进行伟大社会革命中发挥了重要法宝作用，而且也成为我们党推进民族伟大复兴和开创人类文明新形态的机理要义。

百年奋斗历程证明一个事实：中国共产党和中国人民以英勇顽强的奋斗向世界庄严宣告，中华民族迎来了从站起来、富起来到强起来的伟大飞跃，实现中华民族伟大复兴进入了不可逆转的历史进程，必将载入人类文明发展史册。

百年奋斗历程阐明一个道理：中国共产党推进自身建设的伟大工程已经融入了民族伟大复兴和中国式现代化的内在逻辑中，以党的先进性引领中国发展、开创人类文明新形态成为必然要求。继续把中华民族伟大复兴的事情办好，把弘扬中华文明的事情办好，开创人类文明新形态，最根本的是要把中国共产党的事情办好，核心在于持续不断推进党的建设新的伟大工程。

用党的崇高理想树立社会主义现代化道路的价值标杆

"马克思主义政党不是因利益而结成的政党，而是以共同理想信念而组织起来的政党。"中国共产党是在救国救民理想的时代呼唤中应运而生的，面对近代中国山河破碎、军阀割据、内乱外侮、民不聊生、饿殍千里的悲惨现状，其最大的理想就是消除内乱、打倒军阀、建设国内和平、推翻帝国主义的压迫，达到中华民族完全独立，统一中国为真正的民主共和国，直至实现自由人联合体的共产主义社会，"按照共产主义者的理想，创造一个新的社会"。在百年奋斗历程中，这个崇高理想既为中国共产党探求中国现代化道路明确了目标规定性，也为中国的现代化道路提供了社会主义的价值规定性，使中国式现代化新道路呈现强烈的社会主义目标取向和社会主义价值取向。实现中华民族伟大复兴，建成富强民主文明和谐美丽的社会主义现代化强国，需要我们登上以比较发达的经济社会发展水平为标志的社会主义物质文明高地，同时也需要我们登上以坚定的理想信念、高尚的思想道德为核心的社会主义精神文明高地。

党的十八大以来，习近平总书记反复强调坚定理想信念，要求广大党员干部"筑牢信仰之基、补足精神之钙、把稳思想之舵"，"进一步发扬革命精神，始终保持艰苦奋斗的昂扬精神"。通过深入开展"不忘初心、牢记使命"主题教育等党内集中教育，广大党员干部进一步坚定了共产主义远大理想和中国特色社会主义共同理想，为进行伟大斗争、建设伟大工程、推进伟大事业、实现伟大梦想提供了有力精神支撑。面向未来，我们要以史为镜、以史明志，从红色基因中汲取强大的信仰力量，增强"四个意识"，坚定"四个自信"，做到"两个维护"，自觉做共产主义远大理想和中国特色社会主义共同理想的坚定信仰者和忠实实践者，永葆共产党人政治本色，真正成为百折不挠、终身不悔的马克思主义战士，以一往无前的奋斗姿态和永不懈怠的精神状态，勇挑重担、苦干实干，走好通向人类理想社会的现代化新道路，在新时代新征程中留下许党报国的奋斗足迹。

用党的初心使命诠释为人类进步事业奋斗的思想境界

"中国共产党是为中国人民谋幸福的政党，也是为人类进步事业而奋斗的政党。"中国共产党自诞生之初就怀有推进人类解放事业发展的强烈使命意识与舍我其谁的责任担当，始终站在时代前列、引领历史潮流，为解决人类问题贡献中国方案和中国智慧，引领着人类文明进步的发展方向。在百年奋斗历程中，中国共产党始终统筹推进中华民族复兴事业与人类进步事业，特别是在中国共产党迎来百年华诞的重要时刻，脱贫攻坚战取得了全面胜利，现行标准下9899万农村贫困人口全部脱贫，832个贫困县（市、区）全部摘帽，12.8万个贫困村全部出列，区域性整体贫困得到解决，完成了消除绝对贫困的艰巨任务，创造了又一个彪炳史册的人间奇迹，为世界各国共同解决贫困问题开启了一条新路，进一步生动说明了以和平的方式发展、以文明的姿态崛起是未来发展的优先选项。

党的十八大以来，中国共产党倡导构建人类命运共同体，将为中国人民谋幸福、为中华民族谋复兴与为世界谋大同一并作为党的历史使命，诠释了新时代中国共产党致力于人类社会共同发展的思想境界。面向未来，我们要胸怀中华民族伟大复兴战略全局和世界百年未有之大变局，牢记初心使命，深刻认识中国共产党为什么能、马克思主义为什么行、中国特色社会主义为什么好，继续创造中华民族发展史、人类社会进步史上令人刮目相看的奇迹，同时依托我国发展的生动实践，立足五千多年中华文明，通过多种途径推动我国同各国的人文交流和民心相通，善于运用各种生动感人的事例，说明中国发展本身就是对世界的最大贡献，从而为解决人类问题贡献中国智慧。

用党的自我革命塑造百年大党恰风华正茂的光辉典范

"中国共产党立志于中华民族千秋伟业，百年恰是风华正茂！"一百年前，中国共产党成立时只有50多名党员，今天已经成为拥有9500多万名党员、领导着14亿多人口大国、具有重大全球影响力的世界第一大执政党。在百年奋斗历程中，中国共产党向人民、向历史交出了一份优异的答卷。现在，中国共产党团结带领中国人民又踏上了实现第二个百年奋斗目标新的赶考之路。办好中国的事情，关键在党。中华民族近代以来180多年的历史、中国共产党成立以来100年的历史、中华人民共和国成立以来70多年的历史都充分证明，没有中国共产党，就没有新中国，就没有中华民族伟大复兴。历史和人民选择了中国共产党。中国共产党领导是中国特色社会主义最本质的特征，是中国特色社会主义制度的最大优势，是党和国家的根本所在、命脉所在，是全国各族人民的利益所系、命运所系。

面向未来，在新的征程上，我们要牢记打铁必须自身硬的道理，勇于自我革命，增强全面从严治党永远在路上的政治自觉，以党的政治建设为统领，继续推进新时代党的建设新的伟大工程，坚决清除一切损害党的先进性和纯洁性的因素，清除一切侵蚀党的健康肌体的病毒，确保党不变质、不变色、不变味，确保党在新时代坚持和发展中国特色社会主义的历史进程中始终成为坚强领导核心！

〔作者系中共广州市委党校（广州行政学院）常务副校（院）长、研究员，广州党建研究基地主任〕

本文刊发于2021年8月16日《广州日报》理论周刊

中国式现代化的文明创造

◎ 辛　鸣

习近平总书记在庆祝中国共产党成立100周年大会上的重要讲话中指出："我们坚持和发展中国特色社会主义，推动物质文明、政治文明、精神文明、社会文明、生态文明协调发展，创造了中国式现代化新道路，创造了人类文明新形态。"这一重要论述不仅指明了中国式现代化的发展方向、发展原则，更从人类文明发展的高度赋予了中国式现代化文明意蕴、文明自信。中国式现代化好就好在现代化与中华文明同频共振、同向共进，让现代化深深根植于中华五千年灿烂文明沃土，让中华五千年灿烂文明在现代化进程中放射出更加夺目的新时代光辉。

中国式现代化的历史逻辑

一个国家、一个民族要想在历史长河中永葆生机、勇立潮头，一定要大踏步跟上时代的步伐，走向现代化。70多年前，中国在政治上"站起来"之后迅速进行社会主义改造，集全社会之力建设独立完整的社会主义工业体系，建设"四个现代化"，就是旨在通过现代化让中国在经济社会各个方面也真正"站起来"。

我们原来设想，到20世纪末实现四个现代化，这是一个鼓舞人心的奋斗目标。但是，经过同世界各国现代化的发展水平相比较，邓小平同志认为中国社会到20世纪末只能达到发达国家20世纪70年代的水平。这个程度的现代化虽然不是我们原来意义上理解的现代化，也与西方社会的现代化有一定的差距，但是与当时中国社会的发展程度相比，已经有了很大的进步和发展，已经具有了现代化的基本轮廓。所以邓小平同志称之为"中国式的现代化"，是"小康之家"。

"小康"是中国古代经典《礼记·礼运》中描绘的一个与理想社会最高阶段"大同"相对应的初级阶段。邓小平同志创造性地运用"小康社会"这一概念擘画新时期中国社会的发展蓝图，把它作为中国共产党带领中国人民实现中国社会主义现代化的重要阶段性目标。邓小平同志曾经总结说，"到本世纪末在中国建立一个小康社会。这个小康社会，叫做中国式的现代化。翻两番、小康社会、中国式的现代化，这些都是我们的新概念。"

为什么中国式现代化要经过"小康社会"这样一个阶段，要呈现为"小康社会"这样一种形态？因为中国尚处于社会主义初级阶段。中国共产党人关于社会主义初级阶段的认识是"特指我国在生产力落后、商品经济不发达条件下建设社会主义必然要经历的特定阶段"，这就是说生产力水平是判定社会主义初级阶段的根本标准。如果生产力水平不高，没有提升到现代化的生产力水平，社会主义初级阶段就难言跨越。只有实现了社会主义现代化，才能算是生产力发展超越了初级水平。而20世纪80年代前后的中国社会生产力水平还是相对低下的，与世界发达国家生产力水平有着比较大的差距。

随着小康社会的全面建成，中国现代化发展站上了历史新起点。我国经济实力、科技实力得到大幅跃升，全体人民共同富裕的物质基础更加坚实；我国的国家治理体系和治理能力现代化水平进一步提高，法治国家、法治政府、法治社会建设迈出了坚实步伐；整个社会的文明程度达到新的高度，在国家文化软实力和中华文化影响力方面有了巨大提升，等等。也正是有了这样的基础，中国现代化的内涵更加丰富，标准不断提高。20世纪末提出的第二个"三步走"战略目标是，到新中国成立一百年时，基本实现现代化，把我国建成社会主义现代化国家。到了党的十九大，这一战略目标的实现时间没有变，现代化的标准却在提高。首先是把基本实现社会主义现代化作为第一个阶段的目标提前到了2035年，第二个阶段的目标则提升为到本世纪中叶把我国建成社会主义现代化强国，不仅从"社会主义现代化国家"提升为"社会主义现代化强国"，而且现代化的内容也更加全面，在"富强民主文明和谐"之后又加上了"美丽"这一要求。这些变化归根结底还是来自社会生产力水平的根本性改变和提高，来自于我国进入了新发展阶段。这一阶段仍然处于社会主义初级阶段，但是属于日益接近质的飞跃之量的积累和发展变化的阶段，体现的既是社会主义初级阶段我国发展的要求，也是我国社会主义从初级阶段向更高阶段迈进的要求。

中国式现代化的理论逻辑

世界各国走向现代化是大势所趋，但走向现代化的道路是多线式的。昔日西方强国通过殖民与掠夺走向现代化的模式已经成为明日黄花，不可能复制也不会重现。现在有一些国家照抄照搬西方模式，结果搞得国家大乱、元气大伤，就算少数一些国家侥幸得以维持，也沦为了西方强国的附庸而难有作为。如果说西方发达国家的现代化是一个"串联式"的发展过程，后来居上的中国现代化必然是一个"并联式"的历史进程。中国式现代化就其理论内涵来讲有两个本质属性："中国特色"和"社会主义"。

这决定了中国式现代化与"西方现代化"不同,与"资本主义现代化"不同。

中国式现代化是共同富裕的现代化。贫富差距是西方现代化的动力所在,也是西方现代化的基本属性。但是中国式的现代化必须是14亿多人共同富裕的现代化。我国提出"十四五"期间要"扎实推动共同富裕",到2035年"全体人民共同富裕取得更为明显的实质性进展",这是对社会主义根本原则和本质要求的自觉实践,也是中国式现代化最亮丽的底色。

中国式现代化是两个文明相协调的现代化。物质文明要现代化,精神文明更要现代化。现代化不能仅仅是船坚炮利,仅有物质文明的现代化是野蛮的,甚至是饮鸩止渴的。"经纬天地曰文,照临四方曰明",教化万物,给天地以规矩,给社会以意义、以希望。资本需要教化、人的动物本能需要教化,这个"化"正是中华文明的精义所在。现代化在更深层意义上是文明现代化,是中华文明的伟大复兴。

中国式现代化是人与自然和谐共生的现代化。中国式现代化不以征服自然程度衡量现代化程度,不是征服自然的力量有多大,而是天人合一,与自然共生的境界有多高。恩格斯早就警告人类不要过分陶醉于对自然界的胜利,人类"不是站在自然界之外,而是属于和存在于自然界之中"。中国式现代化生产生活不能像西方现代化那样浪费资源,所以,我们提出建设社会主义生态文明。中国现代化进程中的农业绝不是工业的附庸,农村不是城市的角落,农民不是工业化的工具,所以,我们提出乡村振兴战略,等等。

中国式现代化是和平发展道路的现代化。总书记在"七一"重要讲话中指出:"和平、和睦、和谐是中华民族5000多年来一直追求和传承的理念,中华民族的血液中没有侵略他人、称王称霸的基因。"中国式现代化不靠殖民战争掠夺,而是自己努力发展。当然,坚持和平发展不是不准备打仗,更不是不敢打仗。捍卫国家核心利益不受损害的战争是维护和平的战争。别人打上门来了还讲和平,那是投降。中国走和平发展道路,还要有能让别人也和平发展的"力量",这就是国防和军队现代化,建设世界一流军队。中国"武"字的含义讲的就是以武止戈，"止戈为武"。

概括起来，中国式现代化是14亿多超大人口规模的现代化，将改写世界现代化的人口版图。西方社会用了300多年的时间只让10亿左右的人口进入完全现代化，中国式现代化从新中国建成社会主义制度算起不到100年，让14亿多人口进入现代化，这将创造人类社会现代化发展的奇迹。这是中国共产党在社会主义初级阶段的背景下、在发展中国家的起点上，通过在中国大地上探寻适合自己的道路和办法，走出的中国的现代化道路。这是前所未有的伟大实践，拓展了发展中国家走向现代化的途径，给世界上那些既希望加快发展又希望保持自身独立性的国家和民族提供了全新选择，为解决人类社会整体走向现代化问题贡献了中国智慧和中国方案。

中国式现代化的文明逻辑

中国式现代化不仅是经济社会的现代化，更是人类文明发展的现代化。文明的核心是价值理念及其主导下的思维与行为模式。中华文明源远流长又与时维新的"和谐"价值理念，特别是由此而展开的人与自然和谐、人与人和谐、身与心和谐等思维与行为模式不仅为中国式现代化抹上了浓浓的文明底色，更为"让世界变得更好"提供了一种新的文明图景。

人与自然的和谐，让早已不堪重负的地球实现"休养生息"成为了可能。曾几何时，我们忍着心中的痛楚把用船坚炮利摧毁包括中国社会在内的诸多田园生活的行为看作进步，毕竟近四百年来在西方工业文明背景下实现了人类社会前所未有的物质大丰富、经济大繁荣。但是随着现代社会资源枯竭、环境恶化、生态退化等现象的日益凸显，工业文明那种把人与自然截然对立，对自然无限征服、吃干榨尽式的掠夺性行为已经日暮途穷，发展的丧钟已然敲响，人类不得不吞咽自己亲手种下的苦果。人类社会不能不发展，但又不能这样饮鸩止渴地发展，毕竟我们只有一个地球。在这样的背景下社会主义生态文明把中华文明中天人合一、人与自然和谐相处的思想与西方工业文明有机结合、创造性转换，为人类社会实现可持续发展走出了一条文明新路。

人与人的和谐，为人类不同种族、不同国家间和平共处、和平发展提供了文明范式。这些年来西方社会总担心中国强大了会对世界构成威胁，这样的疑虑之所以挥之不去就是源于他们在西方文明范式下认识思考人类社会的发展。确实，想当年哥伦布发现了新大陆后做的第一件事就是插上帝国的旗帜并以国王和女王的名义宣布占领，英国工业革命后首先想到的就是拓展海外殖民地。但是，不同文明的熏习下是不同的行为模式，中华文明自古以来就是以和处天下，恩泽传四海。与哥伦布大体同期稍早的中国郑和七下西洋，比哥伦布还多三次，可所到之处播撒的是和平的种子，传递的是大国的气度。鉴古可以知今，当年强大的中国都未觊觎过他国，今日复兴的中国又怎么可能威胁世界？更进一步看，随着人类战争技术的进步，在擦枪走火就可能引发大毁灭的时代，中国式现代化所倡导的人类命运共同体是何等弥足珍贵的文明理念。

心与物、身与心的和谐，为认识人自己、实现人生完满幸福提供了价值导引。西方社会以向外部世界的征服开启了文明的征程，结果走得越远越迷惘，斩获越丰越空虚，以至于理性驾驭不了欲望，利害遏制不住贪婪。尤其在现代社会，焦虑、抑郁、单向度已成为了久治难愈的"文明病"。诚然，人最大的敌人不是自然界，也不是他人，就是自己。如何反观自我，涵养修身，体悟人生的真谛，发现人生的意义，走出心与物、身与心的二元对立分裂，不再心为物役，给世界也给自己一份祥和，现代社会亟需中华文明的滋养。中国式现代化为世界展现出一幅21世纪人类文明光辉灿烂图景。

[作者系中共中央党校（国家行政学院）马克思主义学院副院长、教授]

本文刊发于2021年8月30日《广州日报》理论周刊

深刻认识"站在历史正确的一边"

◎ 张　浩

当今世界正经历百年未有之大变局，经济全球化遭遇逆流，保护主义、单边主义抬头，多边主义和自由贸易体制受到冲击，特别是今年以来新冠肺炎疫情持续蔓延，给人类健康和全球经济造成重大威胁。怎么看待当前的形势？习近平总书记在企业家座谈会上的一句话非常重要，这就是"我们要站在历史正确的一边"。这句话，习近平总书记在今年两会期间就讲过。"站在历史正确的一边"，就是要求我们能够把握和顺应世界发展大势，坚持开放发展、携手合作共赢、促进共同繁荣，向着构建人类命运共同体的目标不断迈进。

"站在历史正确的一边"的时代内涵

"世界潮流，浩浩荡荡，顺之则昌，逆之则亡。"历史告诉我们，一个国家要发展繁荣，必须把握和顺应时代发展潮流，反之必然会被历史抛弃。站在历史正确的一边，就是要坚持多边主义和国际关系民主化，以开放、合作、共赢胸怀谋划发展，坚定不移推动经济全球化朝着开放、包容、普惠、平衡、共赢的方向发展。

首先，这意味着我们要选择开放而不是封闭。开放带来进步，封闭必然落后。世界各国发展的兴衰史表明：一个国家要实现繁荣富强，就必须适应世界潮流，实现对外开放，积极学习他国的优长之处。而如果闭关锁国，视对外开放为洪水猛兽，就会使一个国家的思想意识变得保守、国家机体丧失活力，从而逐步走向衰落甚至走向灭亡。在全球化的历史关口上，每一个国家都要在开放与封闭之间做出选择，而这道选择题并不难做。自我封闭只会失去世界，最终也会失去自己。只有选择开放，才能乘上时代之风，破万里浪。中国将继续坚定不移实行对外开放的基本国策，将开放的大门开得更大，积极推动建设开放型世界经济。

其次，这意味着我们要选择合作而不是对抗。当今世界正在经历新一轮大发展大变革大调整，人类面临的不稳定性不确定性更加突出，国际社会应摒弃冷战思维、零和博弈的旧思维，切实超越差异和分歧，守望相助，团结合作，携手应对全人类共同面临的风险和挑战。差异不应该成为交流的障碍，更不能成为对抗的理由。历史告诉我们，如果走上对抗的道路，无论是冷战、热战还是贸易战，都不会有真正的赢家。这次新冠肺炎疫情以一种突如其来、更为直观的方式，让人们更加真切地感受到各国命运休戚与共、紧密相连。面对这一关乎各国人民安危的疫病，国际社会唯有团结合作、携手应对，才能取得最终的胜利，共建美好地球家园。而将疫情政治化和对他国污名化必然不得人心，也会严重干扰本国和世界的抗疫工作。

再次，这意味着我们要选择共赢而不是独占。"一花独放不是春，百花齐放春满园。"追求幸福生活是各国人民共同愿望。在经济全球化深入发展的今天，弱肉强食、赢者通吃是一条越走越窄的死胡同，包容普惠、互利共赢才是越走越宽的人间正道。如果奉行你输我赢、赢者通吃的老一套逻辑，如果采取尔虞我诈、以邻为壑的老一套办法，结果必然是封上了别人的门，也堵上了自己的路，侵蚀的是自己发展的根基，损害的是全人类的未来。动辄搞贸易战不可取，因为不会有赢家。经济霸权主义更要不得，因为这将损害国际社会共同利益，最终也会搬起石头砸自己的脚。正如习近平总书记所说："我们应该坚持你好我好大家好的理念，推进开放、包容、普惠、平衡、共赢的经济全球化，创造全人类共同发展的良好条件，共同推动世界各国发展繁荣"。

"站在历史正确的一边"的价值呈现

一个国家、一个民族要振兴，就必须在历史前进的逻辑中前进、在时代发展的潮流中发展。历史车轮滚滚向前，时代潮流浩浩荡荡。只有顺应历史大势和时代潮流，站在历史正确的一边，切实以开放求发展，以合作谋共赢，才能创造中国和世界更加美好的明天。

首先，这顺应了世界发展潮流和大势。当今世界，和平合作、开放融通、变革创新的潮流滚滚向前，经济全球化是不可逆转的历史大势和时代潮流，合作共赢是人类发展的必然选择，携手构建人类命运共同体符合历史发展规律。保护主义、单边主义的历史逆流，无法改写和平与发展的时代主题，也不会中断多极化和全球化的历史进程，更无法阻挡人类追求文明与进步的坚定步伐。历史一再证明，封闭最终只能走进死胡同，只有开放合作，道路才能越走越宽广。尽管个别国家的一些人借疫情炒作"经济脱钩"，鼓噪转移产业链，甚至试图人为切断经济全球化，但这些违背时代潮流和经济规律的妄想，必然会遭到历史规律的当头棒喝，也是不可能得逞的。正如习近平总书记所说："尽管会出现一些回头浪，尽管会遇到很多险滩暗礁，但大江大河奔腾向前的势头是谁也阻挡不了的。"

其次，这体现了中国坚定的道路自信。面对各种反全球化的历史逆流，中国坚定不移实行对外开放的基本国策，这充分体现了中国对外开放的信心和底气。尽管在融入世界市场汪洋大海的过程中，我们呛过水，遇到过漩涡，遇到过风浪，但最终在游泳中学会了游泳。中国不断扩大对外开放，不仅发展了自己，也造福了世界。开放已经成为当代中国的鲜明标识。尽管疫情全球蔓延使商品、物资、人员流动等受到限制，全球产业链供应链出现多点梗阻，中国的对外开放也面临严峻挑战，但中国更高水平的对外开放不会因疫情而发生改变，更不会走回头路。

再次，这彰显了中国作为大国的责任担当。疫情以生命作为代价告诫我们，人类越来越成为你中有我、我中有你的命运共同体。隔岸观火最终会殃及自身，唯我独尊、推卸责任、借疫情霸凌他国更不可能让自己伟大，唯有奉行多边主义，团结合作，才是共克时艰的人间正道。在自身疫情防控仍然面临巨大压力的情况下，中国始终秉持人类命运共同体理念，本着公开、透明、负责任态度，及时发布疫情信息，毫无保留同世界卫生组织和国际社会分享防控、治疗经验，加强科研攻关合作，力所能及地为国际社会提供援助，这正是中国作为负责任大国始终站在历史正确一边的最佳证明。

"站在历史正确的一边"的实践指向

当前，人类面临的风险、挑战和不确定性前所未有。要在这充满着风险、挑战和不确定性的世界中把握主动、赢得未来，就必须善于把握历史规律，认清世界大势，坚定站在历史正确的一边，沿着历史发展的正确方向前进。

一是要坚持人民至上。人民群众是历史的创造者和历史发展的决定力量。中国共产党之所以能够发展壮大，中国特色社会主义之所以能够不断前进，正是因为依靠了人民。人民群众有着无尽的智慧和力量。无论遇到任何困难和挑战，只要有人民支持和参与，就没有克服不了的困难，就没有越不过去的坎，就没有完成不了的任务。面对前进道路上的种种风险挑战，我们需要始终坚持人民至上，牢固树立以人民为中心的根本立场，依靠人民筑起有效应对各种历史逆流的铜墙铁壁和坚强后盾。

二是要增强战略定力。面对国际格局的深刻变化，我们决不能被逆风和回头浪所阻，而要始终保持勇往直前、风雨无阻的战略定力，善于把外部压力转化为深化改革、扩大开放的强大动力，集中精力办好自己的事。我们要坚持用辩证思维看待形势发展变化，既对自身的发展充满必胜的信心，又要牢固树立忧患意识和风险意识，清醒认识到前进道路上还可能遭遇更多的不稳定性、不确定性。要逐步形成以国内大循环为主体、国内国际双循环相互促进的新发展格局，切实通过发挥内需潜力，使国内市场和国际市场更好联通，更好利用国际国内两个市场、两种资源，实现更加强劲可持续的发展。

三是要发扬斗争精神。人类社会是在矛盾运动中发展前进的，有矛盾就有斗争。特别是当前国际形势波诡云谲，全球动荡源和风险点增多，中美之间分歧增加，外部环境复杂严峻。形势倒逼我们必须发扬斗争精神、增强斗争本领。要注意斗争的方式方法，把握好时度效，坚持有理有利有节，坚持原则的坚定性与政策的灵活性相统一，坚持硬举措与软办法相结合，切实在斗争中谋求合作，在斗争中实现共赢。

（作者系中山大学马克思主义学院副院长、教授、博士生导师）

本文刊发于2020年9月7日《广州日报》理论周刊

见事贵乎明理　学史重在鉴今

◎ 张跃国

习近平总书记"七一"重要讲话立足中国共产党百年华诞的重大时刻和"两个一百年"历史交汇的关键节点，贯通历史、现实、未来，贯通伟大斗争、伟大工程、伟大事业、伟大梦想，通篇闪耀着马克思主义的真理光芒，把我们党对共产党执政规律、社会主义建设规律、人类社会发展规律的认识提升到了新高度，为奋进新时代、走好新征程进一步指明了前进方向、提供了根本遵循。

牢牢把握学史明理这个前提

"要在党史学习教育中做到学史明理，明理是增信、崇德、力行的前提。"明理之所以是增信、崇德、力行的前提，是由我们党立党、建党、强党的内在逻辑决定的。没有马克思主义信仰、共产主义理想，就没有中国共产党。党的辉煌成就、艰辛历程、历史经验、优良传统无不深刻昭示着，中国共产党的立党之基就是马克思主义的科学理论。我们党始终坚持思想建党、理论强党，党的先进性首先体现为思想理论上的先进性，政治上坚定源于理论上清醒。理想信念的确立，从来都是一种理性的选择，而非一时的冲动，光有朴素的感情是远远不够的，还必须有深厚的理论信仰作为支撑。对马克思主义的信仰，对社会主义和共产主义的信念，是共产党人的政治灵魂，是共产党人经受住任何考验的精神支柱。因此，要坚定理想信念，必须深刻理解马克思主义，必须深刻把握历史规律。

深刻认识马克思主义为什么行

"中国共产党为什么能，中国特色社会主义为什么好，归根到底是因为马克思主义行！"马克思主义为什么行？首先，它占据人类道义制高点——共产主义崇高理想。"代替那存在着阶级和阶级对立的资产阶级旧社会的，将是这样一个联合体，在那里，每个人的自由发展是一切人的自由发展的条件。"马克思主义的根本价值观是要解放全人类，实现人人自由、人人平等，促进人的自由而全面的发展，这也是共产主义的本质特征，对全世界全人类都具有极强的道义感召力和吸引力。其次，它占据真理制高点——科学世界观和社会革命论。马克思主义坚持世界物质第一性，强调生产力作为决定性因素的根本标准，指出人民群众才是推动历史发展的主体力量，揭示了人类社会发展的一般规律和各个社会发展的特殊规律，揭示了社会基本矛盾是推动社会发展的动力，提出了科学的世界观和社会革命论。再次，它占据实践立足点——全部社会生活在本质上是实践的。实践的观点是马克思主义认识论的基本观点，实践性是马克思主义理论区别于其他理论的显著特征。马克思曾说过，"哲学家们只是用不同的方式解释世界，问题在于改变世界。"恩格斯则说："马克思首先是个革命家"。马克思主义从来不是书斋里的学问，而是为了改变人民历史命运而创立的，是在人民求解放的实践中形成的，也是在人民求解放的实践中丰富和发展的。中国共产党自成立之日起就将马克思主义作为指导思想，坚持马克思主义基本原理和中国具体实际相结合，不断推进马克思主义中国化、时代化、大众化。今天，马克思主义的科学性和真理性在中国得到了充分检验，它的人民性和实践性在中国得到了充分贯彻，它的开放性和时代性在中国得到了充分彰显，正在21世纪的中国焕发出强大的生机活力。

奋力建设新时代高水平智库标杆

学习历史是为了观照现实，纪念历史的最好方式就是开创未来。习近平新时代中国特色社会主义思想是马克思主义中国化最新成果，是当今世界最现实最鲜活的马克思主义。学史明理，就是要结合党的十八大以来党和国家事业取得的历史性成就、发生的历史性变革，深刻学习领会习近平新时代中国特色社会主义思想，坚定自觉地用这一思想武装头脑、指导实践、推动工作，呼应"以史为鉴、开创未来"的根本要求和"为党和人民争取更大光荣"的伟大号召。

社会大变革的时代一定是哲学社会科学大发展的时代，这是一个需要理论而且一定能够产生理论的时代，是一个需要思想也一定能够产生思想的时代。作为马克思主义理论阵地、党的意识形态工作重镇和新型城市智库，我们要牢牢把握新发展阶段的战略机遇和战略目标，以"三个面向"谋划推动改革发展各项工作。一是面向未来。主动适应新时代新形势，把握和塑造未来，紧扣时代脉搏，深入研究重大理论和重大实践问题，提出有思想分量、有价值含量的对策建议，做到明道识变、乘时就势、因时制变，有效应对变局、服务大局、开创新局。二是面向全球。树立宽广博大的格局胸怀，增强全球视野和世界眼光，建设枢纽型组织、国际化网络，提升国际话语权和影响力。三是面向现代化。深刻认识中国式现代化道路的文明创造和价值创新意义，把握构建以国内大循环为主体、国内国际双循环相互促进的新发展格局的重大战略，找准定位、顺势而为，推动新型城市智库改革建设全方位提升、深层次发展、根本性变革，以高质量智库成果服务广州现代化建设。

要坚持有信仰、有情怀、有担当，讲品位、讲格调、讲责任，把学习成果转化为为人民做学问、推动高质量发展、建设智库标杆的具体行动。深入开展马克思主义理论研究，在深化理论武装中推动理论创新与实践创造。高水平开展课题研究，努力构建适应性强、层次鲜明的课题研究体系。高标准建设重大平台，努力打造新型城市智库成果品牌。高质量举办重大学术活动，提升话语建构和国际传播能力。高站位发挥思想舆论引导功能，构筑思想"策源地"、舆论"强磁场"。全面加强党的领导和党的建设，确保正确的政治方向、学术导向、价值取向。

（作者系广州市社会科学院党组书记、院长）

本文刊发于2021年8月9日《广州日报》理论周刊

用三次分配"温柔之手"助推共同富裕

◎ 王廷惠

构建初次分配、再分配、三次分配协调配套的基础性制度安排是实现共同富裕的必然要求。在高质量发展中促进共同富裕，三次分配作用不容低估。三次分配主要是由企业、社会等组织和个人基于自愿原则与道德准则，以募集、捐赠、资助和义工等方式对资源和财富所进行的分配，是初次分配和再分配的有益补充。三次分配是促进共同富裕的实践途径，也是人类发展的文明方向。要根据三次分配的主要特征，有针对性采取措施，充分发挥三次分配的积极作用，进一步改善收入和财富分配格局。

三次分配五大主要特征

一是分配行为的自愿性。初次分配遵循效率原则，服从市场逻辑，各要素主体以市场化要素价格获取要素报酬。再分配遵循公平原则，政府代表公共利益，为维护社会公平，通过强制税收征收和组织收入以及财政支出进行再分配，主要通过社会保障、公共服务及补贴体系等调节收入分配，既提供普惠性质的公共服务和公共保障，也提供差异化、特定对象的特别补贴。三次分配遵循自愿原则，是基于慈善理念的单方面财富转移，由无数个拥有向善、崇德、为公、乐施等价值观的组织和个人，以募集、捐赠、资助和义工等方式实施，无须受益者对等付出和等价交换。

二是参与主体的特殊性。不同于市场"看不见的手"效率导向、交易双方互惠平等交易的初次分配，也不同于政府"看得见的手"公平导向的单方面收入再分配，参与三次分配的中坚力量是社会组织和社会力量，参与主体主要是有社会责任感的企业与社会组织、"先富起来"的高收入群体和道德水准高的普通百姓等。在市场决定的初次分配和政府主导的再分配的分配格局基础上，由于先天禀赋、个人能力、机会机遇、突发意外等原因，必然存在个体收入差距和社会分配差异，三次分配依靠遍布社会毛细血管的自发分散力量，是社会以"温柔的手"通过慈善、捐赠等方式实施的补充式分配。

三是分配依据的主观性。市场效率导向的初次分配，发挥市场在生产要素配置中的决定性作用，由市场竞争机制与竞争过程决定要素价格，进而决定各类要素主体的要素报酬。政府公平导向的再分配，是按照政府治理的理念和原则，遵照公共财政政策和程序统一开展，注重基础性、普惠性、兜底性民生保障，有统揽的工作规划和统筹的预算安排。三次分配是根据慈善家、捐赠者的主观意愿进行个体性、分散性分配，具体到每个资助项目、每个受益对象和每笔捐赠金额，有较强的主观性。

四是分配范围的特定性。初次分配覆盖面最广，涉及市场力量所及全部主体和所有领域，在三种分配形式中居于基础性地位。根据公共财政公平导向和原则，再分配的分配对象具有总体的特殊性、特定性和指向性，主要通过税收、收费、补贴、救济等方式，帮扶困难群体。再分配具有正外部性强和普惠性等特点，是总体性社会福利和社会保障安排。三次分配主要通过慈善公益方式，帮扶低收入群体。三次分配的具体分配形式多种多样，运作实践方式丰富多彩，帮扶对象千差万别、社会领域渗透性强，具有更加具体的特殊性、特定性、指向性、针对性和灵活性，是捐助者对特定具体主体、具体对象和具体活动的资助帮助。三次分配的实践范围日渐扩展，已从最初的扶贫济困扩展到教育、医疗、文化、体育、环保等领域。

五是分配效果的差异性。初次分配的市场效率优势突出，有助于促进资源优化配置和动态增长效率，促进高质量发展。再次分配具有公平导向的功能定位，通过福利体系、社会保障体系及差别性补贴政策等在不同经济主体、社会主体之间调节分配，以实现民生目标、社会目标和政治目标，具有广泛的正外部性。三次分配的分散性、个体性、特定性，决定了单次、单笔资助实际影响和效果的有限性。如果三次分配能拥有政策优惠，且实现参与主体数量多、活动形式范围广等，也会产生综合的、总体的良好社会效果。随着三次分配的日益发展，日渐超越纾困扶弱局限，扩展至科学探索、社会进步、造福人类、促进世界和平等层面，更能产生推动人类文明发展的深远影响。

多措并举扩展三次分配规模

对照初次分配和再分配，把握三次分配的主要特征，要从以下几个方面扩展三次分配的规模，拓展三次分配的范围，提升三次分配的"有益补充"效果。

一是系统制定制度，全面激发慈善自愿性。三次分配是基于自愿的社会救助，要着力鼓励自愿慈善和自发公益，在《中华人民共和国公益事业捐赠法》和《中华人民共和国慈善法》等法律基础上，进一步建立健全与社会公益事业相关的法律法规和配套政策，完善税收与行业法律体系。要健全鼓励捐赠、帮扶、公益和慈善行动的配套税收体系，特别是财产税、遗产税和捐赠税收减免政策，充分激励捐赠者的自愿性、主动性，最大限度激发企业和个人的慈善捐赠热情。要启动遗产和赠与税立法，制定科学的综合财产税制，引导高收入群体积极参与慈善捐赠。

二要弘扬慈善文化，激发慈善事业的参与度。社会力量从事的民间捐赠、慈善事业、志愿服务等有着深刻的价值内嵌，深度体现了中华民族传统文化中"滴水之恩涌泉相报""知恩报效爱心传递"等公益慈善文化。要进一步弘扬中华传统优秀文化，弘扬社会主义核心价值观，形成"人人心怀慈善、人人参与慈善"的良好氛围，营造扶贫济弱和人文关怀的浓郁社会氛围，从道德层面传承发扬担当社会责任的优良传统，强化三次分配润滑社会关系和促进社会和谐的独特功能。

三是加大激励力度，增强慈善行动的荣誉感。要完善社会荣誉制度，大力表彰先进榜样，积极宣传公益行动。要创造"向善""行善"的良好氛围，鼓励各收入主体和各类组织参与公益、慈善捐赠，树立公益达人形象，引导企业公益行为，扩展慈善榜样影响，加大对先进者、贡献者、践行者的精神激励力度，进一步增强自发帮扶的荣誉感、自豪感和愉悦感。

四是强化技术支撑，着力发展智慧慈善。要以数字化改革为牵引，以互联网、云计算、物联网、大数据、区块链、人工智能等新一代信息技术为支撑，加强数字技术与慈善公益事业深度融合，探索推进慈善网络化、虚拟化、数字化、智慧化，让慈善管理更智能、慈善服务更智慧、慈善行动更有效，引导慈善资源合理流动，为慈善公益组织畅通筹款、沟通、传播渠道，为求助对象和困难群体提供精准帮扶，为政府监管和政策支持提供精确信息，进一步提升慈善资源配置精准高效水平。

五是加强组织保障，提高慈善分配的总体效果。在《社会团体登记管理条例》和《基金会管理条例》等条例基础上，考虑制定社会组织法，促进慈善公益类组织规范持续发展，夯实三次分配的组织基础。要坚持党对慈善事业发展的全面领导，加强政府监管职责，进一步建立专业化和职业化的慈善组织，加强慈善组织公信力建设，建立慈善资金使用评价机制，提高社会公益事业效率。

（作者系广东省社会科学院党组副书记、院长）

本文刊发于2021年9月20日《广州日报》理论周刊

疫情防控是对党员干部的全面"大考"

◎ 张知干

新冠肺炎疫情，是新中国成立以来我国发生的传播速度最快、感染范围最广、防控难度最大的一次重大突发公共卫生事件，是中华民族伟大复兴之路上面临的一次危机。习近平总书记明确提出："这次抗击新冠肺炎疫情，是对国家治理体系和治理能力的一次大考。"这个重要论断，深刻揭示了党和国家面临的紧迫、重大任务，也内在地提出了各级党委政府和广大党员干部在疫情防控中肩负的重大使命。作为我国执政和施政主体的广大党员干部，国家要求我们通过这次"大考"，人民期待我们通过这次"大考"，民族需要我们通过这次"大考"。我们坚信，在以习近平同志为核心的党中央坚强领导下，广大党员干部也一定能团结和带领群众通过这次"大考"。

宗旨意识的"大考"

全心全意为人民服务是我们党的根本宗旨，为人民谋幸福是我们的初心所在，努力实现、维护和发展好最广大人民的根本利益是我们一切工作的出发点和落脚点。此次重大疫情，对广大人民群众生命安全和身体健康带来极大威胁，必然是当前人民群众最关心最现实的利益问题。坚决打赢疫情防控阻击战，无疑是对广大党员干部宗旨意识的最大检验。因此，自疫情发生以来，习近平总书记强调必须"把人民群众生命安全和身体健康放在第一位"，对广大共产党人践行初心使命提出了明确要求。

一是深刻检视着党员干部的人民情怀。人民的生命重于泰山，人民的利益高于一切。面对重大疫情对人民群众生命安全造成的直接危害，最能看出党员干部的人民情怀。唯有怀揣为民爱民之心、以百姓心为心者，才能始终情系人民、牵挂人民，忧民之忧、急民所急，义无反顾地投入到抗击疫情、保卫人民群众生命安全的艰苦战斗中。

二是深刻检验党员干部的人民立场。民心是最大的政治，人民立场是我们党的根本政治立场。在疫情的判断、应对和防控等全过程和各方面，只有始终不渝坚持人民立场、将是否符合人民根本利益作为工作检验标准的党员干部，才会做到彻底摒弃个人名利思想、毫不顾及个人兴衰荣辱，真正为民尽责服务。

三是深刻检视党员干部的群众路线。坚持群众路线，是我们党的生命线和根本工作路线。打赢疫情防控的人民战争，必须紧紧依靠人民群众、始终与人民群众保持血肉联系、永远与人民群众站在一起。这次大考就是考察识别党员干部的关键时期。只有在关键时刻冲得上去、危难关头豁得出去，才是真正的共产党人，才能得到人民的拥护与支持。总之，面对疫情，人民的呼声就是我们的努力方向，群众的需求就是我们的奋斗目标。只有一切为了人民，一切依靠人民，始终与人民群众心连心、同呼吸、共命运，我们才能真正经得起宗旨初心的考问、人民与历史的检验。

工作作风的"大考"

疫情防控，直接关系到亿万人民的生命安全健康和经济社会大局稳定，事关我国对外开放和国际形象，对广大党员干部的工作作风提出了更高更严的要求。

一是要求坚持实事求是精神。实事求是是马克思主义活的灵魂，是中国共产党人鲜明的政治品格。共产党从来都是"靠实事求是吃饭"的。疫情防控人命关天，来不得半点虚假，必须实事求是、求真务实。这就要求我们在疫情防控各环节各方面都要始终做老实人、说老实话、办老实事，敢于直面矛盾，敢于较真碰硬，勇于负责担当。

二是要求具有科学态度。新冠肺炎疫情，本身就是一个科学问题；如何有效防控疫情，本质上也是一个科学课题。因此，在疫情防控中，我们是否采取科学态度、做出科学判断、制定科学对策、采取科学手段等，这些都是对我们的重大考验。只有始终坚持符合科学精神、遵循科学规律，既有责任担当之勇又有科学防控之智，才能扛起责任、经受考验。

三是要求具有法治意识。法治是治国理政的基本方式，是实现国家治理体系和治理能力现代化的重要保障。坚持依法防控，是确保疫情防控工作科学有序推进的必然要求。为了确保疫情防控有序推进，必须严格执法、公正司法、全民守法，确保疫情防控工作始终在法治轨道上运行。特别是广大党员干部必须运用法治思维和法治手段来认识和处理疫情防控中出现的问题和矛盾，这显然是一次事关重大的考验。

工作能力的"大考"

疫情防控是一场没有硝烟的战争，没有过硬的本领是难以胜任的。特别是在坚决打赢疫情防控阻击战的同时，我们还要统筹推进好经济社会发展各项工作，坚决完成决胜全面建成小康社会、决战脱贫攻坚目标任务，这对广大党员干部的工作能力更是重要考验。

一是对党员干部的政治执行力的重大考验。坚持党中央的集中统一领导，是中国特色社会主义制度的最大优势，是我们成功应对重大风险挑战、克服艰难险阻的根本保证。因此，在防疫战斗中，各级各地广大党员干部必须树立"四个意识"，坚决服从党中央的决策部署和统一指挥，坚决防止和杜绝地方主义和本位主义，坚决做到依令而行，切实把党中央的各项决策部署落到实处。可以说，是否坚决贯彻执行党中央决策部署，是对我们党员干部执行力的最现实检验，也是"两个维护"的最直接体现。

二是对我们处理复杂问题能力的重大考验。疫情防控是一项复杂的系统工程，涉及疫情判断、患者救治、科研攻关、物资供应、交通保障、舆论引导、社会稳定等一系列现实问题，非常紧迫、十分复杂，需要相互配合、统筹兼顾、各司其职、各尽其责。怎样应对这样的复杂局面，如何解决这么多的复杂问题，无疑是对广大党员干部能力和水平的重大考验。

三是对我们改革创新能力的重大考验。改革创新是推动我国经济社会发展进步的根本动力，同样也是化解疫情困难的最好解药。面对突如其来的重大公共卫生事件，我们必须从根本上除破惯性思维、摒弃僵化思想、克服路径依赖，通过改革创新不断增强应对重大风险能力。一方面，我们要立足当前的现实紧迫问题，努力在寻找新办法、打开新局面上求突破，大胆探索创新一系列行之有效的疫情防控新举措；另一方面，我们又要放眼人类社会未来发展可能面临的挑战，努力在补短板、强弱项上下功夫，大力推动构建应对重大风险的一系列重大体制机制创新，以此不断提高我们工作的科学化水平，才能彻底战胜各种重大风险挑战。

烈火见真金，危难显本领。这次疫情防控是场只能打赢不能打输的战争。对于广大党员干部来说，它不仅是一次全面大考，同时也是践行初心使命的战场。毫无疑问，这次疫情是中华民族遇到的重大灾难。但是，它激发了我国人民万众一心抗击疫情的顽强斗志，凝聚起了亿万人民英勇奋斗的磅礴力量，增强了我们抵御重大风险挑战的能力。"没有哪一次巨大的历史灾难不是以历史的进步为补偿的"。我们相信通过这次大考，我们的党将更加坚强有力，我们的党员干部队伍将更加具有战斗力，我们的国家将更加繁荣强盛。

（作者系广东省社会科学界联合会党组书记、主席）

本文刊发于2020年3月16日《广州日报》理论周刊

改革开放是社会主义的伟大创新

◎ 谢鲁江

习近平总书记深刻指出，没有改革开放就没有当代中国的发展进步，改革开放是发展中国、发展社会主义、发展马克思主义的强大动力。有了改革开放，才有了中国特色社会主义的崭新局面、蓬勃生机、伟大成就。改革开放是社会主义的伟大创新。

改革开放是决定当代中国命运的关键一招，也是决定实现"两个一百年"奋斗目标、实现中华民族伟大复兴的关键一招。中国的改革开放，使得中国的发展、使得社会主义呈现出了完全崭新的面貌，取得了伟大成就，赢得了光明前景。这是中国共产党、中国人民对社会主义的伟大创新和伟大贡献。

一 改革开放是中国共产党领导下的社会主义伟大创新

我国的改革开放是中国共产党领导下的伟大创新，开创出中国特色社会主义伟大事业。面对新的历史时期和国家发展建设的现实任务，如何坚持和发展社会主义，如何更好地建设社会主义，如何现实展现社会主义的优越性，如何使最广大的人民群众真正相信社会主义、拥护社会主义、热爱社会主义、坚定地跟着党走社会主义道路，这些时代和现实提出的实践诉求，成为对共产党人、对社会主义事业提出的严肃课题、历史使命。对于中国共产党来说，就是要完成从通过革命来建立社会主义社会向通过发展来建设社会主义社会的根本转变。

改革开放极大地推动了我们党的这种转变。我们党通过领导和推动改革开放，展开了一场空前而深刻的自我革命。这一场革命是社会主义的伟大创新。首先，改革开放极大地解放和发展了我国的社会生产力，使我国工业化水平、现代化水平有了突飞猛进的发展；我国的国民经济总量从改革开放之初居于世界第十一位，跃升到现在的位居世界第二位，实现了连续多年的高速增长，创造了人类历史上经济增长的奇迹，综合国力和国家竞争力也跃居世界前列。

同时，改革开放也极大地调动了最广大人民群众投身于社会主义现代化建设事业的积极性、创造性，使得中国特色社会主义事业获得了人民群众这一创造历史的根本动力的支持。中国的改革开放，人民群众参与程度之深、参与范围之广、积极性主动性之高、激励力度之强、获得成就之大，都是人

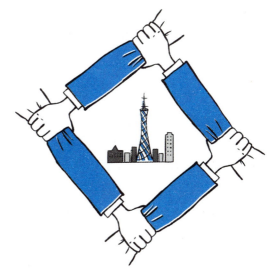

类历史和社会主义运动史上前所未有的。在这一场改革中，国有经济完成了由计划经济体制向市场经济体制的转轨，农村经济完成了由人民公社体制向联产承包责任制的转变，非公有制经济有了突破性的发展，数亿农村劳动力转向了非农产业，科技、教育等各个方面都取得了飞跃式的发展。国家发展动力之强、经济社会成长性之好，都是不容置疑的。通过改革开放，中国特色社会主义事业已经成为最广大人民群众自己的事业。

中国的改革开放是在中国共产党的领导下，自觉的、有组织的自我革命。我们党始终坚持党的基本路线，牢牢把握中国特色社会主义的根本方向，把马克思主义的普遍真理与中国社会主义建设的具体实践、中国的国情及国际社会发展演变的大趋势紧密结合，在举什么旗、走什么路的问

题上始终保持清醒的头脑，坚持坚定的立场，引领中国的改革开放走在正确的道路上，在理论和实践上进行了一系列的重大创新。在改革开放中，我们党始终坚持以人民为中心的发展思想，以最广大人民群众的根本利益作为改革开放的根本出发点和落脚点，坚持依靠人民群众，始终把人民群众作为改革开放的主力军、根本依靠力量。在我国改革开放的整个进程之中，我们党和最广大人民群众始终紧紧站在一起，上下同心，创造出中国改革开放的成功模式，也创造出中国特色社会主义的成功伟业。

二 弘扬改革开放创新精神，不断增强"四个自信"

改革开放是社会主义的道路创新

改革开放使得中国走出了一条前无古人的社会主义建设的成功之路。怎样走出一条科学的、正确的、符合客观规律和实践要求的社会主义道路，一直考验着社会主义者，甚至决定着社会主义事业的兴衰成败。通过改革开放，我们创造性地展开了社会主义的道路创新，走上了中国特色社会主义的成功道路。

首先，我们通过改革开放，大胆闯，大胆试，积极地、开创性地探索寻求社会主义建设的新的道路，这本身就是伟大的道路创新。当国际上社会主义事业遇到困难、碰到挫折、陷入低谷时，我们坚持走社会主义道路，强调坚持四项基本原则，同时摈弃教条主义、反对故步自封和照抄照搬，大力推动思想解放，以改革开放这一革命性的举措，来寻求一条新的社会主义发展之路、成功之路。改革开放成就了中国特色社会主义的成功道路，中国特色社会主义道路也深深地打上了改革开放的烙印。这成为我们坚持走中国特色社会主义道路的成功经验，为我们提供了强有力的道路自信：只要我们始终坚持改革开放，我们就能够克服一切艰难险阻，在中国特色社会主义道路上不断从胜利走向新的胜利。改革开放成为我们在中国特色社会主义道路上不断前进的制胜法宝。

通过改革开放，我们开创出了中国特色社会主义的成功道路，使得社会主义在十几亿人口的东方大国焕发生机和活力，获得强大而持久的动力源泉，这又是一个伟大的道路创新。这一创新，使得我们对坚持走中国特色社会主义道路，更为清醒、自觉、坚定，更加形成共识和深入人心。因此，虽然改革开放以来，国际国内风云变幻、干扰频发，但我们坚持走中国特色社会主义道路的自信心反而越来越强，自觉性和坚定性也越来越强。我们始终明晰，不能走封闭僵化的老路，也不能走改旗易帜的邪路，必须坚持走中国特色社会主义道路。走出这条道路，中国共产党人、最广大中国人民，都贡献出了自己的智慧和力量，都做出了创造性的探索，也获得了成功的创新成就。这条创新之路得到了实践的充分检验，得到了最广大人民群众的检验，使我们找到了解决中国问题的成功出路，引领我们走向光明的前景。

改革开放是社会主义的理论创新

科学的实践行动离不开科学的理论指导。在我国改革开放的伟大进程中，也伴随着伟大的理论创新。我们党在指导和推进改革开放的过程中，始终注重科学理论的指导，注重理论创新。改革开放的过程，也是马克思主义中国化的过程。

改革开放中的理论创新，首先体现在我们党以伟大的理论勇气推动的思想解放运动上。我们强调实践是检验真理的唯一标准，破除对马克思主义的教条化、机械化理解，打破在一系列问题上人为设立的、缺乏科学分析和实践检验的所谓"姓社姓资"的禁锢，开创了从中国国情出发、从中国改革发展的实践出发、从解决中国问题顺应世界潮流出发，来推动马克思主义中国化的伟大理论创新进程，为马克思主义在新时代的发展提供了极为丰富的实践成就和理论成果，贡献了中国智慧。这些理论创新同时又极大地增强着我们的理论自信。

在改革开放的进程中，我们对马克思主义既一脉相承又与时俱进，形成了一系列的理论创新成果。以党的指导思想为主脉络，我们党先后形成了邓小平理论、"三个代表"重要思想、科学发展观、习近平新时代中国特色社会主义思想，这样一系列的理论创新成果，有效地统一了全党思想，形成了全民共识，指导我国的改革开放和社会经济发展行稳致远，同时也极大地推动了科学社会主义理论、党的建设、政治、经济、文化、军事、外交等方面一系列的理论创新。围绕着理论创新，我国学术界也积极投身于国家的改革开放，抓住难得的时代机遇，努力探索中国的学术创新、理论创新，讲好中国故事，讲好中国理论，提出和构建一系列基于中国改革开放和经济社会发展的创新性成果，对推进中国的改革开放发挥着积极作用，在国际学术界的影响力和话语权也日益提升。

改革开放是社会主义的制度创新

改革开放过程是一个制度变迁的过程，是伟大的社会主义制度的创新过程。我们党作为改革开放的领导者，承担起了为改革开放设计和供给制度的使命。通过改革开放，我们党领导全国人民，创造性地建立起一整套的崭新的社会主义制度体系。

改革开放所体现的制度创新，首先是在制度变迁方式、路径上的巨大、丰富、富有成效的创新。在推进改革开放的制度变迁过程中，我们始终坚持党对改革开放的领导，坚持制度变迁的社会主义原则和方向，反对放任自流，反对照抄照搬，反对全盘西化，为制度变迁走在正确方向上和运用正确方式上，提供了强有力的政治保障和引领式的制度设计、制度供给。在制度创新过程中，我们始终注重尊重和依靠广大人民群众，尊重和结合中国国情，不采取命令式的办法，不急于求成，注重经验总结，注重典型引路，注重积极发挥基层和地方的首创精神，注重借鉴其他国家的经验和做法。在这样的过程中，我们始终强调制度创新过程是一个学习的过程，我们党要成为一个学习型的政党，在干中学，在学中干，积极稳妥地推进制度创新。在制度创新过程中，我们努力实现"改革发展稳定的有机统一"，不搞"一刀切"，不搞齐头并进，摒弃"休克疗法"，在一个十几亿人口的东方大国，稳定而有成效地推动和完成了全方位的体制转轨、制度变迁，为我们今后继续推进制度创新提供了成功的经验和充分的自信。

改革开放所体现的制度创新，还充分体现在我们建立起了一系列的崭新的中国特色的社会主义方面的制度。仅从经济制度来说，我们建立起了以公有制为主体、多种经济成分共同发展的社会主义基本经济制度，建立起了社会主义市场经济体制，建立起了现代企业制度，推进了以联产承包责任制为基础的一系列农村新型经济制度和农业生产组织形式，建立起了内外联动、互利共赢的对外开放体制和体系，建立起了包括经济特区、自贸区、保税区等在内的一系列的改革开放的先导制度和实验典型，还构建起了政府宏观调控体系和包括要素市场、金融市场在内的各类市场体系，等等。这样一系列的经济制度创新，既突破了传统社会主义的藩篱，也完全不同于传统资本主义的模式，为我们走中国特色社会主义道路提供了日益完备的制度支撑和制度保障，也提供了日益强大的制度自信。

改革开放是社会主义的文化创新

改革开放是中国数千年历史上前所未有的社会大变革、大转型，在文化上所形成的冲击力是极为深刻、极为广泛的，形成了波澜壮阔的文化创新。

文化创新首先体现在社会观念的创新上。围绕着我国工业化、城市化、市场化、国际化程度的日益提高，诸如竞争、效率、效益、创新、创业等与现代经济发展和社会进步密切相关的观念日益渗入社会观念中，成为社会积极提倡、人们积极接受和身体力行的正面的社会观念。我们党大力提倡、积极推进的改革、开放、"三个代表"、和谐社会、新发展理念、中国梦等观念，更成为社会的普遍共识，成为凝聚人心、激发社会积极性、引领社会思想和大众舆论的强有力的社会观念和文化符号。文化创新更体现在社会主义核心价值观和中华优秀传统文化的广泛弘扬方面，体现在我国精神文明建设的水平不断提高、人民群众的文化生活日益丰富多彩、国家软实力和文化影响力不断增强方面。改革开放为此提供了强大推动力。文化创新还体现在我国文化事业发展和文艺创作繁荣方面。改革开放为我国的文化创新、文化繁荣提供了强有力的物质基础、实践资源，极大地提升了我们的文化自信，为构建中国特色社会主义文化，奠定了坚实基础，提供了广阔空间。

习近平总书记在党的十九大报告中强调指出："当前，国内外形势正在发生深刻复杂变化，我国发展仍处于重要战略机遇期，前景十分光明，挑战也十分严峻。"现在，解决我国进一步发展面临的一系列突出矛盾和挑战，必须深化改革开放。改革开放，不断创新，是我们以往取得胜利的关键一招、制胜法宝。今后我们更加需要弘扬改革开放的创新精神，不断增强"四个自信"，推动新时代中国特色社会主义事业不断前进。

［作者系中共中央党校（国家行政学院）经济学部教授、博士生导师］

本文刊发于2019年6月3日《广州日报》理论周刊

铸就民族复兴的共识和信念

◎ 程京武

今年是中华人民共和国成立70周年，也是我们党在全国执政第70个年头。在这个时间节点开展"不忘初心、牢记使命"主题教育，铭记"为中国人民谋幸福，为中华民族谋复兴"的"初心"和"使命"，方能真正理解"走得再远、走到再光辉的未来，也不能忘记走过的过去，不能忘记为什么出发"的内涵要义，才能在对历史的深入思考中将理论与实践融会贯通。

从唯物史观的角度看，不忘初心方能追本溯源"我们从哪里来"

沧海横流方显英雄本色。近百年的风雨兼程，中国共产党从一个只有五十多人的组织发展成为拥有超过9000万党员的当今世界第一大执政党，从半殖民地半封建社会的救亡图存道路的探索到领航中国特色社会主义道路，让中国一跃成为当今世界第二大经济体。这是一部中国共产党始终以实现中华民族伟大复兴为己任，顺应历史的潮流、代表人民的利益，引领中国社会不断取得辉煌成就的历史。我们党之所以能够从小到大、从弱到强，不断发展壮大，源于我们对本来的坚守。不忘初心就是不忘本来，不忘中国共产党在对中华民族5000多年悠久文明的传承中、在对近代以来170多年中华民族发展历程的深刻总结中、在中华人民共和国成立70年的持续探索中、在改革开放40多年的伟大实践中一路"赶考"的辉煌历程和峥嵘岁月。

以史为镜，可以知兴替。中国共产党自成立以来，始终带领全党和全国各族人民，走过了革命、建设和改革近百年的辉煌历程。不忘初心，就要立足和着眼于中国共产党砥砺前行中形成的内在自觉。对一个执政的马克思主义政党来说，举什么旗、走什么路，决定着社会发展的前进动力与未来走向。近百年来，不管时代如何发展，无论遇到何种艰难险阻，我们党始终在坚持马克思主义立场、观点和方法的基础上，注重从时代特征和中国国情出发，创造性地坚持和发展马克思主义，不断推进马克思主义中国化时代化大众化；始终依靠铁的纪律保持先进性和纯洁性，不断增强自我调适、自我砥砺、自我更新的能力，不断加强党同人民群众的血肉联系，巩固党的阶级基础和群众基础；始终以不屈不挠的奋斗精神攻坚克难，以与时俱进的创新精神力挽狂澜，在风雨兼程中跨过了一道又一道沟坎，取得一个又一个胜利。

不忘初心，就是不能忘记我们党的过去，就要永远铭记我们党和国家

走过的艰辛历程，从我们党和国家伟大历史征程中汲取营养，从而为进行伟大斗争、建设伟大工程、推进伟大事业、实现伟大梦想提供源源不断的历史智慧和动力源泉，在全社会形成对实现中华民族伟大复兴事业的普遍共识和坚定信念。

从价值取向的角度看，不忘初心才能正本清源"为了谁、依靠谁"

"为了谁、依靠谁"是政党执政的关键命题。不忘初心就是不忘"出发点"，就是不忘干事业从什么出发、为什么出发，这是干事业的初衷和目的。中国共产党成立的初衷和目的，就是要改变中国人民和中华民族的命运，实现国家富强、民族复兴、人民幸福。一个政党的宗旨决定了这个政党的性质和使命。中国共产党从成立之日起，就把全心全意为人民服务作为自己的根本宗旨和行为准则。近百年风雨历程，始终贯穿着一条主线：发展依靠人民，发展为了人民，发展成果由人民共享。中国共产党也正是在践行全心全意为人民服务的根本宗旨中赢得了广大人民的衷心拥护，找到了党永远立于不败之地的坚强后盾。

历史和实践证明，党的根基在人民，党的血脉在人民，党的力量在人民，党的成败也在人民。我们党的最大政治优势是密切联系群众，党执政后的最大危险是脱离群众。中国共产党作为一个久经考验的马克思主义政党，面对长期执政、改革开放、市场经济、外部环境的严峻考验，如何始终守护我们党不断取得胜利的"传家宝"，践行党的宗旨，始终保持党同人民群众的血肉联系，最大限度地防止脱离群众的危险，变得比过去任何时候都更为重要、更为紧迫。

不忘初心，就是要强调人民立场是中国共产党的根本政治立场，是马克思主义政党区别于其他政党的显著标志；就是要尊重人民的主体地位，坚持全心全意为人民服务的根本宗旨，实现好、维护好、发展好最广大人民的根本利益。治理之道，莫要于安民；安民之道，在于察其疾苦。不忘初心，初心在民，才能带领中华民族迎来从站起来、富起来到强起来的伟大飞跃。

党的十九大报告强调："为什么人的问题，是检验一个政党、一个政权性质的试金石。带领人民创造美好生活，是我们党始终不渝的奋斗目标。必须始终把人民利益摆在至高无上的地位，让改革发展成果更多更公平惠及全体人民，朝着实现全体人民共同富裕不断迈进。"新时代中国共产党的历史使命始终贯穿着"为中国人民谋幸福，为中华民族谋复兴"的价值取向和使命意识。从主体维度看，我们的一切工作都要"依靠人民来创造历史伟业"；从价值维度看，我们的一切工作都是为了"保证全体人民在共建共享发展中有更多获得感"；从标准维度看，我们的一切工作成效应当由人民来评价。党的一切工作的出发点和落脚点，表明我们党是真正为人民谋幸福的政党，是不忘初心的政党。

从辩证思维的角度看，不忘初心才能沿流探索"我们往哪里去"

不忘本来方能开创未来。党的十九大作出了"在全党开展'不忘初心、牢记使命'主题教育"的战略部署，随后习近平总书记带领中共中央政治局常委专程瞻仰上海中共一大会址和浙江嘉兴南湖红船，回顾建党历史，重温入党誓言，向全党发出了"不忘初心、牢记使命、永远奋斗"的伟大号召，以辩证思维揭示了初心和使命的内在统一、相辅相成的关系。初心就是最初的梦想誓言，是起点、始发站，使命就是职责目标，是终点、目的地，初心是使命的本原，使命是初心的升华。不忘初心是牢记使命的内在要求，就是要守住根本、坚定宗旨，永远把人民对美好生活的向往作为奋斗目标；牢记使命是不忘初心的必然归宿，就是要勇于担当、敢于负责，以永不懈怠的精神状态和一往无前的奋斗姿态，奋力实现中华民族伟大复兴的宏伟目标。不忘初心，才能认清自己所担当的时代责任和历史使命，明确自己的奋斗目标，才能在行动上做到虔诚而执着、至信而深厚。

不忘初心，方得始终。中国特色社会主义进入了新时代，我们比历史上任何时期都更接近、更有信心和能力实现中华民族伟大复兴的目标。中国共产党的历史使命不是抽象的，它是建立在以问题意识为导向，以实践检验为根据，以社会价值为宗旨基础上对发展的信心、信念和信仰。从目标上说，"中国共产党一经成立，就把实现共产主义作为党的最高理想和最终目标，义无反顾肩负起实现中华民族伟大复兴的历史使命。""为中国人民谋幸福，为中华民族谋复兴"的历史使命既是中国共产党在接力探索中，一以贯之地回答"中国向何处去"这一社会课题中的历史选择，又是在坚持社会发展的具体实践中关注"发展规律"的理论坚守。

不忘初心、牢记使命，既要求我们在理论上用党的最新理论成果武装头脑，全面、科学、准确地学习领会习近平新时代中国特色社会主义思想及其基本方略，把握思想理论脉络和历史文化源流，掌握其蕴含的哲学方法和科学精神，提升自己用马克思主义的立场、观点、方法，解决好世界观、人生观、价值观这个"总开关"问题的能力；又是在实践上把集结号吹起来，要求每一个党员以习近平新时代中国特色社会主义思想为行动指南，凝聚共识再出发，心往一处想、劲往一处使，既有强烈的事业心和高度的责任感，想干事肯干事能干事，又注重自身修养，在干事时增强自律能力，心中有杆秤。唯有如此，才能始终确保我们在新的"赶考"路上行稳致远。

（作者系暨南大学马克思主义学院院长、教授）

本文刊发于2019年7月8日《广州日报》理论周刊

深入理解构建"网络空间命运共同体"

◎ 孟　威

当今世界，蓬勃发展的互联网科技激发生产新动能，发展经济、提升服务、增长财富、普惠生活，现代社会普遍受益。与此同时，虚拟社会和现实世界的交融日趋密切，世界不稳定性不确定性问题日益突出。网络霸权主义、网络恐怖主义、网络攻击等安全威胁破坏互联网全球生态，人类社会面临新的挑战，网络空间治理亟待加强。我国致力于深化网络空间国际合作，明确提出"构建网络空间命运共同体"，并与国际社会携手践行。这一思想建立在对信息社会发展变化的深刻认识之上，顺应新技术变革和数字经济发展要求，彰显了中国作为互联网大国对于人类共同福祉的高度关切，反映了国际社会的共同期待，为推动全球互联网发展与治理提供了中国方案，贡献了中国智慧。

顺乎互联网时代共享发展的国际大势

互联网是当今时代最具活力的发展领域，给人类社会生活带来了深刻的变化。21世纪以来，互联网经济在世界经济构成中比重持续上升，成为生产方式和产业变革的重要引擎。互联网助力生活，衣食住行和社会交往更加便利，越来越多的人生活品质得到提升。"互联网+"促进经济社会发展，使资源基础、发展进程不同的国家同时获益。有数据显示，仅在2005—2015年十年间，数字经济在全球GDP构成中占比已从15%上升到22%，预计这一数字在2020年将达到25%。互联网使人类交往突破了时空束缚，数字经济的突飞猛进更加速了国际间的互联互通，"你中有我、我中有你"，共享利益空间，人类命运共同体的网络建构成为可能。

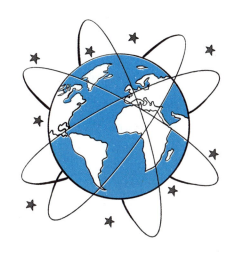

20多年前，"上网"这一概念对于绝大多数中国人来说还很新奇，而如今，网络已经成为连接社会生活不可或缺的纽带。在国防、科技、经济、政治、文化等各领域，互联网强力渗透，更密切了中国与世界的联系。中国互联网缩小城乡距离链、连接"一带一路"，吸引了全世界的目光。媒体融合、"走出去"合作发展、全球直播，互联网刷新了文明传播样态，让思想观念的交流更自由、更开放、更融通。实践证明，互联网已成为推动人类物质文明和精神文明建设、推动世界交往合作不可或缺的革命性力量，正将世界融入共同发展的轨道，将各国从单一的行为主体纳入共同的责任体系之中，为形成发展共同体、利益共同体、责任共同体和安全共同体夯实了基础。

当前，人工智能、5G、物联网等新一轮信息技术革命方兴未艾，加强共同体建设、深化国际合作，互联网潜能将得到进一步释放，网络空间将会更具生机与活力。构建网络空间命运共同体这一理念的提出，顺应潮流与大势，必然奏响当今世界互联网发展治理的最强音。

反映国际社会的共同期待

鲜花与杂草共生，互联网并非乐园净土，新技术也给人类提出了新挑战。近年来，数字经济发展和国际交往的不确定性突显，传统安全与非传统安全因素相互交织，世界的和平与发展面临严峻威胁。

实体经济与虚拟经济发展失衡问题显露，全球性经济"脱实向虚"的苗头引发忧虑；国际社会霸权思维与共享理念的冲突不断、单边主义与多边合作的博弈空前激烈；网络安全威胁潜伏于从公民个人到国防、基础设施各领域伺机发作；网络对国家主权、民族文化和人类文明造成的侵扰、破坏令人始料未及。当此之时，解决人类面临的共同问题，任何国家都不能置身事外，也无法独享发展独善其身，唯有相互依存同舟共济，休戚与共合作共赢。

在互联网领域，虽然国家、地区之间的信息鸿沟依然存在。以北美、欧盟、澳大利亚为主导的互联网发展先行梯队在科技、关键资源及其治理机制方面还占据强大话语权。但是，拉美、中东地区发展速度快，增长潜力大，反对单边政策，参与全球互联网治理的愿望十分迫切。作为后发梯队的亚洲和非洲大部分地区，重视新技术普及使用，拥有最大的国际市场，正在成为全球互联网发展的新重心，要求建立平等参与的世界互联网治理体系的呼声日益高涨。正如习近平主席所指出，各国"推动数字经济发展的愿望相同、应对网络安全挑战的利益相同、加强网络空间治理的需求相同"，深化务实合作，以共进为动力、以共赢为目标，走出一条互信共治之路，已成为国际社会的共同愿望。

第六届世界互联网大会发布了《携手构建网络空间命运共同体》概念文件，作出了利用技术促进发展的基本判断，倡导"共同发展"价值观。构建网络空间命运共同体，充分表达了国际社会的共同期待，彰显中国作为负责任大国的信念决心和价值追求，为推动全球网络空间治理结构的良性变革提供了有力方略，得到了越来越多国家和民众的欢迎和认同。

推进形成全球互联网发展治理新规则

"网络空间命运共同体"的提出是建立在对全球互联网治理体系变革深刻洞察的基础上的，是推进全球网络空间治理公正化、合理化的中国方案。这一建设性主张，以共进为动力、以共赢为目标，从基础设施建设、文化交流共享、经济创新发展、保障网络安全、构建共治体系等方面，倡导国际互联网治理多方参与、合作互惠、共迎机遇、共担责任，提出走互信共治之路，为打造人类命运共同体描绘了互联互通、交流互鉴、共同繁荣、有序发展、公平正义的美好前景。体现了中国同世界各国共同应对网络空间风险挑战、实现共享共治的真诚愿望和负责任大国的格局担当。

"四项原则"，将"尊重网络主权"作为推进全球互联网治理体系变革的首要、基本原则，表现了以现实关注为据、以国际社会和平发展为念的深刻创见。"维护和平安全"原则，清晰勾勒了安全与发展之间存在着的深刻辩证关系，压实了网络安全对国家安全发展的重要性地位。"促进开放合作"，这一原则致力于共享共治、承担责任、共同发展，包含着对多极化、全球化、信息化特征突出的当今时代的深刻理解和前瞻引领。"构建良好秩序"原则指明了促进国际互联网健康发展，形成良好的网络生态的原则保障。

"五点主张"，深化了对于建设网络空间人类命运共同体的路径认识：一是加快全球网络基础设施建设，促进互联互通。二是打造网上文化交流共享平台，促进交流互鉴。三是推动网络经济创新发展，促进共同繁荣。四是保障网络安全，促进有序发展。五是构建互联网治理体系，促进公平正义。这意味着网络空间命运共同体构建要多方参与、开放合作，意味着要彼此尊重、共享互惠，意味着要共迎机遇、共对风险、共担责任。

"四个共同"，强调国际社会一道尊重网络主权，发扬伙伴精神，大家的事由大家商量着办，做到发展共同推进、安全共同维护、治理共同参与、成果共同分享。这一思想进一步丰富和发展了网络空间治理中国方案的实现机制，为携手共建网络空间命运共同体提供了行动指南。

可以说，构建网络空间命运共同体的基本原则和实践路径既是人类命运共同体理念在网络空间的落实和具体体现，也是构建人类命运共同体的重要组成部分。它是中国造福于当代世界的现实贡献，为推动全球互联网治理体系变革提供了重要遵循。

务实行动，携手构建网络空间命运共同体

大道至简，实干为要。在实践领域，中国践行着真正意义上共享共治的互联网精神，构建网络空间命运共同体。中国作为负责任的互联网大国，积极参与网络空间国际治理进程，倡导和推动互联网领域国际交流与

合作,共同维护全球互联网安全,共同促进全球互联网发展,共同分享全球互联网机遇和成果,迈出了举世瞩目的坚实步伐。

依托共建"一带一路"等分享发展经验,近年来,中国积极推动同俄罗斯、英国、法国、德国、南非、沙特、阿联酋、古巴以及欧盟、东盟等建立互联网领域对话交流机制,推动网络空间国际交流。中国深入参与联合国、APEC(亚太经合组织)、G20(20国集团)、ICANN(互联网名称与数字地址分配机构)、ISOC(国际互联网协会)、IETF(国际互联网工程任务组)、上海合作组织、金砖国家等国际组织相关活动,深化网络空间国际合作。中国成功搭建了世界互联网大会平台,为国际社会凝聚共识和探索实践发挥积极作用,推动全球互联网治理不断朝着更加公正合理的方向迈进。

在风景如画的水乡乌镇,世界互联网大会已连续举办了六届,这一当今全球互联网领域规模最大、层次最高的顶级盛会,积极推动共进共赢发展理念的落实,已成为超越全球东西方、南北方等级结构,团结世界各地的国际组织、政府、企业与社会力量,推动全球互联网治理朝着更加公正合理方向发展的重要舞台。互联网大会关注科技热点,聚焦产业前沿,协商网络空间治理、论道网络空间国际规则,视野广阔、对话前瞻、内容丰富、国际化程度不断升级。每一年,各国政府代表、企业领袖、专家学者和国际组织负责人等重要嘉宾欣然赴会,坦诚交流、互通有无、共计长远。这表明,中国所倡导的"构建网络空间命运共同体"深入人心、中国所倡行的"共同推进网络空间全球治理"方案务实有效。这表明,构建网络空间命运共同体的中国理念、中国方案,正凝聚起国际社会的最大共识,开启智能新时代,人类命运共同体发展必将成就新的辉煌!

(作者系中国社会科学院新闻与传播研究所网络学研究室主任、研究员)

本文刊发于2019年11月11日《广州日报》理论周刊

推动媒体深度融合 做大做强主流舆论

◎ 宋建武

今年1月25日，中共中央政治局就全媒体时代和媒体融合发展举行第十二次集体学习。习近平总书记在主持学习时强调，推动媒体融合发展、建设全媒体成为我们面临的一项紧迫课题。他指出，"要运用信息革命成果，推动媒体融合向纵深发展，做大做强主流舆论"。这一论断，是我们解决当前媒体深度融合发展的诸多问题的关键。

具体而言，我们应当从以下三个方面入手来推动媒体融合向纵深发展。

一 制定科学的媒体融合发展规划

要从互联网时代传播环境变化的实际出发，结合党中央和习近平总书记对于媒体融合发展的一系列战略部署和重要论述，客观分析和正确判断媒体融合发展的现状和问题，制定科学的媒体融合发展规划。

全面学习和理解党中央和习近平总书记对于媒体融合发展的战略部署和系统论述，我们会发现观察分析问题的三个基本点。

首先，其中体现着高度的政治站位及对党和人民事业的责任感。习近平总书记指出，"如果我们党过不了互联网和新兴媒体这一关，可能就过不了长期执政这一关"。显然，这是站在党和人民事业兴亡的高度，从全局出发来看待媒体融合问题的。

其次，其中贯穿着实事求是、讲求实效的精神。习近平总书记提出"宣传思想工作是做人的工作的，人在哪儿重点就应该在哪儿"，"读者在哪里，受众在哪里，宣传报道的触角就要伸向哪里，宣传思想工作的着力点和落脚点就要放在哪里"。

第三，其中充满着互联网思维。习近平总书记提出媒体融合的战略目标和作出一系列部署，都是基于当代信息技术革命带来的新情况、新问题，而对于这些问题的解决，他一再强调要运用信息革命成果，把握互联网发展规律，运用互联网思维，"充分运用新技术新应用创新媒体传播方式"。他依据互联网思维作出的这些科学判断，对于我们确立正确的媒体融合方法论具有指导意义。

对照党中央的部署和习近平总书记的系列重要论述，我们发现，当前的媒体融合实践虽然已经取得了重要的成果和长足的进展，但也不能不看到，此前主流媒体做得比较多的，其实是"+互联网"——即在原有的媒体技术基础上，以原有的生产平台、生产关系、生产方式进行内容生产和分发。这种做法中最大的进步就是把内容数字化，变成互联网上可以传播的格式。但是在这个过程中所建构的内容生产关系，并没有适应互联网的发展，没有进行根本性的改革。从这个意义上讲，目前的融合仍然是比较浅层次的。

之所以会出现这些问题，有一个很重要的原因，就是部分主流媒体没有看到信息技术进步带来的革命性变革，没有认真学习掌握互联网发展的规律，没有把如何运用互联网思维推进媒体融合作为关键的、核心的问题去解决，实践探索与理论自觉都不到位。由此可见，通过"互联网+"来实现融合，直指问题关键，具有重要的指导意义。

二 从四个维度把握全媒体时代的传播规律和特点

习近平总书记指出："全媒体不断发展，出现了全程媒体、全息媒体、全员媒体、全效媒体，信息无处不在、无所不及、无人不用，导致舆论生态、媒体格局、传播方式发生深刻变化，新闻舆论工作面临新的挑战。"这是一个对于现代传播环境和媒体特点的全新的、全面的重要论述。与通常的认识不同的是，这里的"全媒体"主要不是指媒体种类的"全"，而是强调当前人类信息交互的"全程、全息、全员、全效"等特性。

所谓"全程"，是指客观事物运动的整个过程都会被现代信息技术捕捉、记录并存储。这属于时空维度。

所谓"全息"，在这里的意思是媒体信息格式多元，如文字、图片、音频、视频等。在大数据时代，在物联网、人工智能、云技术等新技术的支持下，各种各样的传感器使得人类采集到的各种信息越来越"全息化"。在此基础上，媒体给用户的新闻及其他各类信息的呈现形态也更为立体，用户体验更加丰富。这是信息技术维度。

所谓"全员"，是指社会方方面面各种主体（个人、各类机构等）都在通过网络进入到社会信息交互的过程中。这是在信息技术革命推动下社会信息化持续发展的结果。从社会发展角度看，"全员化"也顺应了普通公众参与社会事务的需要。近年来，快手、抖音等多个短视频平台的兴起，就是公众参与度大大提升的体现。这是社会维度。

所谓"全效"，是指媒体功效的全面化。互联网技术的特点，使得互联网媒体具有明显的平台化趋势。各种各样的应用，汇聚在同一互联网媒体平台上，这样的媒体平台，其功能空前丰富，远远突破传统媒体较为单一的信息传播功能，正在成为社会的数据总汇和运营枢纽，因而无人不用。基于此，平台的传播效果也将大大提升并可精确测量。这属于媒体功能维度。

显然，这样的"全媒体"只能依托互联网技术而产生和存在，不能按照传统思维，将它理解为媒体种类的"全"。

三　处理好影响媒体融合发展的四大关系

习近平总书记指出，推动媒体融合发展，要统筹处理好传统媒体和新兴媒体、中央媒体和地方媒体、主流媒体和商业平台、大众化媒体和专业性媒体的关系，形成资源集约、结构合理、差异发展、协同高效的全媒体传播体系。

把握好传统媒体和新兴媒体的关系。随着传播技术的持续进步，媒体融合是一个基本趋势。作为一个现代传播机构，无论它曾经使用什么传播技术手段、运营什么渠道和终端，学会掌握并运用新技术新渠道，都是题中应有之义。对于原本主要是运用传统媒体技术从事传播活动的"主流媒体机构"来说，在迅速发展的移动传播技术以及与之高度匹配的大数据技术、人工智能技术带来的移动传播趋势面前，"要坚持移动优先策略……让主流媒体借助移动传播，牢牢占据舆论引导、思想引领、文化传承、服务人民的传播制高点。""探索将人工智能运用在新闻采集、生产、分发、接收、反馈中……全面提高舆论引导能力。"

具体而言，在过渡期，主流媒体机构应当借助在传统媒体渠道与终端上的优势，如受众规模、品牌影响力等，支持主流媒体机构在新的基于互联网的传播渠道和终端上的发展，实现"优势互补"和传播资源的战略转移。在这个过程中，"坚持一体化发展方向"是一个正确选择。这也就是说，在实践中应当基于原有的主流媒体机构，借助其既有的内容生产能力、社会公信力等优势，推动它们向"新型主流媒体"升级迭代。正如习近平总书记所要求的："通过流程优化、平台再造，实现各种媒介资源、生产要素有效整合，实现信息内容、技术应用、平台终端、管理手段共融互通，催化融合质变，放大一体效能，打造一批具有强大影响力、竞争力的新型主流媒体。"

把握好中央媒体和地方媒体的关系。各级各类媒体机构在媒体融合发展中表现出极大的热情。但由于对新兴媒体发展规律的认识和把握不够深刻，也出现了"各自为战、缺乏协同"的情况。在媒体融合发展实践中，暴露出来单一主流媒体机构在互联网上发展新兴媒体能力不足、资源不足的问题。因此，"要抓紧做好顶层设计，打造新型传播平台，建成新型主流媒体"，习近平总书记这一重要指示就显得十分必要和及时。

观察分析媒体融合实践，我们认为，必须根据互联网发展的趋势和特点，明确"打造新型传播平台，建成新型主流媒体"的战略目标，并根据这一目标，分解中央媒体机构和地方媒体机构在建设现代传播体系中的任务。对于中央主要媒体机构，应当明确它们"打造新型传播平台"的任务，并为此配置充分而必要的各方面资源；对于多数有条件的省级媒体集团，应当在整合力量的基础上，赋予它们"建成新型主流媒体"的责任，经由它们基于互联网的技术平台，支撑各自区域内的县级融媒体中心的建设和运营，为现有地市级媒体集团和机构的新兴媒体发展提供技术支持。而地市级媒体机构和县级融媒体中心，在技术上应当依托中央或省级平台努力发展新兴媒体，特别是移动端口；在运营上，要依托技术平台，借助互联网应用下沉的契机，聚合起本土经济、社会各方面的资源，切切实实做好"服务群众""服务人民"的工作平台，成为主流媒体机构自主可控的新型媒体平台的信息传播及服务的端口和用户入口。通过这样的分工，我们有可能建立起一个以新型主流媒体平台为核心、打通各个层级的现代传播体系。

把握好主流媒体和商业平台的关系。客观上，在我国信息传播领域，目前形成了主流媒体机构生产的内容，主要通过商业平台在互联网上分发的格局。主流媒体从"借船出海"，强调对商业平台借力发展，借助商业平台扩大主流舆论影响力，发展到今天主流媒体机构正在努力建设自主可控平台，这给主流媒体与商业平台的关系带来了深刻影响和重大变数。习近平总书记指出的"要运用信息革命成果，推动媒体融合向纵深发展，做大做强主流舆论，巩固全党全国人民团结奋斗的共同思想基础"，其作为媒体融合的根本宗旨不能变、不会变。对于主流媒体与商业平台的关系的认识，应当建立在这一原则基础上。从这一原则出发，结合我国互联网发展的实际，主流媒体与商业平台的关系，应当是在主流媒体牢牢掌握舆论场主动权和主导权的前提下的合作关系、互补关系、共生关系。

主流媒体担负着重要的政治责任，是党和政府治国理政的重要工具，在互联网环境下这个作用只能继续得到加强。其中，建设自主可控平台就是不可或缺的手段。在平台建设过程中，商业平台的探索及其积累的技术和经验，是一笔重要的财富，应当通过双方合作实现共享。在互联网信息分发领域，短期内，商业平台作为主要渠道的地位不会改变，因此主流媒体仍然需要继续"借船"；而商业平台分发的权威信息、优质内容，仍然主要依靠主流媒体机构提供，这种互补关系也将继续存在。

从我国经济社会发展的需要看，由于互联网商业平台大都是生态级平台，在新闻等公共性信息分发之外，还担负着通讯、社交、电商、本地服务等多种社会功能，客观上具有经济与社会发展新动能发动机的作用，因此，有必要保护它们在合法经营前提下的健康发展。因此，主流媒体的自主可控平台将与商业平台在互联网上长期共生。如同国有企业和民营企业都是我国经济的重要组成部分一样，新型主流媒体平台和商业平台也都是我国互联网生态的重要组成部分，也是我国未来网络生态的重要组成部分。

把握好大众化媒体和专业性媒体的关系。大众化媒体一般是指以普通公众为传播对象的媒体机构，相对专注于特定领域的专业性媒体而言，其报道范围广、用户数量多。这两类媒体机构具有不同的资源禀赋，在媒体融合也即传统媒体互联网化的过程中，必然走上不同的路径。在互联网平台化发展的趋势作用下，原来的传统媒体机构面临的主要选择有两大可能：拥有用户规模较大的大众化媒体，具有发展成为综合性平台或端口的潜能；而专业性媒体更有可能向综合平台的专业内容供应商和专业领域运营商转型。在我国媒体实践中，已经不乏这种根据自身特点选择转型路径的实践。

习近平总书记对"全媒体时代"的分析，以及他提出的媒体融合当前要统筹处理好四大关系的重要论述，抓住了媒体深度融合发展的主要矛盾和关键环节，是给媒体融合的实践者和研究者提出的重大课题。我们应当秉持媒体融合扩大主流舆论阵地的初心，结合实践，运用互联网思维，遵循新兴媒体发展规律，以习近平总书记关于互联网发展和媒体融合的系列重要讲话精神为指导，深入研究"全媒体时代"的传播特点和规律，把握这"四大关系"的本质和相互作用方式，正确处理这四大关系，加速建设资源集约、结构合理、差异发展、协同高效的全媒体传播体系。

（作者系中国人民大学新闻学院教授、博士生导师）

本文刊发于2019年2月18日《广州日报》理论周刊

青年理想抱负与马克思主义天然契合

◎ 宇文利

习近平总书记在2019年春季学期中央党校（国家行政学院）中青年干部培训班开班式上强调，政治上的坚定、党性上的坚定都离不开理论上的坚定。干部要成长起来，必须加强马克思主义理论武装。广大干部特别是年轻干部要在常学常新中加强理论修养，在真学真信中坚定理想信念，在学思践悟中牢记初心使命，在细照笃行中不断修炼自我，在知行合一中主动担当作为。学习贯彻习近平总书记这一重要讲话精神，青年必须努力学好马克思主义理论，用马克思主义理论武装头脑、强健心智、提振精神，做坚定的马克思主义者，在理论与实践相结合、学以致用、知行合一中担当起中华民族伟大复兴的时代责任和历史使命。

青年加强马克思主义理论武装至关重要

青年处在人生最美好的阶段，是人生之春、人生之华，意味着成长，也需要成才和成功。革命先驱李大钊把青春时期看作人生最华美的乐章，称国家不可一日无青年，青年不可一日无觉醒，充分指明了青年人对于家国的重要性和青年人保持思想觉醒、理论清醒的必要性。从生理阶段看，青年时期是人生的黄金期，是精力最充沛、思维最活跃、学习力最强盛、想象力最丰富、接受新事物最迅速、创造力最奔放的特殊阶段。而处在这个阶段的青年人往往有广泛的兴趣和较强的变革精神，有向往未来、追求进步的意愿。但需要指出的是，青年人虽然有质疑和批判精神，敢于探索，但他们的思想不够稳定，对事物、对象和事件本身发展方向和规律的把握不够深刻，因而也容易迷失方向，容易出现迷茫和困惑。因此，给青年以科学的理论引导，让他们找到正确的思想方向和思考方法对于他们的成长成才就十分重要。

马克思主义是真理和科学，是揭示自然界、人类社会和思维发展

加强马克思主义理论武装

一般规律的科学。列宁曾指出，马克思的观点极其彻底而严整，这是马克思的对手也承认的，这些观点总起来就构成现代唯物主义和现代科学社会主义。这个解释表明了马克思主义的科学性和革命性，表明了其作为科学所具有的理论价值和实践价值。马克思主义是实践的科学，也是革命的理论。习近平总书记强调指出，如果缺乏理论思维，是难以战胜各种风险和困难的，也是难以不断前进的。这就要求我们加强理论学习，掌握和运用辩证唯物主义和历史唯物主义，掌握贯穿其中的马克思主义立场、观点、方法，深入认识共产党执政规律、社会主义建设规律、人类社会发展规律。

加强马克思主义理论武装，对于我们的事业有着特殊重要的意义。马克思主义是我们立党立国的根本指导思想，也是科学的世界观和方法论。马克思主义理论是认识世界和改造世界的强大思想武器，也是提供了科学的立场、观点和方法的思想指南。掌握了马克思主义理论，将大大提高青年科学地认识世界和改造世界的能力，为青年的成长成才提供理论基础和思想保障。在思潮多元、思想多样、价值冲突复杂的今天，加强马克思主义理论武装无疑是青年获取科学思想和方法、保证正确的前进方向的不二选择。

促进青年与马克思主义相互吸引、互相选择

从马克思主义诞生和传播的历史来看，马克思主义天然便是青年的理论和充满活力的科学。1848年《共产党宣言》发表、马克思主义创立之

时，马克思本人只有30岁，他的革命同伴恩格斯也只有28岁。1898年俄国社会民主工党（苏联共产党前身）成立时，列宁也只有28岁，而1903年列宁主义诞生之时，作为创立人的列宁也不过33岁。再观中国，1921年中国共产党成立之时，参加中共一大的13名代表平均年龄只有27.7岁，年龄最小的只有19岁。上述事实充分证明，青年与马克思主义之间不但没有沟壑反而有着天然的相互吸引性，青年的理想与抱负恰恰能够在马克思主义理论及其实践中找到契合点和生长点。

青年是有活力的人，马克思主义是有活力的科学。青年加强马克思主义理论武装的一个前提就是要促进青年和马克思主义的相互吸引与互相选择。事实上，青年与马克思主义之间具备互相选择的条件。就普遍情况来说，青年具有追求人生进步、追求事业发展的特点，他们富于探索和进取精神，大多关心国家的前途命运。马克思主义作为科学，具备真理的魅力和高远的价值关怀，能够为青年提供持久的思想营养和卓越的价值方向。无论是从追求进步还是从向往革新的价值指向来看，无论是从拒绝平庸还是从创造未来的价值选择来说，作为主体的青年所拥有的特质与作为科学理论的马克思主义所拥有的品质都是相吻合的。因此，青年选择马克思主义、马克思主义吸引青年便具备了内在的合理性和实现的必然性。

1835年，时年17岁的马克思在所撰写的《青年在选择职业时的考虑》中指出，如果我们选择了最能为人类而工作的职业，那么，重担就不能把我们压倒，因为这是为大家作出的牺牲；那时我们所享受的就不是可怜的、有限的、自私的乐趣，我们的幸福将属于千百万人，我们的事业将悄然无声地存在下去，但是它会永远发挥作用。这段铭誓在一定程度上既道出了马克思之所以能够创立马克思主义的秘密，也隐喻了今天马克思主义同样吸引有志青年的原因与有志青年选择马克思主义的理由。

青年加强马克思主义理论武装的途径

加强马克思主义理论武装是提高青年思想境界、政治觉悟和理论素养的基本途径，也是青年掌握本领、开启实践新程的基础工作。习近平总书记指出，在学习理论上，要舍得花精力，全面系统学，及时跟进学，深入思考学，联系实际学。他强调，学习理论最有效的办法是读原著、学原文、悟原理，强读强记，常学常新，往深里走、往实里走、往心里走，把自己摆进去、把职责摆进去、把工作摆进去，做到学、思、用贯通，知、信、行统一。习近平总书记的重要要求实际上指明了青年加强马克思主义理论武装的途径，提出了用思想武装头脑和心灵并用之于实践的方法。概括而言，应着重从以下几个方面加强马克思主义的理论武装：

其一，通过学习经典来把握马克思主义发展创新的精神实质。马克思主义之所以具有永恒的活力，始终保持着旺盛的生机，是因为马克思主义本身就是科学的思想，其创新和发展符合科学规律。在当代中国，马克思主义的元典是经典，习近平新时代中国特色社会主义思想是马克思主义中国化的最新成果，也是当代中国马克思主义经典。它与元典的马克思主义一脉相承，在继承中实现了创新和发展。用马克思主义理论武装头脑就要认真地学习经典，清醒地看到习近平新时代中国特色社会主义思想与经典马克思主义及其中国化的其他思想理论成果之间的必然联系与客观关系，科学地把握马克思主义得以发展和创新的时代背景、社会环境和具体情境，把握思想与实际相统一、理论与实践相结合的事实、线索和规律，从而更好地把握马克思主义及其发展创新的理论成果的精神实质。

其二，通过结合实践学会科学运用马克思主义的思维方法和思想方法。恩格斯说过："马克思的整个世界观不是教义，而是方法。它提供的不是现成的教条，而是进一步研究的出发点和供这种研究使用的方法。"他还指出，我们的理论是发展着的理论，而不是必须背得烂熟并机械地加以重复的教条。马克思主义是如此，马克思主义中国化的理论成果也是如此。习近平总书记也强调，学习新时代中国特色社会主义思想，要深刻认识和领会其时代意义、理论意义、实践意义、世界意义，深刻理解其核心要义、精神实质、丰富内涵、实践要求。要紧密结合新时代新实践，紧密结合思想和工作实际，有针对性地重点学习，多思多想、学深悟透，知其然又知其所以然。要做到知其所以然，就要循着理论找逻辑，透过现象看本质，结合实践用方法。毫无疑问，只有从思维方法和思想方法上学懂弄通落实了马克思主义及其中国化的理论成果，才堪称真正实现了马克思主义的理论武装。

其三，通过融入情境加强马克思主义理论武装的学习效果。在中国新民主主义革命、社会主义革命和建设的史程中，在学习和运用马克思主义理论上，我们曾经犯过教条主义、本本主义的错误。教条主义地学习马克思主义，并不能把握其思想真谛。本本主义地运用马克思主义，也并不能创造出马克思主义的实践辉煌。正如马克思和恩格斯强调的，我们学习和运用马克思主义时，要"把这一理论应用于本国的经济条件和政治条件"，"随时随地都要以当时的历史条件为转移"。这意味着，真正和真实意义上对马克思主义理论武装的加强，并不是只把马克思主义及其中国化的理论成果印在书本里、挂在口头上，而是要通过把它们融入到中国鲜活、生动而具体的社会生活和生产实践中来，结合客观、真实和全面的条件实现马克思主义的应用、创造和进步。

（作者系北京大学马克思主义学院副院长、教授）

本文刊发于2019年5月13日《广州日报》理论周刊

培养拔尖创新人才是国之大计党之大计

◎ 卢晓中

习近平总书记指出，"教育是国之大计、党之大计。""我们对高等教育的需要比以往任何时候都更加迫切，对科学知识和卓越人才的渴求比以往任何时候都更加强烈。"特别是拔尖创新人才培养尤为迫切。近年来遭遇的由中兴事件、华为事件等带来的困扰，以及新冠肺炎疫情相关的疫苗、检测技术的研发竞争。所有这些实际上是科技的竞争，是拔尖创新人才的竞争，归根结底是培养拔尖创新人才的教育竞争。这对我们如何立足国内更好地培养拔尖创新人才提出了新需求。为此，《中国教育现代化2035》提出"加强创新人才特别是拔尖创新人才培养"；教育部的"六卓越一拔尖"计划2.0（"新时代高教40条"）提出实施卓越教师、卓越工程师、卓越农林人才、卓越政法人才、卓越新闻传播人才、卓越医生培养和基础学科拔尖学生培养计划，并在2020年启动了瞄准拔尖创新人才培养的基础学科招生改革试点的"强基计划"。笔者从以下方面对拔尖创新人才培养提出若干建议。

系统性、整体性、协同性相一致

人的成长是一个持续过程，像接力赛跑一样，要取得优异成绩，从每一棒跑到交接棒都需要做到最佳和顺畅。因此，作为培养人成长的教育无疑应是一个相互衔接的整体，从纵向教育体系来说，每一个教育阶段都必须相互衔接，而不是一种各行其是的分割型样态。拔尖创新人才培养同样如此。培养拔尖创新人才作为一个整体目标，需要教育各个阶段的协同完成。"钱学森之问"主要论及的是拔尖创新人才培养，它问的不仅是教育的某个阶段（如高等教育，人们常常认为是问大学），更是问整个中国教育体系。过去人们常说"计算机要从娃娃抓起"，今天我们同样要强调"拔尖创新人才培养要从娃娃抓起"。

拔尖创新人才培养的起点在发现和选拔，然后要在教育的各个阶段进行系统化地协同培养。这就需要从纵向教育体系上建立协同育人机制，尤其需要加强大学与基础教育的关联，而不仅仅是依靠高考来划分。拔尖创新人才的培养在早期、前期的培养过程中就应受到高度重视。"强基计划"就是着眼于拔尖创新人才的早期选拔与培养。近年来一些高校也加强了与中学的衔接，如在北京大学举办的"大学-中学"圆桌论坛"知识的阶梯与教育的差异"，在清华大学举办"全国高中校长高峰论坛"等。

教学与科研相融合

拔尖创新人才培养的一个很重要方面，就是大学如何以高水平的科研支撑高质量的人才培养。从19世纪初叶发端于德国的教学与科研相统一，曾促使德国大学成为现代大学的楷模，让世界学术中心转移到德国。但毋庸讳言，教学与科研的关系常常也是困扰大学的一个现实问题。值得注意的是，解决教学与科研"两张皮"状况，不能以弱化科研为代价，而是如何将教师的科研资源有效地转化为教学资源，真正成为拔尖创新人才的培养力。这是高校人才培养和科研的特点所决定的，是高等教育的一个基本规律。从把科研引入教学过程、教学与科研相结合，到教学与科研相融合，即深度结合：科研即教学，教学即科研。这就需要建立促使教学与科研深度融合的评价机制，如嵌入科研评价的"教学因子"，建立学科建设成效评价的人才培养指数等。

创新思维与社会实践相统一

2010年《国家中长期教育改革和发展规划纲要》提出在人才培养上要坚持文化知识学习与思想品德修养的统一、理论学习与社会实践的统一、全面发展与个性发展的统一。2011年胡锦涛同志在清华大学百年校庆上又对青年大学生提出"文化知识学习与思想品德修养相统一、创新思维与社会实践相统一、全面发展与个性发展相统一。"其中，"理论学习与社会实践相结合"，改成了"创新思维与社会实践相结合"，这一改动体现了在人才培养上着眼点上的新变化和新发展，它既强调了人的创新思维的重要性，同时又提示了培养学生创新思维的路径，比如设计教学过程的实践性环节，不仅要着力培养学生的动手能力，更要着眼于培养学生创新素质。

产教融合和科教融合是大学培养人才，尤其是培养拔尖创新人才的关键一环。如果将高校分类发展具体到人才培养，产教融合和科教融合就体现了一种分类，也就是产教融合是应用型的技术创新，科教融合是研究型的科学创新。产教融合、科教融合的深化，就是要促进教育链、人才链与产业链、创新链有机衔接。当前涉及到大学人才培养的实践性环节众多，比如大学里的"双创"教育、"挑战杯"竞赛、创造性劳动教育等多样化培养人才过程中的实践活动、实践环节，都有一个共同的旨趣，即培养学生的创新思维。值得提及的是，由于这些实践活动、实践环节往往归口到不同的学校职能部门来设计、组织和实施，而各职能部门所瞄准或对标的方向或是要实现的价值常常比较多样，如何促使这些实践活动和实践环节的价值整合是必要且值得深入探讨的问题。

科学与人文相结合

联合国教科文组织在2015年《反思教育：向"全球共同利益"的理念转变？》报告书里提出未来教育的思想基础是人文主义。它主张超越狭隘的功利主义和经济主义，将人类生存的多个方面融合起来，采取开放的灵活的全方位的学习方法，为所有人提供发挥自身潜能的机会，以实现可持续的未来，过上有尊严的生活。过去我们在培养拔尖创新人才时往往把科学与人文割裂开来，更多地关注学生的科学素养，而忽视人文素养。应当说，良好的人文素养是拔尖创新人才成长必不可少的因素。翻开世界科学发展史，我们不难发现众多的科学大师不仅具有很高的科学素养，而且还拥有良好的人文素养，包括哲学素养、道德素养、艺术素养、心理素养、文学素养。正是人文素养与科学素养的有机结合，才成就了他们伟大的科学事业。值得特别提及的是，重视人文，不仅是对美好生活的向往和追求，而且有利于创新灵感的发生，尤其是有助于对科学的人文价值的认同。

自主、选择、多元相并举

作为特殊人才的拔尖创新人才需要特殊的培养，包括建立专门的培养机构、特殊的培养机制等。如美国荣誉教育是拔尖创新人才培养的一种教育理念，也是一种非常规的拔尖创新人才培养模式，可运用于不同层次拔尖创新人才培养，如社区学院教育、文理学院和大学本科教育层次都有相应的荣誉教育。我国许多大学也建立了形式多样的拔尖创新人才培养的教学组织或模式。

不管哪个国家，或何种教学组织、模式，在培养拔尖创新人才上有一些共同的取向和做法，如在学生选拔、课程体系及评价制度等方面体现出自主、选择、多元并举的取向：构建综合评价选拔制度，注重考察学生的家庭环境、成长经历、个人兴趣、课外活动等非智力因素，尤其要强化对学生个人兴趣与动机的评价；构建丰富多样的课程体系，提升学生自主择课的空间和能力，拔尖创新学生培养方案的课程学分要求可以适当地低于非拔尖创新学生的课程学分总量，以便他们有更多时间完成难度更大、要求更高的课程，追求真正感兴趣的学术领域。同时，通过建立一定的激励机制，吸引各学科教师向拔尖创新学生提供课程计划，促使课程类型不断丰富、课程内容得到及时更新，确保有课可选。

　　此外，将每学年度开设的课程目录提前半个或一个学期上网，让学生及时了解课程开设等方面的信息，并提供专门的学术咨询服务，帮助学生选择可以满足个人兴趣和课业要求的课程，提升学生的选课能力；构建多元化、发展性的学业考核评价制度，注意改变以考试为主的结果性评价方式，更关注学生学习行为的过程性评价，形成鼓励创新的学习共同体文化和氛围。

　　（作者系教育部"长江学者"特聘教授，华南师范大学粤港澳大湾区教育发展高等研究院院长）

本文刊发于2021年3月22日《广州日报》理论周刊

南粤实践

统筹应对疫情下全球供应链变局

◎ 毛艳华

2020年年初暴发的新冠肺炎疫情，至今已影响全球两百多个国家和地区，多国经济处于停摆状态。在当前经济深度全球化进程中，新冠肺炎疫情对全球供应链会造成什么冲击？广东是外经贸大省，进出口企业正在面临着哪些挑战与机遇？如何采取有效对策稳定全球供应链？深入分析和评价这次新冠肺炎疫情的冲击与影响，对于更好地提高区域供应链的安全性、稳定性和掌控力具有重要意义。

疫情暴发加速经济全球化结构调整

新冠肺炎疫情暴发是对全球化的严峻考验。经济全球化的本质是互联互通，而当前疫情防控则需要限制流动和实施隔断。疫情在全球暴发后，主要发达经济体以及重要跨国公司普遍意识到现有全球供应链体系在风险冲击下的脆弱性。实现重要物资本地化供应，或至少分散供应链降低风险成为主要进口国和重要市场主体的共识。因此，新冠肺炎疫情大流行将深刻改变人们对经济全球化的认识，将进一步加快经济全球化结构调整。可以预见，疫情后很多国家的政策会更加转向内向发展、自主发展和安全发展。同时，企业国际化战略会重新调整，减少跨国性的价值环节，提高产业链的集聚，加快供应链的国内布局，以应对各种不确定性的风险。另外，数字化进程将加速，大网络、大数据在全球化互联互通中的重要性更为突显。

长期以来，世界经济繁荣得益于经济全球化和区域一体化。在跨国公司、科技革命和信息技术驱动下，国际分工体系已经走向价值链分工，国际分工日趋细化，同时全球经济也更加相互依赖。面对后疫情时期的全球化新特征，需要加强对新形势的研判，制定新的战略和新的政策，既要不断提升我国的话语权，捍卫全球化的基本体制和基本方向。同时，也要适应全球化结构调整的趋势，把国际经济结构和国内经济结构调整相结合，加快国内经济结构调整的步伐。无论是从当前应对疫情传播、防疫物资流通，还是维持经济增长、保护就业各个方面来看，关键是维护全球供应链的稳定。

既要直面挑战，也要把握机遇

首先，疫情冲击进口供应链。珠三角地区的汽车、石化、电子、机械及器材等制造业已深度融入全球价值链分工体系，中间产品和核心零配件高度依赖发达市场。然而，随着欧美主要疫区国家的防控措施逐步升级，所在国企业的正常生产、经营活动都会受到不同程度的影响，珠三角

地区的进口供应链也将受到一定的冲击。其次，疫情也影响出口供应链。全球疫情影响了海外消费市场，高度依赖出口的珠三角外贸企业同样面临考验，普遍面对"物流遇阻、销量萎缩、遭遇退单"的困难。第三，疫情暴发诱发新的贸易壁垒。疫情暴发叠加各种贸易保护主义抬头，容易诱发各种关税措施或非关税壁垒，给进出口企业的正常贸易活动带来障碍。

但是，每次危机都蕴含着机会。新冠肺炎疫情暴发后，中国政府采取果断措施，形成强大的社会动员能力，阻断病毒传播渠道，积极开展医疗救治，迅速把疫情蔓延的势头控制下来。随着全球防控疫情在中外之间形成的"时空差"扩大，中国经济出现"时空窗口"。基于我国向好的疫情态势以及市场与产能优势，珠三角会进一步成为全球外商投资和贸易订单的承接中心。因此这种"时空差"有助于珠三角企业通过增量扩产、对外贸易与投资，强化对全球供应链的掌控力。同时，"时空窗口"有助于增加珠三角产业链嵌入全球价值链的长度与高度，提升珠三角企业在全球供

应链中的整合能力。

具体来看，珠三角外贸企业一方面需要重视这种贸易新业态的影响，抓住机会加快向线上转型，利用好跨境支付和各种新技术力量，推动自身转型升级，大力发展跨境贸易；一方面也要趁着疫情加强自己的数字化能力，掌握核心技术和掌控关键环节，并由重资产向轻资产转变。

调整策略应对全球供应链变局

广东是外经贸大省，在全国应对疫情影响保持外贸外资平稳发展大局中具有十分重要的作用。面对疫情影响下的全球供应链变局，短期政策重点是稳住外贸基本盘，中长期政策要有利于实现供应链的安全性、稳定性和掌控力。

第一，出台更多精准化的供应链安全保障措施。在财税金融支持政策方面，统筹融资、信贷、保险等政策，帮扶中小企业应对疫情冲击，恢复区域产业链和供应链。针对大型外贸企业，要保障供应链的安全，地方政府要想方设法稳住供应链上下游的安全，协助企业处理可能出现的新贸易壁垒。支持广东自贸试验区和跨境电商试点城市发展外贸新业态新模式，帮助企业利用海外仓扩大出口，做大跨境电商和跨境服务贸易。

第二，加强主要供应环节的区域布局。抓住后疫情时期全球产业链重塑的战略机遇期，大力实施区域协调发展战略和区域价值链升级战略，加强主要供应环节的区域布控。要加快粤港澳大湾区产业协同发展，实施"一核一带一区"协调发展战略，通过区域的垂直整合，加快形成具有全球竞争力的区域性完整产业链中心，巩固广东省电子信息、家电制造和石化产业在全球价值链的地位，保障产业供应链安全；发挥国内市场的规模优势和产业体系完备的优势，加强与国内其他区域发展战略对接，加强区域价值链建设，不断提升我省重点产业链的压力测试能力。要坚持开放合作的理念，加强与欧美市场合作，稳定现有的全球产业链和供应链，同时抓住RCEP（区域全面经济伙伴关系协定）谈判、中日韩经贸合作和"一带一路"建设加强新供应链布控，支持"走出去"企业加强区域价值链培育，优化区域供应链布局。

第三，依靠核心技术增强对供应链掌控和整合能力。无论从疫情防控产品本身来看，还是从一般商品的供应链安全来看，掌握核心部件和关键环节，提高贸易产品的国际市场竞争力，仍然是需要长期解决的问题。例如，虽然广东在口罩、呼吸机等防疫产品制造上有一定的产能优势，但在被称作口罩"心脏"的主产品——熔喷布的供应上存在较大短板，而且相关加工设备尤其是核心零部件仍要高度依赖从日本和德国几个有限企业的进口。因此，广东企业应思考如何提升技术水平、加强对供应链上下游的掌控与整合能力，从而在激烈的国际竞争中获得在全球价值链中无可替代的地位。

第四，向数字化智能化升级，加强供应链的稳定性。当前，在防控疫情与复工复产有序推进下，我国经济已呈现恢复性增长态势，产业转型升级进一步加快。从长远看，数字产业、智慧物流、服务外包、线上支付等产业的出口与对外投资存在巨大的市场空间。广东的外贸企业要抓住机遇，加快向数字化智能化升级，加快建设工业互联网，运用人工智能、大数据、云计算、物联网等技术改造传统生产工艺，开发替代性供给来源和增加安全库存，提高企业生产与管理效率，提升供应链的稳定性。

第五，以营商环境优势提高供应链的"黏度"。在全球供应链分工中，区域供应链的"黏度"取决于高端要素的集聚程度，而后者依赖于区域的整体营商环境。因此，应对疫情影响的全球供应链变局，关键是加快一流营商环境建设。要加快《外商投资法》和《优化营商环境条例》实施，完善相关配套行政法规。要更加重视贸易投资自由化，清除市场准入壁垒，施行无差别政策。要提高营商环境便利化水平，为外贸企业降低税费成本，同时实现无纸化运转，降低通关成本。还要扩大服务业开放，创造新的投资增长点。

（作者系中山大学港澳珠三角研究中心教授、国家社科基金重大项目"新时代粤港澳大湾区协调发展机制体系研究"首席专家）

本文刊发于2020年4月13日《广州日报》理论周刊

制造业有序转移与区域协调发展

◎ 王　珺

工信部等十部门联合发布的《关于促进制造业有序转移的指导意见》（简称《指导意见》）提出了制造业有序转移与承接的原则、重点和要求。落实好这个《指导意见》，需要深刻认识其背景、特点以及广州在这个过程中需处理好的几个关系。

制造业有序转移的发展背景

这个背景可从三个方面来理解。从理论背景看，地区间的发展变化主要是通过资源流动连接起来的。一般来说，劳动力从低收入地区流向相对高收入地区，产业资本从相对高成本地区流向相对低成本地区。然而，这两种资源对区域协调发展的作用完全不同。前者有利于提高劳动力边际生产率、劳动力资源利用率和工资水平；而对劳动力流出地，其对工业发展带动有限。比如说，流出去的多数是当地较高素质的青壮年劳动力，这样的群体大量外出打工影响到产业资本的流入。而以制造业转移为重点的产业资本流入则会促进区域协调发展，因为在一个地区内生能力有限的情况下，引导制造业等产业资本流入，不仅增大当地经济规模，也创造更多就业机会，从而提高人均收入水平。如果流入当地的产业资本势头不减，不仅当地劳动力流出动力会减弱，甚至一些外出的劳动力也可能回流。

从历史背景看，发展初期，劳动力流出一般是先于制造业等产业资本流入的。一方面，劳动者流动只需要考虑流入地与本地间的预期收入水平差距，而作为产业主体的企业迁移所考虑的因素就复杂得多，如地理区位、交通条件、营商环境、产业基础、要素匹配和资源禀赋等。另一方面，大多数地区都是制造业承接地，许多中心城市也是集聚效应远远大于扩散效应。随着经济发展，一些地区因集聚而使其人口密度和经济密度迅速增大，因而该地区土地、劳动力等价格与周边地区差距拉大。于是，该地区的一些占地较多、附加值偏低的企业会率先外迁。如果这样的地区在发展中不断增加，可转移的环境与条件也不断改善，制造业转移就变得越来越普遍。所以，它是经济发展到一定阶段的产物。我国全面建成小康社会后，已进入这个阶段。

从实践过程看，改革开放以来我国东中西部发展差距经历了先拉大后缩小的过程。珠三角和粤东西北地区间的发展差距变化是一个缩影。数据显示，40多年来两者的人均GDP之比也有一个从拉大到缩小的过程，拐点在2005年。这一年两地间人均GDP之比达到4.05，随后不断缩小，2021年降至2.59。之所以出现这种变化，是因为2005年前，粤东西北地区主要是劳动力流出，而缺少产业资本流入。此后，广东省加大了基础设施投入和重大项目投资，产业资本开始流向粤东西北地区。全球金融危机对珠三角产

业"腾笼换鸟"的倒逼加速了陶瓷、皮革、制鞋、纺织和家具等行业跨地区转移。"十三五"以来,在"一核一带一区"政策引领下,通过加大财政支持、深化对口帮扶、改善运输条件、优化产业布局和发展特色产业等有效举措,流入粤东西北地区产业项目进一步增多,区域协调发展进程不断提速。

当前制造业转移的主要特点

当前的制造业转移主要有三个特点,首先,制造业转移是企业将研发、生产与营销等业务跨地区分布的一部分。比如说,将生产环节放到土地成本较低的地区,而将研发、营销或总部放到核心城市,通过跨地区分布,使企业获得不同地区的多种优势。调研中发现,不仅珠三角核心城市的企业将研发与营销留在本地、生产制造环节向外转移,而且粤东西北地区许多有能力的企业也把研发中心纷纷设立在核心城市,把当地作为生产基地。这种现象两年前在粤东西北等地还是凤毛麟角,今年却已变得十分普遍了。可见,这两个方面都是企业根据各地区优势进行功能再配置的过程。

其次,制造业转移不是简单的工厂搬迁,更不是传统、落后产能的转移,而是技术设备的改造与更新过程。一方面,因为承接地对流入的产业项目在生态环保与技术标准等方面都制定和实施了与制造业输出地一样的严格要求,明确了哪些项目不引进的负面清单。另一方面,许多企业恰好利用制造生产环节的转移机会,围绕着数字化与绿色化,使用新技术、安装新设备和新生产线,推进数字化转型与绿色低碳发展。这类似于一个"小康家庭"搬新房子,它并不是将用过的老屋家具都原封不动地搬过去,而是个性化地定制诸多适合新房子的新家具。

最后,制造业转移是一个集约化发展的过程。随着地区间的土地价差扩大,一方面制造业输出地以"三旧改造"为抓手,将土地资源从低附加值产业配置到高附加值产业上来,使单位土地产出率明显提高。另一方面制造业承接地以园区发展为重点,通过园区规划与建设,提供不同产业发展所必需的公共设施，如对化工产品、金属制造等园区污水排放的集中处理，把不同企业招聘的技工和人才所必须的住房、教育纳入公共服务范畴。此外，为提高园区经济密度（单位土地面积的GDP产值），许多产业园区创新管理方式，通过引进产业链中的龙头企业，并委托其对园区进行经营管理，带动了上下游企业入园，实现了园区向集群的转变。美的南沙工业园建设与经营管理就提供了这样一个成功案例。

广州在推进制造业转移中的重要作用

近年来，广州在推进产业链上下游对接、地区间产业转移合作和科技成果跨地区合作等三种制造业转移模式落地中取得了明显进展。接下来，要持续做好制造业有序转移，还需处理好以下三个关系。

一是制造与服务的关系。作为一个对外开放程度很高的国家中心城市，广州经济的影响力与竞争力从来都不是以自己的生产和服务满足自己消费的自我循环来衡量和评价的，而是看全省、全国乃至全球经济对广州的发展需求和广州高质量地满足这些需求的程度。在企业跨地区配置日益普遍的情况下，越来越多的企业对广州具有优势的技术服务、商务服务、外贸服务、社会服务、创新服务与生产服务等产生了需求。满足这些日益增长的需求驱动了广州第三产业的快速发展，并促使其占比远远高于其他城市。但是，这与制造业立市并不矛盾，而是更聚焦于制造业链条上的中高端环节，如总部经济等以及为制造业发展提供各项专业化服务的领域。如果整个制造业迁走了，那么，研发与营销就失去了基础。当前在企业跨地区布局中，制造业发展已从一个城市的自成体系转向了地区分工合作推动。

二是政府与市场的关系。制造业转移不是靠行政指令来实现的，而是企业根据不同地区的相对成本和市场变化自主选择的结果。虽然政府不能替代企业做出在哪里投资的决策，但是，可以通过公共品供给的数量与质量影响与引导企业的投资决策，诸如运输条件、营商环境、市场秩序和教育医疗等。而地方政府是当地公共品的供给主体，一个地区提供什么样的公共品，直接影响着当地企业的成本收益。现实中，地理区位和资源禀赋接近的两个省市在承接产业转移时存在明显差异的案例比比皆是。所以，更好发挥政府作用是引导企业决策所不可或缺的。在这个方面，广州可探索的产业合作空间还是很大的。比如说，如何将具有引领性的营商环境标准更有效地延伸到共建的产业转移园，或如何以"产业飞地"模式，使广州品牌和广州标准在吸引制造业有序转移中发挥更大的作用等。

三是集聚与扩散的关系。城市是通过与外部互动来实现能量转换的。一个城市如果传统产能转不出去，那么，新产业就缺少发展空间。粤港澳大湾区建设前的港澳地区因缺少发展腹地，使新产业发展受到限制的事实说明了这一点。如果传统产能转出去了，而新产业、新产品或新业态没有及时地发展起来，那么城市也会出现发展动力不足甚至衰落。20世纪80—90年代英国利物浦、曼彻斯特和伯明翰以及美国的匹兹堡、芝加哥等城市在一定程度上的衰落就是例证。只有通过创新驱动，不断推陈出新，才能在保持城市增长中创造出源源不断的产能外溢，进而形成广州与其他城市的联动发展。对广州而言，必须坚持把创新摆在全局发展的核心地位，不断营造适宜创新创业的生活、工作与生态环境，使不断流入的高素质人力资本进得来，留得住，过得好。只有加快创新发展，才能提供源源不断的转移资源，从而更好地促进广州与周边城市联动发展。

（作者系广东省社会科学院教授）

本文刊发于2022年4月12日《广州日报》理论周刊

稳金融是稳产业链供应链重要抓手

◎ 林　江

2020年5月4日，国务院金融稳定发展委员会召开了第28次会议，对金融支持实体经济力度的持续加大表示肯定。会议还指出，在应对疫情的关键时期，我国金融政策为支持经济复苏、维护金融市场稳定运行应该做出及时调整。金融是经济活动的核心，是实体经济的血液，金融稳了，经济就稳，金融活了，经济就活。同时，今年的政府工作报告也要求财政资金直达市县基层，直接惠企利民，确保新增金融资金主要流向制造业、一般服务业，尤其是中小微企业。

兜住底线，守好基本盘

从中央政府的政策取向分析，稳金融成为保市场主体，进而保产业链供应链稳定的重要抓手。事实上，当前疫情在国际上还没有得到有效控制，世界经济下行风险依然较大，从而对我国形成输入性的疫情压力，导致居民消费压抑、投资活动放缓、企业经营困难、居民收入放缓、财政收入下滑以及就业压力加大等问题。通过稳金融实现保市场主体，其实是贯彻落实中央一直强调的底线思维，即兜住底线，守好基本盘。

今年的政府工作报告显示，提高赤字

率，包括增发特别国债和地方政府专项债券、运用降准降息再贷款等财政与金融相结合的手段，确保市场流动性合理充裕、引导市场利率的下降以确保资金流向实体经济行业和中小微企业等，均体现了积极的财政政策以及适度灵活的货币政策的互动在保市场主体中的重要作用。

无论是央行采取适度灵活的货币政策还是财政部通过增发特别国债以及地方政府增发专项国债的措施来帮扶企业，目的是一致的：希望疫情过去之后，地方政府能够拓展更多的税源来偿还政府债务，而企业能够安然走出疫情带来的经营困境，并通过提高经营效率以增加营业收入，提高利润率。

值得一提的是，强化金融对实体经济的支持，还体现在金融机构对市场主体的合理让利上。6月17日举行的国务院常务会议还提出，推动金融系统全年向各类企业合理让利1.5万亿元，其政策落脚点与财政的扶持政策是一致的：一方面，增加市场主体的可支配资金的体量；另一方面，增加市场的流动性，让金融机构有更多可支配的信贷资金，再贷款给市场主体，特别是从事实体经济的企业。

政策实施要精细化、精准化

政策虽好，但要落实落细，才能发挥真正功效。当企业通过政府的减税降费政策及金融机构的让利，增加自身的可支配财力时，要思考如何引导企业更好地增加对其生产、运营的投入，包括增加研发、市场拓展等领域的投入。比如，受疫情影响较大的外贸企业，需要投入巨量资金进行研究开发、组建销售团队，以及拓展电子商务的销售渠道。如果缺乏科学规划，业务转型可能就成为一句空话。

同样地，在适度灵活的货币政策下，为金融机构释放出数以千亿元计的可支配信贷资金时，要思考如何让金融机构及时调整对企业客户的信贷评估政策，从而有针对性地为不同企业提供不同的让利措施。不然，金融机构可能只是坐拥庞大资金，而继续实行惜贷政策，或者把资金转做信托投资、介入金融衍生产品等，而市场主体，特别是从事制造业的中小微企业依然会面对融资难、融资贵等问题，这将不利于实体经济的快速复苏。

说到底，对实体经济是否帮扶以及如何帮扶，政策一定要精细化、精准化。比如，虽有疫情影响，但一些本该淘汰的产业和企业应该果断淘汰，不能简单地对它们提供资金支持。而对于那些真正具有发展潜力的、需要帮扶的企业，则要精准识别。其次，在强化政府对企业进行融资帮扶的同时，还要切实为受助企业在疫情过后恢复生产经营出台配套政策，同时强化货币政策与财政政策的协同。

进一步深化财政体制和金融体制改革

随着外资进入我国投资的速度因受疫情影响而有所放缓，我国央行货币发行过程中的外汇占款比重将有所下降，加上在当前中国与个别西方发达国家的经贸、投资关系趋于紧张，我国需要构建相对稳定的经济金融环境的背景下，人民币汇率难以作出较大幅度的调整，再结合适度灵活的货币政策，广义货币供应量的规模已经显著扩大，通货膨胀压力自然升高，除了常备借贷便利（SLF）、中期借贷便利（MLF）以及央行票据互换工具（CBS）外，货币政策的操作空间已经大为缩小。相应地，财政政策的重要性将越来越突出。显然，财政政策并非只局限于减税降费以及增减国债和地方政府专项债规模的层面，而需要扩展至债务结构的调整和优惠、最优赤字率的确定、财政贴息政策与定向降准政策的有效配对等层面。

此外，还需进一步深化财政体制和金融体制的改革，为我国保市场主体目标的实现营造良好的氛围。事实上，疫情过后，居民和家庭消费是否会实现"V字型"反弹，取决于居民和家庭预期收入是否会合理增长，也取决于企业的产品质量是否可以满足市场要求。市场有需求，企业才有订单，投资者才有意愿投入资金，企业赚到钱了，那些累积起来的债务才会逐渐得以消化。社会和市场要实现产供销良性循环，离不开企业的科技创新和政府的制度创新，离不开财政体制和金融体制改革的落实。而制度创新，既需要金融创新，也需要地方政府、企业和社会全体共同作出努力。

以广州市为例，今年5月14日，由人民银行、银保监会、证监会和外汇管理局联合发布的《关于金融支持粤港澳大湾区建设的意见》，从五个方面提出了26条具体措施，进一步引导更高水平的金融开放，推进金融开放创新，深化内地与港澳的金融合作。这对于广州积极推进金融创新来说，无疑是一个巨大的契机。随着广州期货交易所项目的落成以及湾区国际商业银行建设进程的有序推进，将有望通过区域金融开放倒逼金融改革。再结合南沙自贸试验区在科技金融、供应链金融等领域的创新成果，广州完全有条件凭借自身作为粤港澳大湾区中心城市之一的优势，把相关的金融创新产品在珠三角地区庞大制造业企业群体中进行试验，既可以快速检验哪些金融创新成果可以复制推广、迅速市场化，也可以检验哪些企业属于金融机构和金融市场眼中的"好"企业，从而让稳金融得以保市场主体的政策功效最大限度地展现出来。

（作者系中山大学岭南学院经济学系教授）

本文刊发于2020年7月13日《广州日报》理论周刊

新起点上如何实现广交会新跃升

◎ 董小麟

随着我国统筹疫情防控和经济社会发展取得显著成效，第130届中国进出口商品交易会（广交会）首创的线上线下联动办展取得了重大成功。线下有约40万平方米展览面积、近2万个展位，7795家企业参展，举办170场新品发布活动，累计60万人次进馆；线上超过287万件展品上传，约2.6万家中外企业参展，参展企业累计直播4.3万场次；同时举办首届珠江国际贸易论坛……一系列亮丽数据，创下了近年来特别是疫情以来广交会影响力的新高；一系列创新举措，为全球会展业突破疫情阻隔闯出新的发展路子提供了最新范例。

国家主席习近平在致第130届广交会的贺信中指出："广交会要服务构建新发展格局，创新机制，丰富业态，拓展功能，努力打造成为中国全方位对外开放、促进国际贸易高质量发展、联通国内国际双循环的重要平台。"这为广交会在新时代的发展方向和基本路径作出了清晰的指引。

第130届广交会的创新经验与启迪

广交会素有"中国第一展"之称。广交会品牌能够长期具有很高含金量，与广交会坚持创新发展密切相关。2020年广交会应对突如其来的新冠疫情，首创世界大型贸易展会在线举办的模式；而2021年秋季的第130届广交会，在广交会创新发展史上，更具有里程碑的意义。

——实现疫情以来世界大型会展线上线下融合办展的新创举。线上线下"两条腿走路"，有利于吸纳更多国际厂商参会。"线上"具有全时空的便利性、广泛性，线下便于深度对接、延伸洽谈，二者在优势互补中取得比单纯线下或单纯线上更大的国际市场覆盖面和更好的交易业绩。这一经验不仅适用于抗疫条件下的大型会展，也必将成为引领信息化、数字化时代新型会展业的新模式。

——创新服务内容，延伸广交会服务链。一方面，根据产业发展趋势及时优化调整展区，拓展地方优势特色产业系列推介和贸易配对活动，特别是为国家外贸转型升级基地与知名跨国采购集团举办精准对接会，助力地方产业和品牌拓展国际市场；另一方面，在进一步做好线上线下原有外贸配套服务基础上，首次引入第三方公共海外仓、航运等系列服务，通过延伸广交会的服务链，进一步提升了参展客商的便利度、满意度。

——首次在广交会线下同步举办珠江国际贸易论坛。主论坛与分论坛分别以"中国的新发展为世界提供新机遇""高水平开放与贸易创新""新发展格局下的外贸新业态新模式"和"粤港澳大湾区国际贸易合作"为主题，拓展了广交会功能和内涵，进一步提升了广交会在国际经贸合作交流中的平台功能。广交会今后将继续实行国际会展与论坛结合的模式，这对于扩大广交会的国际传播力、构筑新的中国声音发布平台，都具有重要意义。

——同时发力供给端与需求端，优化参展商和采购商结构。出口展区首次同时向国内采购商开放，结合国家倡导内外贸产品"同线同标同质"的要求，对于推动优质产品更好同步满足国内外市场需求，对于吸引国际消费力回流、促进国内消费对经济增长的拉动作用，服务国内国际双循环，具有积极意义。

中国会展产业的发展契机与发展趋势

会展是经济文化发展水平与区域及国际交流交往的重要展示平台。我国作为当今全球产业体系最完备的国家，对国际社会的需求具有很强的供给能力；而自身内需规模和潜力之大，也促成了对国外供应链进入中国的极大吸引力，构成了发展我国国际会展产业的持续支撑力。与此同时，会展产业对一国一地的发展，不仅具有"窗口"作用，更有"信号"和"引擎"功能，在构建"双循环"新发展格局中，有着不可替代的价值。

当前，全球经贸关系正处于世界百年未有之大变局的影响之下，既有一系列不确定不稳定因素的影响和干扰，也同时存在着闯出新局面、实现新突破的重要机遇。随着我国"双循环"新发展格局的构建，以广交会、进博会、服贸会和消博会等我国主办的国际大型商贸会展为代表，中国在国际经贸会展领域已形成愈益提升的竞争力影响力，中国会展产业正在努力赢取新的发展空间。

综观国际会展产业发展动态和我国的发展环境，中国会展产业将在我们走向现代化进程和构建新发展格局中呈现新的跃升态势：一是线上线下"两条腿"走路成为会展业特别是大中型商贸会展可长期采用的运作方式，线上会展全时空、常态化办展空间将进一步开拓；二是会展产业集群化发展优势更为突出，珠三角、长三角和京津及环渤海地区较成熟的大型会展集群进一步做大做强，中西部地区也将在形成"双循环"新发展格局中推进会展集群发展，其中能更好体现区域发展特色、服务国家发展大局并具有对接国内外市场显著优势的可赢得更大发展空间；三是会展业结构将更臻丰富，其中专业性会展是国际会展界的最大群体，其对特定产业领域的深耕有利于突显特色优势，中国专业性商贸会展已初露头角，预期今后能涌现一批以国内优势产业为支撑、走向国际化的专业会展品牌；四是发达国家已形成一批拥有相当强行业竞争力影响力的专业性会展公司，主导着国际会展行业的话语权，中国也必将需要不断提升办展企业的实力和走向国际的影响力，同时延伸会展业的产业链服务链。

丰富业态拓展功能　持续做强广交会平台

在第130届广交会不负众望、成功举办的基础上，广交会和中国国际会展业，必须坚持创新机制、丰富业态和拓展功能，为我国发展高质量对外经贸关系和构建新发展格局，发挥更积极的支撑和引领作用。

广交会要焕发新活力，从创新机制和丰富业态角度看，一是要进一步丰富会展结构。广交会可以扩大综合性展会与专业性展会的结合，在办好一年两季综合性会展的同时，发展多时段的专业性会展，进一步丰富广交会品牌统领下的集团化会展业态。二是继续充实线上线下办会模式。结合现有的经验，在常态化疫情防控背景下，可发展定期的线下展会与长期或不定期的线上专项展会的结合，线下以定期为主，线上可以多时段、多主题进行，使广交会运营的生命周期呈现的业态更加丰富，让其覆盖的国内外市场更加透彻。三是在会展产业的产业链延伸中发展新业态。如可以通过广交会的平台指导建设海外仓、海外智慧物流平台等；可以在珠江国际贸易论坛的基础上，结合助力地方经济发展，组织区域性论坛等。四是可以建立广交会与我国自贸试验区、自贸港对接的机制，建立与广州建设国际消费中心城市的联动机制。通过在增强服务我国开放前沿的实践中打造合作新模式，通过支持广州提升国际优质消费资源配置能力等新机制，广交会的新活力必将迎来新的迸发。

从拓展功能角度看，一是加强贸易对投资的吸引力、带动力。贸易是投资的先导，贸易市场的扩大必然拉动投资行为的开展。广交会在进行进出口贸易洽谈的同时，可以把功能拓展至国内外双向投资合作领域，促进商流物流资金流融会贯通，更好服务于"双循环"新发展格局的构建。二是拓展协同发展功能。广交会要进一步增大对国际社会特别是新兴经济体客商参展的吸引力，加大对国际国内骨干企业和重要商会的邀约力度，进而还可建立与国内外区域、城市和行业商会的战略伙伴合作关系；同时在广交会集团下可以吸纳地方企业合作，把会展服务的网络体系覆盖面拓展更广，为全面实现"买全球卖全球"发挥更强劲功能。三是进一步完善广交会信息平台功能。广交会平台不仅是进出口商品展示平台，更重要是信息展示平台，广交会可以在信息发布功能上有新作为，促进国内厂商更好把握国际市场供求关系变动的脉搏，这对于我们加强供给侧结构性改革和国内国际需求侧管理具有重要意义。四是增强广交会服务数字化功能。广交会要用好其主体会址处于广州人工智能与数字经济试验区琶洲核心片区的优势，借助其相关产业高度集聚的条件，在打造数字化会展龙头企业的同时，增强其辐射带动粤港澳大湾区国际化会展产业与现代化技术手段融合发展的能力，为在粤港澳大湾区世界级城市群建设中，更好打造大湾区世界级会展集群国际竞争力影响力作出更大贡献。

（作者系广东外语外贸大学原副校长、教授，广州国际商贸中心重点研究基地兼职研究员）

本文刊发于2021年11月8日《广州日报》理论周刊

"老城市新活力"辨析

◎ 李三虎

粤港澳大湾区为广州迎来了一个重大发展机遇。目前，广州正以"老城市新活力"呈现"国际大都市"的新姿态。老城市代表着一种厚重的历史，新活力是着眼未来的空间展示。辩证地看待"老城市新活力"，有助于认识广州在大湾区中的地位和优势，更好推动广州朝着国际大都市的发展目标迈进。

坚持活力为王，传承老城文明

习近平总书记指出，新型城镇化"新"就新在"以人的城镇化为核心"。城市就是人口集中居住区，是一种不同于农村的生活方式。亚里士多德曾说，人们来到城市就是为了生活，人们居住在城市就是为了更加美好的生活。以人为核心才是城市建设与发展的本质。

人类文明是强大的历史存在，城市通过文明来标识，是一种包含食品提供、建筑、生产和服务等在内的人类文明单元。"罗马不是一天建成的"，是说一个城市来自长期的酝酿、积累和沉淀。所谓"老城市"，就是这样一种文明单元的历史积淀或遗存，对现代人来说是一种"文明象征"。世界上最具活力的纽约和伦敦，都保留了老城街区。老城不老，活力为王。

广州的"老城"，呈现出清晰的长时段历史地理文脉：一是秦朝"任嚣城"，以700平方米的南汉建筑遗址（南越王宫博物馆）为见证；二是明清西关风情街区，包括陈家祠、浮丘石、永庆坊、沙面欧式建筑群等；

三是民国东山洋楼群，以中共三大会址纪念馆最为突出。老城随着时间推移而变化，不断演绎新的生活方式，发展着的老城就是一个"文明连续体"。在粤港澳大湾区城市格局中，广州千年商都历久不衰，无疑是"老城市"。1842年当广州享有"一口通商"地位时，香港还只是一个渔村，后来才逐步成为国际大都会；深圳也从渔村发展而来，1979年以经济特区之名成为打响中国改革开放之声的"新城市"。相对于2200多年建城史的广州来说，香港和深圳是"新城市"。向后看，广州老城市历史文化底蕴深厚。向前看，坚持活力为王，老城市不老，而且会更好。习近平总书记视察广州时强调，要突出地方特色，注重人居环境改善，更多采用微改造这种"绣花"功夫，注重文明传承、文化延续，让城市留下记忆，让人们记住乡愁。实现老城市新活力，就是使历史体现为新的空间场景或生活方式，从而释放出新的发展活力。

从全球城市层级谋划老城市

"老城市""新城市"是以城市历史悠久与否区分，是不同城市的历史纵深比较问题。"大都会""大都市"涉及城市等级体系，是城市空间辐射的横断比较问题。城市等级体系通常以城市人口或规模来划分，一个城市人口规模越大就越有力量。按照我国《关于调整城市规模划分标准的通知》，城区常住人口1000万以上人口的城市就是"超大城市"。纽约的人口在1936年已超过1000万，巴黎、伦敦和东京也都是超大城市。中国不仅有北上广深，超大城市未来将有10个以上，它们都显现出巨大活力。超大城市的力量并不限于人口规模单一因素，人们把城市的辐射影响以"全球城市"加以确定。"全球城市"按照国际经济服务、文化多样性等加以排名，它在美国城市学家萨森那里以伦敦、东京和纽约这些世界一线城市为例得到推广，今天中国的北上广深已经上升为全球城市。

"大都市"是指成为一个国家或地区社会经济活动中心的大城市，"国家中心城市""区域中心城市"都属于这个范畴。这个概念与"全球城市"的含义有所不同，全球城市肯定是大都市，但大都市不能保证一定是全球城市。比如开罗是埃及的大都市，但它不是全球城市。香港"国际大都会"、广州"国际大都市"、深圳"现代化国际化城市"，这些定位冠以"国际（化）"的修辞，意在从"全球城市"角度提升各自国际影响力。"大都会"与"大都市"在国际上属于同一个概念，但在中国"会"与"市"的一字之差反映出国家对香港、广州定位的不同。与"大都会""大都市"相关，还有"都市圈""大都市带"两个概念。按照我国《关于培育发展现代化都市圈的指导意见》，"都市圈"是城市群内部以辐射带动功能强的超大特大城市或大城市为中心、包含1小时通勤圈的城镇化空间结构。与"都市圈"以一个超大特大城市为中心不同，"大都市带"是在一个较大的区域范围内，有若干个彼此分离的大都市区在人口和经济活动等方面逐渐紧密连成一体所形成的一种空间结构形态，是一种新的城市区域空间组织形式和城市区域发展的现象。比如，在粤港澳大湾区城市群中，有香港国际大都会、珠三角都市圈，在港珠澳大桥通车后，珠海—香港—澳门形成的"一小时都市圈"，在良好的湾区交通枢纽轴带支撑下，未来将有可能构成一个"大都市带"。

建成国际一流湾区和世界级城市群，就是要培育具有全球影响力的"国际大都市带"。比较来看，香港的优势在金融，广州的优势在交通枢纽；深圳的优势在企业科技创新，广州的优势在高等教育；香港和深圳的优势主要在经济方面，广州的优势在包括文化在内的综合发展上。国际大都市是一种城市赋能，要紧紧抓住这种赋能带来的成长性机遇，外对标伦敦纽约，内对标香港上海，把优势变为活力之源，补齐短板，推动高质量发展，提升国际影响力，把广州打造成为湾区内一流的全球城市或世界一线城市典范。

以珠江文明轴带激活老城市

"老城市"是历史悠久之城，避免老城市等同于古老破旧无增长之城，就必须使其因活力而具有吸引力。吸引力是城市活力的度量衡。世界城市"新陈代谢"的历史铁律告诉我们，一个城市只有成为吸引一切人群的地点，才能变成"活力城市"。什么是"活力城市"？"活力"是用来描述一个人成长的能量积蓄的，活力本身就是人被激发出来的创造力。但活力城市不是一个人对一件事情，而是许多人对许多件事。在活力城市中，无论是广场、街道、公园和海滨，还是购物中心、商用大楼和市场，到处都充满了生气。

城市活力是一种被激发的城市精神气质，激发这种精神气质就是让城市本身成为经济社会发展、企业成长、科技创新的"增长机器"。粤港澳大湾区位于珠江通往南海的重要出海口，而广州位于珠江出海口之顶。广州要以珠江为文明轴带推动城市时空结构转型，成就一个崭新的"绿色—智慧城市"和国际大都市圈，启动新的"城市增长机器"。要整合既有的历史文化资源，谋划珠江文明轴带发展导向的大都市行动计划，培育珠江文明之花，铸造老城市新活力发展之魂。

广州是粤港澳大湾区中心城市，是海上丝绸之路起点城市，是岭南文化中心和对外文化交往门户。构建"世界花城""美食之都""千年商都""海上丝绸之路发祥地"等各种城市活力场景，沿珠江两岸接续和延展广州城市历史地理文脉。要推动金融为实体经济、科技创新服务，引进创客空间、文化创意、创新创业基地等，让历史街区再现活力和新意，让充满岭南文化元素的老街巷成为年轻人新的打卡地。这既能推动广州解决沿珠江两岸文化发展不平衡不充分问题，又可通过传统与现代文化融合塑造"大湾区时代的海丝新城"形象，展现广州国际大都市的吸引力，提升广州国际大都市文化的国际影响力和知名度。

［作者系中共广州市委党校（广州行政学院）市情研究中心主任、教授］

本文刊发于2019年8月5日《广州日报》理论周刊

打好广州"活力"牌
发展城市群"活力线"

◎ 王　超

　　活力，是粤港澳大湾区的"魂"，广州的"牌"。广州打好"活力"牌不仅要深入贯彻习近平总书记重要讲话和重要指示批示精神，使自身实现"老城市新活力"，而且要使广州在粤港澳大湾区和"一带一路"的交汇中实现"借力发力"，沿着西、东、北三点方向向外延长"活力线"，集聚相互联动的力量，使广州拥有更广阔的发展空间。

广州打好"活力"牌的背景与机遇

　　无论是实现中华民族伟大复兴的中国梦，还是向着构建人类命运共同体的目标迈进，都必须有战略支点。粤港澳大湾区是新时代支撑国家战略的重要支点之一。与京津冀、长江经济带相比，粤港澳大湾区的规划特点非常明显：一是同时部署四个中心城市，而且都是面向全球的国际化大都市；二是具备"一个国家、两种制度、三个关税区、三种货币、多元文化"的独特性；三是与"一带一路"的交汇。广州既是大湾区的中心城市，又是海上丝绸之路的起点，自身的区位优势要求广州基于地处粤港澳大湾区和"一带一路"的结合点上创新体制机制、搭建运作平台，探索开放合作新模式、新路径、新体制，这是打好"活力"牌的取向。

广州用好"活力线"的三点建议

　　所谓"活力线"，可分广义和狭义两层内涵。狭义"活力线"是指以广州为出发点，向深圳、香港、澳门连线，这些连线可称之为"活力线"，产业、科技、金融等规则标准政策就散布在"活力线"上，通过对接连通，在相互联动中实现共同提升。广义"活力线"是指以狭义"活力线"为基础，只是将背景放置在更加宽泛的空间上，从广州出发向东连接福建21世纪海上丝绸

之路核心区，向北连接长江经济带、京津冀、陆上丝绸之路经济核心区，向西连接云南滇中新区，进而在各自方向上继续延伸。"活力线"的连接区域实力越强、越具活力，就越能把广州提升到更高层次，广州在更高层次上也会将对方提升，如此下去，活力生生不息。用好"活力线"，笔者有三点建议。

一是从"借船出海"到"借力发力"。

改革开放初期，广州作为首批沿海开放城市借助港澳优势实现自身发展，这个战略有学者形象地表达为"借船出海"。新时代，我们仍然具备港澳优势，但是这个优势不完全以资本、技术等作为表现形态，更需"借力发力"，进一步学习借鉴港澳在体制机制和国际投资商贸活动中积累的经验，将资本、技术等激发出活力。

二是从"中心城市"到"超级枢纽"。

古代海上丝绸之路的起点之一是广州，向南经海南东部海域过西沙群岛，穿马六甲海峡向西直通印度洋，再向西经红海、波斯湾，到达欧洲和非洲。同时，在明朝（约1575年），广州作为起点向东开辟了另一条航线，即"广州—拉丁美洲"航线，广州出发经澳门出海，穿菲律宾马尼拉港，直通太平洋，到墨西哥西海岸。广州作为东西双向线路的交汇点使广州成为贯通世界东西的大循环式的全球超级枢纽。这就是广州活力的渊源和意义。新时代，广州要立足打造枢纽城市，需与"一带一路"的沿线城

市，即"活力线"城市，特别是最具国际化的城市建立友好关系，建设高水平合作平台，推动广州成为世界级枢纽。

三是从"单侧驱动"到"多侧支撑"。

新时代的改革开放大格局中，广州要有作为必然要求紧扣港澳因素，主动用好港澳资源，突显作为"海洋存在"的优势。如果从"一带一路"所要联动的整个国家发展的大格局、地区发展的大格局以及全球发展的大格局来看，广州不仅具备"海洋存在"的优势，同时还具备"大陆存在"的优势，除了用好港澳资源，还需向更广阔的腹地延伸，以便促进产能、资本、技术等的流通，从而形成多侧支撑广州的态势和格局。

［作者系中共广州市委党校（广州行政学院）习近平新时代中国特色社会主义思想研究中心主任、教授］

本文刊发于2019年7月1日《广州日报》理论周刊

以制度创新引领城市更新

◎ 王世福

伴随着城市化进程，中国的城市发展除了显而易见的新城新区建设成就之外，还包含已建成区的改造更新，以及历史文化城区传统风貌的保护与传承，是整体、综合的城市发展新陈代谢过程。

存量更新成为城市建设主要形式

国内的城市更新实践以及理论研究主要源于改革开放后城市建设与规划中涉及的"旧城改造"工作。当前，建筑质量较差、市政基础设施和公共服务设施较匮乏的老城区，既有城市建设遗留下的各种历史问题，也有快速城市化中建造标准低的现实问题，同时还必须考虑历史风貌保护与市场开发利益矛盾的难题。在此背景下，学术界提出"新陈代谢""有机更新"等理论，形成了城市更新以小规模、渐进式为主导，多种方式并存的基调。

随着城市化速度的逐步放缓，存量建成地区的更新发展成为城市建设的主要形式。一方面，城市更新的形式不再仅是简单的"拆除重建"，也包含了历史街区活化、环境综合整治、建筑功能改变等多样性的更新活动。城市更新不仅是经济性的开发行为，更成为一种更具社会性的空间现象。另一方面，城市更新的主体不再仅是政府与开发商的协作，业主、公众与社会组织等力量越来越多地参与其中，多元主体共同推进城市更新过程。城市居民日益增长的文化、社会、生态等方面的需求也促使城市更新更加注重城市的内在价值，由经济利益单一导向逐渐转向经济、社会、文化等多元价值并重的导向。

历史文化保护优先应是城市更新基本原则

城市更新工作针对的是出现各类问题的城市已建成地区。从问题剖析角度看，大量城市建成区出现老化现象，是有经济与社会两方面原因的。

经济方面，城市中很多成熟区位的建成地区，尤其是旧城中心区，其区位价值由于环境老化、公共设施不足等原因难以实现市场效率，低租金进一步引发低效业态的恶性循环，导致建成环境进一步老化。某些地区即使商业人气与租房市场兴旺，但业主收取租金后往往不会投入到物业品质维护和提升上，这也导致建成环境缺乏资金投入而进一步老化。所以，这些旧城区要么被高强度地物质性置换，要么因低品质而导致环境持续恶化。

社会方面，随着商品房的大量建设以及房改之后单位社区的逐渐解体，当前城市建成区的社会、经济状态日益与住房产权的固化相关，社区原来温馨和睦的邻里关系逐渐淡化。新的社会关系以及空间格局也逐渐确定。但是，大多数城市更新工作仍然表现为再开发形式的推倒重建，采取尽可能增加更多新开发量的规划决策，而对于城市更新地区已有的社会、经济、文化等特点考虑较少，对此有必要进行深刻的反思。

认识问题后，就要有相应的目标设定。当前，城市更新是以城市建成环境为对象，通过政策和实践来修补和解决城市问题，整合、引导城市建成环境活化提升，实现城市社会、经济、文化以及物质环境等多方面可持续发展的目标体系。

首先，城市更新应设定社会更新、进步的目标，更新前后地区社会关系以及社会状态的变化应该成为城市更新的先决议题，包括尊重社区居民、业主、租户等人群的更新意愿，社区的收入水平、公共服务水平以及治理水平是否得以提升等，应该成为城市更新决策必须考虑的社会目标。

其次，城市更新决策的经济目标应该建立在尊重现有权属人经济收入不降低的前提下，结合更新区位引入合适的业态，通过政府协调城市公共利益、社区既有利益与相关开发主体的利益，以实现共建共治共享为衡量标准。

再次，城市更新应该设定清晰的文化目标，建成环境包含的文化属性代表着独具特色的城市文化，是城市的魅力所在。城市更新中传统文化传承与现代文化引入的关系、原居民社会与场所情境的关系处理尤为重要。对于历史文化街区的城市更新，历史文化保护优先也将成为城市更新的基本原则。

最后，城市更新的物质目标应该是空间环境品质的优化提升。城市更新过程中不能通过压缩、减少公共空间来追求开发增量，而应该以容纳更加优质的公共服务为宗旨，通过改善公共环境、道路交通、市政设施等手段，提供更高品质的空间环境来满足城市高质量发展的要求。

城市更新决策应重视制度创新

城市更新不同于以往建设新城新区为主要形式的城市开发建设，主要是对建成环境从空间形态、功能组织以及设施配置等方面进行优化，并协调各种既有的社会关系以获得更好的环境品质。城市更新一般需要新的资源注入，必然涉及对既有利益进行复杂的重组和再分配。为了避免利益重组的过程中出现难以协调的局面，在城市更新决策过程中应该重视制度创新，并以实现经济、社会、文化、物质环境目标并重的结果最优为导向。

首先，需要通过制度创新来明确城市更新的基本职责是维护和培育建成环境，拓展职责是协调城市再开发。相应基本职责，城市更新工作应该能够对城市中的物质性老化有所作为，包括相关责权利的设定和规范，如公共领域的公共环境和公共服务设施的高品质维护、历史文化遗产的精细化保护；私人领域的建筑加固、修缮、功能置换升级；社区层面的环境维护、设施更新等，涉及责任主体设定、资金安排统筹等一系列制度建设，确保建成环境始终以高品质承载居民美好生活。相应拓展职责，城市更新工作应该对物质老化严重的建成地区积极作为，以合适的地区再开发为手段，引入优质资源，制定符合社会、经济、文化发展目标的更新改造方案，促成政府、社区与市场的共建共治共享，并克服其对外部周边地区的负效应，涉及联合开发、社区规划等一系列制度支持，确保建成环境在更新中激发城市活力，承载城市创新。

其次，城市更新是一项社会过程属性显著的公共管理行为，需要建立有效的社会协同平台，作为城市更新成为新时代城市建设新常态的积极应对。制度建设方面，一是设定城市更新中各类项目或建设行为的行政许可权，以及相应公共资金的配套投入等。二是搭建政务服务、专业服务和社会参与相融合的平台，增强市民的责任感和归属感，协助业主采取共商共治的集合行动，开展基于共同缔造的更新方案设计和利益协调，注重地区活力和环境品质的提升以及发展利益的共享。比如，广州已经积累了从"三旧"改造到城市更新的制度及实施经验，各类城市建成区的更新已经初步探索了适应性的策略。新时代城市更新工作应该秉持持续深化改革的创新精神，更加包容、更多共享，朝着老城市新活力的总体目标前进。

总的来说，城市更新强调建成环境改善的同时，应不减损原有权利主体的权益，注重公平，倡导社会认同，并不断实现社区共同体自我更新和可持续发展的社会进步。这既是一个深刻的社会培育过程，也是一个系统的城市治理能力提升过程。城市更新是对一座城市发展能力的全面挑战，也是对一座城市创新能力的综合考验，反映城市的内在价值，可见于城市的日常生活，是一个利益协调、格局重构、协同创新、持续优化的经济、社会进程。

（作者系华南理工大学建筑学院副院长，粤港澳大湾区规划创新研究中心主任）

本文刊发于2019年8月19日《广州日报》理论周刊

构建新发展格局下的"新型消费体系"

◎ 王先庆

不同城市和区域的消费体系建设，与各自的城市定位以及产业、市场、人口等因素有关。在当前"双循环"新发展格局下，构建新型消费体系，应该根据各自的条件和因素寻找相应的消费发展战略及实施路径。

广州是一个实际管理人口超过2200万人的超大城市，作为国家中心城市和粤港澳大湾区区域发展核心引擎之一，它不仅是直播电商、时尚定制等新型消费业态的发源地之一，而且更是华南区域消费中心和正在建设中的国际消费中心城市。因此，广州新型消费体系建设既要与消费水平、产业基础、城市定位相匹配，更要具有培育新型消费引领者的战略远景和形成国际消费中心强大动能的战略设计。在具体对策方面可以从五个方向入手，形成主要着力点，经过三至五年，在全国率先建成国际性的新型消费示范城市，并成为数字经济背景下国际商贸中心建设的加速器。

以新商贸为着力点，引领和促进新型消费上台阶

新商贸的本质就是"互联网+商贸"，即通过数字化、网络化等方式对传统商贸的主流业态、产业链、供应链体系实现"人、货、场"重构及创新升级。这种变革和重构，必然牵涉到传统商圈、商场、市场的功能调整以及客流、商流、物流的流动方向变迁。这就需要新的商贸园区或聚集区提供发展载体和平台，从而形成新商贸的创新中心和成长中心。

国内外经验表明，超大人流量才是形成超级消费中心的关键因素，

将人流转化为客流和商流，必须从城市战略上进行布局。就广州而言，一方面，必须结合新型消费体系建设，重新进行商贸服务业和商业网点设施布局，打造一批新的商贸园区、商贸平台、新窗口，形成新商贸、新消费的试验区。例如，借鉴上海虹桥经验，及时对白云国际机场、广州南站等超大人流量的枢纽窗口进行规划调整，打造一批新商贸创新聚集区。另一方面，大力挖掘、提升和推广一批新型消费的龙头企业，如天河城及太古汇的时尚消费、正佳广场的体验消费、长隆的文旅消费、琶醍的夜间消费等。通过这些龙头企业的连锁化布局和示范带动，形成新型消费的氛围和格局，从而为广州新型消费体系建设提供更丰富的模式、场景和"打卡地"，不断提升广州新型消费在国内外的辐射力和影响力。

以新基建为着力点，加速推进和完善新型消费基础设施建设

新型消费的产生必须满足三个基本条件，即足够多的智能手机用户和畅通的互联网通讯体系、便利安全的移动支付体系和足够多的支付应用场景、高效发达的快递物流体系和配送网络。这种新型消费也正成为当前形势下扩大内需、促进消费、增强经济活力的最大动力来源，甚至正在成为实现"六稳""六保"以及转变经济发展方式、畅通国民经济循环的主要

抓手。因此，如何构建新型消费体系，对于一个城市和区域的创新发展来说，已经不再只是满足居民消费需求这种微观消费的决策问题，而是事关能否顺应消费变革大趋势，培育发展新动能以及抢占未来发展战略制高点等重大战略决策问题。

总之，新型消费离不开互联网、物联网、大数据、人工智能等新技术的有效应用——无论是线上线下融合的深度和广度，还是消费新业态新模式的培育与普及，以及与新商贸、新消费相关的信息网络基础设施，等等。例如，电商直播、远程会展、在线定制、跨境交易、在线诊断、视频谈判等新商贸活动，对网络的大容量、低时延、高速度、超清晰等要求就十分严格。如果没有这些基础设施的保障，新型消费的发展和普及就难以为继，无从发力。因此，广州在大力发展数字经济与人工智能的过程中，应结合新商贸和新消费，重点布局一批与5G、大数据等相关的新基建项目，例如创建商贸大数据产业园区等，从而使科技创新与国际商贸中心、国际消费中心建设有机融合。

以新制造为着力点，推动新型消费与生产制造深度融合

广州处于华南腹地，依托着珠三角二百多个特色专业镇以及近百个产业集群，在全国率先创新构建电商定制、电商直播等新型消费体系。以索菲亚、尚品宅配、欧派、衣邦人等一批定制类龙头企业为代表，通过云平台、在线设计、在线交易、在线服务、线下体验、智能生产等颠覆性流程变革，借助互联网和大数据、云服务，真正实现了"消费引导生产"。与传统的消费和生产过程不同，这类新型消费业态的最大特点就是消费过程和生产过程已经深度融合在一起，甚至消费者直接参与产品设计和生产过程，并为此付费。在这个过程中，消费者的个性体验、品味情趣、精神价值等被深度挖掘，从而不断拓展了消费价值，而且丰富了消费内容和消费场景。显然，在这方面，广州可以结合现有的各类电商定制模式，进一步完善和推广，进而在一定程度上引领全国的消费创新和制造业转型升级。

以新媒体为着力点，促进新型消费与文化旅游深度融合

随着消费升级与产业、技术和城市升级的同步推进，传统科技、文化、创意、时尚、旅游、教育、运动、医疗等行业的功能也在变化，一个显著的变化趋势就是它们被赋予了更多的消费功能。在新型消费体系下，传统的"吃、穿、住、行"所占的比重将越来越低，并被赋予新的内涵。在这一趋势下，消费、商贸与旅游等深度融合，就成为必然，传统的观光式旅游也逐步被更丰富的个性内容所取代。

在这方面，广州发展新型消费有五个重点领域，通过对特色文化和旅游品牌的提炼，形成新的消费服务链和供应链：一是围绕将电商直播与工业旅游、农业旅游、文化旅游、康养运动等融合，打造一批重点消费园区和聚集区；二是围绕服装、珠宝、皮具、家具等优势制造业，以时尚创意、新品发布、个性设计等为内容，大力发展时尚创意消费；三是以广州美食、美景等为对象的旅游消费领域，以"广州嘉年华"为主题，大力推动以"吸引国内外消费者到广州过大年"为内容的国际消费节，打造具有全国标杆性的新型消费品牌；四是可以考虑在南沙自由贸易试验区以及白云国际机场、广州南站，设立以免税商店或免税商品为对象的免税体验园区和体验馆。

以新广货为着力点，打造具有岭南特色的自有品牌消费体系

在当前以国内大循环为主体、国内国际双循环相互促进的新发展格局下，以国内自主品牌商品消费为核心的"新国货"概念正被广泛宣传和推广。而"新广货"无疑是"新国货"的浓缩版。应以广州手信、广州老字号、广州名牌等广州知名品牌的商品或服务消费为重点，形成新一轮"广货"消费浪潮。2008年，结合"广货网上行"等举措，广州有过一轮"广货"促销活动，取得了一定效果。在当前条件下，"新广货"的内容得以拓展，增加了一系列广州特色的服务品牌的消费，如广交会、美博会、广东时装周等，本身就可以吸引客人消费。同时，"新广货"除了包括原来

的名牌产品、老字号外，还可以包括农产品、住房产品等消费领域和内容。例如，可以发展以"岭南佳果"为主要内容的岭南特色水果和农产品旅游消费。此外，还可以结合岭南水乡游、岭南购房游（具有岭南特色的住宅地产）、汽车自驾游等人气项目，深度挖掘具有广州特色、岭南风格的个性化消费需求。

（作者系广东财经大学商贸流通研究院院长、广东省商业经济学会会长、广州现代物流与电子商务发展研究基地主任）

本文刊发于2020年11月2日《广州日报》理论周刊

以高质量生活服务业促进消费结构升级

◎ 魏作磊

消费是一切社会生产活动的最终目的，居民消费是拉动经济增长的第一动力。拓展新消费领域，激发消费市场活力是当前我国应对新冠肺炎疫情对经济造成的负面冲击和构建以国内大循环为主体、国内国际双循环相互促进的新发展格局的战略立足点。

高质量发展生活服务业是全面促进消费的关键

居民消费内容繁多，消费市场复杂多变，但从发达国家经济社会发展实践来看，居民消费结构也有规律可循。其中一个明显特征是，随着社会富足程度（或人均可支配收入水平）的提高，人们的消费需求结构普遍经历了由以衣食住行为主导的基本必需品向以工业品为主导的高级必需品转变的过程。当高级必需品的需求达到饱和后，人们的需求开始转向更高级的精神产品。更高级的精神产品以休闲、文化、娱乐、教育、医疗、保健等服务产品为主。目前，服务消费支出占主要发达国家居民消费支出的比重普遍超过了50%，美国甚至超过65%，其中休闲、文化、旅游、医疗、保健等是服务消费的主要内容。服务消费支出比重上升是经济社会发展、人们生活品质上升和社会文明程度提高的表现形式。高质量发展生活服务业是满足人民对美好生活的向往、增强获得感和幸福感的产业基础。

近年来，随着移动互联网、数字技术、人工智能等新技术的广泛应用以及产业融合发展、人口老龄化、环保主义观念深入人心等众多因素的综合作用，全球服务消费呈现出融合化、网络化、智能化、绿色化和人本化等新趋势，在线服务、网络平台经济、康养服务、产品衍生服务、住家服务、数字消费、智能化服务等成为全球服务消费热点。2019年广州市人均GDP超2万美元，达到了发达国家水平。但是从消费结构来看，近年食品烟酒和居住类支出占广州市城乡居民消费支出的比重分别达到了三成和两成，二者合计超过了50%，而服务类消费占广州市城乡居民消费支出的比重不足35%，与发达国家平均水平有15个百分点的差距。这表明，与发达经济体相比，目前广州消费结构还有很大的提升空间，食品和住宿消费支出比重偏高，服务消费比重偏低，如果考虑到发达国家普遍偏高的居民消费率，广州居民服务消费支出差距会更大。广州市居民服务消费支出比重偏低，既有经济发展阶段决定的广州人均可支配收入不高、食品类支出比重偏高的基础因素，也有房价相对偏高和公共服务发展不足"挤掉"服务消费的结构性因素，更有广州生产服务业发展水平相对不高的产业素质因素。因此，推进生活服务业供给侧结构性改革、高质量发展生活服务业是广州全面促进消费、构建国内大循环的重点产业发展方向和政策着力点。

结合广州市服务业发展基础条件和全球服务业发展趋势，广州市应重点从下面几方面着手

从产业发展理念上，要更加突出生活服务业的智能化、品牌化、绿色化、融合化和人本化发展方向。

第一，紧抓人工智能、互联网和数字技术快速发展机遇，通过智慧生活、"互联网+"、数字化、线上服务、社交圈、远程服务、直播带货（服务）等多种途径创新服务内容，提升传统服务业态，为服务消费市场注入更多活力。第二，鼓励更多生活服务企业打造知名品牌并推进品牌的连锁化经营，通过品牌化和连锁经营降低服务消费市场的信息不对称性，营造放心可靠的服务消费环境，提振服务消费市场信心。第三，生活服务业发展要更加突出以人为本的产业发展理念，服务产品供给与创新要重点关注幼儿照顾、老年关爱、缓解焦虑、社交障碍、心理安慰等特殊人群服务需求。第四，顺应全球产业融合发展大趋势，生活服务业发展要注重线上线下融合、产品与服务融合、生产与消费融合（用户直连制造的C2M模式），通过融合发展不断创新服务内容。第五，顺应全球日渐高涨的环保呼声，更加强调生活服务业发展的绿色理念，从服务产品内容和服务消费环境两方面更加突出低碳环保和生态文明理念，营造人与自然和谐共生的服务消费市场。

从产业重点上，要瞄准居民消费升级方向和全球生活服务业发展趋势。

第一，依托现代互联网、人工智能和数字技术，通过打造"互联网+旅游"、智慧旅游、数字景区等手段提升旅游业能级；以数字化、融合化、个性化和本土化为原则导向高质量发展文化服务产业，促进健康向上的文化服务消费，涵养社会文明，提升人民身心健康水平和幸福感。第二，围绕立德树人核心目标，通过线上教育和线下教育融合互动，高质量发展教育培训，不断提高劳动者技能和科学文化素质，促进人力资本积累和全民终身学习。第三，顺应人口老龄化、少子化趋势和人们对健康生活、美好生活的追求，以标准化、品牌化、科学化为导向大力发展健康养老和康体美容服务业；针对工作学习压力、生活快节奏、独生子女、空巢老人等引起抑郁、强迫、心理焦虑、社交障碍等心理疾病高发趋势，鼓励发展心理咨询、危机干预、心灵抚慰等新兴精神服务行业。第四，信息互联网技术和新冠肺炎疫情催生的宅经济、圈经济、社区经济等新业态渐成潮流，借助APP、微信公众号、电商平台等信息网络平台发展面向家庭服务的安装、维修、清洗、保养、看护、烹饪、配送以及娱乐、知识付费等服务是生活服务业未来重点发展方向。第五，依托数据挖掘分析、人工智能、互联网平台等现代技术，按照智能化、个性化、精细化方向，大力发展理财、保险、投资、消费信贷等家庭金融服务消费。

从环境营造上，政府需不断提升公共服务保障水平。

第一，基础教育（尤其是幼儿托管教育）和公共卫生发展水平不高是当前居民家庭服务消费支出的重要掣肘。为扩大服务消费需求，政府要下大力气提升基础教育和公共医疗卫生服务水平，消除居民家庭消费后顾之忧，增强服务消费信心；进一步提升公共交通、网络覆盖、生态环境等基础设施水平，营造通达便利、健康文明服务消费环境。第二，标准化程度不高是造成服务消费质量纠纷和制约服务消费市场发展的重要因素，提高标准化程度是加快生活服务业供给侧结构性改革的重点方向。在当前服务业行业协会发展水平普遍不高的背景下，政府相关部门应主动出击，积极联合生活服务业行业协会加快服务标准化、品牌化建设，开展服务人员技能培训工作，扩大和普及服务人员持证上岗面，保障可预期的服务质量，刺激潜在消费需求。第三，信息互联网技术的快速发展催生了平台经济、网络经济、线上消费、共享经济等众多新的服务产品，服务产品无形性、不可储存性以及生产消费同时性的产品特性极易造成厂商的机会主义行为和服务消费纠纷，这就需要政府相关部门加强服务质量监督检查，及时回应顾客投诉，提高市场监管水平，保障服务消费市场健康发展。第四，扩大生活服务业对外开放，加快本地服务标准和认证体系的国际化，可通过吸引更多优质国际知名服务企业进入促进本地生活服务业质量标准提升，通过吸引更多异地消费者来穗消费扩大本地"服务输出"。

（作者系广东外语外贸大学经济贸易学院教授、广东省第三产业研究会常务副会长）

本文刊发于2020年12月14日《广州日报》理论周刊

多"极"联动打造广州科技创新强市

◎ 谭苑芳

加快建设科技创新强市，提升广州国际科技创新枢纽能级，建成更加令人向往的创新之城，是广州"十四五"期间经济社会发展的一项重大战略任务与主要发展目标。广州要在建设具有全球影响力的科技创新强市上取得新的突破，关键是要串珠成链，将散落分布的各类重大创新载体平台和域内外优质科技创新资源要素有机链接整合起来，优化城市科技创新布局，提升区域创新协同体制机制，形成多极联动发展格局，全力打造科技创新强市。

第一，做强"南北两极"和中间关键节点，东进南拓推动广州科技创新空间布局进一步优化

科学城、高新区、高新技术产业基地等重大科技创新载体平台具有强

大的科技资源集聚和辐射功能，是一个城市实施创新驱动发展战略的重要创新极。广州"十四五"规划建议明确提出，以中新广州知识城和南沙科学城为极点，举全市之力规划建设链接一系列全市域科技创新关键节点的科技创新轴；广东省推进粤港澳大湾区建设领导小组发布2021年1号、2号文件，重点支持南沙新区创建全国首个"国际化人才特区"，支持黄埔区的广州穗港智造合作区建设。省市联动共同支持南沙、黄埔打造南北科技创新极，为广州科技创新东进南拓、优化创新空间布局、提升城市科技创新能级提供了难得的历史机遇。

位于广州科技创新轴"北极"的黄埔区，具有极为丰富的创新资源和强大的产业基础。其未来发展的关键是要抓住中新知识城上升为国家级双边合作项目和穗港智造合作区建设的战略机遇，加快营商环境创新和产业智能升级，促进中新广州知识城、广州科学城、穗港智造特别合作区、穗港科技合作园等战略创新平台间的联动发展与产业协同，全面提升智能制造产业总体技术水平和产业规模能级。位于广州科技创新轴"南极"的南沙新区，属于后发展地区，创新资源和产业基础相对薄弱，许多产业项目、创新平台等尚处于规划布局、资源导入阶段，具有广阔的发展空间。如何释放"南极"在打造广州科技创新强市中的核心引擎功能和极点高地效应，一是要积极推进南沙科学城、明珠科学园、香港科技大学广州校区等重大科技创新基础设施平台的建设；二要推进科技创新功能性服务平台、战略性新兴产业等优质创新资源在南沙新区的布局与落地，促进"南极"创新链、产业链、价值链在更高水平上协同融合发展。

第二，构建广州科技创新轴多极联动的体制机制，提高广州域内外创新极和关键节点间的协同创新水平

多极联动打造广州科技创新强市，应在三个不同层面着眼：一是加强广州各区的多极联动。应通过整体规划布局、功能定位的专业化差异化以及将协同创新与联动发展纳入考核指标等手段，切实提高广州各区的协同创新意识和产学研合作水平，避免各区之间出现争夺创新资源的重复建

设和同质化竞争，造成产学研创新链条脱节和创新资源的闲置浪费。二是加强广州与广深港澳科技创新走廊的其他重大创新平台、关键创新节点间的多极联动。可通过科技资源共建共享、城市间规划衔接、优惠政策互认互动、利益分配机制创新等手段来实现。三是加强广州与全球科技先进城市的创新发展联动。广州应积极融入全球创新体系，通过国际规则对接、鼓励建立联合实验室、科技资源共享等体制机制改革创新，加强广州与海外创新链、供应链间的发展联动，以开放合作促进广州科技自立自强战略支撑。

建设科技创新强市，人才是关键。一方面要着重发挥大学城、科学城、知识城和诸多高科技产业园区在创新人才集聚中的蓄水池功能，促进高校、科研机构、高科技企业、科技服务中介间的深度联动合作；另一方面要着重抓住南沙创建全国首个"国际化人才特区"的历史机遇，率先建立起与国际接轨的人才政策体系和服务保障体系，强化南沙在吸引集聚国际化创新人才中的核心引擎功能，打造国际创新人才高地。

第三，构建更为便捷完善的交通与信息廊道，进一步夯实广州科技创新多极联动发展的基础支撑体系

从国际先进地区和城市的发展经验和趋势来看，随着城市空间扩容拓展和城市群集聚发展，科技创新从"单极"向"多极"空间格局的扩散演变已是一种必然趋势。以交通干线将区域和城市内分散的重要创新极点有机串联起来，以空间互联互通带动科技创新要素的互动与集聚，依托交通廊道形成科技走廊、创新轴带的发展新格局，已成为引领区域和城市科技创新从单打独斗向区域协同转型的新范式。如国际著名的旧金山湾区101公路科技走廊、纽约湾区128公路科技走廊、东京湾区东海道新干线创新带以及国内的长三角G60科技创造大走廊、广深港澳科技创新走廊、杭州城西科创大走廊等，都是依托高速公路、城际轨道、城市快速交通网等复合型交通要道而规划构建的科技创新走廊。

广州要实现科技创新在空间上的多极联动，应以快捷城市复合交通网

络和高度发达的信息通讯网络为基础，将广州科技创新轴串珠成链，促进创新极和关键节点上的技术、人才、信息的低成本快速流动，提高广州科技创新轴上的各创新极和关键节点之间的互联互通水平，以夯实广州科技创新多极联动发展的基础支撑体系。加快建设中新广州知识城、南沙科学城联通中心城区的轨道快线，建立起广州科技创新轴联通南北两端的快速通道。优先实施广州科技创新轴内的市政道路网络结构性提升工程，完善联通各创新极和关键节点之间的快捷城市交通体系。优先完成广州科技创新轴上的5G网络布局，大力发展智慧交通，优化科技创新轴中的交通资源配置，采取"5G+智慧交通"模式进一步提升创新极和关键节点间的道路通行能力。重点依托广州人工智能与数字经济试验区、南沙国际化人才特区和广州穗港智造合作区，高水平建设国际数字信息枢纽，实现交通廊道、信息廊道与科技创新廊道的深度融合发展。

（作者系广州大学广州发展研究院副院长、教授）

本文刊发于2021年5月17日《广州日报》理论周刊

打造市域社会治理现代化的城市典范

◎ 文　宏

　　加强和创新市域社会治理，推进市域社会治理现代化，是党站在新的历史交汇点，以习近平新时代中国特色社会主义思想为指引，提升社会治理水平、推进城乡有机融合的重要举措。广州作为我国改革开放的前沿阵地和粤港澳大湾区的中心城市，由于各种社会要素发生深度变革，市域社会治理现代化建设不断面临新命题和新要求。对此，广州应把握政治大局、厘清权责关系、系统整体筹划、立足制度目标，建构系统完备、科学规范、运行有效的市域社会治理体系，打造具有"时代风格+地域特色"的现代化城市典范。

把握政治大局，瞄准着力方向，坚持建设目标不变

　　市域层级在社会治理实践中具有承上启下的枢纽作用，是实现国家治理现代化的重要支点。随着城镇化的不断深入，工业化与信息化的持续推进，人口资源与社会要素不断向城市聚集，要求社会治理强化市域层面的统筹规划作用，提升人民群众的获得感、幸福感和安全感。

　　广州作为全国市域社会治理现代化的首批试点城市之一，面临着人口结构复杂、利益主体多元的治理情境。深入践行习近平总书记对广东要在营造共建共治共享社会治理格局上走在全国前列的嘱托，发挥引领和示范作用，建立高效协同且富有活力的社会治理共同体，是当前广州市域社会治理的重要时代命题。一是把握政治大局，强化党的领导，充分利用党的领导在超大城市社会治理过程中的政治整合功能和嵌入特征，强化为民

服务的工作实效，把党的领导始终贯彻至市域社会治理的各个领域和不同环节。二是推进组织建设，巩固党的执政基础，以群众喜闻乐见的形式走入寻常百姓家，在服务群众生活、解决群众问题、满足群众需求中，不断提高群众对打造市域社会治理现代化城市的概念认知、目标认同和信心决心。三是瞄准着力方向，聚焦治理短板，抓住人民最关心最直接最现实的核心利益问题，找出市域社会治理的最大公约数，凝聚出市域社会治理的最大同心圆，下沉社会治理的资源、服务与管理，有效降低市域社会治理成本，提升市域社会治理的效率，优化提升基层党组织领导下的"令行禁止、有呼必应"共建共治共享社会治理格局。

厘清权责关系，强化技术赋能，保持建设动力不减

市域作为国家治理体系中承上启下、以城促乡、以点带面的中间层级，充当上级政府政策执行者以及本地域政策制定者的双重角色。随着新时代的到来，线上线下的诉求互动与高质量经济发展的治理需求越来越多，都呼唤市域社会治理水平的整体提升，强化市域社会治理的效能贡献。

广州作为典型的超大城市，在市域社会治理领域，面临更具跨界属性和连锁反应的公共事务治理情境：不同公共事务之间彼此存在高度关联，单个公共管理事件有可能引发后续连锁反应，单一主体难以独立承担相应的治理任务。为了更好地满足社会治理需求，一是创新治理模式，强化技

加强和创新市域社会治理
推进市域社会治理现代化

术赋能。通过数字技术和科技手段，大力强化数字化技术在公共服务和社会治理场景中的应用，将市域社会治理深度融入数字技术应用的多领域、全过程。二是重视互联思维，推进业务协同。强化互联网思维在移动政务中的深度融合，整合政府服务热线和网格化服务管理系统，实现不同层级的政府信息系统和城市管理平台的一体运行，构建网络政务服务体系。三是厘清权责关系，形成工作合力。整合职能相近、职责交叉与协作密切的治理部门，通过智慧政务与整体协作，强化市域社会治理的科学化、精细化和智能化，提升市域社会治理效能，确保市域社会治理建设持续推进。

系统整体谋划，逐步扎实推进，做到建设效果不降

市域社会治理是一个综合性的系统工程，市域层面的党组织、政府职能部门、社会组织等治理主体，需要优化治理结构、充分利用各种治理要素，统筹协调好市域层面的政治资源、行政资源、市场资源、社会资源，协同经济与民生、文化、生态和社会的多种关系，切实保障民众权益。这要求系统整体筹划，逐步扎实推进，将市域社会治理的政策目标转化为具体的治理实践。

广州是一个快速成长的现代化城市，人口高速流动、人口居住密度偏高以及社会原子化等特征显著，稳步推进市域社会治理，提高社会治理水平，是广州现代化建设的题中之义。一是发挥制度优势，优化市域社会治理的"底层架构"，吸纳各类资源到社会治理场域当中，提升基层党组织的政治能力、服务能力与组织能力，着力完善社会多方力量参与社会治理的法律制度。二是优化资源配置，重点解决社会治理属地化管理体制带来的回应性不足、协同治理不力、服务碎片化等症结，形成相互协同、共同发力的合作局面，凝聚强大的市域社会治理向心力。三是整合多方力量，形成共治格局，狠抓公共服务和社会事务的品质提升，坚持问题共治、工作联动、信息互通，切实保障共建共治共享社会治理成效。

立足制度目标，积极争先创优，确保建设进度不缓

要实现市域社会治理现代化的目标，需要坚持系统治理与源头治理的思维，不断强化市级层面的统筹协调、资源配置以及研判决策功能，重视资源统筹、组织协同与城乡融合，强调中心城区的示范带动效应，提升市域社会治理核心能力，形成市域层面的上下联动、主体互通、资源共享、组织协同的新型社会治理体系。

广州作为市域社会治理现代化的重要展示窗口，需要立足制度目标，从顶层设计与机制运行入手，积极争先创优，回应人民群众对美好生活的新需要，主动适应超大城市社会结构带来的新变化，持续激发市域社会治理现代化城市的创造力和内驱力。一是优化顶层设计，形成价值共识。立足当前社会主要矛盾，顺应粤港澳大湾区建设的新期待，优化提升基层党组织领导下的"令行禁止、有呼必应"的响应机制。二是强化治理能力，形成管理闭环。以"民有所呼、必有所应"为治理理念，关注社会治理的关键领域与薄弱环节，切实增强市域社会治理难题的发现能力、分析能力和解决能力，形成从问题排查、监督检查到责任追究的管理闭环。三是提炼建设经验、形成示范引领。重视广州优势力量的整合功能，顺应广州城市化发展方向，培育社会自主力量与市场激励机制的融合机制，有效推进市域社会治理实践，形成独具特色的"广州模式"。

（作者系华南理工大学社会治理研究中心主任、公共管理学院教授、博士生导师）

本文刊发于2021年5月17日《广州日报》理论周刊

圆桌论道

敢闯敢试敢干　要找到还"饥饿"的地方

导　语

　　当今世界正处于百年未有之大变局。面对纷繁复杂的国际国内形势，增强信心、保持定力、坚定底气，集中精力办好自己的事情，是我们战胜各种风险挑战的关键。对广东、广州而言，"自己的事"最重要的是什么？如何划分轻重缓急？面对新形势新任务，广州如何进一步强化敢闯敢试敢干的锐气？

　　著名学者、中国问题专家、香港中文大学（深圳）教授郑永年，多年来一直关注广东、广州发展。近日，郑永年教授接受广州日报《理论周刊》独家专访，深入阐述了他对中美经贸摩擦、粤港澳大湾区建设、深化改革开放等重大问题的观察和思考。

文／广州日报全媒体记者　徐锋、夏振彬

郑永年　香港中文大学（深圳）前海国际事务研究院院长、广州粤港澳大湾区研究院理事长

办好自己的事：最重要的还是深度开放

《广州日报》：中美经贸摩擦已持续一年多，其间多次反复，您怎么看待中美经贸磋商的前景？

郑永年：中美经贸磋商是一件非常复杂的事情，因为中美两国都有各自的国家利益，都会基于国家利益进行考量，哪些可以妥协，哪些不能妥协，两个国家之间要努力寻找共识。说到底，中美之间不仅是一个贸易逆差、贸易平衡的问题，也涉及很多国际性的问题。尤其美国选举临近，贸易磋商的不确定性大大增加。

外交是内政的延伸。两边谈判到最后，就是两国内部的政治，谈判也是内部情况的反映。这几年，美国把中国视为其最大的国家安全威胁之一。在这样的大环境下，贸易谈判就变成了一个较小的事情。当然在经济层面，贸易摩擦对两个国家都没有好处，美国损失也很大。贸易战是没有赢家的，谁都知道这一点，如果大家就事论事，仅仅从贸易摩擦的角度来看待，哪怕从技术、知识产权等方面来解决，都好办。但如果把贸易摩擦放在国际关系、国家安全的角度来看，那就是政治、经济、安全都不分了，一体化了。在这样的情况下，把各方面因素整合到一个篮子里，就很难找到解决方式，因为没有一个抓手，不知道从何处入手去解决这个问题。所以，如果真要取得突破的话，还是要贸易归贸易，政治归政治，安全归安全，这样才有希望解决。

《广州日报》：从中国的角度看，大家的共识就是要坚定不移办好自己的事情。前不久，中共中央政治局召开会议分析研究当前经济形势和经济工作，再次强调"办好自己的事"。如果要给"自己的事"分出轻重缓急，您会怎么排序？

郑永年：国内的事情当然是最重要的，每个国家都一样。尤其像中国、美国这样的国家，国内的事情做好了，外交关系也就更好处理。美国就是自己的事情做不好，才把国内的问题向国际转移，它又总以"老大"自居，所以美国出了事情，就想要全球其他国家都跟着遭殃。对中国而言，要对世界作出贡献，首先就要把自己的事情做好。反过来也成立，中国只要把自己的事情办好就是对世界最大的贡献。

那么多的问题，优先顺序是什么？我是觉得，终归离不开发展和开放，发展还是硬道理，而开放带动的发展，更是硬道理中的硬道理。这一点大家很明确，美国搞贸易保护主义，中国就更要推动全球化，持续深化开放。

发展是硬道理，但要什么样的发展？这个要搞清楚。以我个人来看，还是要通过新的制度建设去推动发展，这一点非常重要。世界历史表明，一个国家是否崛起的标志就是制度建设。如果光说GDP，中国在1820年是世界上GDP最大的国家。但很可惜，20年之后，中国就被英国打败。英国的崛起是其内部制度的崛起，所以不是英国的GDP，而是英国的制度打败了当时的清朝。

此前很长一段时间，中国的发展多为粗放型、数量型的发展，如今要高质量发展，就更加离不开制度建设。如何通过新的制度建设来实现可持续发展，这应该是中国改革开放的重中之重。道理大家都懂，关键就要抓细节。举个例子，现在国有企业也好，民营企业也好，存在不少细节问题，很多资本未能有效利用——一些中小型企业得不到足够的资本，有些企业则出现资本滥用，这些都要通过制度来重新规范。市场经济是法治经济，如今很多制度、政策都已经非常明确，但有没有完全落实到位呢？这个需要比较长的时间，需要一点点细化完善。

《广州日报》：广州是国际商贸中心，外部环境对经济影响更大。所以，对广州这样的城市而言，办好自己的事，最重要的是什么？

郑永年：从历史上看，广州不仅是中国的贸易中心，也是世界的贸易中心。就当下来说，广州处于粤港澳大湾区的重要位置，面临重大历史机遇。我觉得广州发展空间非常大。那么，广州在粤港澳大湾区中应该做什么？我们应该想清楚，粤港澳大湾区建设其中一个目的，就是深化"一国两制"，推动三地开放，这方面大有可为。大家不要总是去问香港能做什么，澳门能做什么，还是要多问我们能做什么，能为港澳提供什么条件，如何吸引他们过来、让他们乐意参与共建。从这个角度看，广州还有很多事情可以做。

在我看来，对广州来说，办好自己的事最重要的还是深度开放。广州是国际商贸中心，贸易就需要开放，没有开放就没有贸易。开放，这是广州的生命。那么，如何实现深度开放、高质量开放？还是要靠制度建设。观察一下新加坡，你会发现，新加坡就是通过很多制度建设来推动开放。广州也要往深度开放这个方向走。当然，深度开放不仅是面向世界，也要面向国内其他省市，这一点不能忘了，应该是全方位开放。

敢闯敢试敢干：除了方向明确，还必须"敢"，必须有信心

《广州日报》：日前，中央全面深化改革委员会第九次会议强调，要坚持眼睛向下、脚步向下，鼓励引导支持基层探索更多原创性、差异化改革，及时总结和推广基层探索创新的好经验好做法。在当前这个时间节点，为什么要特别强调基层探索？

郑永年：改革开放以来，中国大部分创新都是来自基层，无论是城市基层还是农村基层。你看广东走过的路就会很清楚，没有基层的改革，没有广州、深圳、东莞、佛山那些探索，广东改革开放很难有现在的成就。所以改革开放能取得成功的一个重要原因，我认为是因为它是自下而上的。要两条腿走路，要发挥两个积极性，一个是中央的积极性，一个是地方的积极性。对地方来说也是一样，比如广东既要发挥省的积极性，还要发挥市、区等基层的积极性。

社会的积极性是最重要的，因为社会的积极性涉及每一个个体。如果能把每一个个体的积极性调动起来，那就是最大的积极性，这就是鼓励基层创新的意义。我觉得广东的基层创新在中国各个省份中是做得最好的。如今要深化改革，就更加需要基层的活力和冲劲。

《广州日报》：广东是改革开放的排头兵、先行地、实验区，广州也是得益于先行先试才走到今天。但当前，敢闯敢试敢干的锐气弱化被视为一大突出问题。对此您怎么看？

郑永年：应该说，锐气弱化也是必然的。以前经济没那么发达，大家一穷二白，为了吃饱肚子，拼命往前冲；现在有些人已经吃得很胖了，走路就变慢了，甚至走不动了。这是客观情况，也可以理解，但问题是形势逼人、不进则退。怎么把冲劲重新找回来？

这就要搞创新。哪些领域可以创新？哪些地方还处于"饥饿"状态？一座城市要定位精准，要找到自己的不足。中国人说缺什么补什么，我觉得一座城市也是这样，一定要看到自己的不足，一定要有压力感，没有压力感的话就不会进步。怎么才能有压力？根据世界各大城市的经验，就是要通过更高水平的开放来获得，要有参照物。广州说要对标世界一流，敢于向新加坡、首尔等先进地区"叫板"，这就是有压力感、紧迫感的体现。

此外，敢闯敢试敢干，除了方向明确，还必须"敢"，必须有信心。实际上，广州的优势不是一些城市所能相比的。比如，广州是一座老城市，文化底蕴深厚，很多好大学都在广州，怎么会没有信心呢？只要对标世界上的发达城市，积极进取，肯定会有大发展。

《广州日报》： *那么对广东、广州来说，如何进一步鼓励基层探索？*

郑永年：以前人们常说一个词，就是"松绑"。如果把手脚捆住了，你怎么能创新？所以要松绑，要思想解放。现在也一样，首先要给基层松绑，现在捆住他们手脚的东西还是太多了；第二，思想要进一步解放，进一步发挥基层的主观能动性。

时代不同，道理还是一样，只是不同的时代要有不同的内容。这几年，我去广东各个地方基层，发现还是有一些"虚"的东西束缚了他们的脑袋，一些条条框框捆住了他们的手脚。比如一些基层单位忙填表，忙开会。还有就是"紧箍咒"太多了，比如要推动经济发展，政府官员和企业家肯定要多接触、多交流，现在一些基层干部怕犯错，跟企业联系少了，连吃便饭都不敢了。这些还是需要制度上的改进，既要减负，也要减掉一些条条框框，让基层干部轻装上阵，更好地发挥积极性、创造性。

粤港澳大湾区建设：制度差异是障碍，但未尝不是机会

《广州日报》：对广东、广州来说，讨论深化改革、扩大开放，必然要谈粤港澳大湾区。大湾区建设推进以来，已有初步成效，是否符合您的期待？

郑永年：粤港澳大湾区建设进展很快，成绩值得肯定。当然，还是可以做得更好。粤港澳大湾区是"一国两制"，欧盟则是二十多个主权国家。但你看现在大湾区内部的整合，还远远没有达到欧盟的水平。现在的整合还多是互联互通，包括水路、桥梁等物理意义上的互联互通。这一点已经比欧盟做得还好。问题是这样做以后，如果没有体制机制上的整合、衔接，会直接影响互联互通的成效。

今天，广东和港澳都面临着经济发展和转型升级问题。尽管港澳和珠三角9市各有各的优势，但由于一些体制机制壁垒，资源融合的优势还没有充分发挥出来。比如，广州的商贸、深圳的高端科技、香港的优质金融制度和教育科研实力，各个城市在各自领域都已经走在世界前列，但各地的优势尚未实现高度整合和有效利用。粤港澳大湾区就是要打破这种行政分割，实现资源优势融合互补，产生化学反应。比如穗港澳合作，三地都面临发展瓶颈，各自为战去突破，有难度。但如果把三地的要素结合起来呢？可能就完全不同。这就和欧盟内部很像，分散开，各自力量不算强；合在一起，人员、资本、技术，全要素流动起来，就很强。

《广州日报》：您曾提出，粤港澳大湾区应该成为"中国内部的欧盟"。欧盟有哪些方面值得大湾区学习？

郑永年：粤港澳大湾区在世界上独一无二，它跨越了一国两制三个关税区。很多人经常去看东京湾区、纽约湾区，可以去看看，但借鉴意义不大，因为它们都是一个国家一种制度内部的事。我觉得像欧盟的融合方式，很多方面更适合大湾区学习。

在欧盟内部，很多法律法规、制度上的互联互通，都可以学。比如粤港澳现在有三个独立的关税区，看上去不容易对接，但欧盟内部有20多

个关税区，它们是怎么整合的？比如法律，欧盟内部也有英美法系、大陆法系等，但相互之间障碍并不多。还有，欧盟国家之间也有发展差异的问题，甚至差异非常大，人家是怎么融合的？在产业方面，三地融合也还不够。比如，香港有很多新技术，没有市场；珠三角有庞大的市场，但技术不如香港；港澳都有优质的服务业经验，但也没有市场。产业上如何重新布局，哪一部分可以放在香港，哪一部分可以放在广州、深圳？这些都是可以考虑的。

细节很重要。我们是"一国"，就更要从技术层面着眼解决问题。比如，三地的不同车牌如何快速通关？三地海关怎么协调、怎么省掉重复通关的中间环节？在大湾区注册企业，能不能都视为"湾区企业"，不再分内资、外资？不同的体制机制是眼下的障碍，但未尝不是机会。不同的体制机制在一起融合、碰撞，现在的障碍就可能转变成优势，因为我们可以在体制机制的融合中调试出更优的选择。

我觉得很多现成的经验都可以去学，没有必要自己"苦思冥想"。当然，学习有两个前提，一是要在"一国两制"的前提下，体制机制衔接不能影响"两制"，它只是要解决中间机制对接的问题。二是学习不是要照抄照搬，而是借鉴人家的好经验，把它们学过来。要抱着学习的心态，而不是照搬照抄的心态，我觉得是大有可为的。

实现老城市新活力：广州要打造世界级经济平台

《广州日报》： 去年10月，习近平总书记视察广东时对广州提出了实现老城市新活力的明确要求。如果以时间划分，城市都有新、老之分。您怎么看待城市的老与新？如何加快城市的新老转化？

郑永年： 新老转化不仅是广州面临的问题，很多城市都存在这样的问题。你去看看美国的一些城市，不转化、不与时俱进，就会很快衰落。所以我们常说不进则退，进步很难，衰落是很快的。

当然，改革开放以来，广州与过去那个"老城市"相比，已经很"新"了。如今，实现老城市新活力，这对广州提出了更高要求。根据我的观察，广州这么发达的一个大都市，有的区域、有的方面已经很发达了，有的还需要进步。

举例来说，广州是国际商贸中心，但广州的国际化程度够不够？我觉得还不够。比一比中国香港、新加坡等地，广州的国际化水平还有提升空间。比如国际化人才有多少？新加坡560万常住人口，将近一半都是外来人口，当然里面很多是劳工，但也有很大部分是专业人才。广州也有很多外来务工人员。我们绝不是说排斥外来务工人员，这是很自然的人口流动，外来务工人员对城市发展很重要，但怎么吸引更多高端国际人才呢？中山大学、华南理工大学有多少外国专家？广州的会计、律师等行业有多少国际人才？在全球化时代，外国人才的比例、对人才资源的集聚能力，是考量一座城市国际化程度的重要标准。

此外，在粤港澳大湾区建设中，广州扮演着极为重要的角色。广州要有新的定位，要打造世界级的经济平台。看看新加坡、中国香港，每个城市都有各自的特色，中国香港有中国香港的发展模式，新加坡有新加坡的模式。广州要进一步明确定位，明白你需要什么、缺什么，要把短板找出来、补上去。目前，广州内部发展还不算平衡，怎么把一个城市统筹好、让各个方面平衡发展？怎么推动整个城市的升级？我们以前谈升级，很多人只会想到产业升级。那城市怎么升级？这是必须要考虑的问题。因为城市整体上得不到升级的话，其他方面都会受到制约。

《广州日报》：当前广州正着力建设科技创新强市、先进制造业强市、现代服务业强市、文化强市。其中在产业方面，广州多次强调推进5G、人工智能、生物医药等战略性新兴产业全产业链建设。据您观察，新加坡在产业发展方面有哪些经验可供借鉴？

郑永年：新加坡的经验就是，不只是发展哪个产业，而是要做到城市的整体升级。分析新加坡的经验，其中当然会包括产业升级，但更要强调整个城市的升级，这是不矛盾的。新加坡就是打造一个世界级的经济平台——整个新加坡本身就是一个平台。这个平台包括各个方面，其中又有重点。因为新加坡跟广州不一样。新加坡很小，不需要一整套完整的产业体系，它在一个产业链条上找准一个部分、一个环节就够了，当然这也是它的缺陷。广州则不一样，它有中国那么大的市场，就可以发展更多产业门类，也就有更大的发展空间。

那么，具体学什么？从城市整体来看，我觉得还是可以学很多。比如会展业，新加坡就做得很好；比如旅游，新加坡那么小，但它一年的游客数量很大。科技也好，现代服务业也好，其实每个城市都想这么发展，也都认为这些方面要发展。所以不要盲目说学哪几块，还是要整体解剖一个城市，这样就能看得更清楚。

本文刊发于2019年8月26日《广州日报》

双循环新发展格局的战略考量

导　语

　　今年以来，习近平总书记多次强调，要推动形成以国内大循环为主体、国内国际双循环相互促进的新发展格局。前不久，中共中央政治局召开会议，为下半年中国经济把脉。会议指出，必须从持久战的角度加以认识，加快形成以国内大循环为主体、国内国际双循环相互促进的新发展格局，建立疫情防控和经济社会发展工作中长期协调机制，完善宏观调控跨周期设计和调节，实现稳增长和防风险长期均衡。8月24日，习近平总书记在经济社会领域专家座谈会上再次强调相关内容。

　　广州日报《理论周刊》特邀请国内知名专家，围绕"双循环"新发展格局相关问题进行深入解读。

文／广州日报全媒体记者　张冬梅、赵琳琳、周裕妩

（图片均由受访者提供）

圆桌嘉宾

徐洪才 中国政策科学研究会经济政策委员会副主任、欧美同学会中美关系研究中心高级研究员

朱 天 中欧国际工商学院经济学教授,桑坦德经济学教席教授、副教务长

董小麟 广东外语外贸大学原副校长、经济学教授,粤港澳大湾区广州智库学术委员

新发展格局是我国主动积极的战略抉择

《广州日报》理论周刊："加快形成以国内大循环为主体、国内国际双循环相互促进的新发展格局",是基于什么考虑? 新发展格局将给我国经济未来发展带来怎样的影响?

徐洪才:这是基于我国所面临的国际环境和国内形势变化,做出的现实选择。当前情况下,如果我们再过多依赖外部需求发展,显然不可持续。另外,我国经济发展进入新常态以来,经济结构也在逐渐调整,经济发展方式逐步转变。从经济结构的调整来看,服务业和消费对推动经济增长所占的比重都在上升,经济对外贸的依存度逐年下降。这反映了一个趋势,就是经济内循环、国内市场对经济增长的贡献在上升。未来,我国经济发展对外贸贡献的依存度逐渐下降符合客观规律,这也是我们维护国

家经济安全和保持经济平稳发展的客观需要。

当然，我们也要避免一个误解，那就是，经济增长对外贸依存度的降低，表示着经济开放水平的降低。经济发展对外贸的依存度低，并不意味着其开放度就低。比如，美国经济对外贸的依存度只有20%左右，但美国经济的全球化水平仍然很高，尤其在规则层面上，如关税水平、市场壁垒、货币自由兑换等方面。因此，我们要特别注意，降低经济发展对外贸的依存度，扩大内需、畅通经济内循环与提高经济的开放水平，这二者是并行不悖的。对我国来说，新一轮扩大对外开放不仅仅是数量扩大和要素自由流动，更多的应该是制度和规则与国际对接。这是新发展格局下，我们继续扩大开放的一个特点。

朱 天：对于中国经济而言，国内国际两个市场一定是要兼顾的。同时要看到，国内市场在中国经济中的比重最近十几年一直在上升，即使政策没有变化，中国经济也将顺着这个趋势发展。其实从2008年金融危机以来，出口在中国整个GDP中的比重就一路下降。一方面，由于中国经济的增长速度远远快过全球经济增长速度，因此随着中国经济体量越来越大，我们出口的增长速度（也就是海外需求的增长速度）必然会慢于中国经济的增长速度，出口的占比就会下降。另一方面，作为世界第二大经济体，对贸易的依存度自然低于相对较小的经济体，如新加坡、瑞士和韩国。美国作为世界第一大经济体，它的出口占GDP比重仅为12%左右，而世界第三大经济体日本，它的出口占GDP比重也比中国要低。所以，中国对国际市场的依赖程度还会继续下降，这是经济发展的结果。

《广州日报》理论周刊：为何提出"以国内大循环为主体"？有观点认为，我国新发展格局提出以国内大循环为主体，是因新冠肺炎疫情冲击和外部环境不确定性加剧导致的被动应对。对此，您如何看？

徐洪才：我们是制造业大国，产业链完整，配套能力强。在此基础上，我们要稳步推进产业链的高端化，以培育经济发展的新动能。受疫情影响，有些产业链的链条断了，我们不仅要修复产业链，还要加强产业链的竞争力。对于个别的"卡脖子"环节、技术含量比较高的关键领域，我们还要提升自主创新能力，以避免"断链"风险。在目前全球都受到疫情冲击的大背景下，我们畅通经济内循环意义非同小可。

董小麟：从国际经验看，大国经济在发展过程中，需要强大的内部经济循环体系；一般来说，幅员辽阔、人口众多的大国，通常它的经济外向度是不可能太高的。我国国内市场空间其实还远没有开发完，内部市场潜力还很大，本土经济发展还有增长空间。

还要注意，世界上很多国家在从中等收入国家迈向高收入国家的过程中，没有办法实现新的突破，结果就掉入了"中等收入陷阱"。我们加快发展国内大循环，有助于为防范中等收入陷阱创造新的增长空间。此外，我国有条件做好内循环的文章。中国不仅是全世界唯一拥有联合国产业分类中所列全部工业门类的国家，而且拥有超大规模市场、庞大的中等收入人群等。

因此，作为一个发展中国家、作为一个大国，无论从风险规避还是长远发展看，这样做既有必要性，也有较好的条件，更是我国主动积极作为的体现。

以国内大循环为主体，不是做减法而是做增量

《广州日报》理论周刊：如何认识国内大循环与扩大开放的辩证关系？新发展格局下，中国怎样继续扩大开放？

徐洪才：深化改革、扩大开放是我国一以贯之的战略抉择，不会改变，只会加强和扩大。所以，近年来我国服务业开放，特别是金融服务业开放，一直在稳步推进。要推进高质量、高水平的对外开放，就必须推进制度和规则层面的开放。比如，在推行负面清单、市场准入制度方面，在优化营商环境等方面，我们都要对标国际高标准，这个方向是不会改变

的。利用国际国内两个市场、两种资源依然是未来中国经济可持续发展的动力和源泉。

董小麟： 开放的内涵应该是双向开放。我们强调对外开放，同时我们也强调对内开放。现在，我国依然是要开放，将继续参与并推进经济全球化健康发展。但同时，为了使得中国经济发展更加稳健，也为在完成全面建成小康社会目标的同时朝着下一个目标稳步前进，我们必须要加强经济内循环。但这并不是简单的增减或者说此消彼长，不是说要削减外循环。应该说，这是一个增量，我们要做的是增量。

继续扩大开放，一方面要实现更加全面的开放。原来我们的市场具有一定的集中度，但从分散国际市场风险、规避不确定因素来看，可能我们还需要更加全面地去寻找新的市场空间。另一方面，要优化贸易结构，既包括区域结构市场的优化，也包括产品结构的优化。在区域上，要着重考虑那些我们具有相对优势的市场；在产品方面，既要优化物资商品贸易，也要注重加强服务贸易。

朱　天： 对外当然还是要继续扩大开放。从国际贸易的理论上来讲，就算对方不开放，开放的一方还是有利的。所以，对于开放，国家也已明确，会加大开放力度，坚持推进全球化这个大方向是不会变的，也不应该变。但也要认识到，今后的对外开放并不意味着中国出口总量的不断增长，而是出口的品质和附加值的提升。比如以前我们出口的更多是中低端的产品，以后可能更多是高附加值、高科技含量的产品。国内市场和国际市场会相互促进，国际贸易会继续，而且会更多地强调对等，强调市场化和法治化，各种企业主体之间可以展开平等、公平的竞争。

要修炼好内功，提升国内经济效率

《广州日报》理论周刊： 优化国内经济循环与扩大内需之间是何关系？如何把握好扩大内需这个战略基点？

徐洪才： 扩大内需是畅通经济内循环的重要内容。扩大内需包括扩大投资和消费。投资中的房地产投资和基础建设投资，要优化经济结构提高经济增长效率，但是更要侧重高科技领域、高端制造业的发展，建设制造业强国。而消费则要从就业和收入两个方面来着手。通过继续推进新型城镇化来创造更多就业机会，提高老百姓的收入水平，通过"双创"、完善社会保障体系，最终扩大中等收入群体的规模，促进"哑铃型"的收入分配结构向"橄榄型"的收入分配结构转变。扩大中等收入群体的规模，是未来"十四五"期间的重点任务，也是我国成功跨越"中等收入陷阱"的关键。

朱　天：我们要认识到，内需其实并不只是消费，对经济影响更大的是投资。在一个经济周期当中，消费的波动相对较小，波动主要表现在投资上。我不认为目前是消费需求限制中国的经济，中国近几年增速下降较快的是投资需求而不是消费。在投资问题上，最需要关注的是民营投资，民营投资减少，经济就会显现疲软态势。提升民营资本投资动力，这是关键。这需要为投资营造一个良好的营商环境，需要提升政策延续性。政府不需要对民营企业有太多微观上的干预，要注重培养投资者的信心和安全感。

《广州日报》理论周刊：如何实现"双循环相互促进"？在您看来，要重点关注哪些问题、做好哪些准备和应对？

董小麟：要看到，国内国际双循环相互促进的辩证关系。经济内循环做大做强做优以后，客观上能够带动经济外循环。因为我们都知道，国际上投资者、外资企业来中国的最突出动机就是因为中国有市场、市场潜力大，但原来可能主要是针对中国沿海地区市场。如果经济内循环发展起来，内地的需求大了之后，可能进一步促进外资企业在中国投资，对更好实现经济外循环带来积极效应。同样，经济外循环也可以带动经济内循环。通过经济外循环，可以把国际上先进的营商环境建设经验、先进的技术、企业管理经验吸收到国内来，以开放来促改革促发展，优化经济内循环，推动中国的改革发展进程。

徐洪才：还是"引进来""走出去"两个方面。在把外资引进来这个方面，还是要通过减费降税、促进市场公平竞争等来进一步优化营商环境，提升对外资的吸引力。另外，我们还要继续推动对外投资，对外投资要和我们国内产业发展转型升级相配套，要以我为主，外部的市场和资源都要为我所用。要防控对外投资的一些风险，包括"一带一路"合作当中，特别要注重防控财务风险。因为我们对目标市场的情况了解得还不够充分，所以更要加强这方面的研究，投资之前要做好功课。

朱　天：每个国家发展经济的关键是要把自己的事情做好，修炼好内功，就是要提升国内经济效率。无论是对企业，还是国家，要想获得中长期发展，都要做好三件事情：投资、教育和技术进步，这是带动经济长期增长的三个关键点。对于企业来讲，就是要做好人才培养、不断实现技术进步、不断投资于新的生产能力。对于普通民众来说，中国经济的发展潜力还很大，不用太担心国际政治和贸易争端对中国经济的影响。中国市场这么大，中国经济很大程度上可以实现内循环，无论是企业还是个人，都将会有很大的发展空间。只要我们继续坚持改革开放，中国最好的日子还在前头。

广东要"双肩挑"，做好双循环相互促进的文章

《广州日报》理论周刊： 此次政治局会议首提"宏观调控跨周期设计和调节"，强调从持久战角度认识中长期问题。这体现了怎样的政策思路？

徐洪才：这体现了短期政策和长期政策要相结合的发展思路，既要考虑眼前又要兼顾长远。为了更长远、可持续发展，面对经济周期，我们要努力削峰填谷，通过宏观调控熨平经济周期波动。无论是"逆周期"调节，还是"跨周期"调节，其内涵都有相一致的地方，都是要减少经济的波动性，增强经济发展的可持续性。

董小麟：应该说，这是政策不断完善的过程，是为了使中国经济整体发展更加稳健而做出的政策优化。从"逆周期"调节到"跨周期"调节，意味着制定政策不再局限于被经济发展周期牵着鼻子走——比方说，经济一冷了就赶紧放水、放货币出来，然后经济一热了又赶紧收缩，这种治标

的方式会减少；而是控制好国内货币的整体供应和通胀问题，更多地采用开发市场本身以及让实体经济更好发展的方式来促进经济发展。因为如果不放眼更长远去看问题的话，政策的时效性可能就很短，变成短期行为。虽然市场有时候会有短期行为，但是我们说要更好发挥政府作用，那么政府就应该弥补市场的不足，应该以更长期的行为来弥补市场短期行为可能带来的一些不利。

《广州日报》理论周刊： 当前形势下，广东作为改革开放前沿阵地、外贸大省，如何立足"大循环"打通"双循环"，在新发展格局中育新机、开新局？

朱　天： 广东是国内在开放方面做得最好的地区之一。广东有丰富的、上下游完备的制造业供应链，且在产业升级方面走在全国前列，有的高科技行业已经在追赶发达国家。同时，广东的民营经济相对比较发达，广东的发展空间值得期待。需要注意的是，广东尤其是粤港澳大湾区经济的发展水平相对来说已经比较高了，增长速度自然就会慢下来，今后要将重心放在提升发展质量上。

董小麟： 一方面，广东要参与到国家双循环新发展格局中，积极提供支持助力；另一方面，从自身发展来看，也要做好省内的双循环文章。为此，要给粤东西北"造血"，增强其经济发展能力，更好畅通经济内循环。同时，广东肩负着站在改革开放前沿，做好外循环文章的责任。所以说，广东要"双肩挑"，特别是要用好粤港澳大湾区建设的重要机遇。粤港澳大湾区有很好的区位优势，一方面要依托大湾区更好地整合自己的内部资源，包括港澳资源；另一方面，面向国际市场，整合国际资源。我们要用好大湾区优势，既要继续做好世界工厂，同时也要做世界商店，做世界的银行。这也就是说，我们的制造业、服务业、金融业等，都要不断优化提升。因为这样，在做好外循环这个文章的同时也能够反馈给内循环，实现双循环相互促进。

本文刊发于2020年8月31日《广州日报》理论周刊

创新少年思政教育，
扣好"第一粒扣子"

导语

　　习近平总书记指出，青少年阶段是人生的"拔节孕穗期"，最需要精心引导和栽培。要扣好人生第一粒扣子，抓好青少年时期的价值观养成，无疑是关键。为此，广州日报联合广州市教育局举办了首届"少年评论员·城事国事天下事"征文竞赛及系列社会活动，进行了有益探索。青少年思政教育如何更好发挥春风化雨、润物无声作用？本期《理论周刊》邀请了三位知名专家进行探讨。

文/广州日报评论员　陈文杰

（图片均由受访者提供）

圆桌嘉宾

宇文利　北京大学马克思主义学院教授，教育部高校思政课影响力人物标兵

卢晓中　教育部"长江学者"特聘教授，华南师范大学粤港澳大湾区教育发展高等研究院院长

张志安　复旦大学新闻学院教授，时任中山大学传播与设计学院院长

青少年思政教育的本质是"传道"和"解惑"

《广州日报》理论周刊： 对于"扣好人生第一粒扣子"而言，青少年思政教育具有哪些重要意义？

宇文利： 扣好人生第一粒扣子，这里的"第一粒"一方面强调的是价值观的重要性，相比较于其他，价值观是内在的、起决定作用的人生导航仪，是比其他人生要素更为重要的要素；另一方面，也是指在青少年阶段养成和确立价值观的重要性。人生的价值观，有一个从无到有、从弱到强、从不成熟到成熟、从易变到固定的过程。青少年阶段是人生的拔节孕穗期，是逐步形成和确立人生价值观的关键时期。这一时期对人的一生具有重要意义和特殊价值，这一时期所确立的价值观决定了人生的选择和发展的轨迹，从而也决定了人生的前途和命运。青少年思政教育从本质上来讲就是"传道"和"解惑"的教育，它能够帮助青少年形成和确立

正确的人生价值观，帮助青少年陶冶情操、坚定理想、澄清思想困惑、明确人生发展方向。因此，青少年思政教育也是立德树人、强基固本、打思想基础、铸栋梁之材的教育。

关爱孩子就是关爱未来

家校社会的思政教育合力
助力孩子扣好第一颗扣子

卢晓中：青少年是人生观、价值观、世界观形成的重要时期，古话说"三岁定八十"亦是如此。在这个特殊的年龄段，正确三观的养成甚至比一些知识性的学习更为重要。学习跟不上，还可以通过后天的努力追上，但若三观的路子走偏了，要纠正过来，则需要花费更大的力气。所以在青少年时期，要加强思想政治、品德等基础性教育。扣好人生的第一粒扣子，才能扣好后面的扣子。青少年未来成长的道路才会更顺畅。

但第一粒扣子还需注意"扣什么""怎么扣"的问题。"扣什么"，即内容，要根据青少年的认识水平，传授他们所能接受的内容。"怎么扣"，即形式，要采取青少年容易接受的方式，调动他们的学习积极性以及认同感。

张志安：青少年社会化的过程，是其世界观和人生观养成的重要阶段。进行青少年思政教育，不仅可以培养青少年社会认识的方法论，而且能帮助他们养成良好的道德观和价值观。特别是在新媒体时代的背景下，青少年思政教育是提升其媒介素养的重要途径之一。

事实上，对于互联网原住民的青少年来说，媒介环境已成为学校和家庭之外，另一个接受思政教育的重要场所。虽然青少年较早接触及使用网络，但由于媒介环境的不确定性，以及青少年缺乏社会经验、生活经验，他们容易被不良信息误导，严重影响正确人生观、道德观的形成。对此，一方面，要将思政教育与媒介素养教育结合起来，在树立正确三观的基础上，提高他们的辨识能力和判断能力，自觉抵制低俗网络文化。另一方面，社会、学校与家庭三者应该通力合作，为青少年构建一个良好的媒介使用环境，引导青少年正确使用新媒体。

《广州日报》理论周刊：面对青少年的社会经验、社会认识相对较浅的特殊情况，该如何把思政小课堂同社会大课堂结合起来呢？

宇文利：青少年的成长环境主要是家庭和学校，他们社会经验不丰富，对社会的认识不够深入，很多看法和想法都不够成熟理性。思政教育的主要目标是帮助青少年尽快地实现政治社会化，确立科学正确的人生价值观，找到人生发展的正确方向和道路。但青少年在学校和课堂内接受思政教育的时间毕竟有限，需要把思政小课堂同社会大课堂紧密结合。基本方法有：一是加强家庭、学校和社会之间的衔接与沟通，为青少年的成长扫除"单元化教育"中的障碍和偏见；二是把思政小课堂的理论教育、思想教育与社会大课堂的实践教育紧密结合起来，实现理论与实践、思想与实际的紧密对接，在实践层面上强化学生的学习感受和成长体验；三要注重开展社会责任教育和社会劳动教育，弥补社会发展进程中青少年时代性的"胎记性"差距和不足。

此外，即使是在思政小课堂教育中，也需要有针对性地把学生的学习重点和思考重点转向对社会现实问题的分析，借以提高学生的理论思维能力、对时代的感应能力、对问题的辨析能力和对社会的适应能力。

张志安：首先，我们要有超越简单的、单纯的保护主义的观念，比如，在青少年对新媒体的使用上，如何以更积极、主动参与的方式进行引导。在过去媒介素养教育发展的实践过程中，我们容易陷入"保护主义"的误区，过分保护变成过度干预，让青少年形成了一定抵触心理。其实，我们需要做的是跟孩子之间形成一种有效的契约，与孩子共同使用互联网，创造一种与孩子共同交流、共同体验的情景，才能更好地给青少年提供理性指导。老是想着将青少年保护在小课堂里，又怎么能同社会大课堂结合起来呢？

其次，我们应该充分利用媒介技术，把这种更加开放的、多元的信息环境纳入我们的思政课堂当中。比如，在疫情期间，互联网的交互方式已经植入到孩子的衣食住行和课堂学习（网上授课）。而疫情防控中的媒介场景，可以作为思政教育与新媒体素养教育融合的契机和手段。老师家长可以与青少年共同探讨新冠肺炎疫情防控这一全球共同面对的社会话题，引导他们从切身体会的学习、生活等角度入手，分析思考疫情防控中社会治理等问题，从而增加他们自我反思和独立思考的能力。总之，利用好媒介手段，可以更好地帮助青少年了解小家之外的"大家"，这是把思政小课堂跟社会大课堂结合在一起的重要前提。

将纸面知识"讲活"，才能让学生入脑入心

《广州日报》理论周刊： 办好思政课，关键在教师。做好青少年思政教育，对中小学的思政课教师及队伍建设提出哪些要求？

宇文利： 一要切实加强思想政治学习，提升自身的思想政治素质，做到以德立身、以德立学、以德施教；二要切实找准开展思政教育的科学定位，把握好思政教育的出发点和落脚点，在教育教学活动中处理好应试教育与素质教育、知识教育与价值教育、思想教育与信仰教育的关系，解决好求知与求智、成长与成功、立德与成人的内在矛盾；三要切实提高能力、涵养素质、提升水平，增强自身从事教育教学的业务能力和综合素质，做到以身示范、以业成教。

卢晓中： 所谓"自律要严、人格要正"，思政课教师与其他学科教师相比，更要求言行一致性。不同于学科教师主要教授语数等学科知识，思政教师更多的是以传授道理为主，特别是中小学的思政课，一般也以品德教育、道德教育为主。而要将这些大道理讲明白，还需要言传身教、身体力行。如果思政老师所教的道理，连自己都做不到、做不好，那么让学生接受就是天方夜谭。

当然，身体力行只是姿态，能触动心灵的教育才是好的教育。如何让学生更直观地学习和感受，还需要思政教师善于将教育实践中的经验系统梳理、总结、深化，再以学生喜闻乐见的形式呈现，引起学生共鸣，激发学习兴趣。实践中，照本宣科地解读，只会引起学生的反感。而将纸面上的知识"讲活"，往往能让学生入心入脑。

张志安：一是对老师提出不断学习、自我更新的要求。在日新月异的网络社会，老师其实要与开放的"网络课堂"竞争，要与新知识赛跑。正如语文特级教师余漪所说，"我做了一辈子教师，但一辈子还在学做教师"。做老师就要一辈子保持学习的动力和对知识更新的自觉意识，不断地自我更新知识，才能不断地给学生分享新知。尤其对思政课老师来说，能否及时了解青少年最新关注的信息，对其提炼阐释，形成独到解读，从而引导青少年扣好人生第一粒扣子，是当前做好青少年思政教育的关键先手。

二要学会利用新媒体的传播优势，实现与思政教育有效对接。教师不能只当互联网"移民"。要和青少年快速"打成一片"，还要跟他们一样，成为互联网的"原住民"。具体来看，相比于传统媒体的静态传播方式，新媒体的传播形式、内容更加丰富生动，比如H5、短视频等视觉化作品。这些都可以引入到思政课堂，成为有体验感和交互性的教学素材。

让社会、学校、家庭形成三位一体的思政教育合力

《广州日报》理论周刊：当前，开展青少年思政教育还存在着哪些主观上或客观上的阻力？如何破解？

宇文利：当前，对青少年的思想政治教育还没有受到应有的重视，不但社会、教师、学生本人，即便是家长也对学校的思政教育抱有某种漫不经心的态度，认为这是软性的、不起关键作用的教育；换言之，我们对思政教育的主观认识特别是重视程度并不完全到位，思政教师在现在的小、中和大学教育体系中并没有获得应有的重视。

从客观上来说，现有应试教育的教育模式、学校教学的思维框架和模式、国家人才选拔的途径、机制和方法，都在一定程度上制约着思政教育，使之难以达到实质性改善和创新。为此，要改变思政教育的现状，应从主观和客观两个方面加大改革的力度和深度，使思政教育受到应有的重视，得到应有的保护、实现应有的加强和改善。

张志安：具体来看，在学校，思政教育所占课堂的比重还有待提高。

思政教育是"系扣子"教育，并非直接"拿分数"的教育。理论上，如果扣子没有系好，分数考得再高也难以走得更远。但在现实中，迫于学习成绩的压力，"系扣子"与"拿分数"有时会失去平衡，而单纯靠固定几节课来开展思政教育显然是不够的。对此，可以尝试从思政课堂向课堂思政转变。思政教育不该只是思政课老师一个人的事，应该成为学校所有老师共同参与的一个教育实践。不妨让每一位不同学科的老师根据自己课程的定位，以"见缝插针"或春风化雨的方式去进行思政教育，或许会有意想不到的效果。

在家庭，思政教育往往容易被家长所忽视。一方面，可能家长工作忙，空余时间都用来抓孩子的学习成绩了。另一方面，在隔代养娃的现实情况，老人对思政教育的认识模糊，而且自身的媒介素养也不高，面对早已是互联网原住民的孩子，对话都可能谈不上，更不用说进行思政教育了。对此，除了需要家长在力所能及的情况下加强这方面的工作之外，学校与社会也要及时补位。只有三者形成合力，才能共同构建"大思政"教育的良好氛围。

《广州日报》理论周刊：近日，由广州市教育局、广州日报社联合举办的第一届"少年评论员·城事国事天下事"征文竞赛活动落下帷幕。对这一国内主流媒体首创的青少年时评写作征文比赛，您有何评价与建议？

宇文利：学生并没有生活在真空当中，思政教育不应该是一种象牙塔式的教育，而应当面对生活、结合实际、关注社会。这项活动对于提高学生关注社会问题的兴趣、能力和素质都有十分重要的意义，对于把思政小课堂和社会大课堂有机结合具有重要的价值。

建议在推动思政教育的创新思路和方式方法上多下功夫，在推动学校、家庭和社会的有机结合上多下功夫，在推动学生关心家事国事天下事上多下功夫，在推动培养学生的爱家、爱国、爱社会的思想情操上多下功夫。

卢晓中：跟有标准答案的试题不一样，写作是一个组织文字、梳理知识，提炼观点的过程。这需要经过学生自身对一件事物的观察与认知。

当你有了切身的体会，才会有表达的欲望。而要用文字表达，需要深思熟虑，反复打磨。这一过程，其实就是一个独立思辨的过程，不断重构自己原本的认识，加深理解，并在潜移默化中形成自身的价值观。所以，我觉得这一征文活动是一个很好的机会，给学生提供一个表达观点的平台，提供一个少年思政教育的新尝试。

张志安：相比于一般的征文比赛，时评写作的利好在于能鼓励青少年更多地去观察社会发展和变化，走出书堆，体验生活。而"少年评论员"的角度，正是"以小见大"。即从青少年个人的生活视角，来观察社会治理和国家治理现代化的发展进程中各个话题。这对于开展青少年思政教育大有裨益。同时，因为主流媒体的权威性，能在报纸发表文章，其实会成为青少年鼓励自己进行持续写作的一个重要的动力。中山大学附属中学副校长严钦熙就长期剪下报纸上的时评文章进行简要点评，给学生学习参考。这不仅能引导学生培养良好的阅读习惯，锻炼学生的欣赏、概括、审美等多种能力，而且能在潜移默化中，转化为重要的思政教育资源，润物细无声。这也是我们与广州日报全媒体理论评论部（频道）携手成立"践行马克思主义新闻观青年工作室"的初衷。

本文刊发于2020年6月1日《广州日报》理论周刊

心怀"国之大者"，考古揭示本源

10月17日，习近平总书记在致仰韶文化发现和中国现代考古学诞生100周年的贺信中希望考古工作者"继续探索未知、揭示本源，努力建设中国特色、中国风格、中国气派的考古学，更好展示中华文明风采，弘扬中华优秀传统文化"。此前，总书记也多次指出，考古工作是一项重要文化事业，也是一项具有重大社会政治意义的工作；考古工作是展示和构建中华民族历史、中华文明瑰宝的重要工作。

总书记重要讲话为新时代的考古学发展提供了根本遵循和行动指南，考古该如何心怀"国之大者"，让历史照亮未来？广州日报《理论周刊》特邀请北京大学考古文博学院教授孙庆伟，武汉大学历史学院副院长、长江文明考古研究院常务副院长余西云，广东省文物考古研究所所长曹劲就此展开探讨。

文／广州日报全媒体记者　李冀

考古鉴今 融通古今

孙庆伟：北京大学考古文博学院教授

《广州日报》理论周刊：中国现代考古学诞生100周年历经哪些发展阶段？考古如何"延伸了历史轴线，增强了历史信度，丰富了历史内涵，活化了历史场景"？考古如何"展示了中华文明起源和发展的历史脉络，展示了中华文明的灿烂成就，展示了中华文明对世界文明的重大贡献"？

孙庆伟：近代科学考古学在中国的诞生，与五四新文化运动密切相关。五四学人对传统史学的反思和对科学上古史的追求，催生了以田野工作为核心的科学考古学在中国的诞生。但当时国家衰败，文化凋零，考古学发展举步维艰。伴随着新中国的建立，中国考古学才真正迎来了学科发展的历史机遇，经历了前后相继的三大发展阶段。

第一阶段：20世纪50年代至80年代，构建文化谱系。当时中国有文字记载的历史只能追溯到甲骨文所载的商代晚期，距今约3300年，而有明确纪年的历史更是晚至西周王朝的共和元年（公元前841年）。文字记载之前的漫长"空白"，需要用考古学的方法来填补。

第二阶段：20世纪80年代至本世纪初，重建中国古史。著名考古学家苏秉琦认为，建立新的中国考古学学科体系，目的就是要通过它来阐明中国文化的起源和发展、中华民族的形成和发展、统一的多民族国家的形成和发展，并以它为骨干来复原中国历史的真实轮廓。

重建中国史前史并非是将考古学文化与古代族群的简单对应，而是要阐述中国史前社会演变过程，尤其是探讨从猿到人、从氏族到国家这两个与远古历史密切相关的重大理论问题。

在《中国文明起源新探》一书中，苏秉琦将中国国家起源问题概括为发展阶段的"古国、方国、帝国"三部曲和发展模式的"原生型、次生型、续生型"三类型，堪称是恩格斯《家庭、私有制和国家的起源》的中国续篇，具有重大的理论创新和理论突破。

第三阶段：新时代的考古学，阐释中华文明。把握新时代中国考古学的发展方向，需要准确把握考古学的学科特点，更需要准确把握考古学的时代命题和时代需求。五千多年的深厚文明是建设中国特色社会主义的源头活水和文化沃土，丰富的文化遗产是建设社会主义精神文明的深厚滋养，开展文明阐释研究是时代赋予考古学科的新命题。

未来中国考古学研究必须紧紧围绕"三个讲清楚"来展开，即讲清楚中华文明和统一多民族国家的形成和发展道路；讲清楚中华文明的基本特征及其在人类文明中的独特贡献；讲清楚中华文明优秀基因在中华民族伟大复兴大业中的当代价值。只有准确把握中华文明基因，正确诠释中华文明价值，才可以真正让文物说话，让历史说话，让文化说话；才可以真正"以古人之规矩，开自己之生面"，实现中华文化的创造性转化和创新性发展。

《广州日报》理论周刊： 如何深刻认识"中国特色、中国风格、中国气派的考古学"的丰富内涵？考古以鉴今的价值何在？

孙庆伟： 学懂弄通中国特色、中国风格、中国气派考古学的丰富内涵是中国考古学繁荣发展的基本前提。苏秉琦提出了我国史前文化的"区系类型"理论，标志着考古学"中国学派"的诞生。这是指"把马克思主义理论与世界上独一无二的中国社会历史与民族文化相结合"的结果，是"马克思主义的、具有民族风格、民族气派的中国考古学"，通过考察中国考古学文化的谱系来研究中国这一以汉族为主体的多民族国家的形成过程，以揭示历史本来面貌作为目的，对促进人民群众形成唯物主义历史观，激发爱国主义、国际主义和民族团结情感，有着重要的作用，实现从"为考古而考古"到"为历史而考古"的转变。

北京大学考古学教授严文明提出了中国史前文明"重瓣花朵式的向心

格局"的新见解，强调中原为花心，华夏族为主体，其外围分布着两层文化圈。外圈对内圈的依存作用，也就是文化上的凝聚力和向心力，这是中华文化连续发展而从未中断的重要原因。

总书记强调："要运用科学技术提供的新手段新工具，提高考古工作发现和分析能力，提高历史文化遗产保护能力。"实践证明，中国考古学的健康发展不能脱离文明大国、遗产大国、史学大国的具体实际。新时代的考古工作者要坚定学科自信，围绕延伸历史轴线、增强历史信度、丰富历史内涵、活化历史场景，建设具有中国特色、中国风格、中国气派的考古学理论方法体系。

总书记强调："我国古代历史还有许多未知领域，考古工作任重道远"，"要围绕一些重大历史问题作出总体安排，集中力量攻关，不断取得新突破。"身处"两个一百年"奋斗目标的历史交汇期，我们比以往任何时候都更加迫切需要了解五千多年文明古国的发展脉络和历史规律，比以往任何时候都更加迫切需要从历史传承和文化传统中寻找治国理政的大智慧。有理想、有抱负的考古工作者都应该勇立时代潮头，紧跟时代步伐，将学科发展自觉融入民族复兴伟业，为党述学，为国立论。

总书记指出："长期以来，中华文明同世界其他文明互通有无、交流借鉴，向世界贡献了深刻的思想体系、丰富的科技文化艺术成果、独特的制度创造，深刻影响了世界文明进程。"考古学以"通古今之变"为鹄的，以研究人类文明的"变"与"常"为学科己任，在历经文化谱系构建和古史重建之后，中国考古学的学科重心必然要转向文明阐释的主战场——"凝练文明基因，阐发传统价值，厚植文化自信，助力民族复兴"是新时代中国考古学的核心使命。考古学者要善于运用考古学的手段，科学挖掘蕴含在中华文明瑰宝中的优秀文化基因，深入研究中华民族的文化根脉，准确把握中华文明的基本特征及其在人类文明中的重大贡献，深刻阐释中华文明"讲仁爱、重民本、守诚信、崇正义、尚和合、求大同"的时代价值，推动人类文明走向"美美与共"的美好愿景。

考古理解历史　历史影响未来

余西云：武汉大学历史学院副院长、长江文明考古研究院常务副院长

《广州日报》理论周刊：考古对展现"中华文明起源、发展脉络、灿烂成就"有何意义和价值？

余西云：考古学提供了一种基于文化遗存重建人类历史的方法，将人类历史重建带到实证的境界，带到科学的范畴。今年是中国现代考古学诞生一百周年。在过去的一百年中，考古学，特别是史前考古，揭示了中国境内二百万年以来的人类演进的脉络，揭示了一万年前后的农业起源及发展过程，揭示了五千多年前迈入文明社会及国家形态的变迁，揭示了一系列灿烂的文明成果，改变了人们的世界观和历史观。

《广州日报》理论周刊：中国考古对认识中华文明的意义何在？如何体现对世界文明的重大贡献？

余西云：史前考古揭示了中国文明起源的过程，极大地拓展了历史研究的视野。对这一历史时期的考古提供了很多文献历史比较缺乏的内容，丰富和充实了历史科学的内涵。

中国是世界上最早进入农业社会的地区之一，也是世界上最早进入文明社会的地区之一。尤其重要的是中国是世界上唯一连续发展的文明。中国文明既具有普遍性，也有区域性和特色，中国文明是世界文明的重要组成部分。

《广州日报》理论周刊：何为"中国特色、中国风格、中国气派的考古学"？如何"更好展示中华文明风采，弘扬中华优秀传统文化"？

余西云：中国特色，体现在立足田野考古，用考古资料论证具体课题，揭示中国文化的特色，中国文明起源模式和独特的演进过程，构建中国社会历史进程。中国风格主要体现在考古研究的技术与方法创新；中国气派主要体现在中国考古学的理论体系、话语体系、学科体系的创新。"中国特色、中国风格、中国气派的考古学"关键是不照搬已有的概念、观点和结论，实事求是地进行考古学的科研实践。

考古学是通过实物遗存研究人类文化及其历史的学科，只有以田野考古为基础，不断推进考古学研究，不断取得学术创新，才能更深入、更全面地理解中国文化的内涵及特色，更准确理解中国文化的变迁过程和动因，才能讲好中国古老文明的故事，展现中华文明的风采。

考古学的使命是发现、研究古代文化与文明，保护好和利用好文化遗产，传承文明，让古老的文化融入现代社会，尽可能使优秀的传统文化转化为现代文明的有机组成部分，才能延续中国文化的血脉，保持中国文化的特色与活力。

触摸岭南文脉　坚定文化自信

曹劲：广东省文物考古研究所所长

《广州日报》理论周刊：如何从考古中梳理出岭南文化的脉络？

曹劲：岭南文化的三大主要来源：一是固有的本土文化。珠江流域和黄河流域、长江流域一样，都是中华民族文明的发祥地。二是南迁的中原文化。秦汉以后，岭南统一于中华，强势而先进的中原华夏文明有如"韩潮苏海"，席卷珠江，构成岭南文化的主体。三是舶来的域外文化。秦汉以降，海上丝绸之路开通，外来文化给岭南文化注入新活力。当代岭南文化具有五个主要特点：重商、开放、兼容、多元和享乐。广州作为岭南文化的中心地、古代海上丝绸之路发祥地、中国近现代革命策源地、改革开放前沿地，更是独具艺术和文化风格。

考古发现勾画岭南文明发展脉络。郁南磨刀山遗址与南江旧石器时代地点群、英德青塘遗址、高明古椰贝丘遗址、深圳屋背岭遗址、博罗横岭山墓地和"南澳I号"明代沉船遗址、"南海I号"南宋沉船水下考古发掘等被列为考古新发现。其中，郁南磨刀山遗址是广东年代最早的文化遗存，其发现将广东最早有人类活动的历史延伸至距今60至80万年前，填补了本地区旧石器时代早期文化空白。新石器时代，较早的遗址有分居东西两翼近海地带的遂溪鲤鱼墩、潮安陈桥两处贝丘遗址，及粤西贺江岸边的封开蒌竹口遗址和粤东南澳象山遗址。新石器时代晚期，广东出现两类重要的

考古学文化遗存。石峡文化，揭示出岭南迄今所见这一时期的最高等级聚落。在粤东、粤北、粤西与珠江三角洲地区则体现为类虎头埔文化遗存。

以长江下游为核心的印纹陶、原始瓷文化成为中国青铜时代文化多样性的组成部分，而广东同样存在着这个时期的遗存：如东莞村头遗址、东源县龙尾排部分墓葬、平远县水口窑址的部分遗存。博罗西埔上岭遗址从商时期延续到战国时期。秦汉时期，亦在广东留存了大量相关的历史遗迹。广州南越王墓是岭南地区考古发现规模最大、保存最完好、出土文物最丰富的一座大型彩绘石室墓，其出土器物突出地体现了中原文化、百越文化和海外文化的交流和融合。南越国宫署遗址作为汉代广州港政治、文化、经济中心所在，特别是南越国和南汉国两个政权的中枢所在，见证了广州作为海上丝绸之路历久不衰的发展历程。以汉代墓葬为主体的乐昌对面山遗址，发掘了自东周至隋唐的墓葬约200余座。公元971年，"南汉"政权被北宋所灭，宋元明清时期陆地田野考古成果体现在古窑址、古墓葬和寺院遗址三方面。

考古发现让我们日益清晰地看到广东地区史前文化中透露出的文明曙光，也越来越真切地触摸到早期岭南文明脉动的韵律。

本文刊发于2021年11月1日《广州日报》理论周刊

传承广府文化，
既要"留住"也要"记住"

导 语

　　习近平总书记在视察广东时要求广州实现老城市新活力，在城市文化综合实力等方面出新出彩。如今，文化在未来的城市竞争中占据越来越重要的位置。提升广州城市文化综合实力，激发老城市新活力，要善于挖掘和利用广州自身的文化资源，而其中的代表莫过于广府文化遗产。近日，本报记者就保护与传承广府文化等相关问题，专访了广州大学人文学院曾大兴教授。

文／广州日报全媒体记者　陈文杰

曾大兴　广州大学人文学院教授，广府文化研究中心研究员，中国文学地理学会会长，广东省及广州市非物质文化遗产保护工作专家委员会委员。

要保护"看得见"的，传承"看不见"的

《广州日报》：首先，想请您谈一谈岭南文化、广府文化、广州三者之间存在着什么样的联系？

曾大兴：岭南、广府实际上都是地域名词，从地理范围来看，广府文化是从属于岭南文化的，而广州则是广府范围内的一个行政区域。所以，以今天的眼光来看三者的联系，广府文化是岭南文化的一部分，而广州文化则是广府文化的一部分。广州的重要性在于它一直是岭南地区的中心城市（如今已是国家中心城市），也是广府文化的中心地，不仅对周围地区起到辐射引领作用，也是岭南文化中的代表。所以，如今一提到岭南文化，许多人马上想到的就是"喝早茶、看粤剧"，这些其实都是广府文化的内容。

《广州日报》：如今广府文化遗产主要保护什么？传承什么？

曾大兴：广府文化是一种很有生命力的文化，它与我们今天的生活密切相关。广府文化本身是在不断发展的，它既传统又现代。它的传统性不仅体现在语言、民俗和饮食等方面，也体现在人们的生活方式、价值观、审美观、为人处事的态度等方面，但它也不是一味地传统，而是不断地吸收海外文化中的先进成分，不断地发展并丰富自身，因此它又具有现代性。广府文化既是一种内涵丰富的传统文化，又是一种活生生的、时刻影响着人们的现代文化。

提到文化遗产，一般分为物质文化遗产和非物质文化遗产。物质文化遗产是"看得见"的，非物质文化遗产是"看不见"的。对待广府文化遗产，既要保护传承"看得见"的，又要保护传承"看不见"的。也就是说，不仅要保护古迹、藏品等"看得见"的物质文化遗产，又要保护粤语、粤曲、广东音

让城市留下记忆
让人们记住乡愁

乐、各种手工技艺、某些传统观念等"看不见"的非物质文化遗产。

《广州日报》：当前广府文化遗产保护与传承的现状如何？

曾大兴：事实上，在城市化进程迅速推进的今天，广府文化地区不仅保留了大量的物质文化遗产，也保留了大量的非物质文化遗产，例如粤语、饮食习俗、婚嫁习俗、人际交往方面的观念与习俗等等，特别是在传统节日例如冬至、元宵、清明、端午、七夕、中秋、重阳的传承与发展上，广府文化地区是做得很好的。例如每年端午节的扒龙舟，已不单是一个传统的节日民俗，而且成了一个具有国际影响的体育比赛项目。

但是，也有一些广府人对自己的文化缺乏系统认识、缺乏自信。他们缺乏一种比较的眼光，不清楚自己的文化究竟有何特色，在全国众多的地域文化中处于什么地位，有的人甚至会认同广州是个"文化沙漠"的说法。我认为，这才是广府文化传承与发展中存在的最大问题。

实现有内涵、有品位、有活力的创新

《广州日报》：如何理解广州实现老城市新活力中"老与新"的关系？

曾大兴：实现老城市新活力的要求，实际上传递出一个信息——愈是现代化程度比较高的地区，愈要注重传统文化。传统是我们的昨天，没有昨天怎么会有今天？没有今天怎么会有明天呢？没有传统，就没有底蕴与根基。同理，没有传统的创新，就没有今天的活力与明天的发展。其实，老与新的关系在于在传统与现代之间、"守旧"与创新之间达到一种平衡。只有珍视传统，弘扬传统，在传统的基础上创新，这种创新才是有内涵、有品位、有生命力的。

《广州日报》：您觉得怎么才能更好地"让城市留下记忆，让人们记住乡愁"？

曾大兴：建筑是城市文化给人们的第一印象。人们认识一个城市的传统文化，往往是从一个城市的历史建筑开始的。历史建筑既包括古建筑，也包括近现代建筑。保护城市的历史建筑，就是留住城市的记忆。要留下城市的记忆，就要对广州的历史建筑予以保护。例如把一些二十世纪

五十、六十、七十年代建的厂房改造成文创园地，就是对工业遗产的保护和再利用。这种保护和再利用，也正是在留住一个城市的记忆，便于人们记住乡愁。

城市的记忆也好，乡愁也好，都是一些"看不见"的东西，都是精神层面的东西。它需要"看得见"的东西也就是物质的东西来承载的。如果城市的历史建筑都被破坏了，那么城市的记忆，人们的乡愁就没有依托了。

活态传承广府文化遗产

《广州日报》：广州目前正大力建设文化强市，您对此有何建议？

曾大兴：首先，广州人要真正了解自己的文化，了解自己的历史，要知道前人都做过哪些工作、取得了哪些成绩。而文化遗产是城市文化和历史的结晶，要了解过去，保护文化遗产是非常重要的。有保护才会有传承，有传承才会有创新。

其次，要增强文化自信。广府文化既传统又现代，既开放又包容。广府文化从内容到形式都是丰富多彩的、都是富有生命力的。要通过宣传、介绍和普及，让更多人参与对广府文化的讨论，增强文化的自觉与自信，从而更积极地承担起传承、弘扬、建设广府文化的责任。

第三，要增强文化产品、文化成果的厚重感。广府文化是一种轻质型的文化，其主要局限在于不够厚重。广州要建设文化强市，成为区域文化中心，除了认识自身的文化优势、坚定文化自信外，还必须在文化产品、文化成果的厚重性方面下功夫。因为没有文化的长期积累，没有厚重的文化成果，也就缺乏自主创新的后劲。而文化的厚重感是需要时间来打磨的，浮躁不得，投机不得。比如耗时10年出版的《广州大典》，就离不开甘坐冷板凳、十年磨一剑的精神。此外，要克服实用主义、功利主义对文化建设的影响，还需要营造良好的文创氛围，建立完善的激励机制，让文创工作者静下心来做原创，打造文化精品。

最后，要把传统与现代结合好。传统与现代并不一定对立，反而可以有机结合。要在加深对传统文化了解的基础上，寻找传统与现代之间的切合点。比如广州花都有一个灰塑研究院，把灰塑这种传统的建筑材料做成了手信，做成了大众喜欢的文创产品。这个切合点是什么呢？就是大众喜欢。如果大众不喜欢，只是少数人喜欢，这种转化就难以实现。这也说明对文化遗产的传承，需要活态传承，也就是通过生产和消费来传承。文化遗产进入生产与消费领域，才是有生命力的，不然就只能成为博物馆里的展品。

本文刊发于2019年4月15日《广州日报》理论周刊

以四大平台构建世界级科创高地

　　近年来，高质量发展已成为经济发展的"主旋律"，而其中科技创新更是驱动高质量发展、破解当前经济发展中突出矛盾和问题的关键。广州要在高质量发展中走在前列，必须坚持以科技创新推动广州经济高质量发展。基于建设粤港澳大湾区机遇，广州如何打造世界级科技创新平台？广州日报《理论周刊》特邀华南理工大学张振刚教授进行深入解读。

文 / 广州日报评论员　陈文杰
图片由受访者提供

张振刚　华南理工大学党委原副书记、工商管理学院教授。

世界级科技创新平台的三个特征

《广州日报》理论周刊：当前，您认为世界级的科技创新平台应具备哪些特征、要素？

张振刚：世界级的科技创新平台，应该具备三个特征：

引领世界科技发展。一是拥有若干世界一流大学和一流科研机构，产生引领全球科技发展的原创科技成果。二是培育了影响和改变世界的高科技大公司。三是形成了前景广阔的新产业、新业态，科技成果有效转化，引领世界产业发展趋势。

汇聚高端创新资源。一是高端人才集聚，吸引全球最优秀的人才来此创新、创业。二是创新资源丰富，汇聚了全世界高端创新资源，知识流、信息流、资金流、人才流有效融通。三是科技服务业高度发达，有一批世界一流的科技咨询公司和新型研发机构，形成了专业化、网络化、生态化、平台化的产学研合作体系。

依托优越发展环境。一是所在地区形成了比较完善的治理体系，城市的生产、生活和生态协调发展；二是形成良好的创新、创造、创业环境和共创、共生、共赢的发展环境，有效吸引高端人才安居乐业，创新创业；三是形成开放包容、宽容失败的创新文化，激发创新创造新活力。

《广州日报》理论周刊：在打造世界级科创平台的过程中，如何处理好"基础研究创新、应用技术创新与产业创新"三者之间的关系？

张振刚：基础研究创新、应用技术创新和产业创新是创新链最主要的三个部分，构成了创新链的上游、中游和下游。基础研究创新引领科技发展前沿；应用技术创新着重于科技成果转化，涉及技术创新、产品创新和工艺创新；产业创新是将新技术商业化、规模化的过程，涉及技术应用的场景创新、商业模式创新以及产业集群内各个要素之间的协同。比如，广州在加快打造数字经济创新引领型城市的过程中，引导和支持100个场景创新示范项目，目的就在于通过场景创新，引爆新的需求，拓展新的市场空间。

因此，打造世界级科技创新平

台，将其创造的前沿科技成果孵化、转化、商业化和规模化应用，形成新的产业、新的模式、新的业态，具有重要意义。但在这一过程中，需要加强以下四个方面。

打造世界级产业集群创新平台。一是创新产业组织协同机制，围绕战略性支柱产业和战略性新兴产业，建设以产业龙头企业为核心的世界级产业集群协同创新组织，制定集群内的各种协作协议，统一技术规范，强化和发挥其对区域产业集群的引领和推动作用。二是以我为主，与发达国家合作建立国际产业联盟，面向世界科技前沿和产业科技重大需求，开发世界级共性技术、关键技术和前瞻技术，制定行业技术标准，掌握发展主动权。三是加强生产性服务网络平台建设，加强新型研发组织、科技园区和孵化器建设，树立生产性服务企业标杆，带动行业发展，为制造业企业发展提供专业化、网络化和高水平的服务。

打造世界级数据赋能产业转型升级创新平台。一是继续加强与头部创新企业合作，大力发展数字经济征信机构，推进数字化治理、数字价值化、数字产业化和产业数字化，促进数据规范、有序和高效流通，建设世界级数字经济创新平台，提高数字赋能服务水平。二是加强工业互联网建设，促进制造业企业数字化转型升级。三是促进消费互联网与工业互联网的融通。四是大力发展各种以数据赋能制造业创新发展的服务型企业，发展数字孪生技术，推进产业数字化、智能化和网络化，赋能传统产业和新兴产业深度融合，赋能制造业和服务业深度融合，推进由"产品+服务"到"制造+服务"的升级，实现产品设计、制造、营销、服务的全生命周期智能化管理。

建立世界级质量管理创新平台。一是以数据赋能为动力，以两业融合为路径，以不断提升制造业的符合性质量为基础，以不断提升制造业的适用性质量为方向，降本提质增效，促使产业向价值链的中高端攀升，增强高端产品供给能力。二是建立产业质量管理生态，以数字化转型升级为途径，以战略创新谋划质量、管理创新保障质量、自主创新提升质量、协同创新增强质量、开放创新创造质量，不断探索和创造新的场景以拓展新市场，以优质丰富的产品，满足人民不断增长的对美好生活的向往和需求。三是加强数字化赋能区域品牌建设，在不断提高产品的知名度、美誉度过程中，促进价值在企业与客户之间的高水平双向传递和提升。

建立世界级供应链创新平台。以龙头企业为核心，打造平台型企业，充分发挥工业互联网和消费互联网的功能，通过数据赋能制造端、服务端和客户端的联通，打造产业发展生态系统，促进人才流、资金流、物资流、信息流的融通，提高制造+服务的水平，建立智能化、网络化和数据化的世界级供应链。

打造以城市大脑为核心的智慧城市创新平台

《广州日报》理论周刊： 要打造世界级科创平台，广州的优势有哪些？需要克服的弱项又有哪些？

张振刚： 广州的科创实力和潜力强大。一方面，国家级高水平大学和科研机构林立。例如，广州拥有一批高水平大学，以及中国科学院能源所等一批国家级研究机构。广州还引进美国冷泉港、斯坦福研究院等世界先进科研院所。另一方面，世界级的产业集群初具规模。广州已经建成知识城、科学城、黄埔港、国际生物岛、国际创新城等产业创新基地以及琶洲等四片区联动的数字经济创新试验区，一大批科创企业迅速发展；人工智能和高端装备制造，生物医药两大世界级产业集群的培育已经初见成效。

但在弱项方面，一是城市治理的理论创新、实践创新方面还有待丰富完善，在某些领域需完善前瞻的城市发展规划。二是科技原创能力、创新源头效能有待进一步提高。要克服这些弱项，除了要加强科技创新平台基础建设和健全科技管理机制，还需要加强以下工作。

首先，要做好三个定位。第一，目标定位。要做好战略规划，加强技术预见研究，结合广州实际，在重点领域，制定新兴产业和世界科技前沿技术的发展规划，实现重点突破。第二，关系定位。要融入粤港澳大湾区，加强与湾区其他城市的协同，增强科技创新和产业创新的能力。例如，要加强广深港澳科创走廊的建设。第三，功能定位。在融入大湾区，融入"一核一带一区"的建设中，充分发挥汇聚、策源和辐射的功能，并在此过程中，形成新的经济增长极。

其次，要打造以城市大脑为核心的智慧城市创新平台。一是以数字经济创新为抓手，打造世界级智慧城市创新平台，建设城市大脑，发展智慧城市数字孪生技术，推进智慧城市智能管理体系与基础设施建设，提升城市的综合治理、协同治理水平，增强城市的综合服务能力，使城市的生活和生产更协调、安全、便捷，使城市的创新、创造和创业活动更加高效，促进人才流、知识流、信息流、资金流的融通，从而激发全社会创新的活力。二是打造世界级科技人才集聚创新平台，面向国内外，引进国际前沿技术战略科学家，为人才提供良好的创新、创造、创业环境。三是打造数据赋能的营商创新平台，促进制造业与现代服务业高效率融合。运用数字创新，开展场景创新，促进科技创新与产业创新的有机融合。

鼓励高水平技术"引进来"与产业全方位"走出去"

《广州日报》理论周刊： 对于广州打造世界级科创平台，您还有哪些建议？

张振刚： 广州打造世界级科技创新平台，要着力增强高科技供给能力。在自主创新上，一是创新体制机制，建立更加公开、公平、有效的科研资源分配和管理机制，激发科技创新活力，提高创新绩效。二是面向世界科技前沿和国家重大需求，加强国家实验室培育工作，建设世界一流的科研院所，加快建设双一流大学，提升科技创新组织的能级。三是开展技术预见研究，准确把握新一轮技术革命的趋势。四是以制造业龙头企业为主体，而不是知识产权中介机构为主体，加强高价值专利组合的培育、创造和转化，提高专利质量和转化率。五是进一步加大力度推广装备制造首台套激励政策，以市场化的竞争机制分配研发资源，激励企业自主发明创造，通过产业政策引导企业走向高端，转型升级。

在协同创新方面，一是健全科技创新协同机制，深化粤港澳创新合作，继续推进广深港澳科技创新走廊建设，积极推动广州、深圳"双城联动、比翼双飞"，推进"一核一带一区"的科技协同创新平台建设。二是高度重视以新一代信息通信技术为代表的新一轮科技革命对产业发展的影响，高度重视促进数字经济与现代产业融合发展，提高协同创新水平，聚焦世界前沿技术，促进高水平产学研合作，加速突破算法、芯片、关键元器件等领域"卡脖子"技术，实现科技突破性跨越。

从开放式创新来看，一方面，加强科技对外开放力度，促进国内外头部企业在广东设立研发中心，适当引进国外一流大学在广东设立分校，进一步增强高端创新机构对高端科技创新资源的汇聚能力。另一方面，支持华南技术转移中心建设"平台的平台"，创新技术转移和交易的体制机制。加强与国际一流的技术转移机构合作，鼓励高水平技术"引进来"与产业全方位"走出去"。

本文刊发于2020年12月21日《广州日报》理论周刊

以前瞻眼光构建现代产业体系

2022年广州市政府工作报告提到，坚持产业第一、制造业立市，推进数字产业化和产业数字化；加快构建现代产业体系；坚持把发展经济的着力点放在实体经济上，推动产业基础高级化，不断提高产业链自主可控水平，为高质量发展积蓄后劲。

广州日报理论周刊特邀请中共中央党校（国家行政学院）经济学教研部教授、政府经济管理教研室主任时红秀，广东省社会科学院二级研究员、副院长向晓梅，华南理工大学教授、广州数字创新研究中心主任张振刚就此进行解读。

文／广州日报全媒体记者 李冀

以"制造业立市"打造湾区产业体系"智脑"

时红秀：中共中央党校（国家行政学院）经济学教研部教授、政府经济管理教研室主任

《广州日报》理论周刊：广州在今年政府工作报告中首次提出"制造业立市"，强调加快构建现代产业体系，您认为，这些变化意味着什么？

时红秀：坚持制造业立市，是广州实现老城市新活力、"四个出新出

彩"的重要手段。制造业是科学技术转化应用的主要载体，在城市经济发展中既发挥重要支撑作用，也扮演引领产业发展的角色，是促进城市高质量发展的重要动力。广州的定位很清晰：一方面广州具有资源禀赋、传统优势，处在发展的过程中；另一方面，在制造业方面，粤港澳大湾区的各个城市对亚洲地区的影响力非常大，而且广州承担着华南门户作用，对中南地区的制造业的辐射作用很强，这些优势非常独特。

广州强调加快构建现代产业体系，可从三方面来理解。首先，广州的产业发展不能局限于行政区划内的制造业发展，而是要放在大湾区的整体框架中来考虑。实际上，大湾区内，广佛一体化程度已经很高，企业家、资本、人才的流动较为频繁，要素协同关系比较成熟，因此，广州产业发展要充分考虑这些因素，要从整个华南地区的产业带动来着眼。

其次，强调加快构建现代产业体系意味着广州将牢牢把握第四次工业革命的发展机遇，大力推进产业数字化转型升级，让先进制造、智能制造成为广州未来经济高质量发展的主力军、先锋队。第三，大力建设现代产业体系，加速数字技术和实体经济深度融合，推动传统制造业转型升级，发展战略性新兴产业，将进一步夯实广州作为国际大都市的产业引领和技术策源地的地位。

《广州日报》理论周刊：确立"制造业立市"产业发展指导思想，强调把发展经济的着力点放在实体经济上，将为广州带来哪些变化？哪些方面值得重点发力？

时红秀：广州作为国家中心城市、对外开放的窗口，人文、科技和现代化大都市的优质资源充足，发展制造业就要充分使用这些资源。制造业持续升级的能力，考验着支撑这些产业发展的服务业能不能跟上，这些服务业包括设计、研发、展示、融资、仲裁、会计、评估、信息等。这些发展需要大量的高端技术人才，而作为区域政治文化中心的大都市，广州显然有吸引力。另外，广州强调发展金融业，但不必紧盯证券期货这类大金融，而要着力发展产业链金融，使之服务于本区域制造业和现代产业的发展。

制造业持续升级的能力，还依赖于相应的高端要素能不能持续供给。除资本外，技术、人才持续流入本地很重要。广州有自身优势，要开拓创新，用更高水平的手段吸引高端人才来得了、留得住、干得好。广州不妨大胆探索，深化社会事业和公共服务领域的供给侧结构性改革，吸引各方面资源来办教育，兴办一批高质量的大学、职业学校，兴办有竞争力的基础教育；与此同时，吸引各方面资源来办医疗、办养老，在医药医疗医养方面，广州完全拥有有竞争力的产业生态。

广州应扬长避短充分融合大湾区资源，打开综合发展的无限空间。发展实体经济，强调制造业立市的广州应成为大湾区产业体系的"智脑"。近年来，广州持续优化营商环境，下一步，可以考虑在广州建立制造业细分领域的专利登记中心，从市场监管、仲裁到司法运行中切实提升对知识产权的保护力度，给制造业的企业家、发明家以充足的司法保障，甚至在现代产业知识产权保护方面创造具有引领地位的样本，对全国甚至全世界释放出足够的吸引力，在我国参与第四次工业革命进程中赢得先发优势。广州只有走在世界的前列，才能激发出最大的价值。

随着中央擘画的共同富裕的蓝图落地实施，我国居民的财富与收入结构将发生变化。未来15年，低收入群体将持续减少，中等收入群体在扩大，橄榄型社会逐步形成。这也就意味着全社会的消费升级要加速，高品质需求将快速扩大，就需要与之相适应的高质量供给。这是拉动我国产业升级最大力量，也是难得的机遇。广州一直都处在改革开放和现代化建设的前沿，在高质量发展方面将继续创造出更多新经验。

制造业是广州经济发展的韧性所在

向晓梅： 广东省社会科学院二级研究员、副院长

《广州日报》理论周刊： 加快构建现代产业体系，将为广州带来什么？又将对中国乃至世界形成怎样的影响？

向晓梅： 加快构建现代产业体系是广州对于未来发展的重要部署，有利于支撑国家中心城市建设的体量和规模。制造业在现代产业体系中有着举足轻重的地位和作用，能对提升城市能级起到关键作用，是工业现代化的主导力量，每次制造业的突破都影响着地区经济乃至发展格局。加快构建现代产业体系是保持经济活力的源泉之一，大力发展制造业，加快传统产业的转型升级，对于提升城市综合竞争力有重大意义。

广州有超大规模人口空间、良好的工业基础、完备的产业链体系，尤其是第三产业的服务型制造业较为发达。通过确立"制造业立市"战略，在推进传统产业转型升级的同时，着力发展新兴产业，提高实体经济发展的质量水平和效应，并与现代服务业充分融合，将能够整体提升广州的中心城市能级。

在粤港澳大湾区协同发展中紧扣门户枢纽定位，发挥引领带动和服务周边功能，是广州当仁不让的使命。广州大力发展实体经济，以制造业为切入点，对自身及周边都将形成良好的联动及带动作用。2021年1—2月，全市实现规模以上工业总产值3006.11亿元、增加值699.29亿元，同比分别增长43.4%和43.6%。其中，汽车、电子、石化三大支柱产业支撑有力。此外，高技术产品产量不断壮大，新能源汽车、工业机器人、智能手机、显示器等产量两年平均增长均超过40%。

广州市工业和信息化局数据显示，2021年广州全年规模以上工业总产值22567亿元，同比增长7.0%，规模以上工业增加值5086亿元，同比增长7.8%，规模以上工业总产值、工业增加值首次分别突破2万亿元、5000亿元大关。2021年广州实施先进制造业强市战略，推动稳增长，聚力发展数字经济和数字新基建，以"链长制"为抓手推进21条重点产业链，实现

"十四五"良好开局。

2022年，广州坚持把制造业作为立市之本，推动制造业比重稳步上升。聚焦打造数产融合的标杆城市，全面实施制造业强市战略，构建以数字经济为引领的现代工业和信息化产业体系，升级打造五大支柱产业，包括数字经济核心产业、智能网联和新能源汽车、绿色石化和新材料、生物医药与健康、现代高端装备，开展"智车""强芯""亮屏""融网""健药""尚品"六大行动，建设"两城两都两高地"，包括智车之城、软件名城、显示之都、定制之都、新材高地、生物医药与健康产业高地。这是加快构建现代产业体系的步骤，必将对广州所在的大湾区产生积极影响。

《广州日报》理论周刊：广州的产业策略将产生哪些影响？从国内、国际知名工业城市建设来看，广州的"制造业立市"有何特别之处？

向晓梅："制造业立市"第一次被写进广州市政府工作报告。广州将持续扩大工业投资，发挥产业地图引导作用，推进产业招商"导流""滴灌"计划，争取引进一批重大生产力骨干项目。实际上，广州最早从"三来一补""来料加工"就向全球学习制造经验。广州既是改革开放的前沿地，也是国家中心城市和先进制造业基地，制造业基础雄厚、门类齐全。

作为全国首批通过产业集群的形式推动制造业数字化转型的城市，广州在制造业立市路上，以"数"先行。从生产线到销售网，分享数字技术带来的红利。坚持制造业立市不动摇，首要就是实施重点产业链"1+X""链长制"两大机制。"1+X"意味要发挥链主企业龙头作用，强化补链、延链、强链，推动形成更多世界级先进制造业集群。"链长制"意味着政府当"链长"，企业当"链主"，在"制造业立市"中发挥最大作用。

制造业是广州经济发展的韧性所在。目前，全市21条重点产业链，涉及市场主体超120万个。2025年，全市制造业数字化、网络化、智能化水平进一步提升，推动6000家规模以上工业企业实施数字化转型，带动20万家企业上云用云降本提质增效，规模化个性定制生产方式应用广泛，基本建成具有国际影响力的"定制之都"和全球数产融合标杆城市。

数字化转型激发了传统产业的生机活力。作为全国首批"千兆城市",广州在加快打造国际数字信息枢纽中心,大力推动5G、数据中心、人工智能公共算力中心和新型工业互联网创新中心等新型基础设施建设。相信未来会有更多的"柔性生产线""数字大棚""无人港口"数字经济应用场景在广州成为现实。

牵住"牛鼻子"下好"先手棋"弹响"协奏曲"

张振刚:华南理工大学党委原副书记、教授,广州数字创新研究中心主任

《广州日报》理论周刊:广州构建现代产业体系的"牛鼻子"是什么?该如何牵住?

张振刚:2021年广州市地区生产总值为28231.97亿元,同比增长8.1%。其中,第二产业增加值为7722.67亿元,同比增长8.5%,增速高于第一、第三产业增加值,两年平均增长5.9%。

未来,广州把发展经济的着力点放在实体经济上,将推动产业基础高级化、产业链现代化,不断提高产业链自主可控水平,为经济高质量发展带来持续发展动力。

大力推进数字经济创新引领型城市建设,促进人工智能技术、新一代信息技术等与实体经济有机融合,促进产业数字化转型升级,是广州构建现代产业体系的"牛鼻子"。

第一,要大力推进产业数字化和数字产业化,培育一大批国家级专精特新标杆企业,发挥其引领、示范带头作用。

第二,要大力营造良好的产业发展环境,建设优秀的创新创业队伍。

第三,要以数据赋能为抓手,大力促进产业链之间的融合、协同,鼓励跨行业、跨领域的技术创新,着力开展数字技术与产业融合的场景创新,发展新技术、培育新产业、孕育新生态。

广州该如何下好构建现代产业体系的"先手棋"？

张振刚：若没有制造业，只讲服务业的经济就像无源之水、无本之木，城市难以持续发展。构建现代产业体系，广州必须下好"先手棋"。

第一，面向世界科技前沿，结合广州实际，大力发展人工智能、新一代信息技术、区块链、新能源、新材料等战略性新兴产业。

第二，完善体制机制，充分发挥广州21条产业链链主的积极性、创造性和带动性、示范性，促进产业链纵向打通，横向融通，建立产业发展新生态。

第三，推进世界"灯塔工厂"建设，鼓励企业申报各种国家级科技奖和中国质量奖，建设一批国家级共性技术创新平台，培育世界一流企业。

《广州日报》理论周刊：广州该如何稳中求进，整合优势资源，奏响制造业立市的"协奏曲"？

张振刚：广州建设世界级科创中心，构建现代产业体系，强化科技创新资源的汇聚地、策源地和辐射地建设，将在大湾区建设和发展的过程中，发挥重要的创新带动和引领作用。

第一，深入分析制造业发展态势，找准并补齐产业链"短板"，实现产业链稳链、补链、强链、延链、控链、固链。

第二，加强工业互联网与消费互联网的融合，推进制造业与服务业的融通，发展制造业服务化。比如，广州是世界定制之都，涌现了一批优秀的家居定制化企业，工业互联网与消费互联网的融合促进了产业制造端、供应端、客户端和服务端等端到端的集成，建立了产业发展新生态，促进了产业高质量发展。

第三，大力加强5G在工业互联网建设中的作用，建立一批高水平的平台型数字创新企业，赋能产业数字化创新升级。目前，广州很多大型制造业企业还在使用WIFI6网络，因此，要设法降低5G应用成本，大力推广5G应用，让5G应用普及化、产业化、规模化，实现更大的价值化。

第四，加强产学研合作，大力推进具有广阔发展前景的相关学科建设。

广州以制造业为重要抓手，加快构建现代产业体系，将带来三方面的效益。

第一，通过数据赋能制造业转型升级，将进一步构建更加完善的创新链、产业链和资金链，为广州带来丰富的人才流、资金流、知识流，焕发城市创新活力。

第二，通过制造业立市，将助力广州面向世界科技前沿，把握第四次工业革命的发展机遇，打造世界级高科技产业集群和创新平台，构建世界级科创高地。

第三，通过数产融合，将助力广州大力推进制造业服务化，构建更加完善的现代产业体系，创新体系，激发企业创新活力。第四，加快构建现代产业体系，还将促进城市大脑和数字孪生城市建设，建设智慧社会，提高城市的现代化治理水平。

广州紧密把握时代发展机遇，顺应国际科技发展趋势，以制造业立市，将有力促进广州面向世界科技前沿，面向第四次工业革命，建立科技强市、制造强市、质量强市和网络强市，将有力促进广州建设枢纽型网络城市，建设国际大都市，将有力推进广州实现老城市新活力、"四个出新出彩"。

本文刊发于2022年3月15日《广州日报》理论周刊

打造国际消费中心城市新格局

"十三五"规划纲要提出"培育发展国际消费中心"长远谋划。2021年7月19日，经国务院批准，在上海市、北京市、广州市、天津市、重庆市，率先开展国际消费中心城市培育建设。

今天的广州正处在全面深化改革、推进高质量发展的关键期，既面临科技革命和产业变革的历史机遇，又面临资源环境约束的全新挑战。国际消费中心城市建设将对经济高质量发展带来哪些积极影响？将如何促进广州提升全球影响力、竞争力和美誉度，从而形成国际消费中心城市新格局？广州日报理论周刊邀请著名经济学家贾康、谢鲁江、董小麟对此展开讨论。

文／广州日报评论员　李冀

消费是驱动经济高质量发展的动力

贾康：财政部财政科学研究所原所长，中国财政科学研究院研究员

《广州日报》理论周刊：国家推动国际消费中心城市建设的本质是什么？如何看待在上海、北京、广州、天津、重庆率先开展培育建设的现实意义？

贾康：从20世纪80年代到2008年全球经济危机前，世界经历了一波超级全球化。如今，国际经济大循环动力有所减弱。驱动中国经济发展的

"三驾马车"投资、消费和外贸：投资想要再扩大规模显然已受多种因素制约，传统旧基建需要升级，而新基建所侧重的高科技在"卡脖子"核心技术上受到外部围堵；外贸受到错综复杂国际环境的影响而充满不确定性。因此，扩大内需、特别是调动消费需求的潜力变得更加重要，打造以国内大循环为主体、国内国际双循环相互促进的新发展格局，注重消费驱动赋能，成为高质量发展题中应有之义。在上海、北京、广州、天津、重庆率先开展国际消费中心城市培育建设这一举措，顺应了历史新阶段的发展需要。

当前，这五座城市已有相对较高美誉度和一定程度国际旅游目的地属性，不仅有较大规模的常住人口，更有源源不断的流动人口以及工商、贸易、投资和金融活动带来的人气。伴随大量消费需求，繁荣的经济社会生活中的供需对接带动城市活力，对国内大循环和国内国际双循环产生显著的促进作用。因此，具备率先开展国际消费中心城市的培育建设的优势和条件。

《广州日报》理论周刊：国际消费中心城市建设与国内国际双循环的关系何在？对后者将产生何种影响？

贾康：当今世界正在经历百年未有之大变局，中国进入高质量发展

阶段，经济成长性支撑的"长期向好基本趋势"没有改变，国内需求潜力巨大，表现为多个方面：首先，中国有14亿多人口，并在改革开放中，已使人均国民收入水平上升为全球中等收入经济体的上半区，消费支撑力在强化过程中；第二，中国具有全球最完整、规模最大的制造业体系，"世界工厂"式的生产能力、较完善的工业与服务业配套能力，可形成供给侧优势；第三，中国拥有1亿多作为市场主体的企业、1.7亿多受过高等教育或拥有各类专业技能的人才，以及包括4亿多中等收入群体在内的社会成员所形成的超大规模内需市场，具备国内大循环为主体的客观依托条件；第四，中国仍处于新型工业化、城镇化、信息化、农业现代化快速发展阶段，完成现代化和平崛起的成长空间相当可观，不断推进供需循环畅通前景不可限量。这些显示着中国经济继续增长的巨大潜力和国内大循环为主体的强大支撑力，以及国内国际双循环相互促进的广阔前景。

建设国际消费中心城市就要打造更多更好的消费场景，吸引有支付能力的人口，聚集人气，形成活跃的市场，带来更多消费需求。打造更好消费场景，需要更多成规模的基础设施建设，将带来重资产类型的投资需求，这在一定程度上将明显有益于消化近年由房地产开发放缓等方面造成的过剩重工业产能。旺盛的消费需求与供给侧的供给能力互动，使有效产出活跃在各类消费场景中，增强的不仅是城市活力和城市品牌美誉度，更有益于增强支持经济高质量发展的聚合效应。国际消费中心城市建设，涉及内外循环多个环节，所形成的合力将产生广泛积极影响。

《广州日报》理论周刊：消费驱动时代，建设国际消费中心城市基本要素有哪些？

贾康：城市本身的规模、发达程度和支付能力要作为基本盘，以完善且高水平的基础设施、营商环境和服务质量有效增强对外吸引力和产业辐射力，这些要素支撑区域的消费活动。

国内消费城市已有若干高地，跟国际相比仍有差距。中国具有相当规模的人口总量，但具备较高支付能力的消费者群体有待发展与培养。人次概念上的消费水平有很大提升空间，有消费能力的人对更高品质消费品尚有较强的去境外购置的心理，价格、品类、氛围、场景等方面中外对比的横向差异，都可能导致国内消费力流失。为此，要注重在进一步创新发展中强优势补短板，促进消费端提档升级，以充足的高品质产品与服务满足需求，丰富、扩展适宜的消费场景，壮大消费基本盘。同时，注重以文旅、商贸、会展、节庆等活动不断吸引外来流动人口，在大流通、国内国际双循环中，形成更多客流、更高人气和更大规模有支付能力的购买力，进入一种高质量经济循环的状态，支撑国际消费中心城市的建设培育。

总之，满足人民对美好生活的向往，要大力推进现代化进程，在新时代高质量发展经济、增强国内大循环和国内国际双循环活力构建新发展格局。新旧动能转换关键要领之一，是充分调动国内大循环为主体、国内国际双循环相互促进背景下消费潜力与驱动力——率先在我国五大城市建设国际消费中心城市，是实现目标的必然选择。

深化产城融合激发城市活力

谢鲁江：中央党校经济学部发展教研室主任

《广州日报》理论周刊：国际消费中心城市建设对于现阶段经济建设的作用何在？

谢鲁江：建设国际消费中心城市是经济社会发展到一定阶段的产物，能推动城市经济、文化、社会融合发展，有助于经济高质量发展。

首先，国际消费中心城市建设是我国经济进入高质量发展阶段的必然要求。我国经济增长和经济发展，必须坚持新发展理念，把质量和效益作为衡量发展绩效的主要标准，坚决摒弃粗放式发展模式，更加注重提高劳动生产率和全要素生产率。

其次，国际消费中心城市建设涉及社会、经济、文化等多方面的城市综合生态系统建设。城市的活力，消费的繁荣离不开产业支撑，推进供给侧结构性改革促进消费提档升级势在必行。

《广州日报》理论周刊 如何让产业发展带动国际消费中心城市建设？

谢鲁江：首先我们要坚持以发展实体经济为着力点、以制造业为根基的产业结构、经济结构战略性调整，要坚决保持和充分发挥我国全产业体系的优势。经验表明，在产业结构、经济结构优化升级的过程中，"去工业化""去制造业化"是非常不可取的做法。尤其是我国作为14亿多人口的大国，坚持把经济发展的中心放在实体经济上，保持和发挥现代产业体系的优势，对于我国保障和提高人民生活水平，保证我国产业链、供应链的安全有效，具有十分重要的作用。

产业结构、经济结构优化升级的核心要放在建设现代化产业体系上。要坚持以供给侧结构性改革为主线，以大力增加有效供给为经济结构优化升级的主攻方向。以供给创造需求、需求牵引供给，畅通和扩大国内经济循环，有助于提升我国参与国际市场竞争与合作、推动国际经济循环的实力和能力。

推动产业结构、经济结构优化升级，要明确根本诉求是对我国的产业结构、经济结构进行全方位的现代化改造和提升，例如和信息化相融合、实施数字化智能化改造、推动质量效率动力变革、提高其科技含量和核心竞争力，等等。产业结构、经济结构的优化升级，要和我国高质量发展的要求吻合，要成为我国高质量发展组成部分，成为我国高质量发展强有力的推动者，优化升级的重心要放在提质增效上。

《广州日报》理论周刊： 国际消费中心城市建设如何才能释放出强劲且持续的消费力？

谢鲁江：作为一般规律，工业化进程刚开始是为工业化积累资金等，当积累到一定程度时，工业化就会有一个快速增长，这就是经济起飞的阶段。起飞阶段之后各方问题出现，需要通过整合来处理这些问题，随后工业化进入成熟阶段。

经济发展到一定阶段之后，消费的空间、需求的空间就成为经济发展非常重要的制约因素。所以现在经济发展除了培育新动能、释放新活力之外，还要找空间。国际消费中心城市建设就是充分释放消费力，就是要不断地提高生活水平、提高收入水平、改善民生来释放。改善民生让经济发展空间更大，消费需求带动起来也就意味着老百姓生活水平和收入水平的提高。这也反映出内需空间在扩大。

从前几乎每个大城市都有支柱型工业产业，虽有差异但总体相似，供给侧产能过剩，依靠投资和外贸消化产能似乎是不够的，这就需要优化国内大循环，充分释放国内消费力，因此要推进产城融合，推动国际消费中心城市建设与产业的深度融合。要坚持实施区域重大战略、区域协调发展战略、主体功能区战略，健全区域协调发展体制机制，完善新型城镇化战略，构建高质量发展的支撑体系。形成若干立足国内、辐射周边、面向世界的具有全球影响力、吸引力的综合性国际消费中心城市，带动形成一批专业化、特色化、区域性国际消费中心城市，使其成为扩大引领消费、促进产业结构升级、打造拉动经济增长的新载体和新引擎。

用好广州优势激活消费端和供给侧

董小麟：广东外语外贸大学原副校长，教授

《广州日报》理论周刊：国际消费中心城市的内涵何在？具有哪些特征与标志？

董小麟：国际消费中心城市是全球经济发展的产物，也是一国经济与全球经济对接的重要标志之一。国际消费中心城市的基本内涵是拥有国际化消费环境优势、集聚国际性优质消费资源，具有全球性消费美誉度的国际大都市。其基本特征或标志应包括三方面：从供给侧看，具有消费品供给质量优越、品类结构丰富、服务功能完善、创新引领力强的特征；从需求侧看，具有较高水平的国际性消费力集聚，消费流量大、消费者信心足，消费对城市经济增长的拉动作用显著；从城市的消费环境质量看，城市营商环境优越，市场竞争活跃而有序，消费者和经营者的合法权益得到可靠保障，城市国际化交通枢纽建设及城市内部交通体系完善，促进商贸文化旅游等发展的城市规划及布局合理，城市形象的国际化推广积极有

效。在此三大方面共同作用下，城市的国际消费力、吸引力与辐射力能显著增强，国际消费中心城市的建设就有了核心的支撑力。

《广州日报》理论周刊：与国际上成熟的国际消费中心城市相比，国内五城的差距何在？

董小麟：五个首批建设国际消费中心的城市，总体上是我国当前消费总量较高的城市，其中四个城市在2020年全国城市社会消费品零售额中排在前四位，在消费量级上有绝对优势。对照世界范围较成熟的国际消费中心城市，最明显的差距有两个方面：第一，国际消费力的人气集聚度尚有不足。第二，国际消费的时尚性潮流性的引领功能尚存不足。纽约时尚设计产业全球领先、伦敦创意产业发端在先，背后的原因与发达国家因消费力保持领先，倒逼消费品在设计和供给方面不断创新密切相关。

建设国际消费中心城市遇到的挑战，除了吸引境外购买力，更需加快吸纳国人境外消费力回流。近年来，随着国内人民群众消费需求从量的增长向结构优化和品质提升转变，国内市场供给存在结构性不适应消费需求的状态；中国在提供国际旅游业最大客源的同时，中国游客的境外购物占其旅游消费总开支的四成以上，购物支出的总额和占比均列全球第一。这种巨大购买力的外流，呼唤着国内高水平消费供给的创新。所以，我们建设国际消费中心城市，是增强内需对经济发展拉动作用的重要抓手，是构建以国内大循环为主体、国内国际双循环相互促进的新发展格局的重要环节。

《广州日报》理论周刊：广州在激活消费端和供给侧两方面，提升路径何在？

董小麟：广州要加强消费端与供给端联合发力，实现城市全方位、全生命周期的系统性集成创新。从消费端看，广州要发扬重视消费权益和消费环境建设的优势，在营商环境高质量建设中，把促进消费便利、消费安全、消费满意的市场环境建设继续纳入其中；要本着"先有人气，后有财气"的逻辑营造人气。从供给端看，广州服务消费的商贸体量大、业态丰富，供给品种繁多，但需要进一步从高端消费品供给上发力，做大广州消费供给端市场主体的规模效应，加大引进国际名优品牌的"首店"和高端品类；要规划打造特色消费集聚带（区）；要在城市更新中着力改造传统商业街、商贸市场，实现供给体系和消费产业链供应链创新链的质量协同提升；要为服务消费者的中小微企业在物流配送、创新技术、信息获得等方面建设进一步实现资源共享的平台；要进一步增强供给端企业、行业商会参与营商环境建设、保护消费者权益、维护合法竞争秩序的自觉性和积极性，形成高质量的城市消费供给的美誉度。

国内国际双循环新发展格局意味着双向开放，这也是广州优势。广州要做大国际经贸网络体系，发挥华南重要门户城市综合交通枢纽功能，带动消费新地标建设、提升消费品流通效率和规模、构筑国际性科技文化商贸平台、增强国内外消费购买力吸纳能力等，加快形成国际消费资源丰盈、优质消费品供求兴旺、综合消费力持续提升、海内外消费者信心充盈的国内、国际知名的一流国际消费中心城市。

本文刊发于2021年9月13日《广州日报》理论周刊

学术茶座

你真的理解"实事求是"吗

◎ 陈培永

实事求是的重要性，已经被全社会所公认。但不可回避的现实是，很多时候我们对实事求是本身的深意把握得还不够，还需要再认识。现实生活中，我们对一个人说"你要实事求是啊"，往往表达的想法是"你要看实际、说实话、干实事"，不要好高骛远，不要信口开河，不要异想天开。讲实事求是，当然不能否定有这种意思在其中，在工作和生活中我们确实要杜绝：根本不从实际情况出发，明明看到实际情况也不说实话，说了实话也不去干实事。

但是，我们如果仅把实事求是理解到这个程度，那必将大大有损于它的深刻意蕴、厚重哲理，如此理解的实事求是也很难上升到思想路线的层次。让我们来看看毛泽东同志的界定："'实事'就是客观存在着的一切事物，'是'就是客观事物的内部联系，即规律性，'求'就是我们去研究。我们要从国内外、省内外、县内外、区内外的实际情况出发，从其中引出其固有的而不是臆造的规律性，即找出周围事变的内部联系，作为我们行动的向导。"

简单说，实事求是，就是从客观存在的事物出发，研究出、探求出规律来指导我们的工作和生活。可以看到，"是"比"实"位阶更高，更应该强调，看实际、说实话、干实事，那只是实事求是的基本要求、基本前提，从实际中找到规律、按客观规律办事，才是高水平、高层次的实事求是。

实事求是首先包含着一切从实际出发，它反对从我们的主观出发，从愿望、观念、理念、愿景出发；从曾经正确的某种观念、思想、理论出发，不顾时间、空间变换，还固守原来的观念、思想、理论；它要求从全面的、联系的、变化的实际出发，不能从片面的、孤立的、静止的实际出发，以防管中窥豹、一叶障目、坐井观天等。

一切从实际出发，当然不是不要主观、撇开人本身，也不是要让我们受客观力量的支配，服从外在于我们的对象。一切从实际出发，就是要做到主观和客观相结合，因为在我们说一切从实际出发的时候，主语就是我们自己，从实际出发恰恰是让我们更好地理顺与对象的关系，在主客观结合中实现主观的目标。

我们是主体，从实际出发、与客观结合，不是让我们丧失主体性，而是在尊重客体、对象的同时更好地实现主体性，实现我们主观的目标、意图、理想、愿景等。

做到主观和客观的统一，就是要做到尊重客观规律和发挥主体能动性相结合。从实际出发，不能停留在表象，要透过现象看本质，看到规律，看到趋势。我们面对的实际、现实、社会错综复杂，要在复杂现实中化繁为简、抽丝剥茧、把握脉络。

我们看到的"实事"或"事实"，也不一定能够探究到"是"，最多只能做到从实事出发、用事实说话。正是因为有这样的难题，有人才会否定我们把握"是"的可能性，有人才会认定这种"是"本身不存在从而陷入不可知论之中。我们要知难而上，要养成"求是"的习惯，既要善于观察、全面观察，又要善于理性思考、深度思考，借助于理论分析、思想指导来直面现实问题、解决现实问题。

但我们也不能认定那个叫"是"的东西就在那里，等待着我们去找到它。客观规律不能与主体实践割裂开来，不能一讲客观规律，就要祛除主观的意志、主体的实践，没有主体参与的客观规律是不存在的。

不能把实事求是理解成一心去找客观规律，没找到规律就不能行动，把任何探索、创造、创新都看成是盲目的。或者认为客观规律一旦找到，就将成为主体能动性的永远的遵循，不遵循就是违背了客观规律。

真正的客观规律，能够指导人们行动的客观规律，不是一劳永逸、一次就能找到的，它是在主体不断实践的过程中呈现出来的、不断进化的。不存在没有主体参与的、一成不变的客观规律，不能一讲客观规律，就不讲主体，不讲实践，更不能用客观规律来压制主体的创新实践。

客观规律本身包含着主体的意志、主体的经验、主体的实践，不去求，不参与到其中，客观规律就永远不可能出现。客观规律只会出现在发挥主体探索的过程中，只有总结提炼主体实践的规律，才是我们所需要的推进人类社会进步的客观规律。只有在动态中、发展中的客观规律才是真正的客观规律，才是我们所要探究的"是"。

就此而言，实事求是又是一种探索精神，一种创造精神，一种创新精神。它是在主观与客观的结合中、理论和实践的结合中积极进取，"求"不能只是发现规律，还包含着创造未来，它本身包含着解放思想、与时俱进、求真务实，它反对的是自我束缚、自我固化、自我封闭。

（作者系北京大学马克思主义学院副院长、博士生导师）

本文刊发于2019年5月20日《广州日报》理论周刊

无缝衔接的"革命"与"改革"之路

◎ 陈培永

天下路都是一条连着一条，没有哪一条路是忽然冒出来的孤路。走过一条路，才能到另一条路；走到了另一条路，一定是走过了某条路。没有之前走过的路，我们走不到现在所走的路上。

习近平总书记曾指出，一切向前走，都不能忘记走过的路；走得再远、走到再光辉的未来，也不能忘记走过的过去。

中国道路不是从天上掉下来的，而是我们历尽千辛万苦、付出各种代价一步步走出来的路。找到这条正确的道路，离不开对之前中国革命、建设经验和教训的总结。如果说中国道路是我们正在走的路，之前的新民主主义革命、社会主义革命与社会主义建设就是我们走过的路。

道路是一步一步走出来的，跨出第一步，才有第二步。从整个中国近代以来的历史进程看，中国共产党完成了新民主主义革命和社会主义革命，建立了中华人民共和国，确立了社会主义制度，并在汲取社会主义建设经验教训的基础上，开启了改革开放，从而为中国道路的开辟创造了前提和条件。

正是改革开放，将近代以来中国走的路，分成了无缝衔接在一起的两段路，也把新中国成立以来的历史，分成了无缝衔接的两个时期。但由此，模糊的、错误的观念也出现了：把改革开放前的历史时期看作革命阶段，视为"革命之路"，而把改革开放后的历史时期看作改革阶段，视为"改革之路"。进而认为两个阶段的事业是完全不同的，革命之路与改革之路是截然不同的路，进而将改革开放前后两个时期割裂开来。

不可否认的是，改革开放前后的两个历史时期，确实在思想指导、方针政策、实际工作上有很大差别，但两个时期本质上都是社会主义建设的实践探索，有重大区别但又相互联系，绝不是彼此割裂，更不是根本对立的。

改革开放前的社会主义建设遇到了挫折，但不能因此否定这个阶段中国所取得的历史进步，否认它为改革开放的推进、中国道路的形成积累了重要的思想、物质、制度条件，积累了正反两方面经验。改革是中国的第二次革命，是当代中国新的伟大革命。我们通过革命建立了社会主义制度，改革则是社会主义制度的自我完善和发展。不同之处只是在于，改革不改变基本制度，改变的是具体体制。

革命与改革不是对立的，而是有内在关联的。改革是对革命事业的再推进、再努力，革命如果不通过改革进行下去，革命的理想、革命的事业就难以实现。

有种观念总认为，改革与革命是实现社会变革的两种截然不同的路径。改革是自上而下的，是积极主动采取的变革方式，它是温和的、循序渐进的；革命本身是否定性的、解构性的，甚至就是暴力性的、摧毁性的历史活动，就是要划分敌我，就是要变革制度，就是要打破秩序。

这种观念突出了革命的否定性、解构性的特性，而忘记了革命本身的目的不是为了摧毁而摧毁、为了打破而打破、为了暴力而暴力，而是要建造出新制度、新社会、新秩序。

改革要完成革命的事业，而真正意义上的革命完成，整体上看就是使中国社会从传统社会变为现代社会，使中国成为社会主义现代化强国。

这无疑是更为长期、更为复杂、更为艰巨的过程，我们不能看到情况错综复杂、推进难度大或出现挫折，就想回到老路上去，应该对改革的长期性、复杂性、艰巨性有清醒认识，坚决在中国道路上走下去。

（作者系北京大学马克思主义学院副院长、博士生导师）

本文刊发于2019年7月22日《广州日报》理论周刊

封闭僵化思维的"病理学分析"

◎ 陈培永

老路，是曾经走过的路，可能是有缺陷的路，也可能是在当时条件下走得很对很好的路。新路，往往是在老路的基础上，后来开辟出来的路，是更为宽广、更为便捷的路。当然，人们不会因为有了新路，就忘记老路当时所起的作用，就否定老路曾经带来的便利。

新路会比老路好，但也不可能是完美之路。人无完人，路也没有完路，在走了一段时间后，我们难免会发现新路上也会有问题，甚至还会出现老路上不曾遇到的问题。于是，分歧就会产生，有人可以正确、理性地应对，主张解决问题后继续往前走，有人却会主张重新走回老路。不仅是走过老路的人有这种想法，一些没有走过老路、只看到新路有问题的人，也会道听途说觉得走老路更好。

在看到新路的问题时，就想到老路有多好，而忘记了老路本身的问题，认为最终还是得走老路，这就转向了封闭僵化的思维，老路在新的条件下就变成了封闭僵化之路。

有的时候，不是老路本身有问题，而是在我们已经有新路的情况下，还想着要走回老路，才有问题。

可以理解，一个人在其成长的道路上，越是面对不如人意的现实、陷入迷茫困顿的状态，就越容易频频回望，回忆之前的美好，想要走回头路。生活在历史进程中的人，很容易看到并批判现在的问题，而对未曾经历的历史时期进行主观的美好想象，虽然有时是为了托古讽今、借古鉴今，但稍不留意，就会陷入历史悲观论中难以自拔。

对以前社会阶段的美好幻想，对当今社会问题的过度夸大，就会带来封闭僵化的思维。封闭僵化的思维，是必须批判的思维。阻碍中国道路的封闭僵化思维，产生的原因往往不是人们观念陈旧、不思进取，而是在面对客观存在的问题、寻求未来解决之道的时候，过度地夸大了理想、应然的维度。

封闭僵化者，往往坚信马克思主义理论是正确的，认为只要严格按照这套理论来走，就能解决当前中国的问题。他们认定，改革开放不是中国必然要走的路，其所带来的问题也不是必然出现的客观结果。

封闭僵化者评价改革开放、中国道路的标准，是他们自己所理解的所谓真正的马克思主义理论，是他们自己所理解的所谓真正的或纯粹的社会主义社会。他们的出发点是，理想的社会主义应该是什么样的，从理论上应该采取什么样的行动来实现。他们是从应然而不是从实然出发，是从自己的主观想象而不是从中国的客观实际出发，没有坚持主观与客观、理论和实践相统一。

封闭僵化的思维可以说是教条主义的思维，是对马克思主义、社会主义理论教条化理解而生成的思维；也可以说是理想主义的思维，是对社会主义社会及其建设道路的理想化、应然化想象生成的思维。从理想的或应然的角度来思考中国道路未来走向时，结果不是向前看、向前走，而是往回看、往回走，认定还是从前好、以前对，这无疑是令人沮丧的事情。

为什么会如此？是因为封闭僵化者需要"现实"来证明理论的正确、理想的可行，而当前或未来社会不足以提供这样的"现实"，那么从历史上寻求"客观"依据就是自然而然的事情。只是，这种"客观"经不起推敲，注定也只是假想的美好现实。我们不否认，今天中国存在资本运作、市场经济、对外开放带来的问题，尤其是贪污腐败、贫富差距、道德诚信缺失、价值观念多元等。但也不能认定，走"老路"时的中国社会就全是公平正义、无比美好的。

但是，即使"老路"在当时是对的，是应该走的，也不能证明它在今天是好的，是应该走的。时代背景已经发生变化，道路必须与时俱进，再走回老路，是不可能的。坚持唯物史观，坚持历史进步论，是避免封闭僵化思维出现的前提。

对社会抱有美好想象、憧憬，看到社会发展的问题就忧心忡忡，这种忧患意识是值得肯定的。但是，一旦美好想象遭遇冷冰现实，就开始怀旧，想要回到过去，再回到从前，让所有一切重演，注定是走不通的路。

遇到问题，不应往回看，而要向前看。我们必须走好脚下的路，坚定信念，脚踏实地。在饱经沧桑后，我们应该学会放弃很多不切实际的想象，学会变得务实，认识到美好的理想，需要一步一步向前走，才有可能照进现实。

（作者系北京大学马克思主义学院副院长、博士生导师）

本文刊发于2019年7月22日《广州日报》理论周刊

形式主义要不得　形式该要还得要

◎ 陈培永

不止一次被问到，一些地方、一些单位是否在用形式主义的方式来反对形式主义？

这种忧虑不能说没有道理，我们不能无视一些地方、一些单位在组织学习时没有认真考虑实效问题，也不能否认有些党员干部就是把理论学习、政治学习当作一种单纯的形式。一些人轻车熟路，让学习，咱就学；让开会，咱就开；让讲政治，咱就讲，咱只讲；让落实，咱就落，咱不实，只搞文件。一些普通干部总认为，该学的是领导，自己学了也没用，不如多干点活、做点实打实的事情……

结果，在这些地方、这些人看来，讲政治、讲学习变成了形式主义。其实，并非所有的形式都是形式主义。"形式"也不等于"形式主义"。任何事物都是形式和内容的统一，成就一番事业，既要有实实在在的内容、目标，还得借助于一定的形式、方式来呈现、实现。做人也是一样，内里要厚道、要老实、要讲立场，外在的穿衣着装、语言修饰、处事灵活，也不可或缺。

形式有时就是仪式！你爱一个人，这是内容，你心里知道，但你不能只靠心里的爱来获得对方的爱，来维系这份爱。生活需要仪式感，生活中爱一个人也需要仪式感，虽然你的做法，外人看似很傻，还可能会说你装样子，但你"装"多了，坚持不懈地"装"，一年又一年地"装"，那就是真爱，就能书写爱的传奇。

形式有时就是程序！因为实质要靠程序来实现，要靠处在其中每一环的我们扮演好自己的角色，尽最大可能地让程序产生实质的意义。

形式有时就是敲打！生活的年复一年、日复一日，会让我们忘掉自己的某个身份、某个角色。我们不容易忘掉的是自己家庭中的角色，作为父亲、母亲、叔叔、姑姑、儿女等，不容易忘掉的是自己的职业，作为工人、农民、知识分子、企业家、官员等。为何？正是因为每天每时角色和"形式"的反复敲打和提醒。"党员"的身份同样需要这种敲打。政治学习、理论学习就是一种敲打，它会让我们意识到我们不仅是个体的存在，还是作为党组织成员的存在。

形式是术，内容是道。我们担心的是，只有术，没有道；只讲形式，没有内容；只喊口号，从不去干；只讲学习，从不走心；只谈高风亮节，从不真正奉行。没有实实在在的内容的形式，没有制度、纪律、规矩相配套的政治学习，那是形式主义。用一定的形式、方式、手段将实在的内容表达出来，借助于硬性的保障措施使其产生实效，就不是形式主义，反而是做事情、干事业的正确方式。

形式有虚的形式，也有实的形式；有软的形式，也有硬的形式。对于加强党的领导、全面从严治党的目的而言，政治学习、理论学习是"虚"的、"软"的形式，这种"虚"和"软"的形式，要与实和硬的形式，比如惩治腐败、加强监督、严明规矩纪律、制度建设结合起来，如此就必然能达到目的，能干成大事。

不忘初心

当然，我们也得防止只讲学习、只讲教育，而没有与之配套的硬招、实招，或者说硬招、实招不够，从而把理论学习变为我们要反对的形式主义。

还要说的是，一个党员干部，不去学习理论，不去领悟思想，是与作为执政党成员的身份不符的。干点不为谋生的活动，学习思考一些有时看似"形而上"的政治理论，一定意义上也可以说是人的境界提升的标志。所以，有机会参加政治理论学习，我们应该把它当成福利，当成充电的好机会，好好珍惜。

如果人人都批判形式主义，却都在干形式主义的事情，都把解决形式主义问题的责任交给别人，那形式主义的问题什么时候都解决不了。若我们都能自觉学习理论，增强学习的自主性，成为学习的主人，从被动学习转变到自觉学习，学习上的形式主义问题自然就会彻底消除了。

（作者系北京大学马克思主义学院副院长、博士生导师）

本文刊发于2019年4月22日《广州日报》理论周刊

从颜值经济谈如何避免"资源诅咒"

◎ 刘金山

　　爱美之心，人皆有之。谁看到美好的东西，都会产生发自内心的愉悦感。美的事物会引发一种幸福感，这恰恰是美之所以为美的理由。对于美，每一个人都心向往之。

　　心向往之的东西，往往是稀缺的。一切稀缺的东西，都是有价的。越是稀缺的东西，往往市场定价越高。我们一辈子不曾拥有钻石也没有什么，但我们一天都离不开水。为什么钻石的价格比水的价格贵得多，就是"稀缺性"这个道理。颜值也是如此。

　　颜值是一种资源，高颜值是一种稀缺资源。稀缺的资源，那就可以靠它吃饭了。靠脸吃饭，就是把稀缺资源盘活了，带来了现金流（或非现金形式的收益），无论是在直播市场，还是情感市场，抑或其他市场。这就是在资本的江湖上传说的"资源资本化"，资本逻辑无处不在。颜值至高的人，靠脸吃饭，现金流（或其他收益）可能更多。的确，越稀缺，越高价。

　　但资源总是会变化的，靠脸吃饭，不得不面临两个困境。

　　一是时间约束，青春易逝。时间对每一个人来说都是公平的。青春就那么些年，自然规律是不可逆的。化妆品就是要逆自然规律而行，去维持难以持续的稀缺资源，所以代价就高。维持的时间越长，花费越大，这是化妆品价格高的原因所在。化妆品产业长盛不衰的秘密就在于此：让人喜新不厌旧。

青春易逝，靠脸吃饭是不可持续的，资源资本化的现金流（或其他收益）也是不可持续的。当然，现代医学提供了整容术。用人工的颜值，替代自然的颜值，用现金流交换稀缺的颜值，以金钱换时间，替代的价格就是整容的费用。

无论化妆，还是整容，抑或定制形象设计，美妆经济就这样悄然影响了人们的荷包，形成了一个巨大的产业。尤其是现代社会，无论女生，还是男生，几乎都想要美颜一下。

二是心理约束。边际效用递减规律，我们都知道。这是人类的心理规律。靠脸吃饭，消费"脸"的客户受边际效用递减规律的影响，会喜新厌旧，这是一种心理本能。所谓喜新厌旧就是，新的东西，边际效用高；旧的东西，边际效用低甚至为负。靠脸吃饭的市场，竞争是很激烈的。某种程度上，新人笑、旧人哭，是由边际效用递减规律所决定的。

在时间约束和心理约束的作用下，颜值资本化带来的现金流（或其他收益），是不可持续的。颜值资本化，是短期的。从长期考虑，需要突破颜值的约束，进行人力资本投资。

颜值高，有时难免陷入"资源诅咒"。资源诅咒，是指那些自然资源丰富国家和地区，经济增长反而相对缓慢，甚至于停滞。这主要是过分依赖某种相对丰富的资源而忽视其他产业的发展所导致的。一招鲜，吃遍天，如果不能很快适应变化，有时候是很难持续的，无论国家还是个人，都是如此。

为什么会有"红颜薄命"一说？"红颜"，就是颜值很高！"薄命"，就是陷入了"资源诅咒"！"红颜"如何突破"薄命困境"？诗书升华、提升能力，是一条可行的路径。毕竟，靠才华吃饭是最可持续的路径。一个明明可以靠脸吃饭却非要靠才华吃饭的人，是值得尊重的，也是对自己人生最负责任的。

之前，有一部电视剧《我的前半生》很火，讲的是一位全职太太离婚之后，重新进入职场的励志故事。主人公开始时生活养尊处优，但养尊处优带来了生活的"资源诅咒"——离婚了。主人公从零开始，努力工作，克服了"资源诅咒",迎来了美好生活。

突破"资源诅咒",这就是年轻时多学习的理由。少壮不努力,老大徒伤悲,就是未能突破"资源诅咒"的结果。

靠脸吃饭,还是靠才华吃饭,这是一个问题!颜值至高,福兮、祸兮,在于你的心,在于你的选择!

（作者系暨南大学经济学院教授）

本文刊发于2020年7月13日《广州日报》理论周刊

资本凶猛：我们为什么需要股市

◎ 刘金山

股市像一面镜子，充满了爱恨情仇，反映了社会百态。股市不一定是经济晴雨表，但一定是百变人生图——喜也，悲也，皆在其间。

既然如此，我们为什么需要股市？因为我们向往美好生活。美好生活不是虚幻的，要有不断增加的物质条件作为支撑，即经济需要不断增

值。稀缺资源实现增值，需要跨越时空的合作。股市是自由人的自由资本联合，是跨越时空的资源配置。其目的在于：通过改善资源配置，创造美好生活。

股票是折现器。在正常成长的股市里，我们买某只股票，是看中了企业的资产价值，看中了企业未来收入流的持续增长能力。企业正是以这种能力作抵押，发行股票，募集资金；股民正是相信这种能力，才拿出真金白银，分享未来企业增值的成果。股民的原则是"用脚投票"：好则买，坏则卖。由此，股市成了经济的晴雨表。

股票市场是自由的，自由选择是你的，自由选择的代价即风险也是你的。股票是风险配置机制，把风险配置到能够承担并且愿意承担的人身上，有能力、没有意愿不行，有意愿、没有能力也不行。所以，股市不能有、也不应该有赌徒心态。

当前股市充满着赌徒心态，不少时候并没有成为经济的晴雨表。任何现象都有其源头。我国股市发展史，是一部企业资金来源变迁史。传统体制下，企业经营资金靠财政拨款；当财政自身困境无能为力时，20世纪80年代"拨改贷"横空出世，企业经营资金靠银行；当银行不良资产急剧上升时，股市应运而生，当审批制上市配额成为无偿圈钱的权力时，企业经营资金靠股民。正所谓，企业改革，吃完财政，吃银行；吃完银行，吃社会（股民）。这也是为什么股票不分红的原因。

与之相伴随的股市，必然是一级市场（发行市场）定价过低，二级市场（交易市场）投机过度。上市竞争，演变成上市配额竞争，一副错综复杂、千姿百态的寻租路线图就呈现在人们面前。

为企业资金纾困，是股市的起点，却偏离了正常股市的起点：为企业增值。一旦股市与经济路归路、桥归桥，各自独行，股票市场就是没有纤绳的风筝，小道消息满天飞，左右股民选择，进而影响股市走势。在人人争做赌徒的股市，"疯牛"和"疯熊"必然快速转换。

天下大势，合久必分，分久必合。股市本来就应该是、也必然是经济的晴雨表。股票与经济各自独行的状态不应出现。

市场的基本特征是进出自由。上市是自由的，只要符合《证券法》《公司法》；一旦上市成为公众公司，就要履行严格的信息披露义务，不能欺骗股民，不能说谎话，否则法律侍候，且该分红时就分红。退市是自由的，当信息披露等可能成为发展阻碍时，大股东收购自家股票到一定比例或其他法律规定的情形时，就退市了。当然，公司经营太差，股民的脸色肯定很难看，破产倒闭可能也就不远了。你上你的市，我退我的市，市场是动态的，充满着新鲜血液，也就有了活力。

当公司在股市进出自由时，股民用手投票，选择值得投资的股票，或短期换换手，或长期做股东。十年陈股香，或将姗姗而来。真正股权投资的时代也将逐步到来。

上述理想场景的制度支撑是注册制。股票发行上市实行注册制，是一个正式的市场洗礼。没有这个洗礼，那就不是一个正常成长的股市。这一制度变迁是痛苦的。对股市影响，短期而言，也许神仙才知道；就长期而言，这是股市宣言：一定要做经济的晴雨表。注册制必然引起阵痛，但为了股市正位，这种成长的代价是必需的。不经历风雨，怎能见彩虹！股市全面实行注册制即将到来，你准备好了吗？

（作者系暨南大学经济学院教授）

本文刊发于2020年11月30日《广州日报》理论周刊

数字货币：永不消失的云朵

◎ 刘金山

1978年，刚上小学的时候，妈妈拿着自家养的鸡生的蛋，到村里的代销店换作业本、铅笔、食盐、针线；有时候，鸡蛋不够用，就到邻居家借个鸡蛋去换作业本，以后再还回鸡蛋。在村里，鸡蛋似乎是一种神奇的存在，具有普遍可接受性。此时，鸡蛋是"货币"。当然，鸡蛋会有坏掉的时候。

1990年，上大学的时候，到食堂打饭，需要用纸质版的菜票。到膳食科，用1元钱买1元菜票，兑换率是1:1。在校园里，用菜票可以买牙刷牙膏、纸笔文具，可以理发，可以买电影票。此时，菜票是"货币"。严格讲，菜票是代币券。有时候，商店为把菜票换回现金，打出广告，可用95元现金换100元菜票。菜票竟然贬值了！

2000年，博士毕业参加工作，办了工资银行卡，后来又办了网银。无论是自动柜员机提现，还是网银转账，都免去了银行大堂的排队之苦。感谢电子货币，如同一束电波，按照主人的意愿，快速到达它应该到的地方。后来，又出现了支付宝、微信、云闪付等，这些都是电子货币的新形式，只是执行主人的意愿更迅速了、更便捷了。此时，电子货币与钱包里的纸币的兑换率是1:1。二者的购买力随着通货膨胀的变化而波动着。

当永远在线的互联网呼啸而来的时候，网、云端、区块链把一切想自由联合的人自由联合起来了，很多事情都在悄悄地变化。2008年11月1日，一个名叫中本聪的天才式人物发布了一篇题为《比特币：一种点对点的电子现金系统》的论文，2009年1月3日比特币诞生了。数字货币，就这样面

世了。比特币不是特定货币机构发行的，而是依特定算法通过大量计算产生的。它通过网络分布式数据库确认并记录所有交易行为，不会有假币，也不会损坏。其数量有限，被永久限制在2100万个，不会有人为操控数量。这种货币是一个真正的神奇存在，因为它永远在云端、在区块链，就像一片永不消失的云朵。

互联网的世界，无处不神奇。有人发明了比特币，有人发明了以太币、瑞波币、柚子币、莱特币等。一朵朵永不消失的云，在网络的空间里绽放。然而，这些以比特币为代表的虚拟货币，只是一种特定的虚拟商品，并非真正意义上的数字货币，且不具有法偿性和强制性等货币基本属性。有人却看中了这些虚拟货币底层区块链技术的安全性和稀缺性，利用其进行炒作交易活动，扰乱经济金融秩序，滋生洗钱、非法集资、诈骗、传销等违法犯罪活动，掀起了一个又一个的"币圈"乱象，严重危害人民群众财产安全。在去年9月，十部门联合发布了《关于进一步防范和处置虚拟货币交易炒作风险的通知》，明确比特币等虚拟货币业务属于非法金融活动。

其实，虚拟货币的理想很丰满（真实、安全、稳定），但现实很骨感（价格剧烈波动、挖矿耗能源、扰乱正常的经济秩序）。而且，这些虚拟货币最大的问题是没有"国家户口"——不是一国的中央银行发行的，且严重威胁了货币主权，还扰乱了电子货币的运行。说得严重一点，就是货币的非国家化。面对虚拟货币的疯狂，有些国家的中央银行赋予比特币法定地位，但有些国家规定比特币不具有与法定货币等同的法律地位。

更多国家的中央银行，则是主动出击。中央银行，可是顶尖金融智力精英的集聚地，当然不会对货币主权受到威胁不闻不问。中央银行也可以发行数字货币，可以把数字货币拉回到货币主权的轨道上。各国的央行数字货币逐步登上了历史舞台。

中国人民银行是数字货币的先行者之一，给自己发行的数字货币起了个名字"e-CNY"，2019年底相继在深圳、苏州、雄安新区、成都及冬奥场景启动试点测试，目前已在数十个城市应用。这可是有国家信用背书、有法偿能力的法定货币。从此，在中国，数字货币就有了国家户口。这个户口，很重要！

更为重要的是，数字货币，一切有迹可循：你的就是你的，你花的就是你花的；不怕丢，不怕盗，防腐败，除洗钱，报账快。伴随着数字货币背后区块链系统的成熟，就可把一切资产在区块链上经确权后流通或变现。如此看来，央行在下一盘大棋，用数字货币引领盘活全社会的资产。

从鸡蛋到数字货币，具体形态千变万化，其间，不变的是普遍可接受性，可变的是货币的便利性和安全性。货币形态随历史的脚步而奋勇向前；毕竟，货币是经济系统的血液，乱不得，堵不得。

（作者系暨南大学经济学院教授）

本文刊发于2022年5月17日《广州日报》理论周刊

直播经济：风中有朵带货的云

◎ 刘金山

经济，其实很简单，就是挣钱、花钱两件事儿。居民要挣钱，要花钱，为了美好生活；企业要挣钱，要花钱，为了利润最大化；政府也要挣钱，也要花钱，为了公共服务。

挣钱，花钱，说起来容易做起来难。因为无论挣钱，还是花钱，都是交易。交易的困难在于：需求者（想花钱的人），供给者（想挣钱的人），能不能尽快相遇？若能，供需双方你情我愿、心满意足地完成了交易；若不能，供需双方就要寻寻觅觅、苦苦追寻，如同寻找那个期待已久的梦中情人，备受煎熬。

搜寻的过程是痛苦的，因为没钱挣是痛苦的，有钱买不到合意的东西也是痛苦的。所以，解除挣钱、花钱的痛苦，就要使供求双方尽快相遇，越快越好。要和时间赛跑，要跨越空间的阻隔。

为了挣钱、花钱的事儿，天下苦"时空距离"久矣！人类经过千万次的追寻，经过了马蹄奋疾、火车呼啸、轮船击浪、飞机划空之后，迎来了一个新时代。Always on，永远在线，万物互联，一个云相连的新时代。

亿物上云，亿舸争流。突然之间，人们进入了一个梦寐以求的接近完全竞争的云时代。挣钱、花钱，突然变成了云端的"嬉戏"。但亿舸争流，如何留名？

争流的关键在于争心。要沁人心脾，要有体验、有观感、有鲜活感，要眼见为实。总之，要让人心动。心动了，就行动了，手指一点，交易就完成了！于是，直播，就这样迈上了云端。买它，买它，买它！多有现场感，多有体验感！一场云端真人秀，秀出了挣钱、花钱的行随心动！

仰望天空，和风吹拂，风中有朵带货的云，云的心里全是货，飘呀飘，飘过千万里。于是，明星上了云端，企业家上了云端，村民上了云端，"村长"上了云端，乡长、县长、市长、省长上了云端。近日，在陕西，"小木耳，大产业"，领导人成了全世界最大牌的直播官。

这样，直播经济就迈上了世界舞台的中心，绚烂多彩，而且可以每时每刻绽放新精彩，甚至可以每天24小时都在线！

最为神奇的是，云端的货，那是无所不包的，可以是无穷无尽的。任何小众的、个性化的产品，任何角落的、不起眼的产品，一旦上云，就可以摇摆起了"长尾"。

克里斯·安德森的《长尾理论》说的有道理，市场正在变成无数的利基市场。利基，Niche，英文的原意是"壁龛"，寓意为"拾遗补缺"或"见缝插针"，意味着商机。云时代，未来不仅仅在于传统需求曲线上那个代表"畅销商品"的头部，更在于那条代表"冷门商品"的经常被人遗忘的长尾。

长尾，就是产品多样性，小批量、多品种。那条无限的长尾蕴藏着巨大的利润空间。云时代，是金子，总会发光的；随风飘摇的野百合，也会有春天。

这样，挣钱、花钱的事儿，就不是拼爹的事儿，也不仅仅是拼资本的事儿，而是拼才华、拼创意的事儿了。

正如《世界是平的》作者托马斯·弗里德曼所言，当世界变得平坦了，可能发生的事情就一定会发生，问题的关键在于：是你推动了创新，还是别人？由于可能发生的事情必定发生，所以今天最重要的竞争发生在我们和我们的想象力之间。当个人可以上传他们的思想、产品和服务后，想象力变得越来越重要。

这是云时代直播经济的内核，只有才华才能永驻云端，流量只是其外在表现。直播经济，虽然喜欢流星，但更喜欢才华横溢的恒星。

世界在你眼前，直播在你身边。可以想象，即将到来的5G、6G时代，一切将被数字化，一切将被云化。这朵带货的云，可能越飘越远。千万里，我追寻着你，这朵神奇的带货的云！

今天，你上云端了吗？明天，你将带着什么登上云端？这是一个问题，更是一个穿着工作服的机遇。你把握住了吗？

（作者系暨南大学经济学院教授）

本文刊发于2020年5月18日《广州日报》理论周刊

宠物经济："铲屎官"幸福的"价值"

◎ 刘金山

天下许多事儿，道理都是相通的。江湖之远，扬名立万，那是要靠真本事的。天下武功，无坚不摧，唯快不破。看来，武功的最高境界，是时间！在经济的花花世界里，亦是如此，唯快不破。

市场就是这样，我为社会提供多少产品或服务，决定着我有多少"别人为我提供的产品或服务"。把别人的钱，通过市场，装到自己的口袋里，是不容易的。马克思说得好："商品价值从商品体跳到金体上……是商品的惊险的跳跃。这个跳跃如果不成功，摔坏的不是商品，但一定是商品所有者。"

很多时候，这"惊险的一跳"，机会稍纵即逝。所以，要比别人更快更好！现代社会，永远在线、即时生产、即时消费，人们似乎进入了零等待时代。更快，成了职场人士的KPI。更快，就这样主导着经济人的世界！

然而，人，毕竟不单纯是经济人，还是社会人。社会人，最需要的是温情。无论江湖之远，还是庙堂之高，无论鲜衣华盖之辈，还是引车贩浆之流，每一个人的心灵，都有一片柔软的地方，都渴望温情。但是，现代社会，温情仿佛成了奢侈品。

这份温情，如此弥足珍贵，以至于很多人在人间都很难追寻，那就放眼整个生物界！各种小动物、宠物，就这样登上了家庭中心的舞台。

本来，狗看家护院，猫伺机捉鼠，这些动物都有其各自的经济功能，都是为了化解风险而实现家庭损失最小化，它们是具有生产力的。现在，这些动物成了"毛小孩"，人们高高兴兴地成了"铲屎官"。儿童喜欢、成人喜欢，尽管"毛小孩"是需要花钞票的。

当你下班归来，"毛小孩"在门口翘首以盼的样子，瞬间化解了你的职场郁闷；当你心情低沉时，口中碎碎念，"毛小孩"似乎在倾听并好像听懂了你的诉说；当你寂寞无聊时，"毛小孩"偎依在身旁陪你看电视，任你抚摸着它的毛发。"毛小孩"不仅化解你的压力，更能创造你的快乐。它任你打扮，伴你旅行，你追它跑，你跑它追，潜入你心。

这样，"毛小孩"的身份在不知不觉之间就发生了变化：起初，它就是一个玩具；然后，它就是家庭成员；然后，它就是伴侣；然后，它就是心灵港湾；然后，它就是温情的一切。有了"毛小孩"，"铲屎官"的生活似乎充满了无尽的快乐！

"毛小孩"就这样昂首挺胸地登上了家庭中心的舞台，也就顺便创造了一个新的经济世界！养一只猫，猫粮、猫砂、猫便盆、逗猫棒，似乎一个都不能少。任何动物都有生命周期，都有生老病死，宠物医院也就应运而生。就这样，"铲屎官"这个社会人的所需，就成了另一个经济人的职业追求。

现代社会，市场反应是最快的，有需求就一定有供给。"毛小孩"的巨大市场，必然带来一个从生产到消费的产业链。一只猫，可能在波兰出生，被商人包机运到了美国，进入一个家庭，又随主人公司外派出差被带到了日本，购买了来自韩国的猫粮和来自中国的逗猫棒。全球化时代，宠物经济也全球化了。

更令人想不到的是，在社会人眼中充满温情的"毛小孩"，在经济人眼中则充满了赚钱的价值。比如，有些人就开始炒猫，如同炒房、炒股、炒球鞋、炒"苹果"。一只几千块钱的布偶猫，就可能被炒作成几万元。这些"毛小孩"，竟然具备了金融属性，变成了一个被炒作的符号。

这些"毛小孩"，一半是海水，一半是火焰，竟然并行不悖，其乐融融。精准触摸社会人的心灵需求，经济人行随心动，宠物经济就这样创造了一个奇妙的世界。是也，非也？

（作者系暨南大学经济学院教授）

本文刊发于2020年4月13日《广州日报》理论周刊

网络评价的法律边界

◎ 韩光明

随着互联网生活的扩展，因网络评价而产生的法律纠纷也不断出现，而在这类法律纠纷中最为关键的问题是，网络用户评价行为的合法性及其边界界定问题。

首先，每个人都有说话（包括评价）的权利。网络评价在本质上是一种言论表达行为，而根据我国宪法第35条的规定，言论自由是公民享有的一项基本权利，因此网络评价本身即具有正当性与合法性。

其次，每个人都要对自己的话（评价）负责。任何自由或权利都是有边界或限制的，而言论自由也是如此。我国宪法第51条明确规定，"中华人民共和国公民在行使自由和权利的时候，不得损害国家的、社会的、集体的利益和其他公民的合法的自由和权利。"也就是说，一个人的自由或权利是以其他人的合法自由或权利为边界的；而如果超越此边界即构成对他人自由或权利的侵害，应承担相应的法律责任。

进一步说，问题的实质转化为，说话的人如何负责的问题，即"一个人在什么情形下要对自己的评价言论承担何种法律责任"的问题。在法律技术上，就是在具体情境中如何判定并解决不同主体的自由或权利之间的冲突，譬如作为言论自由的网络评价与被评价者的名誉、商誉、隐私等权利的冲突。

自由或权利的边界所涉及到的法律规定属于裁判规范而非行为规范。也就是说，根据法律的具体规定人们并不能直接清楚行为的边界，而是需要根据司法机构在个案中对具体法律规定的适用才能清楚应该或不应该如何行为。譬如我国民法典第998条明确规定，"认定行为人承担侵害除生命权、身体权和健康权外的人格权的民事责任，应当考虑行为人和受害人的职业、影响范围、过错程度，以及行为的目的、方式、后果等因素。"根据此一规定，人们并无法知悉应如何具体行为，法律责任是否构成以及责任范围大小等都需要法院在具体案件中对法律规定的相关因素进行自由裁量后才能明确。

由此，我们需要进一步分析司法实践中在此方面运用的一些裁判技术，进而明确相关边界问题：

第一，区分或判定评价人是否属于消费者，这实际上是对行为人与受害人之间基础法律关系的考量。如果网络评价者属于消费者，那么就应当根据消费者权益保护法的相关规定确定消费者与被评价的经营者相互之间自由或权利的界限。消费者权益保护法（第15和17条）明确规定了消费者享有对商品和服务的监督权，而经营者应当接受消费者的监督。因此，消费者的网络评价属于监督权的具体行使方式，具有合法性与正当性，而经营者应当容忍和接受。在具体司法实践中，法院通常认为，消费者的网络评价可以分为事实陈述与评论意见两个方面。事实陈述具有客观性，只要不能证明消费者存在虚构事实的情形即不应对其评价行为作出任何限制；而对于评论意见，其显然具有主观性，因此只要不能证明消费者属于恶意评价，自然也无需承担任何法律责任。

一些情形下判定评价人是否属于消费者比较容易，譬如购买考研辅导机构相关课程并使用的人即属消费者身份；但也有一些情形对于评价人是

否属于消费者存在争议，譬如在理论上存在较大争议的就是到医院就医的患者是否属于消费者。从目前我国既有的司法实践来看，通常不把就医患者认定为消费者，因此对于患者基于就医经历而对医院作出的评价也不被认定为是消费者行使监督权的范畴。对于不属于消费评价的普通评价，则需要根据民法典侵权责任编的相关规定进行规范。

第二，判断评价行为是否存在公共利益需求。如果属于基于公共利益需求的评价，那么评价人就享有"合理使用"的权利。譬如我国民法典第999条规定，为公共利益实施新闻报道、舆论监督等行为的，可以合理使用民事主体的姓名、名称、肖像、个人信息等。也就是说，基于公共利益之评价行为的界限就是合理使用，如果属于不合理使用即应承担相应的法律责任。那么，什么是合理使用呢？对此可以参照我国民法典第1025条和1026条的相关规定，即不存在"捏造、歪曲事实；对他人提供的严重失实内容未尽到合理核实义务；使用侮辱性言辞等贬损他人名誉"等三方面的情形即应认定为合理使用。

总之，任何自由或权利，包括作出评价的自由与权利，都有其边界，但此边界并非静止而是动态的，需要在具体关系之中对多重因素进行综合考量并最终作出判断。

（作者系中山大学法学院副教授、博士生导师，广州市法学会交通法学研究会理事）

本文刊发于2022年2月15日《广州日报》理论周刊

对"虚假种草"应予法律规制

◎ 郭　鹏

如今，在各种网络平台上，都可看到网友发布的"种草"购物心得或者商品测评。很多消费者也习惯在消费前先去网上看看别人的消费笔记与测评。"种草"为消费者在提高其决策效率和准确率上提供了便利，影响越来越多人的消费习惯，各大电商平台也纷纷加入，"种草消费"蔚然成风。然而，一些"杂草"也野蛮生长起来。"种草"这种以信任为基础的新型购物推荐方式，近来频频失信——网红饭馆的"种草笔记"让人隔着屏幕流口水，吃到嘴里如嚼蜡；旅游体验分享的是山清水秀的桃花源，实际目的地却只有破屋荒地；博主推荐说一款洗面奶是"仙女必备"，实际使用后脸上发痒红肿。

其实，人们对"种草笔记"的信任，很大程度上在于这曾是一种自发式、公益式的分享，没有利益关联。但对于商家而言，网红"种草笔记"已经成为了一种新的营销方式，网友打卡、"种草笔记"等行为对商家的销售影响已经不亚于投放广告。于是，某些品牌方有偿招募"网红博主"撰写虚假"种草笔记"，或雇佣专业写手和网络水军虚构"种草笔记""网红测评"，以分享名义植入推广、变相营销。

当前，"虚假种草"已经形成一条涉及多个环节的灰色产业链——品牌主或品牌代理商有宣传产品需求，委托第三方接单中介平台通过一些素人博主、专业写手，在内容分享的社交平台上发布所谓的商品使用心得、产品测评等，并在互联网平台购买信息流量进行推广。如某市市场监管局在行政执法中发现，某公司在网店销售过程中制定了与某平台上的博主进行合作的营销方案，博主下单、付款、收货后进行服装的穿搭体验评价，使用高热度词语编辑文案在平台上推广发布，该公司再将订单全款通过微信返还博主，这实质上是"好评返现"的"包装升级"；该公司的交易行为实质是利诱博主对店铺商品作出虚假的用户评价，借助于"网红博主"的流量提升产品

的好评率及市场竞争力，通过虚假宣传诱导消费者的消费冲动。

"虚假种草"游走在商业广告与用户分享内容的灰色地带，本质上是一种相对隐蔽的广告营销信息，依据《中华人民共和国广告法》第二十八条的规定，其属于网络时代的一种虚假广告。根据商品提供者、MCN（Multi-Channel Network，即多频道网络）机构、网红博主在"虚假种草"行为中作为广告主、广告经营者或广告发布者的不同法律地位，依据《中华人民共和国广告法》第五十六条的规定，这些主体应对消费者承担相应的法律责任。

代写代发、虚构消费经历的"虚假种草"掩盖了商业营销的实质，对其商品的性能、功能、质量、销售状况、用户评价、曾获荣誉等作虚假或者引人误解的商业宣传、欺骗，误导消费者的购物决策，违反了《中华人民共和国电子商务法》第十七条的规定，侵害了消费者的知情权、选择权，应承担相应的法律责任。同时，"虚假种草"通过捏造用户评价的方式进行虚假宣传，违背了公平竞争原则，损害了行业内其他生产者或销售者的权益，也破坏了公平竞争的市场秩序。该行为违反《中华人民共和国反不正当竞争法》第八条的规定，依据该法第二十条的规定，实施"虚假种草"行为的相关主体也应承担相应的法律责任。

规制"虚假种草"，首要是抓住网络平台这个"牛鼻子"，需要压实网络平台的责任。依据《中华人民共和国电子商务法》第三十一条、第

三十八条、第三十九条的规定，平台经营者对于平台内经营者发布的商品信息内容具有记录、监管、核查的权利及义务。网络平台作为"种草"内容的终端出口，要充分发挥互联网技术优势，利用大数据等技术加强与完善内容筛查机制。为保障消费者知情权及选择权，网络平台应将"种草"中具有商业营销性质的内容标注"广告"字样，对消费者起到提示作用。

斩断"虚假种草"灰色产业链，不能止于终端治理，还必须在品牌方、第三方中介平台等环节推进整体、全面、系统的全链条治理。MCN机构等第三方刷分控评代运营主体在灰色产业链的形成中发挥了关键作用，应对其进行重点治理；将于2022年3月15日起施行的《最高人民法院关于审理网络消费纠纷案件适用法律若干问题的规定（一）》第九条明确了电子商务经营者与他人签订的虚假刷单、刷评、刷流量的合同无效，也确认了虚构交易、虚构点击量、编造用户评价等行为的违法性。监管部门和行业协会应加强行业监管和自律，对于虚假宣传的商家、造假者、刷单人等，不仅要及时进行下架、封号、限流、降级处理，也可以考虑纳入行业黑名单，形成有效震慑。作为消费者，可积极参与监督，发现线索主动投诉举报，让"虚假种草"无处遁形。

刷单、流量造假及"虚假种草"是整个电子商务生态面临的现实挑战，对其治理必须坚持全链条、全平台思维，推动品牌、平台、消费者等形成合力，协同共治，以创建和维护清朗的网络空间。

（作者系暨南大学法学院/知识产权学院教授，广州市法学会民商法学研究会副会长）

本文刊发于2022年3月15日《广州日报》理论周刊

专家答疑

关注时事热点，集结理论大咖。

以新鲜观点、专家视角，为你答疑解惑，拨开思想迷雾。

如何理解"生态本身就是经济"？

◎ 郭兆晖

　　近日，习近平总书记在浙江安吉县余村考察时强调，经济发展不能以破坏生态为代价，生态本身就是经济，保护生态就是发展生产力。如何理解"生态本身就是经济"？怎样处理好环境与经济的关系？本期学习问答邀请中央党校社会和生态文明部教研室副主任郭兆晖对此进行解读。

　　"生态本身就是经济"，就是要实现环境与经济的内在统一、相互促进和协调共生。保护生态环境就是实现自然价值和增值自然资本的过程；保护生态环境就是挖掘经济社会发展潜力和后劲的过程。把生态环境优势转化成经济社会发展优势，绿水青山就可以源源不断地带来金山银山。

　　要处理好环境与经济的关系，必须处理好两者间"时、效、度"的关系。

　　首先要认清中国独特的地理环境加剧了地区间经济发展与生态环境保护的不平衡。以"胡焕庸线"为界，东南方43%的国土，居住着全国94%左右的人口，以平原、水网、低山丘陵和喀斯特地貌为主，生态环境压力巨大；该线西北方57%的国土，供养大约全国6%的人口，以草原、戈壁沙漠、绿洲和雪域高原为主，生态系统非常脆弱。因此，中国环境与经济关系要把握好"时、效、度"。

　　环境与经济关系的"时"，体现在三个发展阶段中。第一个阶段用绿水青山去换金山银山，不考虑或很少考虑环境的承载力，一味索取资源。第二个阶段既要金山银山也要保证绿水青山，这个时候经济发展资源匮乏、环境恶化之间的矛盾开始凸显。人们意识到环境是生存发展之根本，所以要留得青山在，才有柴火烧。第三个阶段就是认识到绿水青山可以源源不断地带来金山银山，绿水青山本身就是金山银山，我们种的长青树就是摇钱树，生态优势将是经济优势，进而形成浑然一体、和谐统一的关系。

环境与经济关系的"效"，体现在不同地方发展政绩考核的不同，不仅要看金山银山的国内生产总值（GDP），还要看绿水青山的生态产品和服务总值（GEP）。习近平总书记在党的十八届五中全会第二次全体会议上指出："青海和西藏的主要区域是重点生态功能区，是世界第

三极，生态产品和服务的价值极大。如果盲目开发造成破坏，今后花多少钱也补不回来。"

环境与经济关系的"度"，体现在空间规划中主体功能区的划分与落实。要以主体功能区规划为基础，全面摸清并分析国土空间本底条件，划定城镇、农业、生态空间以及生态保护红线、永久基本农田、城镇开发边界。推进工业化也不是到处可以办工业，应该是宜工则工，宜农则农，宜开发则开发，宜保护则保护。

［作者系中共中央党校（国家行政学院）社会和生态文明部教研室副主任］

本文刊发于2020年4月13日《广州日报》理论周刊

消费券促消费，效用几何?

◎ 魏作磊

为应对新冠肺炎疫情对经济带来的严重冲击，我国多地政府结合自身财力相继推出了消费券政策。这是恢复生产生活秩序和保障改善民生的积极作为，对刺激消费、活跃市场和拉动需求无疑具有积极作用。

一方面，消费券政策是重要的"安全信号"。地方政府发放消费券促消费的行为相当于以政府信用为当地消费环境安全背书担保，这对于公众消除卫生安全疑虑、积极出门消费无疑具有正面导向作用。另一方面，消费券政策也是政府助力企业复工复产的"决心信号"。发放消费券鼓励消费，实际上也是政府助力帮扶企业的强烈信号。这对提振企业家市场信心、凝聚复工复产合力也具有积极作用。

但是，消费券政策自身特点提示我们，也不能对消费券拉动经济增长的实际效果抱有太高期望。首先，受财力限制，各地能推出的消费券规模都有限。其次，消费内容有限制。目前各地推出的消费券主要面向餐饮、旅游、商贸、文体等生活服务业，这客观上会对其他生活服务业和生产服务业形成消费挤出和政策不公平，影响产业链的平衡发展。最后，消费地域有限制。市场经济是动态循环的区域分工网状系统，异地消费是拉动大额消费的重要力量。但是，各地发放的消费券大多限制在本地市场消费使用。如果各地区政策不平衡、政策之间不能形成合力，可能会影响消费乘数效应的发挥。

因此，欲从消费端提振经济，目前的政策还有改进空间。具体可从以下几方面考虑。一是增加刺激需求政策的行业覆盖面。这就要求消费券尽可能覆盖各个行业，由公众根据自己的偏好自由选择，这样才会产生更大的社会福利。二是整合区域消费券政策资源。由各省甚至整个国家层面统筹实施刺激消费的政策资源要比各市、各区单打独斗效果好。三是刺激消费要重点关注消费环境。提振消费尤其是提振服务消费还应重点从提高消费环境卫生安全以及推广智能化、网络化生产服务消费模式着力。四是从长期来看，提振经济最终还要靠供给端。发放消费券只是刺激需求的短期政策行为，其重点在于激活市场和提振信心。从长期

着眼，恢复市场活力应重点将有限的政策资源用到企业生产端，针对企业特别是受疫情冲击较大的中小微企业、个体工商户面临的具体困难，通过减免税费，延缓债务偿还，提供贴息或低息贷款，疏通劳动力、资本、信息、原材料等生产要素的流通传导机制，保障供应链畅通等，为企业疫后重生营造良好外部环境。

（作者系广东外语外贸大学经济贸易学院教授、广东省第三产业研究会常务副会长）

本文刊发于2020年5月11日《广州日报》理论周刊

怎么看待"共享员工"模式前景及风险？

◎ 罗明忠

新技术、新理念催生新业态和新模式，进而带动就业模式和就业形态新变化。疫情之下，部分企业与劳动者基于资源共享、优势互补及非常时期的非常需要，采取"共享员工"模式，实现了企业、个人和社会的多方共赢，引起社会各界广泛关注。

传统的"借用员工"被注入共享经济的理念后，催生了"共享员工"新模式，灵活用工有了新形态。"借入"企业得到了人员补充，让非常时期的生产经营得以稳步甚至快速发展；"借出"企业减轻了用工成本，并维持了员工队伍的稳定，为战"疫"之后的生产经营保存了人力；员工则获得稳定就业和劳动报酬，才干得到肯定和发挥，情绪更为稳定；就社会而言，则是人力资源基于市场机制作用下得到有效配置和利用，促进了社会生活有序进行。

共享员工与既往"借用员工"的共同点在于，员工与原来的用工单位（即借出单位）保留了劳动关系，只是在特定时间段，经过原用工单位和劳动者同意后，到"借入"单位（即共享单位）工作，接受"借入"单位的劳动管理。不同之处在于，共享员工与"借入"单位之间构成劳务关系，共享员工的"借入"是必须支付劳动报酬的，根据"借入"和"借出"单位的协议，"借入"单位以支付劳务费的方式向共享员工支付报酬；而传统的"借用关系"则一般由原用人单位承担劳动者的工资报酬，属于上下级单位或合作单位之间的临时性用工安排，一般不涉及由"借入单位"支付劳务报酬问题。

由此，共享员工模式对于员工的基本要求就是能够同时满足或至少基本满足共享企业相应岗位的技能要求；或者说，拟采用共享员工灵活用工模式的企业必须有技能要求相近或对技能没有特殊要求的岗位能够用于共享，以便减少员工共享中岗位转换的技能约束，确保员工能够顺利被共享。

面对新形势下兴起的"共享员工"这一灵活用工模式，首先要顺势而为，助力新型灵活用工模式规范有序发展。正如2019年政府工作报告所明确指出的，要"加强对灵活就业、新就业形态的支持"。既然共享员工在疫情期间能得到众多企业和劳动者的青睐，那么在疫情之后，不同企业还会存在生产旺季和淡季之分，基于"共享、共用、共赢"的目的及优势互补的理念，特别是成本—效益最优化考量，在新技术支持下，共享经济天地广，共享员工就有其存在的土壤和理由。况且，目前我国相关法律对共享员工用工模式并无禁止。预则立，正确引导和规范有序发展才是合理选择。就企业而言，重点在于依法合规经营，化"险"为夷；就立法和监管部门而言，重点是从制度层面进一步明确共享员工的性质、适用条件以及责任承担等，做到有法可依，助推共享员工按照标准化、平台化的要求规范发展，防止可能发生的劳务争议和法律风险，让企业和员工没有后顾之忧。

其次要未雨绸缪，充分认识共享员工用工中可能存在的风险。一是工伤事故责任承担风险。按照现行法律规定，职工被借调期间受到工伤事故伤害的，由原用人单位承担工伤保险责任，但原用人单位与借调单位可以约定补偿办法。为此，参与共享员工的企业之间必须通过协议明确各方的责权利，且不得因此减损工伤员工的利益。二是共享员工滥用风险。鉴于共享员工模式可能给劳动者权益保护带来隐患，必须明确不得以营利为目的出借员工，更不得以此压低员工劳动报酬，确保劳动者合法权益不受侵犯。三是员工技能不足风险。重在完善共享平台，做到岗位信息充分沟通，实现共享员工与企业最大程度的信息对称，并在共享中尽可能实现能岗匹配。

（作者系华南农业大学经管学院教授、人力资源与发展战略研究中心主任）

本文刊发于2020年3月23日《广州日报》理论周刊

如何把握疫情过后消费经济新风向？

◎ 康达华

当前，在党中央的坚强领导下，国内疫情防控取得了阶段性成果。但疫情影响的不仅是人们的正常生活，也深深影响着经济运行。如何减少疫情引发的次生灾害，是摆在各地面前的紧迫命题。同时，国外疫情正在蔓延，何时能得到控制尚不明晰，"两难"变成"两全"的挑战依然严峻。

据国家统计局数据显示，1~2月份，社会消费品零售总额52130亿元，同比下降20.5%，消费经济下降明显。广州往年热闹非凡的各大商圈，今年也显得有些冷清。

逝去的光阴不再有，失去的消费尚可追。在全球疫情影响下，国外经济形势阴云笼罩。作为拉动经济增长"三驾马车"之一的消费，将会是中国经济复苏的重要引擎。把握好疫情过后消费经济的新风向，延续供给侧结构性改革主线以适应消费需求新变化，才能不断推动经济向高质量发展迈进。

第一，要抢抓"报复性消费"机遇。疫情期间，餐饮、商旅、教育、文体娱乐等一些聚集性消费一度停滞，可以预见的是，这些消费在疫情过后将赢来报复性反弹。有些地方已经开始倡导领导干部要带头消费，相关支持政策已经陆续出台。因此，要在复工复产过程中尽快释放消费需求，防止中小企业出现资金断裂、员工流失等困难。

第二，要适应引领消费型新业态。中国的消费升级不会因为疫情停下脚步，相反会加快升级步伐。疫情期间，人们的消费方式也发生变化，新型电子商务喷薄而出。企业围绕消费方式变化进行的主动转型，因之而生

的新业态，将会带来巨大的新市场。

第三，要研判消费者的偏好变化。一场新冠肺炎疫情，是一次深层次的国民教育。国民必然会重新审视自己的消费观，人民对美好生活的向往，对绿色、健康产品和服务的偏好将会增强。品质化、个性化的需求是接下来供给侧结构性改革的方向，未来的消费市场将在更高层次形成均衡。

第四，要处理好长期和短期的关系。消费经济有其内在规律，经济学诸多消费理论早已作过论述。振兴消费经济不能急于求成，更不能饮鸩止渴。一方面要精准分析短期消费的变化，不能为迎合报复性消费而盲目扩大产能，尤其是扩大落后产能。另一方面要多措并举提高居民长期消费预期，重要的是提高居民的财产性收入。

总之，一场新冠肺炎疫情，给消费市场带来的是新一轮的优胜劣汰。中国凭借强大的制度优势，必将化危为机，在疫情过后迎来更加健康、更高质量的消费经济。

［作者系中共广州市委党校（广州行政学院）经济学教研部副主任、副教授］

本文刊发于2020年3月23日《广州日报》理论周刊